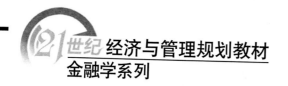

21世纪 经济与管理规划教材
金融学系列

投资银行学
INVESTMENT BANKING

（第二版）

何小锋 黄嵩／著

北京大学出版社
PEKING UNIVERSITY PRESS

图书在版编目(CIP)数据

投资银行学/何小锋,黄嵩著. —2 版. —北京:北京大学出版社,2008.8
(21 世纪经济与管理规划教材·金融学系列)
ISBN 978-7-301-05786-5

Ⅰ. 投… Ⅱ. ①何… ②黄… Ⅲ. 投资银行-经济理论-高等学校-教材
Ⅳ. F830.33

中国版本图书馆 CIP 数据核字(2008)第 120279 号

书　　　名：投资银行学(第二版)
著作责任者：何小锋　黄　嵩　著
责 任 编 辑：王花蕾
标 准 书 号：ISBN 978-7-301-05786-5/F·0541
出 版 发 行：北京大学出版社
地　　　址：北京市海淀区成府路 205 号　100871
网　　　址：http://www.pup.cn
电　　　话：邮购部 62752015　发行部 62750672　编辑部 62752926
　　　　　　出版部 62754962
电 子 邮 箱：em@pup.cn
印　刷　者：北京虎彩文化传播有限公司
经　销　者：新华书店
　　　　　　730 毫米×980 毫米　16 开本　28.25 印张　507 千字
　　　　　　2002 年 7 月第 1 版
　　　　　　2008 年 8 月第 2 版　2022 年 8 月第 15 次印刷
定　　　价：45.00 元

未经许可,不得以任何方式复制或抄袭本书之部分或全部内容。
版权所有,侵权必究
举报电话:010-62752024　电子邮箱:fd@pup.pku.edu.cn

金融学系列编委会

（按姓氏拼音顺序）

陈雨露	中国人民大学
戴国强	上海财经大学
姜波克	复旦大学
史建平	中央财经大学
易　纲	北京大学
杨胜刚	湖南大学
叶永刚	武汉大学
郑振龙	厦门大学

第二版序

　　我和黄嵩博士编写的《投资银行学》(第一版)已经出版了6年。这6年来,投资银行业在中国蓬勃发展,投资银行学成为"显学",我们的教材也多次加印,受到读者的欢迎。

　　更可喜的是,我们开创的投资银行学"新体系",得到了金融界、学术界的广泛认可。这个新体系是我们将投资银行学作为一门学科所建立的逻辑结构,可以说是一个理论创新,在实践中也不断得到证明和运用。

　　这个新体系可以用下面几句话概况:

　　(1) 一个基础:资产经营的一般模式;

　　(2) 一个中心:企业与资产现金流分析的理论与技术;

　　(3) 两条主线:资产证券化和企业重组;

　　(4) 两条辅线:投资银行的内部组织管理和外部监督管理。

　　我们在这个新体系中的主要贡献是:① 以"资产经营的一般模式"为投资银行学的基础,这个基础理论已经由著作《资本市场理论与运作》(中国发展出版社,2006)给出了更详细的阐述和解释。② 以"广义资产证券化理论"作为投资银行学的分析主线之一,这个理论在《资产证券化——中国的模式》(北京大学出版社,2002)中得到进一步阐述。③ 我们在投资银行的重大领域和重大项目中,对某些专题作出了较为深入的研究,将投资银行学的研究引向深入。例如,对私募股权投资基金的研究,反映在我们一些内部研究报告中,也反映在我指导的博士论文中(例如周丹博士、韩广智博士的论文),还反映在我的研究生李昕阳、我指导的进修教师杨文海合著的《私募股权投资基金理论与操作》(中国发展出版社,2008)中;又如,对奥运金融的研究,反映在《奥运金融工程》(同心出版社,2004)中。

虽然全书的体系不变,但在新的版本中,我们对原版作了修改和补充,反映了投资银行业务的新变化、新进展、新法规和新制度以及我们近几年的最新研究成果。

感谢广大读者对我们的尝试和探索提供了许多意见和建议,也感谢北京大学出版社一直以来对我们的研究工作的大力支持。

谨以此书纪念我的亡妻李大农副教授,她对我和儿子无微不至地关怀和爱护,为我们奉献了一切;而当我们有所成就时,她却离我们而去。她伟大的爱将终生伴随我们!

何小锋

2008 年 4 月

第一版序

投资银行学是一门创新性、实用性很强的新兴学科,在中国只发展了不到十年。

即使在投资银行业务最发达的美国,投资银行学的书籍也出奇的少。投资银行是一个只重实干、不重著述的行业,所以人们往往感觉投资银行是一个难窥全貌的冰山,投资银行家是一些神秘的金融"魔术师",令人难以探悉其奥妙。

确实,如果你到一个大的投资银行去工作,公司会对你进行一系列的在职培训,向你灌输其独特的公司文化。但你要真正掌握其诀窍和经验,非要在第一线实践十年八年不可;至于局外人和在校学生,则只能在边缘上了解个一鳞半爪,毕竟投资银行业是特别强调创新性和实干性的。

然而在中国,对这么一个历史短暂的学科,冠名为"投资银行学"的书籍之多,恐怕能称得上世界之最了。这反映了在信息经济发达的今天,各种新知识、新学科在中国的传播速度之快以及社会的求知欲望之强都是出人意料的。但也不可否认,不少此类书籍粗制滥造,是商业炒作的产物;最佳者也不过是步外国的后尘,以介绍、仿造为使命,遑论创新和实用了。

那么,我们为什么还要出版这本书?是滥竽充数还是此书有什么价值?

三年前,我和一批北大的年轻研究人员,在课堂研讨的基础上,写作过一本投资银行学教材,出版社对该教材的出版也很热心,但我最后还是放弃了,原因还是缺乏创新性和实用性。综观国内外的投资银行学书籍,投资银行研究的现状可以归纳为三方面:重实务、轻理论,重业务、轻组织,重微观、轻宏观,大多以业务罗列和机构罗列为特征,缺乏内在的逻辑结构和前后顺序。这是一个矛盾:这么一个充满创新性和实用性的行业,如果仅仅满足于生搬硬套地介绍和传统的教学方式,岂不滑稽?

因此,如何构造一个投资银行学的理论体系,并按照这个体系用一定的方法来串联投资银行的种种业务和技术,是我们几年来在研究和教学中苦苦思索的课题。我们不敢说现在出版的这本书已经实现了这个目标,但我们可以自信地说,我们已经总结出一些体会,获得了一些进展。

投资银行学是研究资本市场的理论和实务的一门学科。作为研究对象的资本,其表现形式——资产有四种类型:

(1) 资产的现金化:这是资本资产(capital assets)运作的起点与终点;
(2) 资产的实体化:表现为未上市的股权,包括有形资产和无形资产等;
(3) 资产的信贷化:表现为债务和债权;
(4) 资产的证券化:表现为股票、债券、商业票据和各种投资收益凭证。

各种资本资产的运营,无非为上述四种形态的互相转化,即 16 种组合,如下图所示:

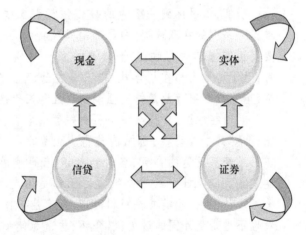

注:箭头表示资产价值形态的转换,而并非现金流的方向。

所有的资产运营方式都可以概括为上图中 16 个转化形式中的一个或几个的组合。如果简单类比,每一个转换都可对应一种资本市场的业务(见下表):

	资产现金化	资产实体化	资产信贷化	资产证券化
现金资产的运作	外汇交易；货币掉期	购买实物资产；投资实业（包括无形资产）	取得债权；银行放贷	投资证券
实体资产的运作	出售资产或股权套现；典当	资产、股权的掉期	经营租赁	企业现有资产转化为上市证券；创业投资基金上市；投资收益凭证上市
信贷资产的运作	收回债权取得现金；商业票据贴现；取得债务	收取抵押物；债转股；赎回典当物	债权掉期	MBS；ABS
证券资产的运作	证券发行出售；开放式基金赎回	下市；证券换资产或股权	证券质押贷款；融券	债券、股票、基金掉期；证券投资基金管理过程；认股权证；可转换债等

这就是我们称之为资产经营的一般模式。在这个一般模式中,资产证券化(上表第四列)是资本资产运营的高级形式之一,资产证券化已经成为现代经济生活中的重要现象,它对现代经济产生了巨大影响。

从证券的供给角度来看,证券化可以分为实体资产证券化、信贷资产证券化和证券资产证券化三类,我们概括为广义的资产证券化。从证券的需求来看,证券化就是现金资产转化为证券资产的过程,即现金资产证券化的过程。

我们的投资银行学的新体系以资产经营的一般模式为基础展开,该体系的特征是"一个中心、两条主线、两条辅线"。这个新体系从理论层面上概括了投资银行学的全部内容,也提供了投资银行理论研究的内在逻辑。

这个投资银行的新体系是在北大经济学院的本科生、研究生、进修生的课堂上经多次研讨形成的,并在我们的学术网站——投资银行大师(www.ibmasters.com)上零散地发表,还在我们的多次投资银行业务实践中得到验证。

这本教材脱胎于三年前的内部教材《投资银行研究》,它虽然没有正式发表,但为我们现在这本教材起到了催生的作用,因此我们应当感谢《投资银行研究》的写作者,他们是:张伟、刘仕宏、李诗晗、范坤、王东毅、鹿炳辉、冯娟、尹嘉、车兰梅、孙诚等同学,他们已经硕士毕业,正在投资银行业工作,仍不断地为母校的教研提供实践养分。

我们亦感谢北大资产证券化研究小组的成员,他们(除上所述)是:宋芳秀、刘永强、刘剑峰、王国强、李宁忠、于映辉、张春煜、来有为、沈春晖、龚英姿、张萍、龙欣、陈俏、刘双玲、廖乙凝等同学。他们的研究成果已经以他著发表,但其成果则为本教材起到了奠基的作用。

  本书可作为大学本科生和研究生的教材,亦可作为投资银行从业人员的培训资料,也可作为业余爱好者的阅读材料。但是必须注意:投资银行是强调实践的,在我们的教学中,有大量的最新实践案例与本书配合。这种有针对性的案例是本书所没有包含的,我们将在网站(www.huangsong.name)上随时进行更新。同时,我们也希望读者能够就本书的内容和投资银行方面的问题与我们进行交流,我们的电子邮箱是:jeffrey@263.net。

  最后,我们感谢北京大学出版社和责任编辑符丹先生,他们为本书做了大量的工作。正是因为有了他们的努力,本书才得以如此顺利地付梓。

何小锋

2002 年 5 月 28 日于北京大学

目 录

导言 ………………………………………………………… (1)

第一篇 投资银行概论

第一章 投资银行业概述 …………………………………… (11)
第一节 投资银行的含义 …………………………………… (11)
第二节 投资银行的类型 …………………………………… (12)
第三节 投资银行职业素质 ………………………………… (17)

第二章 投资银行的发展历史与趋势 ……………………… (25)
第一节 投资银行的发展历史和现状 ……………………… (25)
第二节 投资银行的发展趋势 ……………………………… (31)

第二篇 投资银行理论

第三章 价值评估 …………………………………………… (41)
第一节 现金流折现估价法 ………………………………… (41)
第二节 对比估价法 ………………………………………… (47)
第三节 期权估价法 ………………………………………… (58)

第四章 风险与收益理论 …………………………………… (67)
第一节 有效市场假设 ……………………………………… (67)
第二节 资产组合理论 ……………………………………… (71)
第三节 资本资产定价模型 ………………………………… (78)

第四节 套利定价理论 ………………………………………… (82)

第五章 金融工程原理 …………………………………………… (87)
 第一节 金融工程概述 ………………………………………… (87)
 第二节 固定收益证券 ………………………………………… (91)
 第三节 远期合约 ……………………………………………… (93)
 第四节 期货合约 ……………………………………………… (97)
 第五节 掉期 …………………………………………………… (99)
 第六节 期权 …………………………………………………… (104)

第三篇 资产证券化

第六章 资产证券化理论 ………………………………………… (113)
 第一节 资产运营的一般模式 ………………………………… (113)
 第二节 资产证券化的核心原理和基本原理 ………………… (120)
 第三节 资产证券化趋势的理论分析 ………………………… (124)

第七章 股票发行与企业上市 …………………………………… (128)
 第一节 股票 …………………………………………………… (128)
 第二节 发行上市 ……………………………………………… (131)
 第三节 买壳上市 ……………………………………………… (139)
 第四节 借壳上市 ……………………………………………… (143)

第八章 债券发行 ………………………………………………… (149)
 第一节 债券 …………………………………………………… (149)
 第二节 国债 …………………………………………………… (151)
 第三节 市政债券 ……………………………………………… (156)
 第四节 企业债券 ……………………………………………… (162)

第九章 证券交易 ………………………………………………… (168)
 第一节 证券交易的一般理论 ………………………………… (168)
 第二节 投资银行的证券经纪业务 …………………………… (173)
 第三节 证券自营业务 ………………………………………… (178)
 第四节 证券做市商业务 ……………………………………… (180)

第十章　信贷资产证券化 ·············· (185)
  第一节　资产证券化概述 ············· (185)
  第二节　资产证券化的运作 ············ (188)
  第三节　资产证券化的特征和意义 ········· (193)
  第四节　资产证券化的核心 ············ (198)
  第五节　住房抵押贷款证券化 ··········· (202)
  第六节　资产支持证券化 ············· (206)

第十一章　投资基金 ················ (217)
  第一节　证券投资基金 ·············· (217)
  第二节　对冲基金 ················ (225)
  第三节　私人股权投资基金 ············ (229)

第十二章　项目融资 ················ (236)
  第一节　项目融资概述 ·············· (236)
  第二节　项目可行性分析与风险评价 ········ (243)
  第三节　项目投资结构设计 ············ (246)
  第四节　项目的融资结构模式设计 ········· (253)
  第五节　项目融资的资金选择 ··········· (259)
  第六节　项目担保的安排 ············· (266)

第四篇　企　业　重　组

第十三章　企业重组概论 ·············· (275)
  第一节　企业重组的形式 ············· (275)
  第二节　投资银行在企业重组中的作用 ······· (278)
  第三节　企业重组的定价 ············· (280)

第十四章　企业扩张 ················ (291)
  第一节　企业扩张概述 ·············· (291)
  第二节　企业扩张的操作流程 ··········· (294)

第十五章　企业收缩 ················ (304)
  第一节　企业收缩的形式、动因和时机 ······· (304)
  第二节　企业收缩的操作程序 ··········· (308)
  第三节　企业收缩对企业价值的影响 ········ (312)

第十六章 企业所有权或控制权变更 (315)
  第一节 反收购 (315)
  第二节 股票回购 (322)
  第三节 杠杆收购 (325)
  第四节 管理层收购的原理 (327)

第五篇 投资银行的内部组织管理

第十七章 投资银行的组织结构 (335)
  第一节 投资银行的组织形态选择 (335)
  第二节 投资银行的组织架构 (338)

第十八章 投资银行的风险管理 (347)
  第一节 投资银行面临的风险 (347)
  第二节 VaR方法及其补充 (353)
  第三节 Creditmetrics模型与KMV模型 (359)
  第四节 投资银行的风险管理实务 (365)

第十九章 投资银行的创新管理 (372)
  第一节 创新对投资银行的意义 (372)
  第二节 投资银行的制度创新 (376)
  第三节 投资银行的业务创新 (378)

第二十章 投资银行的人力资源管理 (384)
  第一节 投资银行家的重要性 (384)
  第二节 投资银行家的个性与道德 (385)
  第三节 人力资源管理制度 (391)

第六篇 投资银行的外部监督管理

第二十一章 资本市场监管 (401)
  第一节 监管目标 (401)
  第二节 监管原则 (406)
  第三节 监管体制与监管模式 (413)
  第四节 中国证券市场的监管 (416)

第二十二章　投资银行监管 ……………………………………………（420）
第一节　市场准入和经营活动监管 ………………………………（420）
第二节　业务活动监管 ……………………………………………（422）
第三节　投资银行的自律监管 ……………………………………（427）

参考文献 ……………………………………………………………………（432）

导　言

> 教育的目的是使年轻人为终身自我教育做准备。
> ——罗伯特·梅纳德·哈金斯

"Investment banking"一词至少有四层含义：其一，机构层次，是指作为金融市场中介机构的金融企业；其二，行业层次，指整个投资银行业；其三，业务层次，指投资银行所经营的业务；其四，学科层次，指关于投资银行理论和实务的学科。当前国内学术界和实务界对"Investment banking"一词的理解和翻译存在相当混乱的状况。我们认为，由于这个英文词组的四层含义都有相应的中文单词，所以应该对上述四层含义作出明确区分，即分别用投资银行、投资银行业、投资银行业务和投资银行学来表示这四种含义。本书讲述的就是第四种含义的"Investment banking"——投资银行学。

一、本书的研究背景

投资银行是主营资本市场业务的金融机构，现实中的证券公司、并购顾问公司、基金管理公司、私人股权投资基金等都是投资银行机构。投资银行起源于15世纪的欧洲，于19世纪传入美国，20世纪发展到全球。经过数百年的发展，投资银行已成为金融体系的一个重要组成部分，是资本市场的核心。与之相对应，投资银行学作为一门学科在金融学中并没有得到相应的重视与发展，一个直接原因是投资银行"重口传而轻书授"的行业传统制约了相关理论的传播和发展。

（一）国外投资银行研究的现状

目前国外投资银行研究的现状可以归纳为三方面：重实务、轻理论，重业务、轻组织，重微观、轻宏观。

（1）重实务、轻理论

目前，国外有关投资银行学的文献绝大部分是由投资银行的从业人员写的，这一方面保证了文献在实务操作方面的优势，但另一方面由于作者学识、精力等方面的原因也不可避免地导致了理论上的不足。同时，"重口传而轻书授"

的行业传统使得没有实务操作经验的理论研究者很难对投资银行的实践知识进行理论升华。这两个原因使得投资银行学的研究呈现了重实务、轻理论的现状。

（2）重业务、轻组织

国外投资银行的研究主要着重于投资银行业务，而内部组织管理的研究却相对落后，只局限于投资银行机构自身在实践中的探索。

（3）重微观、轻宏观

国外投资银行研究一般都是从单个投资银行的微观角度出发来考察，而很少从整个行业发展的宏观角度来考察，这主要是因为国外投资银行及整个行业的产生与发展是经济发展的自然结果，政府除进行必要的监管之外很少推动整个行业的发展，从而理论界和实务界也就很少从宏观角度来考察投资银行。

（二）国内投资银行与国外投资银行的差距

与国外发达国家相比，国内投资银行在理论与实践方面都存在很大差距。

（1）实践差距

中国证券市场的发展仅仅只有十几年的历史，而企业的并购重组、风险投资等也都是新近出现的事物，因此，投资银行的发展尚处于起步阶段，无论从个体还是整个行业来说，在质量上与数量上都大大落后于国外发达国家。

（2）理论差距

国内关于投资银行方面的理论研究尚处于引进阶段，因此，存在与国外研究同样的缺点，即轻理论、轻组织、轻宏观，同时还存在只引进不吸收的缺点，不是简单地照搬照抄，就是生搬硬套地应用。另外，投资银行作为一门学科，在中国尚未得到应有的重视与发展，这使得投资银行人才的培养得不到保证。然而，中国经济尤其是资本市场的快速发展，急需投资银行理论与实践的发展，急需培养一大批投资银行方面的人才，因此，如何发展中国投资银行的理论与实践，已成为摆在中国学者面前的一个重大的、迫切需要解决的课题。

二、金融学中的投资银行学

"Finance"一词在国内有多种不同译法，如金融、财务、理财、融资、财政等以及相应的学科。如，"Finance"被译为金融学，"Corporate finance"常常被译为公司财务学或公司理财学，"Public finance"被译为公共财政学或财政学。这种情况与"Finance"一词在英语中本身就有多种含义并且每种含义对应着不同的中文有关，也与我国长期实行计划经济以至于金融现象得不到重视有关。

在英美等英语国家中，"Finance"一词在经济学上有三种含义：① 通过出售股票、债券、票据或其他方式,为企业的新建、重组或扩张筹集必要的资金;② 关于货币信用、银行等活动的理论和实践,包括货币、信用、银行、证券、投资、投机、外汇交易、承销、交易、信托等内容;③ 最初的含义是,政府通过税收和发行国债筹集资金并管理资金使用的行为,现在一般用"Public finance"。

本文中所用的金融学,是就第二种含义中的理论(不包括实践)而言的。更为正式的定义是,金融学是研究如何在不确定的条件下对资源进行跨时期配置的理论和学科。

我们认为,金融学主要包括三个领域的内容:

第一,公司财务学(Corporate finance)。这是从企业的角度来考察金融学,主要研究企业如何通过投资、融资和营运资金的管理,实现股东价值最大化的目标。

第二,投资学(Investment)。这是从投资者的角度来考察金融学,主要研究证券及其组合的投资分析、决策和评价。一般来说,投资可以分为实体投资(直接投资)和证券投资(间接投资),但实体投资一般归于公司财务学的研究,投资学更多的是研究证券投资。

第三,金融市场和中介学(Money and capital markets)。这是从第三者——市场和中介——的角度来考察的金融学,主要研究金融市场上的交易以及各个中介的业务、管理、监督等。

上述三个领域尽管各有相对独立的范畴,但互相联系、互相交叉的内容很多,事实上,他们分别是从不同的角度来考察金融学的。这三个领域的关系可以借助图0.1来说明。

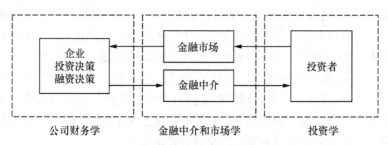

图0.1 金融学的组成结构

国内长期以来一直把金融学理解为由货币银行学和国际金融学两大部分组成的,这无疑与现代投资银行的迅速发展和重大作用的现实不相适应。国内长期作为金融学中心的货币银行学(Money and banking),事实上可以分为商业银行学和货币学两部分,前者是从商业银行的角度来考察金融学,属于金融中介和市场学的范围,而后者讨论的则是宏观问题,所以一般在西方被划归为宏观经济学的范畴。国际金融又被称做国际宏观经济学,同样被划归宏观经济学的范畴。

当然,造成这种认识偏差无疑与我国长期实行计划经济、金融市场并不发达甚至不存在的情况有关。但随着经济的不断发展,尤其是经济体制改革、金融体制改革和企业改革的不断深入以及资本市场的不断发展,这种认识的片面性和不足越来越明显。所以,对整个金融学以及金融学的每一个有机组成部分进行重新认识和深入研究,是十分必要的。

通过对上述金融体系的考察,我们就可以理解投资银行学在金融学中的位置。投资银行学属于金融中介和市场学的范围,是从投资银行的角度来考察整个金融学的。当然,从不同的角度来论述同一内容,其阐述问题的逻辑体系和侧重点就会有所不同,就如公司财务学和投资学之间的联系和区别。

三、投资银行学新体系

本书作者在多年的投资银行教学研究与实践操作的基础上,总结出了一个"投资银行学新体系"。该体系包括"一个中心、两条主线、两条辅线",这个新体系从理论层面上概括了投资银行学的全部内容,也提供了投资银行理论研究的合理范畴。

(一) 一个中心:企业与资产现金流分析的理论与技术

对企业与资产的现金流进行分析的理论与技术是投资银行的基本理论与技术,因为投资银行的所有业务(甚至是整个金融活动)都是围绕着企业与资产的现金流展开的,因此它成为投资银行学的中心。企业与资产现金流分析的理论与技术主要包括企业与资产的价值评估、风险与收益理论(金融资产定价理论)、金融工程原理等。当然,这并不是对金融理论的简单重复,而是从投资银行的角度出发,来重新阐述与应用这些理论。具体而言,在资产证券化的主线中,最重要的就是作为中介机构的投资银行能够为证券的供需双方提供关于被证券化资产的现金流方面的信息;在企业重组主线中,投资银行同样需要为进行重组的有关企业提供企业资产现金流方面的信息。

企业与资产现金流分析的理论与技术作为投资银行学新体系的中心,无疑在整个投资银行学中起到了理论基础的作用。这方面的内容可以说是整个投资银行学中同金融经济学联系最密切的部分,甚至可以说,全面的关于企业与资产现金流分析的理论就是整个金融经济学理论。也正是从这个认识出发,我们才把投资银行学看做是从投资银行的角度来阐述和研究金融学理论的学科。

(二) 两条主线:资产证券化和企业重组

现有的投资银行理论对投资银行的业务理解是孤立、静止的,没有揭示业务之间的内在联系,也没有揭示投资银行业务发展的内在规律。我们认为,投资银行业务不外乎是资产证券化和企业重组这两种思想与方法的交叉应用,只是有些业务中资产证券化的思想和方法更主要一些,有些业务中企业重组的思想更主要一些。资产证券化和企业重组这两条主线可以把投资银行业务系统而有机地贯穿起来。要着重指出的是,这里所指的资产证券化和企业重组并不是投资银行的某一项具体业务,而是投资银行的一种思想观、一种方法论。以资产证券化为主的投资银行业务主要有证券发行上市、证券交易、基金管理、风险投资、信贷资产证券化、项目融资;以企业重组为主的投资银行业务主要有扩张性重组、收缩性重组、结构性重组。

在资本市场的各种业务中,证券化因其便利性、标准性、流动性及收益性最为可观,成为资本运营的高级形式,因而也构成投资银行的一条主线。作为投资银行学主线的资产证券化,主要包括如下内容:① 资产证券化在资产运营中的地位;② 资产证券化趋势的理论分析;③ 资产证券化的原理,包括一个核心原理——被证券化资产(或基础资产)的现金流分析及三大基本原理——资产重组原理、风险隔离原理、信用增级原理;④ 资产证券化的四类业务——实体资产证券化、证券资产证券化、信贷资产证券化、现金资产证券化;⑤ 资产证券化的发展历史;⑥ 资产证券化的最新发展——信贷资产证券化。

投资银行的很多业务都体现了企业重组的思想和方法,而不仅仅体现在我们通常所说的兼并收购(M&A)上。企业重组已经毫无疑问地成为贯穿整个投资银行学的一条主线。投资银行学中关于企业重组的内容主要研究如下问题:① 企业重组在资产运营中的地位;② 企业重组的发展历史和趋势;③ 企业重组的原理和规律;④ 企业重组的三类主要业务——扩张性重组、收缩性重组和结构性重组。

(三) 两条辅线:投资银行的内部组织管理和外部监督管理

整个行业的发展是基于单个微观主体的,对于投资银行业也不例外,如何对投资银行的内部进行科学管理是投资银行学面临的一个重要课题。投资银行的内部组织管理主要包括如下内容:投资银行的组织结构、风险管理、创新管理、人力资源管理的理论与实务。投资银行的组织管理是投资银行的内部环境,因而成为投资银行学研究的一个重要内容。

任何一个行业都离不开政府和社会的监督管理,投资银行业尤其如此。政府和社会是投资银行运行的重要外部环境,它们的监管会在很大程度上影响投资银行业的行为。对投资银行的监管包括政府有关部门和执法部门的监管、有关社会团体(包括投资银行机构组成的协会)的监管以及舆论机构的社会监督等。监管可以使投资银行的行为规范化,但也可能抑制投资银行的创新能力。如何正确理解和实施监管,以在保护投资者利益的同时促进投资银行的健康发展,成为投资银行学研究的一个重要内容。

四、对投资银行学学科建设的若干思考

投资银行学在国内是一个新兴的学科,尚无权威性的学科体系,本书是这方面的一个有益的尝试。要建立一个成熟的投资银行学学科,不是一件容易的事,还有许多问题有待解决。这些问题大致可以分成两类:一类是学科建设的基本问题,它们是投资银行学理论体系的基石,包括投资银行学的定义、研究对象、理论框架、基本原理和规律、研究方法等。另一类是投资银行学的学科发展问题。投资银行学是一门实践性很强的学科,随着投资银行实践的发展,它也在不断地变化。因此,除了基本的理论基础,投资银行当前和未来的发展趋势也是投资银行学的重要研究内容。当然,应该强调的是,正如投资银行学不是投资银行业务的简单罗列,投资银行学的发展也不等于对投资银行新业务的补充介绍,它应该表现为投资银行学整个体系的发展。

以下,我们将对中国投资银行学的学科建设提出一些自己的想法。

1. 必须对投资银行学的学科体系进行研究和讨论

任何一门学科都有其不同于其他学科的相对独立的体系,投资银行学也不例外。要建立投资银行学自己的学科体系,需要对以下几个方面进行深入的思考:

第一,对象,即投资银行学的定义和研究内容以及投资银行学在整个金融学中的合理地位。

第二,原理,即投资银行学的基础理论。它包括投资银行学中的一般概念、基本内容、主要流派及理论价值和实践意义。

第三,方法,即投资银行学所具有的主要研究方法。

第四,应用,即投资银行实务的基本知识。

第五,趋势,即投资银行学理论在国内外研究的现状和发展前景。

2. 扩展学科建设的基础——投资银行学教育的普及

投资银行学的理论价值和实用价值越来越受到人们的重视。为了适应市场经济的发展,满足人们对投资银行学的学习需要,也为了培养更多的投资银行学方面的人才,应该在各个高校普遍设立投资银行学课程,与货币银行学并列开设,并进一步设立投资银行学专业,建立投资银行学的硕士点和博士点。

同时,应当在投资银行学教科书的编写方面作更多的尝试,为教学提供支持。

3. 提供学科建设的组织保证

为了保证投资银行学研究的秩序性和持续性,需设立专门的研究投资银行学的学术团体。比如,高校可联合证券界成立中国投资银行学会,定期召开学术会议,交流心得,定期发行投资银行学的研究性刊物,等等。

4. 采取理论与实务相结合的互动模式

投资银行学是一门理论和实践联系非常紧密的学科。投资银行从业人员需要理论培训,而投资银行学的研究人员和学生也需要实践经验。建立他们之间相互交流的机制,可以使投资银行学在互动的模式下飞速发展。

当然,一门新兴学科的建立需要经历漫长而又艰难的探索过程,不可能一蹴而就,对于投资银行学这样一门在金融学中居举足轻重地位的学科来讲尤其如此。所以,我们既要有成功建设这门学科的信心,也要有长期建设这门学科的毅力。

第一篇

投资银行概论

第一章 投资银行业概述

第二章 投资银行的发展历史与趋势

第一章 投资银行业概述

> ☞ **本章概要** 投资银行是主营资本市场业务的金融机构,本章第一节介绍投资银行的含义概念,第二节对投资银行的三种类型进行介绍,第三节介绍投资银行的职业素质。
>
> ☞ **学习目标** 通过本章的学习,应该掌握投资银行的定义,了解投资银行的三种类型,并且能够从投资银行的职业素质角度进一步理解投资银行及投资银行业。

投资银行仍然是一个极其神秘的金融中介机构。尽管谈论的人很多,但却很少有人能说清楚这种机构的业务范围、功能以及它在经济活动中扮演的角色。

——查里斯·R.吉斯特

第一节 投资银行的含义

简单来说,投资银行是指主营投资银行业务的金融机构。读者很容易发现这其实是个无意义的循环定义,但是它至少给了我们这么一种启示,即如果我们定义了投资银行业务,也就定义了投资银行。

一般来说,投资银行业务由广到窄可以有四个定义:

第一,投资银行业务包括所有金融市场业务;

第二,投资银行业务包括所有资本市场业务;

第三,投资银行业务只限于证券承销、交易和并购顾问;

第四,投资银行业务仅指证券承销和交易。

目前被普遍接受的是第二个定义,即投资银行业务包括所有资本市场的业务。

由此,投资银行可以定义为:投资银行是指主营资本市场业务的金融机构。

由这个定义可知,并不是所有经营资本市场业务(或投资银行业务)的企业都是投资银行,只有那些主营业务为资本市场业务的企业才是投资银行。另外,并不是只有经营全部资本市场业务的企业才是投资银行,只要主营业务是资本市场业务——无论是一项还是二项——的企业都是投资银行。

当然,这个定义是动态的,因为随着资本市场业务的不断发展,投资银行的内涵也在不断发展。正如著名的投资银行家罗伯特·库恩(Robert Kuhn)所言:"投资银行业务是一个有机的过程——经常在变化、发展、进化,任何书籍都无法精确而详尽。"因此,对投资银行的上述定义不应该理解得过于机械。

第二节　投资银行的类型

投资银行可以分为三种类型:大型金融控股公司、全能型投资银行和专业型投资银行。

金融控股公司是提供一站式金融服务的"金融超市",除了投资银行业务之外,还提供包括商业银行业务在内的其他金融业务。这些公司有专门的部门或下属公司从事投资银行业务。汇丰、花旗、摩根大通、德意志银行、瑞银等都是金融控股公司的典型代表,中国的中信集团、光大集团、平安集团就属于此类。

全能型投资银行提供全面的投资银行业务,但不提供投资银行业务以外的其他金融业务。高盛、摩根斯坦利和美林是其中最大的三家,规模较小的还有雷曼兄弟、贝尔斯登等。在中国比较有影响力的有中金公司、银河证券等。

专业型投资银行专注于为某个特定行业提供投资银行服务,或专注于某一类投资银行业务。Sandler O'Neil 和 Greenhill 属于此类,中国的易凯资本、东方高圣也属于此类。

一、金融控股公司

大型金融控股公司现在将投资银行业务纳入了它们的服务范围。在综合的银行业务框架下,欧洲和日本的大型银行一直就同时经营商业银行业务和投资银行业务。在美国,《1999年金融服务现代化法》生效后,投资银行业务也成为美国大银行的必备业务。在中国,中信集团、光大集团、平安集团等也逐渐发展成了金融控股公司。

1. 汇丰集团

汇丰集团提供个人金融服务、商业银行业务、投资银行业务以及私人银行业务。投资银行业务主要由公司、投资银行和市场部门以及金融和顾问服务部门提供。

(1) 公司、投资银行和市场部门:为政府、公司和机构客户提供精心设计的金融解决方案,通过将客户分为不同类别,其服务团队可以联合营销经理和产品专家为满足个别客户的需求设计金融解决方案。

(2) 金融和咨询服务部门:提供资本募集、公司金融和顾问服务,同时也提供项目融资和出口融资服务。资本募集包括募集债务和权益资本、结构性融资和银团融资;在公司金融和顾问方面,汇丰在并购、发行上市、私有化和资本重组等领域提供服务;在项目和出口融资方面,为出口商、进口商和金融机构提供无追索权的融资服务。

2. 瑞银

瑞银是一家全球性金融服务公司,它拥有各种客户资源,包括大量的个人、公司、机构和政府。瑞银的投资银行部门为全世界的机构和公司客户、中介、政府和对冲基金提供全面的投资银行服务:

(1) 公司:涵盖并购、股票、债券市场。

(2) 机构:提供股票、固定收益、利率和外汇、研究、销售、交易、代理和电子商务服务。

(3) 对冲基金:作为初级经纪人提供全球清算服务、托管、融资和全面的账户服务,同时也为这些基金提供外汇和固定收益交易平台。瑞银还在超过30个市场为所有的交易提供证券和现金账户的结算和清算服务,其综合后台部门通过一个独立的合约为对冲基金提供全面的运行和融资选择的便利,使得对冲基金能够在全世界范围实现一周七天的运作。

(4) 政府:为政府和中央银行提供融资和私有化服务。

(5) 个人:为个人客户提供专业的风险管理服务以及结构性产品和衍生产品。

(6) 私人股权投资基金:为外部管理的私人股权投资基金融资,也能为公司募集用于增长和收购的资本。

(7) 银行、经纪人和顾问公司:作为"银行的银行",它在全球范围内为银行、经纪人和顾问公司提供服务,在不增加相应开发成本的情况下,提高有效收益,改善客户服务。

3. 花旗集团

花旗集团包括四个业务部门:全球消费者部门、公司和投行业务部门、全球投资管理部门和全球财富管理部门。此外,它的特殊投资部门提供许多特别的投资方式,包括对冲基金、私人股权投资基金、房地产投资、其他私募与特殊投资机会。花旗的四个部门提供的服务包括：

(1) 全球消费者服务：为消费者提供的产品包括银行服务、信用卡、贷款和保险。

(2) 公司和投行业务服务：为公司、政府和机构投资者提供顾问服务，以最优的途径实现它们的战略目标。花旗为发行人和投资人创造解决方案，也向他们提供资本和市场上的便利，提供支付和现金管理解决方案。

(3) 全球投资管理服务：为包括从初级投资者到富人以及大机构在内的公共和私人客户提供投资管理和相关的服务，为其提供支持的有斯密斯巴尼、所罗门兄弟、花旗银行等公司。全球退休服务公司为客户的退休和养老金计划需求服务。

(4) 全球财富管理服务：包括花旗私人银行、斯密斯巴尼公司和斯密斯巴尼全球股票研究公司，为私人和机构客户提供机构式的财富管理服务。

4. 中信集团

中信集团提供银行、保险、投资银行等全面的金融服务，分别由下属公司经营。

中信银行和嘉华银行提供商业银行业务；信诚保险提供保险业务；投资银行业务则主要由中信证券、中信建投、中信信托、中信基金、华夏基金等提供。其中，中信证券和中信建投提供证券承销、交易、并购顾问等服务，中信信托、中信基金和华夏基金提供投资管理服务。

二、全能型投资银行

全能型投资银行提供全面的投资银行业务，但不属于金融控股公司的一部分。

1. 高盛

高盛的目标是为公司、金融机构、政府和具有巨额财富的人士提供投资银行和证券业务服务。因此，它并不涉足零售经纪服务，它获取收入的行为被划分为三个部分：投行业务部门、交易和直接投资部门、资产管理和证券服务部门。

投行业务部门按照地区、产品和行业组织分类，主要业务是承销和财务顾问。承销包括公开上市以及股票和债券的私募发行，财务顾问包括并购、分立、公司防御行为、重组和分拆。

交易和直接投资部门从事股票和固定收益、货币、商品以及衍生产品的做市和交易。这个部门包括三类业务：① 固定收益、货币和商品：从事固定收益、货币、商品合约的做市和交易,设计和从事衍生产品买卖,也从事非公开市场的交易和套利。② 股票:从事股票和相关衍生品的做市和交易,并拥有一个相应的专家化管理团队。③ 直接投资:代表了高盛的商人银行业务。高盛直接或者通过它管理的基金进行直接投资。

在资产管理和证券服务部门,资产管理业务包括为共同基金、为客户管理的独立账户和商人银行基金等提供顾问服务,证券服务业务包括初级经纪、融资、融券和账户匹配操作。账户匹配操作,是指回购和逆回购的期限互相匹配时的回购协议交易。

2. 摩根斯坦利

摩根斯坦利将它的服务划分为信贷服务部门、个人投资部门、投资管理和机构证券部门。

信贷服务部门在 Discover 金融服务部门的管理下经营,提供的服务包括 Discover 卡、摩根斯坦利卡、住房抵押贷款、年金和保险。

个人投资部门为投资者提供顾问服务和私人财富管理。

投资管理部门的业务包括几个重要的业务领域。传统投资包括共同基金、独立管理账户、个体投资信托和可变年金。特殊投资包括私人股权投资基金、对冲基金、基金的基金、管理期货、房地产投资。退休金服务涵盖的范围包括了固定缴款和固定收益。此外,该部门还为融资和房地产投资计划、信托服务和证券支付等提供顾问服务。

机构证券部门由投行业务部门、研究部门、摩根斯坦利国际资本公司(MSCI)组成。MSCI 负责编制全球的股票、固定收益和对冲基金指数。投行业务包括证券承销、股票和债券的机构销售和交易、并购顾问服务、公司金融和房地产投资。

3. 中金公司

中金公司总部设在北京,在香港设有子公司,在上海设有分公司,在北京、上海和深圳分别设有证券营业部。中金公司现有六个主要业务部门:投资银行部、资本市场部、销售交易部、研究部、固定收益部和资产管理部。另外,中金公司还设有完整的后台支持部门以及信息技术和风险控制系统。

中金公司的业务包括:

(1) 人民币普通股票、人民币特种股票、境外发行股票、境内外政府债券、公司债券和企业债券的经纪业务。

(2) 人民币特种股票、境外发行股票、境内外政府债券、公司债券和企业债券的自营业务。

(3) 人民币普通股票、人民币特种股票、境外发行股票、境内外政府债券、公司债券和企业债券的承销业务。

(4) 客户资产管理业务。

(5) 基金的发起和管理。

(6) 企业重组、收购与合并顾问。

(7) 项目融资顾问。

(8) 投资顾问及其他顾问业务。

(9) 外汇买卖。

(10) 境外企业、境内外商投资企业的外汇资产管理。

(11) 同业拆借。

三、专业型投资银行

专业型投资银行并不提供全面的投资银行业务,而只是专注于为某个特定行业提供投资银行服务或专注于某一类投资银行业务。

1. Sandler O'Neill

Sandler O'Neill 专业服务于金融机构,这家公司能够为客户募集资本、提供研究服务、承担做市商的角色、担当并购顾问、从事证券交易。它的服务范围涵盖了互助到上市的转化(从会员共同所有制到成为上市公司)、贷款组合重构、战略规划、资产负债表利率风险管理。

Sandler O'Neill 的投资银行业务团队专注于非互助化、并购顾问、公平意见、杠杆收购和管理层收购、战略问题。资本市场部门专注于服务于金融机构的可转换债券和服务于银行、储蓄贷款协会、保险公司的集合信托优先交易证券。在资产负债表管理方面,它向客户提供增加收入和管理利率风险的技术;此外,它还从事各种固定收益债券的承销和交易,其研究覆盖了金融服务公司。除了面向大的发行人之外,它还定位于经常被那些华尔街的明星公司所忽略的小规模发行人。另外,它的住房抵押贷款融资部门还包括了正常贷款和不良贷款的组合,它还致力于批发贷款的交易。Sandler O'Neill 的股票交易部门专注于金融机构,其目标是增强股票的流动性和分散程度。

2. Greenhill

Greenhill 是一家专注于并购、财务重组和商人银行业务的专业型公司,从事研究、交易、借贷和其他相关活动,是一家独立公司,不存在利益冲突的问题。

Greenhill 公司的并购实践涵盖了买方、卖方、合并、特殊交易和跨界交易服务。卖方顾问提供的服务包括向目标公司、董事会特别委员会、打算卖出股票的股东介绍接受出价的好处。买方顾问的任务主要是对购买股票和资产提供建议。Greenhill 也为美国和跨界的合并计划交易项目服务。它作为美国司法部门顾问的例子包括司法部针对微软的案件以及安然破产的案件等。

Greenhill 的另一个实践领域是为重组提供顾问，它为债务人、债权人和潜在的收购公司面临的或经历的重整、再融资或者庭外和解提供顾问。

商人银行业务服务的目的是寻找私下的投资机会，并与强有力的管理团队合作。Greenhill 公司专注于私人股权投资基金资产管理。Barrow Street 资本公司是 Greenhill 的一家合作公司，在房地产投资管理方面提供专业化的服务。

3. 易凯资本

易凯资本是一家中国的私人投资银行，专业服务于：传媒、娱乐、电信、互联网及 IT，消费品及零售。这家公司能够为客户提供跨国并购及合资顾问、重组、私募融资和海外上市等多项投资银行服务。

4. 东方高圣

东方高圣是一家专注于并购顾问的中国投资银行，它为中国高速成长的中型国有企业和民营企业提供并购顾问服务。

第三节 投资银行职业素质

一、基本素质

无论在哪一家投资银行工作，要想获得事业成功，都必须具备以下素质。

第一，要学会自律，而且要有毅力。资本市场并不总是朝着我们预想的方向发展。这个时候，你必须保持乐观、自律，坚持完成余下的工作。从这个意义上说，在校成绩优异，并且学业与课外活动均衡发展的学生可能更容易获得成功。

第二，要对你从事的工作充满激情。激情、守信和市场知识是成功的三大法宝。一个基本的要求是要对当前市场上发生的大事有所了解，投资银行就是要挑选具备这些知识的学生。现在，很多大学都开设了学生管理投资基金的课程，在这些课程中，学生可以按照自己的设想，对捐赠资金设计不同的投资组合。参与这些课程并且(或者)参与这些组合的实施可以让学生对真实世界有切实的体验，而这正是那些潜在的投资银行雇主们所看重的品质。

第三，具有个人技能以及沟通能力。对于所有金融服务业的公司而言，沟通和团队精神都是不可或缺的品质。具有成功潜质的人沉稳而充满自信，并且能够感染其他人。强烈的求知欲是一个基本的要求。重要的是,信奉陡峭的学习曲线并不意味着要束缚你达到或者追求卓越的愿望,这一点很重要。同时,投资银行还招聘那些具有很强的主动性,不仅能在单打独斗的环境里挥洒自如,而且作为团队的一分子也能与他人密切合作并获得成功的人。

第四,具有领导力和团队精神。无论在什么情况下,只要有可能,团队里的每一位成员都要达成共识,并按照共识行事。团队里的所有成员都必须得到其他成员的承诺,把各自的工作做好。对于成员来说,工作上的竞争的确存在,但主要是和外部市场的竞争,而不是和团队内成员的竞争。要在投资银行业获得职位,领导力很重要。领导力并不是说一定要超过周围的同事,而是说要像一个领导一样思考问题——主动地从不同角度思考问题,为那些可能已经运作良好的流程和制度寻求改进的办法,乐意为客户或同事提供额外帮助。

第五,诚信是一切商业活动的基础,在投资银行业尤其如此。无论对个人而言,还是对职业生涯来说,信任是业务的核心。一旦你成为团队中的一分子,大家对你的期望就是保持最高的道德水准,并保证所做的一切都符合公平原则。企业只愿意雇用那些他们认为具有以上品质的人。

第六,要有被挑战的渴望。华尔街就是靠着挑战而繁荣起来的,华尔街的人们一直在寻找新的、更好的业务模式。你应当渴望挑战,向往那种能够让你的智力与热情发挥到极致的工作。

二、职业道德

职业道德是投资银行的立身之本,因为职业道德是产生信任的源泉,没有客户的信任,投资银行将无法生存。因此,职业道德已经成为投资银行十分重要的特征。在这部分,我们将讨论投资银行的职业道德环境、职业道德问题及解决方法。

(一)职业道德环境

对投资银行职业道德环境产生影响的有四个主要因素。

1. 投资银行的外部监管

投资银行业总在不断地发生变化,产生这种变化的一个重要原因就是投资银行监管环境的变化。对投资银行业的监管包括政府有关执法部门和证券监管部门的监管、证券交易所和行业自律组织的监管、舆论等社会监督,它们的监管会在很大程度上影响投资银行的职业道德。

2. 公司规定与传统

每个投资银行都有自己的管理条例、规则和程序,这些规定对投资银行的影响非常直接、明显。首先,不同的投资银行有不同的条例、规则和程序,因此,不同公司的职业道德约束机制就不相同。其次,投资银行在其发展过程中已经形成了自己独特的职业道德标准、传统、理想目标和激励机制,这些东西作为一种传统的力量在影响着投资银行的职业道德。

3. 与价值最大化目标及金钱的平衡

投资银行是一个庞大的金融企业,它的目标是追求企业价值最大化。没有哪个行业像投资银行业这样把所有的心思都集中在金钱上,而且,它所涉及的金钱数目巨大,在这种情况下,如何保持金钱和职业道德的平衡就非常重要。

4. 整个社会的道德风气

根据周围的道德水平和道德标准来确定自己的行为准则是包括投资银行家在内的大部分人的心态,因此,整个社会的道德风气对投资银行的职业道德也有很大影响。

(二)职业道德问题

投资银行业中有很多道德问题,下面列举了有代表性的几个,目的在于借此引发我们的思考。

1. 利益冲突

这是内容最多和范围最广的一个问题。当一家投资银行参与的交易涉及多方利益的时候,就容易产生利益冲突。也许它会代表交易中对立双方的利益,也许在交易中会偏向于个人的金融利益,甚至还会涉及亲朋好友的利益,这都是对投资银行职业道德的考验。

2. 泄露客户的商业机密

保守机密在所有的商业活动中都是很重要的,对于投资银行业来说更是如此,为客户保守秘密是投资银行业道德的一个主要内容。从某种意义上说,投资银行业是以信息为服务内容的行业,信息是投资银行业的生命线。为客户保守机密不仅有助于保护客户的利益,而且也有助于提高投资银行的信誉。泄露秘密将给客户和自己带来不堪设想的后果,所以,投资银行应该在各种场合都保持冷静,应该清楚说话的时机、对象和内容。

3. 信息披露不充分

投资银行有为客户保守机密的义务,同时它还承担着向投资公众披露有关信息的责任,这是在对待客户信息方面两个相反的行为。从表面上看,这两者是矛盾的,但从市场的角度看,都是为了维护市场的公平和效率。事实上,很难在保守机密和信息披露二者之间求得绝对的平衡。投资银行和证券发行者往往会借口保守机密而不及时披露某些重要信息,这样做无疑有利于投资银行和证券发行者,但对投资公众来说是不公平的。证券发行者有责任向公众披露完整正确的信息,遗漏重要事实的信息披露和错误陈述都是不道德的,要受到相关惩罚。投资银行必须尽其所能地确保发行者披露的信息的完整性和正确性,这就要求投资银行对企业进行尽职调查。

4. 内幕交易

利用内幕消息进行直接或间接的交易并从中获利是一种不道德的行为,它破坏了市场的公平与效率原则。产生内幕交易的制度原因在于市场的不完善性,信息对不同的人来说是不对称的,某些人利用各种条件获取内幕消息并运用这些消息进行交易而获利,其他没有能力和机会获得这些信息的人的利益就可能会受到损害。更严重的是,现在有些投资银行家已经把从事内幕交易(如操纵股价)作为它日常业务的一部分,这种行为污染了整个投资银行业。

除了上面提到的四个方面外,投资银行还会在诸如信息收集、信息传播、私下交易、客户关系、手续费等很多方面出现道德问题。

(三) 职业道德问题的解决

对投资银行业的道德问题有很多的解决方法,归纳起来大致有以下几种:

1. 据实承诺

投资银行业的一个道德问题就是许诺过多而兑现不足。尽管在短期可以赢得生意,但从长期来看,却是搬石头砸自己的脚,使客户对其失去信心。据实承诺是指投资银行在向客户许诺的时候,不要过于吹嘘自己的能力,给客户开空头支票,而要根据自己的实际能力来许诺。

2. 保守机密

泄漏客户的机密是投资银行很典型的一个职业道德问题,对此有一个最简单的解决方法,即不要告诉他人那些不必要告诉的东西,这里唯一可做文章的地方是什么是"不必要告诉的东西"。大多数投资银行往往会开列一张限制性名单,列出与投资银行业务有关系的一些公司的名字,这些公司及其相关情况都属于保密的范围。这个限制性名单还要求投资银行从事相关交易、销售、并购等业务的雇员不能买卖名单上所列公司的证券。此外,部门分割也是为客户保守机密的一个方法,这种方法要求相关各部门的人员对其知晓的信息保持缄默,不对本部门以外的人员传播这些信息。例如,当公司的财务人员知道公司信托部门投资的企业即将破产时,他们应该保持沉默。

3. 尊重法律

在这个赚钱就是一切的行业里,非法行为看起来往往是成功的捷径,但是帮助客户从事非法或有悖道德的活动会使投资银行及其客户公司走上犯罪和破产的道路,会使他们受到道德的惩罚和法律的制裁。所以,投资银行有义务建议客户不要违法,同时,投资银行自己也应该遵守法律,为客户和同行作出表率。

4. 诚实和坦率

投资银行业是建立在信任基础上的行业,客户公司为投资银行所提供的服务支付了巨额酬金,因此,投资银行有一种义不容辞的义务,他们不能夸大自己感觉的正确性而辜负了客户的信任。投资银行在向客户提供建议的时候,应该说清楚其建议的可信度,如果对某些事情还没有把握或尚在猜疑中,也应该对客户坦言相告。实际上,客户是会欣赏这种诚实和坦率的,它带来的将是长期的信任和合作。

三、专业技能

每个行业都有自己的专业知识和专门技能,对投资银行业来说,这种知识和技能方面的专业性要求更高,其具体内容主要包括以下几个方面:

1. 金融学知识和金融理论

金融学构成了整个投资银行的知识基础,而金融理论则提供了用于建立金融学的原始材料。只有对某些金融技术的理论有深入的了解,才可能更好地运用这一金融技术。本书将在后面的章节中对与投资银行有关的金融理论进行详细阐述。当然,金融理论再怎么重要,也不足以单独地造就成功的投资银行家。

2. 经营才能和行业专长

经营才能和行业专长不应被忽视和低估,第一流的投资银行家懂得一般的经营原理和行业的特殊性,能够为客户提供出色的服务。他们善于对公司进行分析,善于把握不断变化的行业竞争结构并能洞察出企业成功的因素,还善于将不同金融工具的技术特征与公司现在的业务需求结合起来,以完成对最佳融资方案的设计与实施。这些都是投资银行业专业知识基础中非常重要的部分。

3. 金融实践经验

金融实践经验是投资银行业专业知识体系的一部分,从千百例金融实践中积累起来的经验是开展未来业务的坚实基础。借助于自己的理解力,对过去的金融实践经验进行回顾和总结,会有助于改进和提高未来的工作。例如,凭借多年来积累起来的并购经验就可以更有效地帮助现在从事并购活动的客户在将来获得更大的成功。但是,丰富的金融经验和扎实的金融理论一样,对造就杰出的投资银行家来说也是不充分的,它们两者只是投资银行业专业知识体系的一部分。

4. 市场悟性和远见

投资银行业务既是一种艺术,也是一门科学,在这里,市场悟性和远见与技术分析具有同等重要的意义。最优秀的投资银行家总是能在恰当的时候做出合适的决定,而他们在做决定时更多的是靠直觉而不是靠分析。

5. 人际关系技巧

人际关系技巧(与人共事的能力)也不能被忽视,它也是投资银行业专业知识体系的一部分。投资银行业属于服务性行业,它的每一项业务都必须同人打交道,因此,处理人际关系的能力对投资银行业的重要性是显而易见的。

高盛的商业原则

1. 客户利益至上。我们的经验表明,只要对客户尽心服务,成功就会随之而来。

2. 我们最重要的三大财富是员工、资本和声誉。三者之中如有受损,最难重建的是声誉。我们不仅要致力于从字面上,更要从实质上完全遵循监管我们的法律、规章和职业道德准则。持续的成功有赖于坚定地遵守这一原则。

3. 我们的目标是为股东带来优越的回报,而盈利就是我们实现优越回报、充实资本、延揽和保留最优秀人才的关键。我们慷慨地与员工分享股权,使员工与股东的利益一致。

4. 我们为自己的专业素质感到自豪。对于所承担的一切工作,我们都凭着最坚定的决心去追求卓越。尽管我们的业务量大而覆盖面广,但如果我们必须在质与量之间取舍的话,我们宁愿选择做最优秀的公司,而非最庞大的机构。

5. 我们的一切工作都强调创意和想象力。虽然我们承认传统的办法经常是最恰当的选择,但我们总是锲而不舍地为客户构思更有效的方案。许多由我们开创的操作方案和技术后来成了业界的模本,我们为此感到骄傲。

6. 我们尽最大的努力去为每个工作岗位物色和招聘最优秀的人才。虽然我们的业务额以亿万美元计,但我们对人才的选拔却是以个人为基础,精心地逐一挑选。我们明白在服务行业里,缺乏最拔尖的人才就难以成为最拔尖的公司。

7. 我们给员工提供的事业发展机会比大多数其他公司都要多,进程亦较快。擢升的条件取决于能力与业绩,而我们最优秀的员工拥有无穷的潜力,能承担最艰巨的职责。我们的员工能够反映我们经营地区内社会及文化的多元性,这是公司成功的一项要诀,这意味着公司必须吸引、保留和动员有不同背景和观点的员工。我们认为多元化是一条必行之路。

8. 我们一贯强调团队精神。在不断鼓励个人创意的同时,我们认为团队合作经常能带来最理想的效果。我们不会接受那些置个人利益于公司和客户利益之上的人。

9. 我们对公司的奉献和对工作付出的努力和热忱都超越大多数其他机构的雇员。我们认为这是我们成功的一个重要因素。

10. 我们视公司的规模为一种资产,并对其加以维护。我们希望公司的规模足以承办客户构思的任何大型项目,同时又保持适度的灵活性,以更有效地保持服务热情、紧密关系与团结精神,这些都是我们极为珍视又对公司成功至关重要的因素。

11. 我们尽力预测不断变化的客户需求,并致力于发展新的服务去满足这些需求。我们深深明白金融业环境的瞬息万变及满招损、谦受益的道理。

12. 我们经常接触机密信息,这是我们正常客户关系的一部分。违反保密原则或是不正当或轻率地使用机密信息都是不可原谅的。

13. 我们的行业竞争激烈,故此我们积极进取地寻求扩展与客户的关系。但我们坚决秉承公平竞争的原则,绝不会诋毁竞争对手。

14. 公正及诚信是我们业务原则的中心思想。我们期望我们的人员无论在工作上还是在私人生活上同样保持高度的道德水准。

资料来源:高盛网站。

本章小结

- 投资银行是指主营资本市场业务的金融机构。
- 投资银行可以分为三种类型:大型金融控股公司、全能型投资银行和专业型投资银行。金融控股公司是提供一站式金融服务的"金融超市",除了投资银行业务之外,还提供包括商业银行业务在内的其他金融业务,这些公司有专门的部门或下属公司从事投资银行业务。全能型投资银行提供全面的投资银行业务,但不提供投资银行业务以外的其他金融业务。专业型投资银行专注于为某个特定行业提供投资银行服务,或专注于某一类投资银行业务。
- 要想在投资银行获得事业成功,必须具备以下素质:学会自律,而且要有毅力;对从事的工作充满激情;具有个人技能以及沟通能力;具有领导力和团队精神;诚信;有被挑战的渴望。

● 职业道德是投资银行的立身之本,因为职业道德是产生信任的源泉,没有客户的信任,投资银行将无法生存。因此,职业道德已经成为投资银行十分重要的特征。

● 每个行业都有自己的专业知识和专门技能,对投资银行业来说,这种知识和技能方面的专业性要求更高,主要包括以下几个方面:金融学知识和金融理论、经营才能和行业专长、金融实践经验、市场悟性和远见、人际关系技巧。

思考题

1. 如何理解投资银行的定义?
2. 试述投资银行的三种类型。
3. 你认为要在投资银行取得事业成功,需具备哪些素质?
4. 试述职业道德对投资银行的重要性。
5. 投资银行业的专业技能主要包括哪些?

第二章　投资银行的发展历史与趋势

☞ **本章概要**　任何事物都有一个发生发展的过程,投资银行也不例外。因此,详细考察投资银行的原始形态以及它的历史演进过程,有利于了解投资银行的本质与职能以及未来发展的趋势。本章对投资银行的发展历史和未来趋势进行分析,第一节介绍投资银行的发展历史和现状,第二节介绍投资银行的发展趋势。

☞ **学习目标**　通过本章的学习,应该大体了解美、英、日等发达国家的投资银行发展历史与现状,掌握投资银行的四大发展趋势的内涵,并在此基础上掌握中国证券市场的发展历史和现状。

历史是人类进步的记录,是人类的思想、人类的精神朝着某些已知的或未知的目标发展的坎坷记录。

——夏瓦哈莱·那赫鲁

第一节　投资银行的发展历史和现状

一、美国投资银行的发展历史与现状

各国投资银行的产生和发展同各国经济的发展密切相关,美国投资银行的发展史可以说是美国几百年经济发展历程的真实写照。美国投资银行的历史可以追溯到19世纪初期。目前公认的美国最早的投资银行是1826年由撒尼尔·普莱姆创立的普莱姆·伍德·金投资银行。与欧洲的投资银行业相比,美国投资银行的历史短、起步比较晚,但其发展相当迅速,可以说后来居上。美国投资银行的发展历史大致可以分为以下几个阶段。

（一）投资银行的早期发展

在早期的发展中,投资银行的业务从汇票承兑、贸易融资发展到政府债券、

铁路债券的发行和销售,产生了一些具有影响的投资银行,如摩根斯坦利、美林、高盛、雷曼兄弟等。到 1929 年经济大危机前,投资银行的控制范围已经扩大到整个经济领域,如 1912 年摩根财团控制了美国钢铁公司、美国电报电话公司、纽约中央铁路公司、几家全国最大的保险公司等,控制着 240 亿美元的资产。20 世纪 20 年代持续的经济繁荣使华尔街成了狂热投机的集中地,成为经济危机的始作俑者。

(二) 金融管制下的投资银行

对投资银行的法律管制是从 1929 年大危机后开始的。从美国开始的金融危机波及全球主要资本主义国家,为了防止危机的再度爆发,美国对金融业进行了严格管制。

1914 年第一次世界大战爆发,给美国带来了暴利。战后美国经济空前发展,资本市场蒸蒸日上,美国的基金业务开始兴盛,投资银行、商业银行和投资公司等金融机构积极拓展基金业务,纷纷成为基金的发起人。但美国的联邦法银行制度和州法银行制度却没有有关法律。

1929 年 10 月,美国股市暴跌,经济陷入大萧条时期。到 1932 年,股市市值仅剩下危机前的 10%。为了防止危机的再度出现,多项重要法律相继出台。1933 年制定了证券法和银行法(即《格拉斯—斯蒂格尔法》),1934 年制定了证券交易法,1940 年制定了投资公司法和投资顾问法。这些法律将证券业务置于联邦政府的严格监管之下,使原来法律法规一片空白的证券领域突然之间成为立法最为严厉的领域。

在这一系列立法中,对投资银行业务影响最大的是《格拉斯—斯蒂格尔法》。这一法律将商业银行业务与投资银行业务严格分离开来,其中包括:《联邦银行法》管辖下的银行与其证券子公司完全分离;商业银行除国债和地方债券外,不得从事证券发行和承销业务;禁止私人银行兼营存款业务和证券业务。

(三) 放宽限制下的投资银行

1975 年,证券和交易委员会(SEC)放弃了对股票交易手续费的限制,实行手续费的完全自由化,此举成为美国证券市场自由化的象征,对后来美国证券市场的发展产生了实质性的影响。交易手续费的自由化使美国投资银行的收入结构发生了根本的变化。自由化以前,股票交易手续费收入占美国投资银行总收入的一半以上,10 年后的 1985 年,手续费收入不及总收入的 20%。佣金收入的减少促使美国投资银行不得不寻求新利润来源而重新调整发展战略,由此便产生了证券公司经营模式的分化现象,主要分化为三大类型:第一类,注重固定收入的资产管理业务,围绕投资理财、投资咨询开展业务,美林就属于这一类;第二类,以二级市场自营业务和兼并收购中介业务为主,偏向高风险与高收益业务,雷曼兄弟属于这一类;第三类,专业于经纪业务,利用信息手段降低交易成本,以提供廉价交易服务为主,查尔斯·韦伯是这一类"折价经纪商"的典型代表。折价经纪商通过电话、传真、电脑等通信工具为顾客提供廉价的交易服务,其主要特点是交易方法简便、交易成本低。进入20世纪90年代后,围绕价格的竞争越演越烈,产生了新的"网上经纪商"。

(四)从分业经营到混业经营

投资银行与商业银行的分业与混业一直是美国在政策与立法中争论的主要问题之一。20世纪80年代以来,随着世界一体化的发展,分业型的金融体制无法适应国际市场竞争的需要,投资银行和商业银行分业管理限制了美国投资银行的发展。因此,要求混业经营的呼声越来越高。从80年代以来,美国逐渐放宽了投资银行的业务限制。经过十几年的努力,最终于1999年11月通过了《金融服务现代法案》,为混业经营创造了法律前提,美国将诞生集多项金融业务于一身的"金融超级市场",向全能银行的模式发展。

二、英国商人银行的发展历史与现状

英国是当今世界投资银行历史最悠久的国家之一,在英国,投资银行称为商人银行。从职能上看,这种商人银行又与美国的投资银行不完全相同,英国的投资银行不仅从事证券业务,还从事普通商业银行的存贷款业务。与美国投资银行相比,英国的商人银行历史更悠久。

16世纪中期,随着英国对外贸易和海外殖民扩张的开始,英国的各种贸易公司开始通过创建股份公司和发行股票的方式筹集大量资金,以分担海外贸易中的高风险。英国的商人银行也从为国际贸易提供承兑便利的业务中发展起来。此后,随着大量的股票、债券的发行和证券交易的日益活跃,英国的商人银行逐步壮大起来,一些实力雄厚的大银行,如巴林银行在证券市场和整个国民经济中都发挥着举足轻重的作用。然而一战以后,随着英国国际经济、金融中心地位的不断下降,英国的商人银行的发展也逐渐放缓。直到20世纪70年代,这一局面才有所改观,商人银行开始重振雄风。

这一改观主要得益于20世纪70年代以后英国经济中发生的一系列重大变化,这些变化主要有以下三个:民营化、企业并购浪潮和证券市场变革。

首先,20世纪70年代末80年代初,英国政府掀起了"民营化"的浪潮。70年代的两次石油危机使英国陷入萧条,财政部为了充分利用市场机制来促进竞争和提高效率,开始进行国有企业的民营化改革。民营化采用公开上市、私募、出售国有资产、重组或分割、注入新的私人资本等形式进行。在民营化过程中，私人银行可以提供广泛的服务，包括帮助制定国有企业出售方案、为股票上市提供咨询服务或代理发行等。在英国铁路公司、国家货运公司、电信公司等诸多行业的民营化过程中，许多商业银行，如巴林、华宝、施罗德等都有过出色表现。民营化使商人银行和企业建立了密切的关系，为以后进一步扩展投资银行业务打下了基础。

其次，20世纪80年代的兼并收购风潮推动了商人银行业务的进一步发展。许多商人银行利用自有资本或代为管理的共同基金积极参与企业的收购和合并。1987年，英国公司并购美国公司的资产总值达317亿美元，这些并购基本上是依靠英国商人银行的协助与筹划才得以完成的。1994年底对全球跨境并购业务的统计表明：当前全球前十大跨境并购业务中有六桩有英国商人银行的参与。英国商人银行在并购风潮中获得了丰厚的利润，同时，在全球投资银行业中也占据了举足轻重的地位。

最后，1986年英国证券市场的重大改革为商人银行的发展创造了新的契机。英国伦敦证券交易所在第一次世界大战之前是世界上最大的证券交易所。二战以后，随着英国经济实力的下降，伦敦证券交易所的地位先后落到纽约证券交易所和东京证券交易所之后，迫使其加强自身管理，拓展业务广度和深度，从而重新恢复了其在世界证券市场中的领先地位。利益的驱动和来自世界证券市场的竞争压力，使英国感到自身以中小投资银行为主的证券交易所难以与美、日以大投资银行为支柱的证券交易所和西欧大陆以大商业银行为主体的证券交易匹敌，因而进行了大刀阔斧的改革，并于1986年10月通过了《金融服务法案》，冲破了英国商人银行和商业银行严格的业务界限，允许英国的商业银行直接进入投资银行领域，此举标志着英国商人银行和商业银行混业经营的开始。一方面，这为商业银行开辟了新的投资途径；另一方面，在实力雄厚的商业银行取得了同等的竞争地位之后，商人银行面临生存威胁，进行了大规模的合并，剩下的商人银行规模增大，业务重心也从"全能战略"转向"主攻优势战略"，发挥各自的专长，主要致力于专业化的服务，如公司财务咨询和投资管理业务。

在经历了民营化、企业并购浪潮以及证券市场变革以后，英国的商人银行逐步发展壮大起来，形成了与商业银行共同经营投资银行业务的格局。

三、日本证券公司的发展历史与现状

日本的证券公司历史悠久，早在明治维新时期就出现了证券公司的雏形。

然而，由于历史的原因，间接融资在日本的金融体系中始终占有极其重要的地位，大财阀雄厚的资金实力也为经济的发展提供了充足的物质基础。因此，长期以来日本的证券市场始终处在发展非常缓慢的状态中。直到二战以后，日本的证券市场才逐渐活跃起来，证券公司也随之发展起来。

二战以后，由于财阀的解散，间接融资在日本金融体系中的中心地位逐渐动摇，再加上战争期间国民经济遭受重创，仅仅通过银行融资根本不能满足经济发展的需要。1947年，日本政府颁布了《证券交易法》，标志着投资银行和商业银行分业经营模式的确立和现代投资银行业的诞生。20世纪60年代，随着日本经济的腾飞，日本的证券公司也飞速发展起来，在为国民经济发展筹集资金方面发挥了巨大的作用。与此同时，日本政府开始逐步开放资本市场，日本的证券公司也跨出国门，在国际资本市场中占据重要地位。

由于历史的原因，日本的投资银行业始终缺乏充分竞争的市场机制，垄断相当严重。60年代以后，行业集中加剧，形成了以野村、大和、日兴、山一证券公司为主，新日本、三洋证券公司次之，同时有其他小券商并存的格局。四大券商在很大程度上操纵和控制着日本证券市场，它们包揽了一级市场上80%的承销业务，二级市场上的大宗买卖也多由他们代理，外国公司在日本发行的债券或上市股票的80%由四大证券公司承销，加上他们间接控制的一些中小证券公司，四大公司的垄断地位难以动摇。

日本投资银行业缺乏充分竞争机制还表现在固定费率上，它们以手续费为主要收入。日本证券公司的证券零售代理和交易业务占全部业务的比重较大，这一点有别于美国超一流的投资银行，后者不像日本那样在全国各地开设众多的证券营业部，因此盈利中只有极少部分来源于这些业务。日本证券公司一直实行固定费率制，即按照代理买卖交易量的一定比率收取手续费，缺乏灵活性。而美国等西方国家的投资银行早就在代理业务费上引入了竞争机制，实行协议佣金制，手续费收入在其总收入中的份额呈递减趋势，一般不超过30%。日本的固定费率制度给日本的证券公司带来了可观的收入，因而手续费一直占证券公司收入的很大比重。固定费率制减少了价格竞争的可能性，稳定了日本证券公司和其客户的长期关系。大企业和机构投资者多通过四大证券公司从事证券交易，从而为它们带来了可观的手续费收入。在互惠互利的基础上，证券公司秉承"追随客户"的原则，倾其所能地为大客户服务，从而使得证券公司不惜违反证券法规为客户提供内幕消息，甚至动用自有资金弥补企业经营上的损失。近年来，日本被披露的数起涉及四大证券公司的金融丑闻，与日本证券公司和大企业财团的这种微妙关系不无关系。

四、中国证券公司的发展历史与现状

自 1987 年我国设立证券公司以来,证券公司在我国大体上经历了四个发展阶段。

(一) 前交易所时期(1987—1991 年)

1987 年深圳特区证券公司成立,这是我国第一家专业性证券公司。此后,为了配合国债交易和证券交易市场的发展,中国人民银行陆续牵头组建了 43 家证券公司,同时批准部分信托投资公司、综合性银行开展证券业务,初步形成了证券专营和兼营机构共存的格局。1990 年,中国人民银行颁布了《证券公司管理暂行办法》等规章,初步确立了证券公司的监管制度。

(二) 快速发展时期(1992—1997 年)

1991 年年底,上海、深圳证券交易所成立,之后我国证券公司开始进入快速发展时期。1992 年,国务院证券委员会(简称"国务院证券委")和证监会成立,中国人民银行继续对证券经营机构的主体进行管理,国务院证券委和证监会对证券经营机构的业务进行监管。

1992 年,经中国人民银行批准,设立了有银行背景的华夏、国泰、南方三个全国性证券公司。证券公司开始全面开展证券承销、经纪和自营业务,证券营业网点逐步由地方走向全国。一些证券公司开始从事实业投资、房地产投资和违规融资(例如代理发售柜台债、国债回购等)活动,产生了大量的不良资产和违规负债。这些违规行为给证券公司的发展埋下了隐患。为此,监管部门加强了对证券经营机构的监管。1996 年中国人民银行发布《关于人民银行各级分行与所办证券公司脱钩的通知》,推动了银行、证券和保险的分业经营。国务院证券委和证监会先后发布了有关股票承销、自营、经纪、投资咨询等业务的管理办法。这一时期证券经营机构的数量达到 90 家。

(三) 规范发展时期(1998—2003 年)

1998 年年底《证券法》出台。证券业和银行业、信托业、保险分业经营、分业管理,证券公司与银行、信托、保险业务机构分别设立。这一年,国务院决定由证监会集中监督管理全国证券市场,证券经营机构的监管职责全部移交证监会。为贯彻分业经营、分业管理的原则,证监会将证券公司分为综合类证券公司和经纪类证券公司,实行分类管理。为了解决历史上形成的证券公司挪用客户资产等问题,2003 年证监会发布了"三条铁律":严禁挪用客户交易结算资金、严禁挪用客户委托管理的资产、严禁挪用客户托管的债券。随着行业秩序的规范,证券公司资产的总规模和收入水平都迈上了新台阶。

(四) 综合治理时期(2004年至今)

2004年,《国务院关于推进资本市场改革开放和稳定发展的若干意见》明确提出,大力发展资本市场是一项重要的战略任务,提出把证券公司建设成为具有竞争力的现代金融企业。但是我国资本市场是伴随经济体制改革的进程逐步发展起来的,由于建立初期改革不配套和制度设计上的局限性,资本市场还存在一些问题和结构性矛盾。随着市场的结构性调整,证券公司存在的问题日益凸显出来,必须采取综合治理的措施从根本上加以解决,及时稳妥地处置高风险证券公司。截至2005年12月底,我国共有证券公司116家。

我国对证券公司的设立实行审批制,由证监会依据法定条件和法定程序,对证券公司的设立申请进行审查,决定批准与否。证券公司的设立条件是:(1) 有符合法律、行政法规规定的公司章程;(2) 主要股东具有持续盈利能力,信誉良好,最近3年无重大违法违规记录,净资产不低于2亿元人民币;(3) 有符合法律规定的注册资本;(4) 董事、监事、高级管理人员具备任职资格,从业人员具备证券从业资格;(5) 有完善的风险管理与内部控制制度;(6) 有合格的经营场所和业务;(7) 法律、行政法规规定的和国务院批准的证监会规定的其他条件。

证券公司的组织形式必须是有限责任公司或者股份有限公司,不得采取合伙及其他非法人组织形式。根据《公司法》的规定,有限责任公司或者股份有限公司可以下设子公司。证券公司根据自身的经营发展战略,在符合监管规定的前提下,经过批准可以设立从事某一类证券业务的专业子公司,组建证券控股公司,实现集团化发展。

2005年修订后的《证券法》取消了综合类证券公司和经纪类证券公司的划分。证券公司可以根据自己的条件,申请从事不同的证券业务。《证券法》按照不同的证券业务类型,规定了不同的最低注册资本金额。证券公司从事证券经纪业务、证券投资咨询业务和财务顾问业务,注册资本最低限额为5000万元人民币。从事证券承销与保荐业务、证券自营、证券资产管理及其他证券业务之一的,注册资本最低限额为1亿元人民币;从事其中两项以上业务的,注册资本最低限额为5亿元人民币。《证券法》还授权证监会根据审慎原则和各项业务的风险程度,调整注册资本最低限额,但是不得少于法定的最低限额。

第二节 投资银行的发展趋势

20世纪80年代以来,英美日等国家的投资银行从分业经营逐渐走向混业经营,相继开发了许多传统上属于商业银行的业务。同时,随着智能资产越来越受重视以及网络化经营手段被运用得越来越广,投资银行出现了一些新的变化和趋势,这些新变化、新趋势只要其形成的基础依然存在,就会对投资银行的未来发展产生重要影响和作用。总的来说,投资银行正向着全能化、国际化、网络化和智能化的方向发展。①

一、全能化趋势

全能化趋势又叫混业化趋势,是指投资银行通过整合商业银行、保险公司、信托公司等各类金融机构,开展多元化的业务,日益向大型和超大型金融集团发展的趋势。

欧洲大陆一直沿袭综合混业经营的传统,银行可以全面经营存贷款、证券交易、保险、租赁、担保等各项业务,形成无所不能的"金融超市"。其中的投资银行分支依托银行集团的优势,在证券的发行承销、兼并收购、资产管理以及金融衍生品的开发和交易等方面在国际金融市场上占有重要地位。这种模式的最大优点在于资源能达到充分有效的利用,能实现金融业的规模效益。英美日在20世纪80年代以前基本上是分业经营,投资银行和商业银行的业务是截然分开的。这种方式有助于降低风险,保持金融体系的稳定,但同时也限制了银行的发展壮大,影响和削弱了金融机构的竞争能力。

20世纪80年代以来,西方金融业务出现了自由化浪潮,这种自由化浪潮最重要的一个方面是打破银行业和证券业的经营界限,发展全能银行。近年来,这种自由化趋势正在进一步加强。1998年4月,日本颁布的"金融体系改革一揽子法",即所谓的金融"大地震",其最大特点是放宽对银行、证券、保险等行业的限制,允许金融机构跨行业经营多种金融业务,废除了银行不能直接经营证券、保险业务的禁令,扩大了银行的经营范围。1999年11月,美国国会通过了《金融服务现代化法案》,在法律上宣告长达60余年的金融分业经营时代的结束,而事实上,通过并购、海外迂回或业务创新,混业经营在美国早已存在。

全能化趋势体现了金融市场内部互相沟通的内在要求,有利于包括投资银行在内的金融机构更好地发挥作用,提高整个金融市场资源配置的效率。

二、国际化趋势

随着世界经济一体化程度的不断提高,投资银行也在跨越地域和市场的限

---

① 马庆泉:《中国证券市场发展前沿问题研究》,中国金融出版社2001年版。

制,国际业务的比重越来越大,成为国际性的投资银行,各国金融市场之间的联动性也越来越强。投资银行的国际化(或全球化)趋势主要表现在机构国际化和业务国际化两方面。

1. 机构国际化

在20世纪60年代以前,仅有极少数投资银行拥有海外分支机构。那时,投资银行的国际业务基本上依靠其在国外的代理行开展,双方之间并不存在隶属关系,只是通过协商谈判确立一种佣金分享、相互合作、互相独立的关系。由于没有自己的分支机构,所以国际业务的经营难免受制于人,独立的国际业务并没有有效地发展。世界各大投资银行纷纷设立国外分支机构,还是近二三十年的事。由于国际经济形势的变化使国际投资银行业务越来越多,也由于对信息收集和市场调研的要求进一步提高,代理制已经不再适应形势,于是许多投资银行都开始在世界所有的国际或区域金融中心设立分支机构。如美林公司在45个国家设有分公司或办事处,在世界上32个证券交易所拥有会员资格。

与海外分支机构的设立相适应,各个投资银行还纷纷设立了相应的国际业务管理机构,如高盛公司的全球协调与管理委员会和摩根斯坦利公司的财务、管理和运行部等。

2. 业务国际化

投资银行业务的国际化,一方面是原有国内业务的国际化,如国际投资与咨询服务、国际资产组合和风险控制、国际承销、跨国并购等;另一方面还出现了一些新的国际业务,如国际存托凭证、全球债券等。

或许表2.1中华尔街五家主要的投资银行国际业务收入的数据能很好地说明这个问题。

表2.1 投资银行国际多元化　　　　　　　单位:百万美元

	2004年	2003年	2002年
高盛			
总净收入	20 550	16 012	13 986
美国净收入	12 932	10 040	8 633
非美国净收入	7 618	5 972	5 353
非美国净收入占总净收入百分比(%)	37	37	38
美林			
总净收入	22 023	19 868	18 315
美国净收入	15 878	14 113	13 894
非美国净收入	6 145	5 775	4 421
非美国净收入占总净收入百分比(%)	28	29	24

(续表)

	2004年	2003年	2002年
摩根斯坦利			
总净收入	23 765	20 857	19 127
美国净收入	17 422	15 786	14 563
非美国净收入	6 343	5 070	4 564
非美国净收入占总净收入百分比(%)	27	24	24
雷曼兄弟			
总净收入	11 576	8 647	6 155
美国净收入	8 225	5 908	3 869
非美国净收入	3 351	2 739	2 286
非美国净收入占总净收入百分比(%)	29	32	37
贝尔斯登			
总净收入	6 812	5 994	5 128
美国净收入	6 172	5 493	4 663
非美国净收入	640	501	465
非美国净收入占总净收入百分比(%)	9	8	9

资料来源：Annual Reports of Goldman Sachs, Merrill Lynch, Morgan Stanley, Lehman Brothers, Bear Stesrns。

总之，在世界经济高度一体化的今天，全球金融市场已经联成一个不可分割的整体，与此相适应，投资银行已彻底跨越了地域和市场的限制，经营着越来越广泛的国际业务，成为全球化投资银行。

三、网络化趋势

网络经济时代的来临为投资银行的发展带来全方位的深刻变革。投资银行家们认识到，适应因特网时代新的投资银行作业方式，将是他们职业生涯中至为重要的改变，这一改变也将在未来对投资银行业产生最为深远的影响。

从目前的情况来看，投资银行网络化趋势最主要表现在业务经营的方式上。

（1）网上发行。因特网正在成为一个发展迅速的新兴集资渠道，这种渠道与在交易所上市的首次公开发行(IPO)相对应，称为 DPO(Direct Public Offerings)。因特网可以大大提高投资银行证券承销业务的效率，同时节约发行成本。发行价格制定、路演、制作招股说明书、发售股票等各个承销环节,借助网络得以简化,提高了操作效率。最近,Google 的 IPO 就是通过这种在线拍卖完成的。

(2) 网上交易。投资银行通过因特网把投资者的订单输入到证券交易所的电脑撮合主机进行匹配成交。目前网上交易正在美国迅速发展,其他国家的投资银行也开始提供网上交易的服务。

(3) 网上理财。因特网使投资银行的经营方式和管理模式发生了重大变革,以网络为核心的业务创新使投资银行的理财业务跨越时空,客户走到哪里,理财服务就延伸到哪里,几乎可以做到全球 24 小时全天候全方位服务。

各大投资服务银行为了适应网络技术、信息技术的变革,推出了一些创新业务以更好地服务于投资者。目前已经有 4 年历史的美林在线(Merrill Lynch Online),为 50 万户家庭提供服务,资产总额达到 2 000 亿美元。1999 年 6 月它推出的一揽子服务计划(Unlimited Advantage)包括通过互联网、电话或专门人员进行专业咨询服务、理财服务和便利的交易等,公司按照客户资产的规模大小来收取费用。此项服务受到投资者的热烈欢迎,在推出的前 6 个月内,客户资产增加的速度是过去的 20 倍。同年 11 月推出了专门为专业人士提供的名为"美林直接"(Merrill Lynch Direct)的服务,包括低廉的交易佣金、庞大的信息库、证券分析和理财等应用软件服务;"直接市场"(Direct Market),为企业和政府的债券、股票上市以及为机构投资者提供电子商务服务;"全球投资者网络"(Global Investor Network)服务,用网上广播的方式为投资者提供全球股市的即时分析、评论。1999 年,公司和机构业务部门建立了一个特别小组,目的在于运用现代电子技术提供和管理全面、综合性的服务,包括研究分析、投资咨询、证券承销、证券交易等。

因特网使投资银行业的重新洗牌成为可能。一些中小投资银行利用网络带来的发展机遇,在网上发行、交易等方面领先一步,业务规模迅速扩张,对大型投资银行构成越来越大的威胁。如美国的电子交易公司(E-Trade)和美国交易公司(Ameritrade)的市场份额在逐步上升。网上交易由于成本低、效率高,受到投资者的青睐,导致网上交易的比重不断增加,同时也要求投资银行提供新的适合在线交易的咨询业务,以改变传统的作业方式,从而给投资银行的发展注入了新的动力和活力。

四、智能化趋势

投资银行是典型的智能型企业,投资银行业是典型的智能行业。作为资本市场上一种高级形态的中介机构,投资银行在资产运营中扮演着非常重要的角色,这就要求投资银行的从业人员有较高的知识水平和业务能力。

投资银行的智能化趋势主要表现在两个方面:

第一,投融资主体尽管涉及各行各业,自身情况千差万别,但其资产运营的目标均需要通过对象单一、过程单一的资本市场来解决。整个资本市场运作过程实际上也就是多学科知识的综合运用过程,一个资本运作项目的知识密集程度和关联程度是其他行业所无法比拟的。正是由于投资银行业的高智能资产特性造就了这一行业的高额利润水平和善于吸收最新科技成果的业务多变性。同时,高智能壁垒也提高了行业门槛,相对缓解了因高额利润而吸引的盲目介入者可能带来的过度竞争风险。

第二,投资银行的智能化趋势还体现在对复合型人才、前沿性人才的较高依赖程度上。国内、国外的投资银行都汇聚了一批社会上的知识精英,这些知识精英的存在保证了投资银行业的活跃。因此,投资银行的智能化趋势既是这一行业高速发展的原动力,又是行业抵御较高市场风险的保护伞。从扑面而来的投资银行的人才争夺战,我们能真切体会到投资银行对于人才和知识的渴求。

本章小结

- 美国投资银行的发展历史大致可以分为以下几个阶段:早期发展阶段、金融管制阶段、放宽限制阶段、分业经营到混业经营阶段。
- 英国的商人银行随着16世纪国际贸易业务的发展而发展起来,然而一战以后,随着英国国际经济、金融中心地位的不断下降,英国的商人银行的发展也逐渐放缓。直到20世纪70年代,这一局面才有所改观,这一改观主要得益于70年代以后英国经济中发生的一系列重大变化,主要有以下三个:民营化、企业并购浪潮和证券市场变革。
- 自1987年我国设立证券公司以来,证券公司在我国大体上经历了四个发展阶段:前交易所时期、快速发展时期、规范发展时期、综合治理时期。
- 目前投资银行发展趋势主要有四方面:全能化、国际化、网络化和智能化。

思考题

1. 试述国外投资银行的发展历史。
2. 如何理解我国证券公司的发展?
3. 目前全球投资银行的发展趋势有哪些?

第二篇

投资银行理论

第三章　价值评估

第四章　风险与收益理论

第五章　金融工程原理

第三章 价值评估

☞ **本章概要** 投资银行的本职是创造价值,而创造价值首先要解决的问题是价值的衡量。对于价值的具体衡量方式,不同的人有不同的选择。本章讲述投资银行普遍采用的三种价值评估方式:现金流折现估价法、对比估价法、期权估价法。

☞ **学习目标** 通过本章的学习,应该掌握现金流折现估价法、对比估价法和期权估价法的基本内容,尤其是计算公式,并能应用这些公式来对企业与资产的价值进行评估。

资本,就资本价值的意义讲,只不过是将来收入的折现,或者说是将来收入的资本化。任何财产的价值,或财富权利的价值,是它作为收入源泉的价值,是由这一预期收入的折现求得的。

——欧文·费歇尔

第一节 现金流折现估价法

一、基本原理

本方法的基石是"现值原理",即任何资产的价值等于其预期未来全部现金流的现值总和。用公式表示是:

$$V = \sum_{t=1}^{n} \frac{CF_t}{(1+r)^t} \qquad (3.1)$$

其中:V =资产的价值;n =资产的寿命;CF_t =资产在 t 时刻产生的现金流;r =反映预期现金流风险的折现值。

现金流因股价资产的不同而各异。对股票而言,现金流是红利;对于债券而言,现金流是利息和本金;对于一个企业或实际项目而言,现金流是税后净现金流。折现率取决于所预测的现金流的风险程度。资产风险越高,折现率就越高;反之,资产风险越低,折现率就越低。

现金流折现法具体分为两种:股权估价和公司估价。虽然两种方法对现金流和折现率有不同定义,但是只要假设条件相同,它们得出的结论就会一致。使用这两种方法的关键是要避免现金流与折现率匹配不当的问题。

二、股权估价

公司股权价值可以使用股权资本成本对预期股权现金流折现后得到,预期股权现金流是扣除公司各项费用、支付的利息和本金以及税收后的剩余现金流,股权资本成本是投资者所要求的收益率。

$$\text{公司股权价值} = \sum_{t=1}^{\infty} \frac{\text{CFTE}_t}{(1+k_e)^t} \tag{3.2}$$

其中:$\text{CFTE}_t = t$ 时刻预期的股权自由现金流;$k_e = $ 股权资本成本。

(一)股权自由现金流

公司的股权投资者拥有的是该公司产生的现金流的剩余要求权,即他们拥有在公司包括偿还债务在内的所有财务义务和满足了投资需要之后的全部剩余现金流。所以,股权自由现金流就是在除去经营费用、本息偿还以及为保持预订现金流增长率所需的全部资本性支出后的现金流。

1. 无财务杠杆的公司的股权自由现金流

无财务杠杆的公司没有任何债务,因此无须支付利息和偿还本金,并且公司的资本性支出和营运资本也全部来源于股权资本。无财务杠杆的公司的股权自由现金流可按如下方法计算:

销售收入 – 经营费用
  = 利息、税收、折旧、摊销前收益(EBITDA) – 折旧和摊销
  = 息税前收益(EBIT) – 所得税
  = 净收益 + 折旧和摊销
  = 经营现金流 – 资本性支出 – 营运资本增加额
  = 股权自由现金流

2. 有财务杠杆的公司的股权自由现金流

有财务杠杆的公司除了要支付无财务杠杆公司的全部费用之外,还要使用现金支付利息费用和本金偿还。但是,有财务杠杆的公司可以通过新的债务来为资本性支出和营运资本需求融资,从而减少所需的股权资本投资。有财务杠杆的公司的股权自由现金流可按如下方法计算:

销售收入 – 经营费用
= 利息、税收、折旧、摊销前收益（EBITDA） – 折旧和摊销
= 税息前收益（EBIT） – 利息费用
= 税前收益 – 所得税
= 净收益 + 折旧和摊销
= 经营现金流 – 资本性支出 – 优先股股利① – 营运资本增加额
  – 偿还本金 + 新发行债务收入
= 股权自由现金流

3. 在考察股权自由现金流时，以下几点是关键：

（1）折旧和摊销。尽管在损益表中折旧和摊销是作为税前费用来处理的，但它们和其他费用不同。折旧和摊销是非现金费用，也就是说，它们并不产生相关的现金流支出。它们给公司带来的好处是减少了公司的应税收入，从而减少了纳税额。纳税额减少的数额取决于公司的边际税率：折旧带来的税收收益 = 折旧额 × 公司的边际税率。

（2）资本性支出。股权资本投资者通常不能提取公司经营活动的全部现金流，因为这些现金流的一部分或全部将用于投资，以维持公司现有资产的运行并创造新的资产来保证未来的增长。由于未来增长给公司带来的收益通常在预测现金流时已经加以考虑，所以在估计现金流时应该考虑增长的成本。

（3）营运资本追加。公司的营运资本是其流动资产和流动负债的差额，因为营运资本所占用的资金不能被公司用于其他用途，所以营运资本的变化会影响公司的现金流。营运资本增加意味着现金流出，营运资本减少则意味着现金流入。在估计股权自由现金流时，应该考虑公司营运资本追加。

（二）股权资本成本

股权资本成本是投资者投资公司股权时要求的收益率。估价股权资本成本有两种方法：风险收益模型和红利增长模型。

1. 风险收益模型

风险收益模型主要包括：资本资产定价模型（CAPM）和套利定价理论（APT），我们将在第四章中对这两个定价模型进行详细讲述，这里不再重复。

2. 红利增长模型

这种方法使用现金流折现模型来估价稳定增长型公司的股权资本成本。

---

① 此项只有在公司发行了优先股时才存在。优先股股利没有节税作用，所以必须使用税后现金流支付。

对于收益和红利都处于稳定增长期的公司,每股现金流的现值可写为:

$$P_0 = 预期红利的现值 = \frac{DPS_1}{k_e - g} \quad (3.3)$$

其中:P_0 = 当期股票的价格;DPS_1 = 预期下一年的每股红利;k_e = 股权资本成本;g = 红利的预期增长率。

将这个公式变形为:

$$k_e = \frac{DPS_1}{P_0} + g$$

$$= 预期红利收益率 + 收益(或红利)的稳定增长率 \quad (3.4)$$

这种方法很简单,但它只适用于稳定增长的公司,并且,它的计算结果对于收益和红利的预期增长率很敏感。

一个要特别说明的问题是,这种方法不能用来估计公司股票的价格,因为当前股票价格是此模型中一个很重要的解释变量,所以如果用于估计股票的价格,就会出现循环推理的过程,使得计算出来的股票价值永远是合理的。

三、公司估价

公司整体价值可以使用该公司资本加权平均成本对公司预期现金流进行折现来得到。公司预期现金流是扣除所有营业费用和支付利息前纳税额的剩余现金流,公司资本加权平均成本是对公司不同融资渠道的成本工具的市场价值加权平均得到的。

$$公司整体价值 = \sum_{t=1}^{\infty} \frac{CFTF_t}{(1 + WACC)^t} \quad (3.5)$$

其中:$CFTF_t$ = t 时刻预期的公司现金流;WACC = 资本加权平均成本。

(一)公司自由现金流

公司的全部价值属于公司各种权利要求者,这些权利要求者包括股权资本投资者、债权人和优先股股东,因此,公司自由现金流是所有这些权利要求者的现金流的总和。一般来说,公司自由现金流是在支付了经营费用和所得税之后,向公司权利要求者支付现金之前的全部现金流,其计算方法有两种:

第一,把公司不同的权利要求者的现金流加总在一起,见表3.1。

表 3.1　公司自由现金流的加总计算法

权利要求者	权利要求者的现金流	折现率
股权资本投资者	股权资本自由现金流	股权资本成本
债权人	利息费用（1 - 税率）+ 偿还本金 - 新发行债务	税后债务成本
优先股股东	优先股股利	优先股资本成本
公司整体	公司自由现金流 = 股权资本自由现金流 + 利息费用（1 - 税率）+ 偿还本金 - 新发行债务 + 优先股股利	资本加权平均成本

第二，从税息前收益（EBIT）开始计算，但得到的结果与第一种方法相同。

EBIT(1 - 税率) + 折旧 - 资本性支出 - 营运资本追加额
　　= 全部资本现金流

对于任何一个有财务杠杆的公司而言，公司自由现金流通常高于股权自由现金流。对于一个无财务杠杆的公司来说，两者是相等的。

（二）资本加权平均成本（WACC）

资本成本是公司为了筹集资金而发行的债券、股票、混合证券等各种有价证券的成本的加权平均值。

1. 资本加权平均成本的定义

资本加权平均成本是公司不同融资成本的加权平均值，计算公式如下：

$$WACC = k_e \frac{E}{E+D+PS} + k_d \frac{D}{E+D+PS} + k_{ps} \frac{PS}{E+D+PS} \quad (3.6)$$

其中：WACC = 资本加权平均成本；k_e = 股权资本成本；k_d = 税后债务成本；k_{ps} = 优先股成本；$E/(E+D+PS)$ = 股权资本的市场价值在总资产市价中所占的比例；$D/(E+D+PS)$ = 债务的市场价值在总资产市价中所占的比例；$PS/(E+D+PS)$ = 优先股的市场价值在总资产市价中所占的比例。

2. 债务成本的计算

债务成本是公司在为投资项目融资时所借债务的成本。一般来说，影响债务成本的因素有以下几个：

（1）即期利率水平。市场利率上升，公司的债务成本也会随之上升。

（2）公司的违约风险。公司的违约风险越高，债务成本就越高。衡量公司违约风险的一种方法是使用公司证券的信用评级。

（3）债务的税收优势。由于利息在税前支出，所以税后债务成本比税前成本低。这种税前支付所产生的税收优势与公司税率有关，公司税率越高，这种优势越明显。

3. 计算有限股的成本

优先股的一些特性与债券相同——优先股红利的数额是确定的,并且在普通股之前支付;优先股还有一些特征与股票相同——优先股的红利是在税后支付的。如果优先股红利的发放是永续的,则优先股的成本为:

$$k_{ps} = \frac{优先股每股股利}{优先股的市场价格} \tag{3.7}$$

这种方法假设优先股的红利永远相同,并且没有其他的附加条款(如可转换、可收回等)。如果有附加条款,我们就必须分别考虑它们的成本。从风险的角度看,优先股的风险小于普通股,但大于债券。在考虑税收的情况下,优先股的成本高于债务成本,但小于普通股成本。

四、现金流折现法的适用性和局限性

现金流折现法是预期未来现金流和折现率的估价方法。在给定的情况下,如果被估价资产当前的现金流为正,并且可以比较可靠地估计未来现金流的发生时间,同时,根据现金流的风险特性又能够确定出恰当的折现率,那么就适合采用现金流折现法。

但现实情况往往并非如此,实际的条件与模型假设的前提条件往往相距越远,此时现金流折现法的运用就会变得很困难。在下列情况下,使用现金流折现法进行估价将会遇到比较大的困难,需要进行相应的调整或选择其他的估价法:

1. 陷入财务拮据状态的公司

公司处于财务拮据状态时,当前的收益和现金流通常为负,并且无法预期公司未来何时会好转。由于此类公司破产的可能性很大,所以估计其未来的现金流十分困难。现金流折现法更适用于公司能够持续给投资者带来正的现金流的情况,对这类企业的效果并不理想。

2. 收益呈周期性变化的公司

周期性公司的收益和现金流往往随宏观经济环境的变化而变化,经济繁荣时公司收益上升,经济萧条时则下降甚至处于困境。对于周期性公司,在估价前对宏观经济环境进行预测是必不可少的,但这种预测必然会导致分析人员的主观偏见,并且成为影响估价结果的一个因素。

3. 拥有未被利用的资产的公司

现金流折现法反映了公司当前所有产生现金流的资产的价值。如果公司有尚未利用的资产(当前不产生任何现金流),这些资产的价值就不会体现在折现预期的未来现金流所获得的价值中。同样,当前未充分利用的资产也会产生类似问题,只是程度较浅。未充分利用的资产的价值会被现金流折现法低估。

4. 有专利或产品选择权的公司

公司常常拥有尚未利用的专利或产品选择权,它们在当前并不产生任何现金流,预计在近期内也不能产生现金流,但它们是有价值的。对于这类公司,现金流折现法会低估它们的真实价值。

5. 正在进行重组的公司

正在进行重组的公司通常会出售一些已有的资产,购买新的资产,并且改变它们的资本结构和红利政策,一些公司还会改变其所有权结构(如由上市公司变为非上市公司)和管理层的激励方案。这些变化都将使公司未来现金流的预测变得更为困难,并且会影响公司的风险特性,进而影响折现率。历史数据会对这类公司的估价产生误导作用。

6. 非上市公司

运用现金流折价法对非上市公司进行估价时,最大的问题是公司风险的度量(用于估算折现率)。因为风险参数一般是通过分析资产的历史价格来估算的,而非上市公司的股票价格不在公开市场上进行交易,所以没法满足这个要求。

第二节 对比估价法

一、基本方法

在相对估价法中,资产的价值通过参考"可比"资产的价值与某一变量,如收益、现金流、账面价值或收入等比率而得到。其前提假设是该行业中其他公司与被估价公司具有可比性,并且市场对这些公司的定价是正确的。相对估价法最常用的一个比率是行业平均市盈率,另一个广泛使用的比率是价格/账面价值比率,这一比率也被经常用于对公司的估价。

一般来说,有两种方法可以帮助分析人员在估价中正确确定所选用比率的数值。

第一,利用基本信息。这种方法是把所选用的比率同被估价公司的基本信息联系起来,基本信息包括收益和现金流的增加率、支付的红利在总收益中所占比率和风险程度等。用这种方法来确定比率的数值与使用现金流折现法是等价的,因为它们依据了相同的信息,因此会得到相同的结果。该方法的主要优点是清晰地表明了所选用比率和公司基本信息之间的关系,进而有助于我们理解基本信息发生变化时,这些比率将如何变化。例如,公司预期增长率下降时市盈率会产生什么变化,边际利润率的改变将对价格/销售收入比率产生什么影响,净资产收益率与市场价格/账面价值比率的关系是什么,等等。

第二,利用"可比"公司。这种方法的核心是"可比"资产的定义。理论上,分析人员应该根据所有会影响比率数值的变量对"可比"资产的比率值进行调整,从而得到适用于被估价资产的比率值。在实际操作中,调整的方法可以很简单(如使用行业平均数),也可以很复杂(如筛选和确定相关变量,进行多元回归分析)。

二、市盈率法

市盈率(P/E)是所有比率中用得最多也是最常被误用的。市盈率简单明了的优点使其在从 IPO 定价到相对价值判断等一系列应用中都成为一种十分具有吸引力的选择,然而它与公司基本财务数据之间的联系却常常被人忽视,从而导致在应用中出现重大失误。

(一) 市盈率的使用与误用

市盈率在估价中得到广泛应用的原因很多。首先,它是一个将股票价格与当前公司盈利状况联系在一起的直观的统计比率;其次,对大多数股票来说,市盈率易于计算并很容易得到,这使得股票之间的比较变得十分简单;再次,它能作为公司一些其他特征(包括风险性与成长性)的代表。

当然还有许多使用市盈率的理由,但是人们误用市盈率的可能性也极大。人们广泛使用市盈率的一个理由是它避免了在估价前对公司风险、增长率和红利支付率所作的一系列假设,而所有这些假设都是在现金流折现法中不得不提出的。使用可比公司市盈率的另一理由是它们更能够反映市场中投资者对公司的看法,而这也可以被看成是市盈率的一个弱点,特别是当市场对所有股票的定价出现系统误差的时候。

(二) 根据基础因素估计市盈率

公司市盈率同样取决于现金流折现法中决定价值的基础因素——预期增长率、红利支付率和风险。

1. 稳定增长公司的市盈率

稳定增长公司的增长率与它所处的宏观经济名义增长率相近。根据 Gordon 增长模型[1],可以得到稳定增长公司股权资本的价值:

$$P_0 = \frac{DPS_1}{r - g_n} \tag{3.8}$$

---

[1] Gordon, M., *The Investment, Financing and Valuation of the Corporation*, Irwin, 1962.

其中：P_0 = 股权资本价值；DPS_1 = 下一年预期的每股红利；r = 股权资本的要求收益率；g_n = 股票红利的永久增长率。

因为

$$DPS_1 = EPS_0 \times 红利支付率 \times (1 + g_n) \quad (3.9)$$

所以股权资本的价值可以写成：

$$P_0 = \frac{EPS_0 \times 红利支付率 \times (1 + g_n)}{r - g_n} \quad (3.10)$$

整理后得到市盈率的表达式：

$$\frac{P_0}{EPS_0} = P/E = \frac{红利支付率 \times (1 + g_n)}{r - g_n} \quad (3.11)$$

如果市盈率是用下一期的预期收益所表示，则公式可以简化为：

$$\frac{P_0}{EPS_1} = (P/E)_1 = \frac{红利支付率}{r - g_n} \quad (3.12)$$

市盈率是红利支付率和增长率的增函数，也是公司风险程度的减函数。

2. 高增长公司的市盈率

高增长公司的市盈率也同样取决于公司的基本因素，在两阶段红利折现模型中，这种关系可以非常简明地表现出来。当公司增长率和红利支付率已知时，红利折现模型表述如下：

$$P_0 = \frac{EPS_0 \times R_p \times (1 + g)\left[1 - \frac{(1 + g)^n}{(1 - r)^n}\right]}{r - g} + \frac{EPS_0 \times R_{pn} \times (1 + g)^n (1 + g_n)}{(r_n - g_n)(1 + r)^n}$$

$$(3.13)$$

其中：EPS_0 = 第 0 年(当前年份)的每股收益；g = 前 n 年的增长率；r = 前 n 年股权资本的要求收益率；R_p = 前 n 年的红利支付率；g_n = n 年后的永续增长率(稳定增长阶段)；R_{pn} = n 年后的永久红利支付率(稳定增长阶段)；r_n = n 年后股权资本的要求收益率。

整理后，可以得到市盈率：

$$\frac{P_0}{EPS_0} = P/E = \frac{R_p(1 + g)\left[1 - \frac{(1 + g)^n}{(1 + r)^n}\right]}{r - g} + \frac{R_{pn}(1 + g)^n(1 + g_n)}{(r_n - g_n)(1 + r)^n}$$

$$(3.14)$$

市盈率由如下因素决定：

(1) 高速增长阶段和稳定增长阶段的红利支付率。红利支付率上升时市盈率上升。

(2) 风险程度(通过折现率 r 体现)。风险上升时市盈率下降。

(3) 高速增长阶段和稳定增长阶段的预期盈利增长率。增长率上升时市盈率上升。

这个公式适用于任何公司,甚至包括那些并不立即支付红利的公司。事实上,对于那些红利支付额远低于实际支付能力的公司,红利支付率可以用股权自由现金流与盈利额的比率来代替。

(三) 市盈率的变化形式

市盈率在实际的应用中有几种变化形式——有的利用会计利润,而有的使用现金流;有的基于税前利润,而有的根据税后净利润。大多数变形都可以利用上述分析市盈率的方法进行分析,主要存在两个比率:价格/FCFE 比率、公司价值/公司自由现金流比率。

1. 价格/FCFE 比率

有些分析人员认为会计利润的计算中存在着严重的人为因素,因而更倾向于使用价格/FCFE 比率来对公司进行估价,FCFE 是股权自由现金流。考虑FCFE 的两阶段模型:

$$P_0 = \frac{\text{FCFE}_0(1+g)\left[1 - \frac{(1+g)^n}{(1+r)^n}\right]}{r-g} + \frac{\text{FCFE}_0(1+g)^n(1+g_n)}{(r_n - g_n)(1+r)^n} \quad (3.15)$$

其中:P_0 = 股票现值;FCFE_0 = 第 0 年股权自由现金流;g = 超长增长阶段(前 n 年)的预期增长率;r = 超长增长阶段的股权资本要求收益率;g_n = 稳定增长阶段(n 年后)的预期增长率;r_n = 稳定增长阶段的股权资本要求收益率。

对公式(3.15)进行变形得:

$$\frac{P_0}{\text{FCFE}_0} = \frac{(1+g)\left[1 - \frac{(1+g)^n}{(1+r)^n}\right]}{r-g} + \frac{(1+g)^n(1+g_n)}{(r_n - g_n)(1+r)^n} \quad (3.16)$$

2. 公司价值/公司自由现金流比率

至此我们介绍的比率都是关于对股权资本价值进行估价时所使用的比率,另一种可选择的比率是公司价值与公司自由现金流(FCFF)即支付利息费用前的现金流的比率。这一比率可以写为:

$$V_0 = \frac{\text{FCFF}_0(1+g)\left[1 - \frac{(1+g)^n}{(1+\text{WACC})^n}\right]}{\text{WACC} - g} + \frac{\text{FCFF}_0(1+g)^n(1+g_n)}{(\text{WACC}_n - g_n)(1+\text{WACC})^n}$$

(3.17)

其中:V_0 = 当前公司的价值;FCFF_0 = 当年公司的自由现金流量;g = 通常增长阶段公司自由现金流(FCFF)的预期增长率(前 n 年);WACC = 超长增长阶段的资本加权平均成本;g_n = 稳定增长阶段公司的自由现金流(FCFF)的预期增

长率(n年后);WACC_n=稳定增长阶段的资本加权平均成本。

对公式进行变形得:

$$\frac{V_0}{\text{FCFF}_0} = \frac{(1+g)\left[1 - \frac{(1+g)^n}{(1+\text{WACC})^n}\right]}{\text{WACC}-g} + \frac{(1+g)^n(1+g_n)}{(\text{WACC}_n - g_n)(1+\text{WACC})^n}$$

(3.18)

三、价格/账面价值比率法

公司市场价格和账面价值之间的关系常常吸引着投资者的注意力。若股票的市场价格低于公司权益的账面价值,则人们往往认为该公司的价值被低估了;相反,那些市场价格远高于公司权益的账面价值的股票被视为是价值高估了。因此价格/账面价值比率(P/BV)是投资者常用的一个估价方法。

(一) 估计和运用 P/BV 比率的一般问题

1. 度量

权益的账面价值是资产账面价值与负债账面价值的差额。资产账面价值的度量在很大程度上取决于会计制度,GAAP 资产的账面价值是最初的购买价格减去任何允许的资产折旧后的部分。因此,资产账面价值是随着使用年限的增加而减少的。同样,负债的账面价值反映了负债在发行时的价值。

2. 账面价值和市场价值

资产的市场价值反映了该资产的盈利能力和预期的未来现金流,而账面价值反映的是其初始成本,因此,如果在获得一项资产后,其盈利能力显著增加或降低,那么,其市场价值就会与账面价值产生显著差异。

3. 运用 P/BV 比率的优点

为什么投资者认为 P/BV 比率对投资分析有作用呢? 主要有以下原因:第一,账面价值提供了一个对价值相对稳定和直观的量度,投资者可以用它作为与市场价格比较的依据。对于那些从不相信使用未来现金流折现法所计算的价值的投资者而言,账面价值提供了一个非常简单的比较标准。第二,因为 P/BV 比率提供了一种合理的跨企业的比较标准,所以投资者可以通过比较同行业中不同公司的 P/BV 比率来发现价值被低估或高估的企业。第三,即使是那些盈利为负,从而无法使用 P/E 比率进行估价的企业,也可以使用 P/BV 比率来进行估价。

4. 使用 P/BV 比率的弊端

在计算和使用 P/BV 比率时也存在以下几点缺陷:第一,账面价值和盈利一样,会受到折旧方法和其他会计政策的影响,当企业之间采用不同的会计制度时,我们就不能使用 P/BV 比率对不同企业进行比较。同样,我们也不能使用 P/BV 比率来比较在不同会计制度的国家经营的公司。第二,账面价值对于没有太多固定资产的服务行业来说意义不大。第三,如果企业盈利持续多年为负,那么企业权益的账面价值可能为负,相应地,P/BV 比率也会变成负值。

(二) 根据基本因素估计 P/BV 比率

与价格/账面价值比率相关的基础理论和现金流折现法的基本理论是一致的。

1. 稳定增长企业的 P/BV 比率

一家稳定增长企业是指以低于或等于宏观经济名义增长率的比率增长的企业。运用 Gordon 增长模型,一家稳定增长企业的权益价值是:

$$P_0 = \frac{DPS_1}{r - g_n} \tag{3.19}$$

其中:P_0 = 公司股权资本的价值;DPS_1 = 下一年预期的每股红利;r = 股权资本的要求收益率;g_n = 红利增长率(永续)。

因为

$$DPS_1 = EPS_0 \times 红利支付率 \times (1 + g_n) \tag{3.20}$$

所以权益的价值可以写成:

$$P_0 = \frac{EPS_0 \times 红利支付率 \times (1 + g_n)}{r - g_n} \tag{3.21}$$

定义净资产收益率(ROE)为 EPS/权益账面价值,那么权益的账面价值可写作:

$$P_0 = \frac{BV_0 \times ROE \times 红利支付率 \times (1 + g_n)}{r - g_n} \tag{3.22}$$

将其改写为 P/BV 比率:

$$\frac{P_0}{BV_0} = P/BV = \frac{ROE \times 红利支付率 \times (1 + g_n)}{r - g_n} \tag{3.23}$$

如果净资产收益率是基于下一时期的预期收益,则上式可简化为:

$$\frac{P_0}{BV_0} = P/BV = \frac{ROE \times 红利支付率}{r - g_n} \tag{3.24}$$

P/BV 比率与净资产收益率、红利支付率和增长率之间呈正相关关系,而与企业的风险程度呈反相关关系。

如果将 ROE 和增长率之间的关系,g_n = ROE(1 - 红利支付率),代回计算 P/BV 比率的公式,那么该公式可继续简化为:

$$\frac{P_0}{BV_0} = P/BV = \frac{ROE - g_n}{r - g_n} \quad (3.25)$$

一家稳定增长企业的P/BV比率是由净资产收益率和公司股权资本的要求收益率之差决定的。如果净资产收益率高于股权资本要求收益率,那么股票的市场价格就会高于公司权益的账面价值;如果净资产收益率低于股权资本要求收益率,那么股票市场价格就会低于公司权益的账面价值。该公式的优点在于可以用它计算那些不支付红利的企业的P/BV比率。

2. 高增长企业的P/BV比率

一家高增长企业的P/BV比率也决定于公司的基本因素。在两阶段红利折现模型中,它们之间的关系非常简单,一家高增长企业权益的价值可以写作:

权益价值 = 预期红利的现值 + 期末价格的现值 (3.26)

假设公司增长率在经历了高速增长阶段之后将保持稳定不变,那么红利折现模型可写作:

$$P_0 = \frac{EPS_0 \times R_p \times (1+g) \times \left[1 - \frac{(1+g)^n}{(1+r)^n}\right]}{r-g}$$

$$+ \frac{EPS_0 \times R_{pn} \times (1+g)^n (1+g_n)}{(r_n - g_n)(1+r)^n} \quad (3.27)$$

其中:EPS_0 = 第0年(当前年份)的每股收益;g = 前n年的增长率;r = 前n年股权资本的要求收益率;R_p = 前n年的红利支付率;g_n = n年后的永续增长率(稳定增长阶段);R_{pn} = n年后的永久红利支付率(稳定增长阶段);r_n = n年后股权资本的要求收益率。

用$BV_0 \times ROE$替换EPS_0,整理可得:

$$\frac{P_0}{BV_0} = P/BV$$

$$= ROE \times \frac{R_p \times (1+g) \times \left[1 - \frac{(1+g)^n}{(1+r)^n}\right]}{r-g}$$

$$+ \frac{R_{pn} \times (1-g)^n (1+g_n)}{(r_n - g_n)(1+r)^n} \quad (3.28)$$

由上式可以看出P/BV比率由以下因素决定:

(1) 净资产收益率(ROE)。每股净盈利/每股账面价值、P/BV比率与净资产受益率呈正相关关系。

(2) 红利支付率(包括在高速增长和稳定增长两个阶段)。红利支付率增加,P/BV比率也增加。

(3) 风险(通过折现率 r 反映)。风险越高,P/BV 值越小。

(4) 盈利增长率(包括在高增长和稳定增长两个阶段)。在其中任何一个阶段里,盈利增长率越高,P/BV 比率值越大。

该公式可以适用于任何企业,甚至是那些尚未发放过红利的企业,因而是非常通用的。

(三) P/BV 比率的变化形式

1. 托宾 Q 值(Tobin's Q):市场价值/重置成本

托宾设计出了 Q 值以替代 P/BV 比率,该方法将企业的市场价值和资产的重置成本联系起来。当通货膨胀导致资产价格上升或技术进步导致资产价格下降的时候,托宾 Q 值能够提供对资产价值低估的更好判断标准。

$$托宾 Q 值 = \frac{资产的市场价值}{资产的重置成本} \qquad (3.29)$$

由上式可得,托宾 Q 值取决于两个变量——资产的市场价值和资产的重置成本。在有通货膨胀的时候,原有资产的重置成本显著上升,托宾 Q 值将相应地比未加调整的 P/BV 比率低。相反,如果重置成本下降的速度比账面价值下降的速度快(如计算机),那么托宾 Q 值就比未调整的 P/BV 比率高。

虽然该方法有其优点,但是在实际运用中也存在着一些问题:首先,因为有些资产具有很强的企业独特性,所以我们很难估计它们的重置成本;其次,即使可以得到资产的重置成本,与传统的 P/BV 比率相比,我们也需要更多的信息来计算托宾 Q 值。

在实际中,分析人员常常采用一些简单方法来计算托宾 Q 值。如他们有时使用资产的账面价值来代替重置成本,这样一来,托宾 Q 值与 P/BV 比率的唯一区别就在于托宾 Q 值的计算是基于整个企业的资产而不是仅基于企业的权益。

2. Estep T 值

Estep T 模型引入了我们在本章中反复强调的三个变量——净资产收益率、增长率和 P/BV 模型,并将其结合成了一个变量。Estep 提出了该模型的一种简单形式①:

$$T = g + \frac{(ROE - g)}{(P/BV)} + \frac{\Delta(P/BV)}{(P/BV)}(1 + g) \qquad (3.30)$$

其中:T = Estep T 值 = 总收益率;g = 估价期间股东权益账面值的增长率;ROE

---

① Estep, T., 1985, A New Method for Valuing Common Stocks, *Financial Analysts Journal*, 41: 26—34; Estep, T., 1987, Security Analysis and Stock Selection: Turning Financial Information into Return Forecasts, *Financial Analysts Journal*, 43: 34—43.

=净资产收益率；P/BV=价格/权益账面值；Δ(P/BV)=估价期间 P/BV 比率的变动值。

该方法可以用来将过去的实际收益分解为三部分——增长率、现金流收益和价值变动。更重要的是，该方法还可以用来预测未来收益并辨别价值被低估或高估的证券。Estep 根据 Estep T 值挑选出预期收益最高的股票组成一个资产组合，而后对该资产组合的业绩进行检验，最后得出结论：在 1982—1986 年间，该资产组合获得了比标准普尔 500 种股票指数平均收益高出 5.2% 的超额利润。

四、价格/销售收入比率法

市盈率(P/E)和价格/账面值比率(P/BV)一直是估价中最常用的两个比率。然而，这些年来，分析家越来越多地转向使用价格/销售收入比率(P/S)进行估价。

(一) P/S 比率的优缺点

1. 优点

P/S 比率在很多方面吸引着分析家们：首先，它不像 P/E 和 P/BV 由于可能会为负值而变得毫无意义，P/S 在任何时刻都可以使用，甚至对于最困难的公司也是适用的；其次，与利润和账面值不同，销售收入不受折旧、存货和非经常性支出所采用的会计政策的影响，因而也难以被人为地扩大；再次，P/S 并不像 P/E 那样易变，因此 P/S 对估价来说更可靠；最后，在检验公司定价政策和其他一些战略决策的变化所带来的影响方面，P/S 是一个十分便利的工具。

2. 缺点

用销售收入来代替利润或账面值的好处之一是它的稳定性，然而这种稳定性在公司的成本控制出现问题时，也会成为一种缺点。在这种情况下，尽管利润和账面值有显著的下降，但是销售收入可能不会大幅下降，因此，当使用 P/S 对一个有着负利润和负账面值的处境艰难的公司进行估价时，可能因为无法识别各个公司成本、毛利润方面的差别，而导致得出极其错误的评价。

(二) P/S 比率的基本原理

P/S 和现金流折现法中决定价值的基本变量相关，这些变量包括：利润增长率、红利支付率(R_p)和风险性。

1. 经营平稳的公司的 P/S 比率

一家经营平稳的公司，其增长率稍低于或等于它所处的经济环境的一般增

长率,使用 Gordon 增长模型对其估价:

$$P_0 = \frac{\text{DPS}_1}{r - g_n} \quad (3.31)$$

其中:P_0 = 公司股权资本的价值;DPS_1 = 下一年预期的每股红利;r = 股权资本的要求收益率;g_n = 红利增长率(永续)。

因为

$$\text{DPS}_1 = \text{EPS}_0 \times R_p \times (1 + g_n) \quad (3.32)$$

则股权资本的价值可以写为:

$$P_0 = \frac{\text{EPS}_0 \times R_p \times (1 + g_n)}{r - g_n} \quad (3.33)$$

定义边际利润率 $\text{PM} = \text{EPS}_0/$每股销售收入,则股权资本的价值可以写为:

$$P_0 = \frac{\text{基期销售收入} \times \text{PM} \times R_p \times (1 + g_n)}{r - g_n} \quad (3.34)$$

改写成 P/S 的形式:

$$\text{P/S} = \frac{P_0}{\text{基期销售收入}} = \frac{\text{PM} \times R_p \times (1 + g_n)}{r - g_n} \quad (3.35)$$

如果边际利润率(PM)是基于下一期的期望收益率,则上式可简化为:

$$\frac{P_0}{\text{基期销售收入}} = \text{P/S} = \frac{\text{PM} \times R_p}{r - g_n} \quad (3.36)$$

可见,价格/销售收入比率(P/S)是公司边际利润率(PM)、红利支付率(R_p)和增长率(g_n)的递增函数,是公司风险(折现率 r)的递减函数。

2. 高速增长公司的 P/S 比率

计算高速增长公司 P/S 比率的基本原理是相同的。在两阶段红利折现模型的特例中,这种关系相对较简单,一家高速增长公司的股权资本价值可以被写作:

$$P_0 = \text{高增长时期预期股票红利的现值} + \text{增长期末股权资本价值的现值} \quad (3.37)$$

假设经过高速增长阶段后公司的增长率将保持永续不变,则:

$$P_0 = \frac{\text{EPS}_0 \times R_p \times (1 + g) \times \left[1 - \frac{(1+g)^n}{(1+r)^n}\right]}{r - g}$$

$$+ \frac{\text{EPS}_0 \times R_{pn} \times (1+g)^n (1 + g_n)}{(r_n - g_n)(1+r)^n} \quad (3.38)$$

其中:g = 前 n 年的增长率;R_p = 前 n 年的红利支付率;g_n = n 年后的永续增长率(稳定增长阶段);R_{pn} = n 年后的永久红利支付率(稳定增长阶段)。

以基期销售收入 S_0 × 净利润率 PM 代替 EPS_0，整理后得：

$$\frac{P_0}{S_0} = P/S$$

$$= PM \times \left\{ \frac{R_p \times (1+g) \times \left[1 - \frac{(1+g)^n}{(1+r)^n}\right]}{r-g} + \frac{R_{pn} \times (1+g)^n (1+g_n)}{(r_n - g_n)(1+r)^n} \right\}$$

(3.39)

可见，P/S 比率的决定因素包括：

(1) 净边际利润率(NPM)。P/S 是 NPM 或每股净收益/每股销售收入(EPS/RPS)的递增函数。

(2) 高速增长期和稳定增长期公司的红利支付率(R_p 和 R_{pn})。当 R_p 和 R_{pn} 增加时，P/S 也会增加。

(3) 公司的风险性(以折现率 r 表示)。P/S 随 r 的增加而减少。

(4) 高速增长期和稳定增长期公司的预期增长率(g 和 g_n)。P/S 随 g 和 g_n 的增加而增加。

公式(3.39)适用于任何公司，即使公司当前并未支付红利。

五、对比估价法的适用性和局限性

对比估价法的魅力在于其简单且易于使用，应用该方法可以迅速获得被估价资产的价值，尤其是当金融市场上有大量"可比"资产进行交易并且市场在平均水平上对这些资产的定价是正确的时候。

但对比估价法也容易被误用和操纵，这一点在利用"可比"资产确定比率数值时尤为突出，世界上绝对没有在风险和成长性方面完全相同的两个公司或两种资产，"可比"公司或资产的定义是一个主观概念。因此，有偏见的分析人员往往会选择一组"可比"公司来印证他对公司价值的偏见，尽管这种潜在的偏见也存在于现金流折现法中，但在现金流折现法中，分析人员必须明确决定最终价值的假设前提。

基于"可比"资产确定比率数值的另一个问题是它会将市场对"可比"资产定价的错误(高估或低估)引入估价之中。而现金流估价法是基于公司自身的增长率和预期未来现金流进行估价的，它不会被市场的错误所影响。

第三节 期权估价法

自从期权交易出现以来,尤其是标准期权交易出现以来①,学者们就一直致力于期权定价问题的探讨。在这方面作出里程碑式贡献的是布莱克-舒尔斯模型(Black-Scholes Model)②,它于1973年由芝加哥大学教授费雪·布莱克(Fischer Black)与斯坦福大学教授梅隆·舒尔斯(Myron Scholes)提出。布莱克-舒尔斯模型为期权定价奠定了一个总体性的框架,在实际运用中,该模型需要进行进一步的修正。期权定价的另一个模型:二项式期权定价模型(binomial option pricing model,BOPM),可以使我们对期权价值的决定因素有更深入的了解。

这些期权定价模型可以用于评估具有期权特性的任何资产的价值。

一、二项式期权定价模型(BOPM)

二项式期权定价模型是一种简便易行的期权定价方法,该理论主要来自考克斯(Cox)、罗斯(Ross)和鲁宾斯坦(Rubinstein)等学者的研究成果。③ BOPM基于一种简单的资产价格运动过程提出,该过程认为在任意时间,资产的价格都可能向两种可能的方向变动。

(一) 二项式模型的描述

我们知道,在存在风险的情况下,未来的现金流是不确定的,即有多种可能性。二项式模型是在每一期将出现两种可能性的假设下构筑的现金流量或某种价格波动的模型,如图3.1和图3.2所示,其中F是标的资产的价格,"u"、"d"分别表示变量数值的上升和下降。

(二) 一期二项式模型

以F代表标的资产的当前价格,f代表期权的价值,Δ代表购买的标的资产数,S_u代表标的资产价格上升后的价格,S_d代表标的资产价格下降后的价格,T代表一期的时间。二项式如图3.2所示。

---

① 有关期权的基本介绍可参见本书第五章第六节的内容。
② Black, F., and M. Scholes, 1973, The Pricing of Option and Corporate Liabilities, *Journal of Political Economy*, 81(3): 637—654.
③ Cox, J., S. Ross, and M. Rubinstein, 1979, Option Pricing: A Simplified Approach, *Journal of Financial Economies*, 7: 229—263.

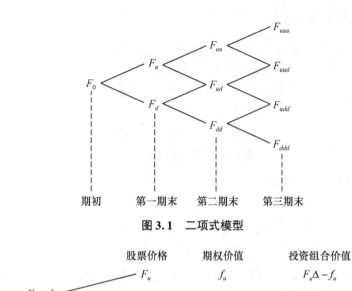

图 3.1 二项式模型

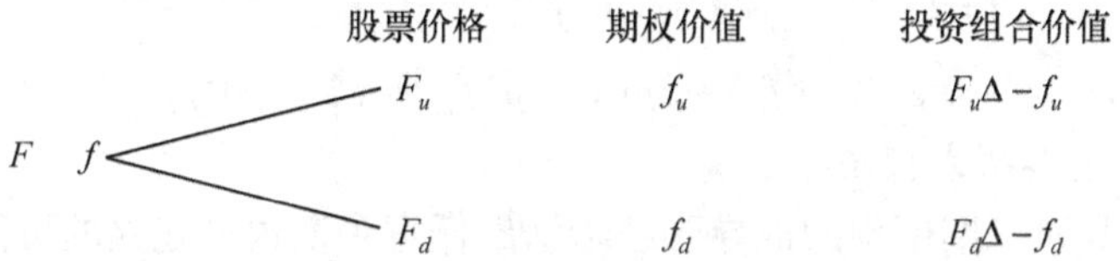

图 3.2 一期二项式模型

根据套利原理,在市场机制有效的情况下,要获得相同的回报必须要冒同样大的风险,如果不冒风险,只能按无风险利率获得回报。上述投资组合既然是无风险的,在不存在套利机会的情况下,其回报率一定等于无风险利率,即:

$$F_u\Delta - f_u = F_d\Delta - f_d = (F\Delta - f)e^{rT} \quad (3.40)$$

由公式(3.40)的前一个等式可得

$$\Delta = \frac{f_u - f_d}{F_u - F_d} \quad (3.41)$$

代入式(3.40)并整理得

$$f = e^{-rT}[pf_u + (1-p)f_d] \quad (3.42)$$

其中,$p = \dfrac{e^{rT} - d}{u - d}$,$u = \dfrac{F_u}{F}$,$d = \dfrac{F_d}{F}$。

注意,这里要求 $0 < p < 1$,即 $d < e^{rT} < u$。

公式(3.42)就是所谓的一期二项式模型。借助于这一模型,就可以计算出只有一期的期权价格。

(三) 二期二项式模型

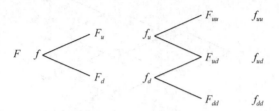

图 3.3　二期二项式模型

根据公式(3.42)可得:

$$f_u = e^{-rT}[pf_{uu} + (1-p)f_{ud}] \tag{3.43}$$

$$f_d = e^{-rT}[pf_{ud} + (1-p)f_{dd}] \tag{3.44}$$

$$\begin{aligned}f &= e^{-rT}[pf_u + (1-p)f_d] \\ &= e^{-2rT}[p^2 f_{uu} + 2p(1-p)f_{ud} + (1-p)^2 f_{dd}]\end{aligned} \tag{3.45}$$

(四) n 期二项式模型

一期模型和二期模型的推导已经暗示出任意多期模型建立的可能性。

在风险中性的假设下,期权的价值等于其到期期望内在价值按无风险利率折现的现值。按无风险利率折现是一件容易理解和处理的事情,乘上恰当的折现率即可;难点在于到期期望内在价值的表示。

我们知道,到期期望内在价值等于到期各种可能的内在价值与相应概率乘积的和,于是,现在的问题就变成如何表示各种可能的内在价值及其相应概率。假定一种资产每隔一定的较短时期,价格便会上升为原来的 u 倍或下降为原来的 d 倍。以该资产为标的资产的欧式买权执行价格为 X,其到期期限将跨越 n 个这样的短期。

首先,一期模型中,期权到期的内在价值有 2 个;二期模型中,期权到期可能的内在价值有 3 个;而在 n 期模型中,可能的内在价值将有 $n+1$ 个。

其次,在跨越的 n 期中,股票价格不是上升就是下降,没有其他情况。因此,如果只有 1 次上升,则必然有 $n-1$ 次下降。以 j 表示上升的次数,则下降的次数为 $n-j$。以 F 代表股票的当前价格,则任意一个到期的可能价格可以表示为

$$F_T = S_0 u^j d^{n-j} \tag{3.46}$$

从而,任一买权到期可能的内在价值可以表示为

$$\max(F_0 u^j d^{n-j} - X, 0) \tag{3.47}$$

再次,以 p 表示一次上升的概率,则 $1-p$ 表示一次下降的概率,所以,上升 j 次下降 $n-j$ 的概率为

$$p^j(1-p)^{n-j} \qquad (3.48)$$

除了 n 次全部为上升和 n 次全部为下降的情况，其他情况发生的路径不止一条，其路径的条数等于 n 次中选取 j 次上升的排列数，即：

$$\frac{n!}{j!(n-j)!} \qquad (3.49)$$

所以，上述买权到期价值出现的概率，即上升 j 次下降 $n-j$ 次的总概率为

$$\frac{n!}{j!(n-j)!}p^j(1-p)^{n-j} \qquad (3.50)$$

综上所述，买权到期的期望价值为：

$$\sum_{j=0}^{n}\left[\frac{n!}{j!(n-j)!}p^j(1-p)^{n-j}\max(Fu^j d^{n-j}-X,0)\right] \qquad (3.51)$$

至此，写出买权估价的 n 期模型已是轻而易举：

$$C_0 = e^{-nrT}\sum_{j=0}^{n}\left[\frac{n!}{j!(n-j)!}p^j(1-p)^{n-j}\max(Fu^j d^{n-j}-X,0)\right] \qquad (3.52)$$

同理，可以推导出卖权估价的 n 期模型：

$$P_0 = e^{-nrT}\sum_{j=0}^{n}\left[\frac{n!}{j!(n-j)!}p^j(1-p)^{n-j}\max(X-Fu^j d^{n-j},0)\right] \qquad (3.53)$$

由此，我们推导出了二项式期权定价模型的公式。

二、布莱克-舒尔斯模型(Black-Scholes Model)

二项式模型为期权价值的决定提供了一种直观的方法，但它需要大量的数据，即每一个时点上预期的价格。布莱克-舒尔斯模型并不是另一种不同的定价模型，它只是二项式模型的一个特例，但它极少地减少了所需要的信息量。

(一) 与二项式模型的关系

二项式模型是一个资产价格运动的离散时间模型，它认为资产价格变动的时间间隔为 T。随着时间间隔的缩短，即 T 趋于 0，有限分布可能变为两种形式之一。如果随着 T 趋于 0，资产价格变动幅度逐步缩小，则有限分布成为正态分布，且价格运动是一个连续过程；如果随着 T 趋于 0，资产价格变动幅度仍然较大，则有限分布成为泊松分布，即一个允许价格发生跳跃的分布。

布莱克-舒尔斯模型应用于有限分布为正态分布的情况，它假定标的资产的价格运动是连续的，不发生跳跃性的变化。

(二) 模型的假定

布莱克-舒尔斯模型有如下假设：

(1) 对卖空不存在障碍和限制;
(2) 交易成本与税收为零;
(3) 期权是欧式的;
(4) 不支付股票红利;
(5) 股票价格是连续的;
(6) 市场连续运作;
(7) 短期利率已知且固定;
(8) 股票价格是对数正态分布的。

这些假设是使布莱克-舒尔斯模型成立的充分条件。然而,当这些条件不成立时,对模型作些改动常常有效。

(三) 模型的内容

布莱克-舒尔斯模型是用来对不付红利的欧式期权进行定价的,因此,无论提前执行的概率还是红利的支付都不影响这种模型下期权的价值。

在布莱克-舒尔斯模型中,看涨期权的价值可以表达为下列变量的函数:

F = 标的资产的当前价格;
X = 看涨期权的执行价格;
T = 至到期日的时间(单位年);
r = 连续无风险收益率(每年);
δ^2 = 资产连续收益的方差(每年)。

模型可以表示为[①]:

$$C = FN(d_1) - Xe^{-rT}N(d_2) \qquad (3.54)$$

其中:$d_1 = \dfrac{\ln\left(\dfrac{F}{X}\right) + \left(r + \dfrac{\delta^2}{2}\right)T}{\delta\sqrt{T}}$, $d_2 = d_1 - \delta\sqrt{T}$

公式(3.54)中还有一个统计概念 $N(d)$,它表示标准正态分布随机变量将小于或等于 d 的概率。

用布莱克-舒尔斯模型计算期权价格,按照如下三个步骤进行:

(1) 利用所需的数据求解 d_1 和 d_2;
(2) 利用标准正态分布函数的参变量,求出正态分布积分函数 $N(d_1)$ 和 $N(d_2)$ 的值;
(3) 利用公式(3.54)计算看涨期权的价值。

无疑,说布莱克-舒尔斯模型是金融学理论中最重要的贡献之一,是毫不夸

---

① 对于公式的详细推导,读者可以参考 Hull, J.C., 1993, Option, Futures, and Other Derivative Securities, Prentice-Hall, Inc。

张的,它使任何人都能在给定若干参数下计算期权的价值。该公式的吸引力在于有四个参数是可测定的:资产现行价格 F、执行价格 X、无风险收益率 r 和距到期日的时间 T,只有一个参数必须估计:收益的方差 δ^2。

为了看看这个公式是多么具有吸引力,请留意一下哪些参数是不必要的。首先,投资者的风险厌恶程度不影响期权价格;其次,它不以标的资产的期望收益为依据,对股票的预期收益有不同评估的投资者都能接受它的看涨期权价格。

(四)模型的限制性及对其进行的调整

上述的布莱克-舒尔斯模型没有考虑提前执行期权或红利支付的情况,而这两者都将对期权的价值产生影响。可以对模型进行一些调整,尽管结果并非完美无缺,但能够对期权价值进行部分修正。

1. 红利[①]

红利的支付降低了资产的价格,因此随着红利支付额的增加,看涨期权的价值将减少而看跌期权的价值将上升。对红利因素有两种调整方法:一种是对短期期权的调整,一种是对长期期权的调整。

(1)短期期权

当期权很快就要到期时(一年之内),可以估计出期权有效期内预期红利的现值,并从标的资产的现值中扣除,从而得到"红利调整后的价格"。这个红利调整后的价格 F' 可以作为标的资产的价格代入布莱克-舒尔斯模型。

$$F' = F - \sum \frac{\text{Div}_T}{(1+r)^T} \tag{3.55}$$

$$C = F'N(d_1) - Xe^{-rT}N(d_2) \tag{3.56}$$

其中:$d_1 = \dfrac{\ln\left(\dfrac{F'}{X}\right) + \left(r + \dfrac{\delta^2}{2}\right)}{\delta\sqrt{T}}$,$d_2 = d_1 - \delta\sqrt{T}$,Div 为红利。

(2)长期期权

用现值处理红利的方法运用于长期期权定价会比较困难,如果预期标的资产的红利收益率(y = 红利/资产现值)在期权有效期内保持不变,则可将布莱克-舒尔斯模型调整为如下形式:

$$C = Fe^{-yT}N(d_1) - Xe^{-rT}N(d_2) \tag{3.57}$$

其中:$d_1 = \dfrac{\ln\left(\dfrac{F}{X}\right) + \left(r - y + \dfrac{\delta^2}{2}\right)T}{\delta\sqrt{T}}$,$d_2 = d_1 - \delta\sqrt{T}$。

---

① 这个红利不局限于股票的红利,而是从广义而言的,即标的资产在期权有效期内所分发的红利。

从直观的角度看,这一调整有两个效果:第一,考虑到红利支付造成了标的资产的价格下降,资产价格以红利收益率进行了折现;其次,红利使标的资产的持有成本降低,因此在公式中用利率减去红利收益率。

2. 提前执行

对于提前执行的可能性有两种基本的处理方法:一种是估计每个除息日当天期权的价格,从中选出最大值作为期权的价值;另一种是考虑提前执行期权时的二项式修正模型。

(1) 伪美式估值法

第一步,确定红利将在何时支付,支付额是多少。

第二步,使用上述的红利调整模型,即从标的资产的价格中减去预期红利的现值,估计每个除息日的期权价值。

第三步,选出每个除息日看涨期权价值中的最大值。

(2) 二项式法

第一步,若布莱克-舒尔斯模型中的标的资产对数的方差已经算出,则计算下面二项式所需要的输入变量:

$$u = \exp\left[\left(r - \frac{\delta^2}{2}\right)\left(\frac{T}{m}\right)\right] + \sqrt{\frac{\delta^2 T}{m}} \tag{3.58}$$

$$d = \exp\left[\left(r - \frac{\delta^2}{2}\right)\left(\frac{T}{m}\right)\right] - \sqrt{\frac{\delta^2 T}{m}} \tag{3.59}$$

其中:m = 有效期内时期的个数。

第二步,确定红利支付的时期,并假设股票下跌的金额即为在该时期支付的红利金额。

第三步,估计二项式上每一个节点的期权价值,允许在除息日之前提前执行期权。如果期权剩余的时间溢价小于由于支付红利而带来的期权价值的下跌,则会发生提前执行。

第四步,运用标准二项式方法,估计 0 时刻看涨期权的价值。

三、期权平价关系

上面我们只考虑了看涨期权价格的计算公式,实际上,利用期权平价关系(put-call parity),只要计算出一种期权(如看涨期权)的价格,就可以推出另一种期权(如看跌期权)的价格,当然,要求这两种期权具有同样的有效期和执行价格。期权平价关系的公式如下:

$$C - P = F - Xe^{-rT} \tag{3.60}$$

其中：C＝看涨期权的价格，P＝看跌期权的价格。

公式(3.60)可以从套利关系中相当容易地推出，考虑构造如下的资产组合：出售一个看涨期权，购买一个看跌期权，执行价格为 X，同时以当前价格 F 购买标的资产。

这个资产组合头寸的收益是无风险的，并且在到期日时始终获利 X。为了证明这个结论，假设到期日时的股票价格为 F^*：

头寸	$F^* > K$ 时的收益	$F^* < K$ 时的收益
出售看涨期权	$-(F^* - X)$	0
购买看跌期权	0	$X - F^*$
购买标的资产	F^*	F^*
合计	X	X

由于该投资组合可以获得无风险收益 X，所以，其当前价值应等于 X 以无风险收益率折现的现值 (Xe^{-rT})，即

$$F + P - C = Xe^{-rT} \tag{3.61}$$

整理可得如(3.60)所示的期权平价公式

$$C - P = F - Xe^{-rT}$$

由该式就可通过看涨期权对看跌期权进行定价，即

$$P = C - F + Xe^{-rT} \tag{3.62}$$

本章小结

- 企业与资产的价值评估方法很多，投资银行普遍采用的主要有如下三种：第一，现金流折现估价法，它将现金流用一个根据风险调整的折现率来折现，从而得到资产或公司的价值；第二，对比估价法，它依据"可比"资产或公司的价值与收益、现金流、账面价值或销售收入等变量的比率进行估价；第三，期权估价法，对有期权特性的资产可用期权定价模型进行估价。

- 现金流折现法的基石是"现值原理"，即任何资产的价值等于其预期未来全部现金流的现值总和，用公式表示是 $V = \sum_{t=1}^{n} \frac{CF_t}{(1+r)^t}$。

- 如果满足如下条件，使用现金流折现法就比较适宜：被估价资产当前的现金流为正，并且可以比较可靠地估计未来现金流的发生时间；同时，根据现金流的风险特性又能够确定出恰当的折现率。

- 但是在下列情况下，使用现金流折现法进行估价将会遇到比较大的困难：陷入财务拮据状态的公司；收益呈周期性变化的公司；拥有未被利用资产的

公司;有专利或产品选择权的公司;正在进行重组的公司;非上市公司。

- 在相对估价法中,资产的价值通过参考"可比"资产的价值与某一变量,如收益、现金流、账面价值或收入等比率而得到。该方法的前提是该行业中其他公司与被估价公司具有可比性,并且市场对这些公司的定价是正确的。根据所参考的变量不同,相对估价法主要有市盈率法、价格/账面价值比率法和价格/销售收入比率法。

- 对比估价法的主要优点在于简单且易于使用,应用该方法可以迅速获得被估价资产的价值,尤其是当金融市场上有大量"可比"资产进行交易并且市场在平均水平上对这些资产的定价是正确的时候。但对比估价法最大的缺点是容易受分析人员的主观影响。

- 期权定价法主要有两种:二项式期权定价模型和布莱克-舒尔斯模型。

二项式期权定价模型可以表示为:

$$P_0 = e^{-nrT} \sum_{j=0}^{n} \left[\frac{n!}{j!(n-j)!} p^j (1-p)^{n-j} \max(X - Fu^j d^{n-j}, 0) \right]$$

布莱克-舒尔斯模型可以表示为:

$$C = FN(d_1) - Xe^{-rT} N(d_2)$$

其中: $d_1 = \dfrac{\ln\left(\dfrac{F}{X}\right) + \left(r + \dfrac{\delta^2}{2}\right)T}{\delta \sqrt{T}}, \quad d_2 = d_1 - \delta \sqrt{T}$。

- 利用期权平价关系,只要计算出一种期权(如看涨期权)的价格,就可以推出另一种期权(如看跌期权)的价格,当然,要求这两种期权具有同样的有效期和执行价格。期权平价关系的公式: $C - P = F - Xe^{-rT}$。

思考题

1. 什么是现金流折现法?这种估价方法的利弊有哪些?
2. 如何用现金流折现法对企业和资产进行估价?
3. 什么是对比估价法?主要有哪些具体方法?
4. 如何用现金流折现法对企业和资产进行估价?
5. 试推导二项式期权定价模型。
6. 布莱克-舒尔斯模型的基本公式是什么?在考虑提前执行期权和红利支付的情况下,布莱克-舒尔斯模型的公式又是什么?
7. 试推导期权平价关系公式。

第四章　风险与收益理论

☞ **本章概要**　风险与收益理论，又称为金融资产定价理论，是关于金融资产风险的价格——资产收益率的理论。风险与收益理论是现代金融理论的核心问题之一，经过几十年的发展，已经比较成熟，被广泛运用于包括投资银行在内的金融领域，因此也是投资银行学的核心理论之一。本章第一节介绍了有效市场假设，这是后面讨论的风险与收益理论的共同假设；第二节介绍了资产组合理论，主要讨论马柯维茨的均值—方差模型；第三节介绍了资本资产定价模型（CAPM），对其理论与实证进行详细讨论；第四节简述了套利定价理论。

☞ **学习目标**　通过本章的学习，首先应该掌握有效市场假设的含义；其次，掌握资产组合理论、资本资产定价模型和套利定价模型的主要思想；最后，能够运用以上定价模型对金融资产进行定价。

风险和机会——它们是一枚硬币的正反两面。

——米歇尔·库克

第一节　有效市场假设

有效市场假设（efficient-market hypothesis，EMH）是对市场反映的有关问题进行研究的学说。所谓"有效市场"，是指资产的现有市场价格能够充分反映所有有关信息和可用信息的市场。1956年，萨缪尔森等人提供了支持有效市场假设的现代理论基础，即如果市场是充分竞争的，则在投机市场上的不可预计的价格变动趋向必然表现为互不相关的、随机的图像，而经济交易利润为零。1970年，为了便于进行分析和理论上的验证，法玛（Fama）将有效市场划分为程度不等的三类，即弱式（weak-form）有效市场、次强式（semistrong-form）有效市场和强式（strong-form）有效市场。多年来，人们就实际运行中的资本市场到底属于哪类进行了多方面的验证和分析。① 在现实中,某种信息对股票价格的作用可能快于其他信息。为了分析股票价格对不同信息的反映速度,一般将信息划分为不同的种类,最常见的分类是把信息分为以下三类:基于过去价格的信息(information on past prices)、公开信息(publicly available information)和所有信息(all information)。下面我们在这种信息分类的基础上分析有效市场的类型。

一、弱式有效市场

如果某一资本市场上的证券价格充分地包含和反映了历史价格的信息,那么该资本市场就达到了"弱式有效"。

我们通常用下面这个数学公式来表示弱式有效:

$$P_t = P_{t-1} + 期望收益 + 随机误差 i \tag{4.1}$$

上式表明,某种证券今天的价格等于"最近的观测价格"加上"证券的期望收益值",再加上这段时间发生的"随机收益值"。其中,最近的观测价格可以是昨天出现的价格、上周出现的价格甚至上月出现的价格,这取决于我们确定的时间区间$(t-1, t)$。证券的期望收益是该种证券所承受风险的函数,可以根据风险收益模型来确定。随机误差是某种与证券有关的新信息引起的,可能是正数,也可能是负数,因此这一随机项无法根据历史价格来预测。如果股票的价格变动如式(4.1)所示,则称之为"随机游走"(random walk)。②

在历史的股票价格信息是最容易获取的假设下,弱式有效是资本市场所能表现出的最低形式的效率。如果我们能够从股票价格的历史信息中发现某种可以获得超常利润的趋势,那么每个人都能够做到,结果超常利润将在争夺中消失。

由于坚决否认证券价格的历史变动信息可以用来预测其未来的变动规律,所以我们也坚决否认使用名为"技术分析"(technical analysis)的那些分析方法能够带来利润。技术分析是指力图用过去的价格变动预测未来变动规律的一系列分析方法。进而,我们也否认力图使用这些技术分析方法以获取超常利润的技术分析人员所做的工作。

讨论到这里,大家或许要问:为什么我们要将自己局限于使用历史价格这

---

① 关于有效市场的概念,经典的文献是:Fama, E. F., 1970, Efficient Capital Market: A Review of Theory and Empirical Work, *Journal of Finance*, 25(2): 383—417; Fama, E. F., 1991, Efficient Capital Market Ⅱ, *Journal of Finance*, 46(5): 1575—1617。有关有效市场理论的总体研究状况,可以参阅如下这篇总结性的论文: Ball, R., 1995, The Theory of Stock Market Efficient: Accomplishment and Limitations, *Journal of Corporate Finance*, 8: 4—17。

② 在本书中,"随机游走"等同于"弱式有效"。但是,从技术上来看,"随机游走模型"假设股票的收益在所研究的时间段内具有相同的假设,所以随机游走的假设更加严格。

类信息呢？令人惊奇的是，多数技术分析人员就仅限于这样做，它们认为关于证券价格未来变动的所有相关信息都包含在证券价格过去的变动中，其他信息只会令人心烦。约翰·马奇(John Magee)是最著名的技术分析学家，他与罗伯特·D. 爱德华(Robert Davis Edwards)合著的《股票趋势技术分析》一书被誉为投资技术分析的《圣经》。[1] 约翰·马奇使用技术分析已达到了极端的程度，据报道，他在办公室所做的股票分析图把窗户都堵住了。对他来说，窗外的天气只是阻碍他进行技术分析的多余信息。

二、次强式有效市场和强式有效市场

如果弱式有效市场是个有争议的问题，那么其他两种强式有效市场——次强式有效市场和强式有效市场，则引起了更大的争论。

如果某一资本市场上的证券价格充分地反映了所有公开可用的信息，包括公司公布的财务报表和历史上的价格信息，那么该资本市场就称为次强式有效市场。例如一家公司公布其盈利上升，某一投资者可能在听到这一信息公布后就会考虑投资这一股票，但无论如何，如果市场是次强式有效市场，价格将在这一信息公布后立即上升，因此，投资者最后仍然付出较高的价格，获利的机会随之消失。

如果某一资本市场上的证券价格充分反映了所有的信息，包括公开的和内幕的信息，那么该资本市场就称为强式有效市场。强式有效市场假设理论指出，任何与股票价值有关的信息，即使是只有一个投资者知道的信息，实际上都已经充分地反映在股票价格之中了。一个强式有效市场理论的忠实信徒认为，即使是一个知道某家开采金矿的公司探明一个大型金矿的内幕者，利用这一信息也无法在一个强式有效的资本市场上获利。他们坚信，一旦这个内幕者企图利用这一信息进行交易的时候，市场将立即确认所发生的事情，金矿开采公司的股票价格在这位内幕者购买该公司的股票之前就将冲高上涨。从另一个角度看，坚信强式有效市场理论的人也可以认为，没有任何秘密的事情，公司一旦探明金矿，消息将立即传开。

次强式有效市场和强式有效市场假设的理论是否很好地描述了证券市场的运作机制呢？在这一问题上，专家的意见不同。当然，支持次强式有效市场的证据比支持强式有效市场的证据更加可信，而且无论出于什么目的，设想资

---

[1] John Magee and Robert Davis Edwards, 1992, *Technical Analysis of Stock Trends*, 6th ed., Stock Trends Service.

本市场处于半强式有效市场都是合理的。强式有效市场似乎仍难以被接受。

三、小结

我们知道,历史价格信息集是公开可用信息集的一个子集,而公开可用信息集又是所有相关信息集的一个子集,这三类信息之间的相互关系如图 4.1 所示。正因为如此,强式有效市场包含次强式有效市场,次强式有效市场包含弱式有效市场。

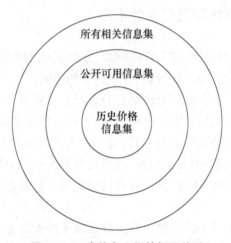

图 4.1 三类信息之间的相互关系

预期市场达到弱式有效的原因之一是发现股票价格变动规律是十分容易的,任何懂得计算机编程和一些统计学知识的人都可以研究和发现这些规律。这就支持了这样一种观点——如果存在这样一些规律,而且大家都去研究和挖掘,那么这一研究和挖掘过程将导致这些规律迅速消失。

与弱式有效市场相比,次强式有效市场使用更加复杂的信息和推理,投资者必须掌握经济学和统计学的技术知识,并且对各种行业和公司的特征有深入的了解,此外,掌握和使用这些技术需要才华、能力和时间。用经济学家的话来说,这种努力需要付出昂贵的费用,而且获得成功的可能性是非常小的。

与次强式有效市场相比,强式有效市场还有很长的路要走,很难相信市场已经达到如此高的效率,以至于某些获得真实且有价值的内幕信息的人都不能通过利用这些信息成功地获利。同时,也很难发现有关市场达到强式有效的证据。目前我们所拥有的证据基本上都否定了强式有效市场的假设。表 4.1 是有效市场假设的一个小结。

表 4.1 有效市场假设小结

弱式有效市场	价格充分反映了历史的价格信息	技术分析专家失去作用
次强式有效市场	价格充分反映了所有公开可用的信息	大多数财务分析失去作用
强式有效市场	价格反映了所有的可知信息	没有任何人能够获得超常收益

有关有效市场假设的研究记录相当广泛,由专家学者所作的实证研究主要有以下几类:第一,有关股票价格变动是否随机的证据;第二,事件研究;第三,专业管理投资公司的记录。

来自不同资本市场的研究证据基本上支持了弱式有效和次强式有效假设,但没有证据支持强式有效假设。这说明力图使用公开可用信息获得超过市场平均收益的投资者并不能获得任何的超常收益。

第二节 资产组合理论

美国著名经济学家马柯维茨(Markowitz)于1952年提出了确定最小方差资产组合的思想和方法[1],从而开创了资产组合理论(portfolio theory),并奠定了金融资产定价理论的基石。[2] 马柯维茨在创立资产组合理论的同时,也用数量化方法提出了确定最佳资产组合的基本模型。在以后的岁月中,经济学家们一直在利用数量化方法不断丰富和完善金融学理论,并使之成为金融学的主流方向。

一、基本假设

资产组合理论有以下四个基本假设:
(1) 投资者事先知道投资收益率的概率分布;
(2) 投资风险用投资收益率的方差或标准差表示;
(3) 影响投资决策的主要因素是期望收益率和风险两项;
(4) 投资者都遵守占优原则:在同一风险水平下,选择收益率较高的证券组合;在同一收益率水平下,选择风险较低的证券。

---

[1] Markowitz, H., 1952, Portfolio Selection, *Journal of Finance*, 7: 77—91.
[2] 马柯维茨的组合理论以及之后的 CAPM、APT 都是从证券的角度来展开论述的,但事实上这些原理也可以用于其他资产,所以我们在本章中有时交替使用资产和证券这两个词。

二、资产组合的风险与收益

(一) 资产组合

资产组合就是由几种资产构成的组合。投资者可以按照各种比例(或者称为比重或权重)将其财富分散投资于各种资产上,假设投资者选择投在 n 种资产上的比重为 $W_1, W_2, \cdots, W_n$,则有如下现值条件:

$$W_1 + W_2 + \cdots + W_n = \sum_{i=1}^{n} W_i = 1 \tag{4.2}$$

$$\text{s.t.} \quad W_i \geq 0, \quad i = 1, 2, \cdots, n$$

其中:n = 证券组合所包括的资产种类的数量;i = 某种特定的资产;W_i = 分配给第 i 种资产的比重。

(二) 资产组合的收益

当你投资于一个资产组合时,将来你在这些资产上所获得的收益率取决于如下两个因素:各种资产的类别、各种资产的投资比例。证券组合的期望收益率记作 $E(R_p)$,其大小等于证券组合中各种证券的平均收益率与各自的投资比重的乘积之和,即:

$$E(R_p) = \sum_{i=1}^{n} W_i E(R_i) \tag{4.3}$$

其中:n = 证券组合所包括的资产种类的数量;$E(R_i)$ = 第 i 种资产的期望收益率;W_i = 分配给第 i 种资产的比重。

(三) 资产组合的风险

根据假设(2),资产收益率的方差(或标准差)是衡量资产风险的指标,资产组合的方差可以通过如下公式计算:

$$\delta_p^2 = \sum_{i=1}^{n} \sum_{j=1}^{n} W_i W_j \delta_{i,j} \tag{4.4}$$

其中:$\delta_{i,j}^2 = E\{[R_i - E(R_i)][R_j - E(R_j)]\}$。

公式(4.4)表明,资产组合的方差不是别的,它只是资产组合中各单个资产的方差及协方差的组合,且协方差越小,通过分散化使得资产组合波动性的幅度也就越大。专栏4.1简单地推导了这个公式。

资产组合方差的计算公式也可以写成:

$$\delta_p^2 = \sum_{i=1}^{n} W_i^2 \delta_i^2 + 2 \sum_{i=1}^{n} \sum_{\substack{j=1 \\ j>i}}^{n} W_i W_j \delta_i \delta_j \rho_{i,j} \tag{4.5}$$

虽然公式(4.5)相当复杂,但是它却能清楚地表明,资产组合方差的大小依赖于单个资产的方差、各资产间的相关系数以及投资比重的选择。

因此,标准差可以用如下公式表示:

$$\delta_p = \sqrt{\sum_{i=1}^{n}\sum_{j=1}^{n}W_iW_j\delta_{i,j}} \tag{4.6}$$

$$\delta_p = \sqrt{\sum_{i=1}^{n}W_i^2\delta_i^2 + 2\sum_{i=1}^{n}\sum_{j=1}^{n}W_iW_j\delta_i\delta_j\rho_{i,j}} \tag{4.7}$$

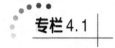

资产组合的方差计算公式的推导

由 n 种资产构成的资产组合的方差,其计算公式已由公式(4.4)给出,即:

$$\delta_p^2 = \sum_{i=1}^{n}\sum_{j=1}^{n}W_iW_j\delta_{i,j}$$

这里我们来简单地证明一下这个公式。

我们知道,资产组合的收益率和期望收益率分别是:

$$R_p = \sum_{i=1}^{n}W_iR_i$$

$$E(R_p) = \sum_{i=1}^{n}W_iE(R_i)$$

那么,资产组合的方差则为:

$$\begin{aligned}\delta_p^2 &= E[R_p - E(R_p)]^2 \\ &= E\left[\sum W_iR_i - \sum W_iE(R_i)\right]^2 \\ &= E\{W_1R_1 + W_2R_2 + \cdots + W_nR_n \\ &\quad - [W_1E(R_1) + W_2E(R_2) + \cdots + W_nE(R_n)]\}^2\end{aligned}$$

将大括号内的各项重新安排,可得:

$$\begin{aligned}\delta_p^2 &= E\{W_1[R_1 - E(R_1)] + W_2[R_2 - E(R_2)] + \cdots + W_n[R_n - E(R_n)]\}^2 \\ &= \sum_{i=1}^{n}W_i^2E[R_i - E(R_i)]^2 + 2\sum_{i=1}^{n}\sum_{\substack{j=1\\j>i}}^{n}W_iW_jE\{[R_i - E(R_i)][R_j - E(R_j)]\}\end{aligned}$$

因为

$$\delta_i^2 = E[R_i - E(R_i)]^2 = \delta_{i,i}$$

$$\delta_{i,j} = E\{[R_i - E(R_i)][R_j - E(R_j)]\}$$

所以上式即为：

$$\delta_p^2 = \sum_{i=1}^{n} \sum_{j=1}^{n} W_i W_j \delta_{i,j}$$

（四）标准的均值—方差资产组合模型

根据上面资产的风险与收益定义，在假设(4)下，均值—方差资产组合模型具有如下两种形式：

$$\max E(R_p)$$
$$\text{s.t.} \quad \delta^2 \leq \delta_0 \tag{4.8}$$
$$\sum_{i=1}^{n} W_i = 1, \quad W_i \geq 0, \quad i = 1,2,\cdots,n$$

其中：$\sigma_0 =$ 投资者所能接受的最大风险。

以及

$$\min \delta^2$$
$$\text{s.t.} \quad E(R_p) \geq R_0 \tag{4.9}$$
$$\sum_{i=1}^{n} W_i = 1, \quad W_i \geq 0, \quad i = 1,2,\cdots,n$$

其中：$R_0 =$ 投资者所能接受的最小收益率。

上面两种形式中，公式(4.8)的含义是在一定的风险下，投资者追求收益最大；公式(4.9)的含义是在给定收益率的前提下，投资者追求风险最小。

三、无差异曲线

根据投资者对资产的风险和收益的偏好不同，可以将投资者划分为三类：风险规避者、风险偏好者和风险中立者。

在资产组合理论中，我们假定投资者是风险规避者，因此，其无差异曲线(indifference curve)如图4.2所示。

沿着无差异曲线移动，投资者或者承担较多的风险并获得较高的收益，或者承担较少的风险同时获得较低的收益，这也正体现了风险规避者的特点。

无差异曲线的基本特征是：

第一，位于无差异曲线上的所有组合$(E(R),\delta)$都向投资者提供了相同的期望效用。

第二，当无差异曲线向左上移动时，投资者的期望效用增加。

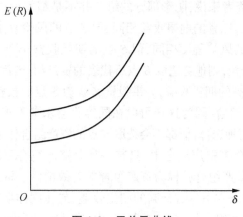

图 4.2　无差异曲线

第三,无差异曲线代表单个投资者对期望收益和风险之间的均衡点的个人评估。也就是说,无差异趋势是主观确定的,曲线的形状因投资者的不同而不同。

四、资产组合的有效前沿(efficient frontier)

根据资产的不同比重 W_i 的选择,资产组合将出现不同的 $\delta - E(R)$ 组合。[①] W_i 的各种不同情况所对应的 $\delta - E(R)$ 组合可以归纳在图 4.3 中的阴影部分中。

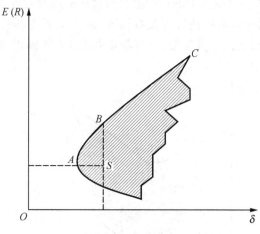

图 4.3　资产组合的 $\delta - E(R)$ 示意图

---

① 由公式(4.3)和公式(4.4)可知,不同的 W_i 决定了不同的 δ 和 $E(R)$。

但是，对于投资者来说，阴影部分的组合并不是都值得进行的，如图4.3中的 S 点与 A 点相比，二者的期望收益相同，但 S 点的风险程度要高于 A 点；S 点与 B 点相比，二者的风险程度相同，但 S 点的期望收益小于 B 点。如果投资者可以承受 S 点的风险，则他会选取 B 点所代表的资产组合，因为这样可以在同样风险条件下获得更高的期望收益；如果投资者认为 S 点的投资收益较为理想，他将选取 A 点的资产组合，因为这样可以在同等收益水平下求得较低的风险。因此，不论投资者作何种选择，他都不会选取 S 点的资产组合作为投资对象。

由此可见，在众多资产组合中，只有一部分资产组合可以成为投资者的投资对象，这一部分资产组合就称为资产组合的有效前沿。资产组合的有效前沿由那些在同样风险条件下具有最高的期望收益，或在同样期望收益条件下具有最低风险程度的资产组合构成。在图4.3中，有效前沿为曲线 ABC。

五、投资者对资产组合的投资选择

（一）只有风险资产时的投资选择

如前所示，在全部由风险资产构成的资产组合中，只有位于有效前沿上的资产才有可能成为投资者的投资对象。具体来讲，不同的投资者将根据自己对风险与收益的替代关系的判断（由风险与收益无差异曲线表示）来选择合适的投资对象。如图4.4所示，无差异曲线 Ⅰ、Ⅱ 分别与资产组合的效率前沿相切于 A、B 两点，表明在这两点上的资产组合所代表的风险与收益替代关系与投资者 Ⅰ、Ⅱ 所要求的风险与收益替代关系相同，故投资者 Ⅰ 将选择有效前沿 A 点的资产组合作为自己的投资对象，投资者 Ⅱ 将选择有效前沿 B 点的资产组合作为自己的投资对象。

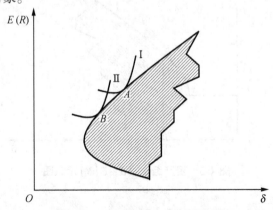

图4.4 只有风险资产时的投资选择

(二) 资本市场线与投资选择

如果在资本市场上除风险资产外,还存在着无风险资产(通常以短期国债投资作为无风险资产的近似),则无风险资产与有风险资产将构成一种不同于单纯由风险资产构成的资产组合。图 4.5 显示了这一资产组合的构造过程。

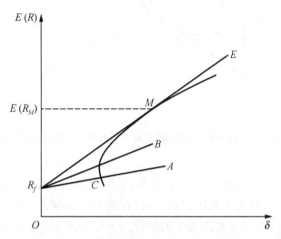

图 4.5　资产组合的 $\delta - E(R)$ 示意图

图 4.5 中,R_f 点代表无风险资产 F,其期望收益为 R_f,标准差为 $\delta_f = 0$。曲线 CME 代表由风险资产构成的资产组合的有效前沿。利用无风险资产 F 可以与风险资产组合 A、B、M 组成不同的资产组合集合,分别由直线 R_fA、R_fB 和 R_fM 表示,其中直线 R_fM 是过 R_f 点与有风险资产组合的有效前沿的切线。在这几个资产组合中,R_fA 和 R_fB 显然是无效率的,因为在同样的风险程度下,资产组合 R_fM 可以提供更高的期望收益。不难看出,资产组合 R_fM 是由无风险资产与有风险资产共同构成的资产组合的有效前沿,这一有效前沿又称为资本市场线,它可以用下述公式表示:

$$E(R_p) = R_f + \frac{E(R_M) - R_f}{\delta_M}\delta_p \qquad (4.10)$$

其中:$E(R_p)$ = 资产组合的期望收益;$E(R_M)$ = 市场资产组合的期望收益;δ_p = 资产组合的标准差;δ_M = 市场资产组合的标准差。

有了资本市场线之后,投资者将在这一资产组合中根据自己的风险承受能力选择投资对象,如图 4.6 所示。

由图 4.6 可以看出,不论投资者的风险偏好如何,它们所能得到的风险与收益替代关系都是相同的,均等于资本市场线的斜率。

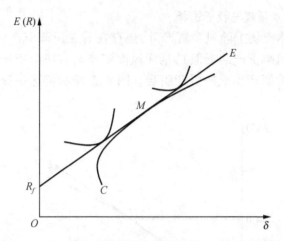

图4.6　加入资本市场线后资产组合的 $\delta - E(R)$ 示意图

（三）分离定理

资本市场线中的市场资产组合 M 是由市场中每一风险资产的风险与收益关系及它们之间的相关关系决定的,与投资者个人的风险偏好和风险承受能力无关。于是,投资者在资本市场上的投资行为可分两步进行:第一步,不考虑投资者的风险偏好和风险承受能力,只根据风险资产的特点确定市场资产组合;第二步,在确定市场资产组合之后,根据自身的风险承受能力调整资产组合中无风险资产与市场组合的比例,使之适合自己的风险偏好与风险承受能力的要求。这就是著名的分离定理。

第三节　资本资产定价模型

资本资产定价模型(capital asset pricing model,CAPM)最早是由夏普(Sharpe)[1]、林特勒(Lintner)[2]和莫森(Mossin)[3]等人根据马柯维茨的资产组合理论分别独立提出的。资本资产定价模型要解决的问题是:在资本市场中,单个资产的均衡价格是如何在收益与风险的权衡中形成的;或者说,在市场均衡状态下,单个资产的收益是如何依风险而确定的。

---

[1] Sharpe, W., 1964, Capital Asset Prices: A Theory of Capital Market Equilibrium Under Conditions of Risk, *Journal of Finance*, 19: 425—442.

[2] Lintner, J., 1965, The Valuation of Risk Asset and the Selection of Risky Investments in Stock Portfolios and Capital Budgets, *Review of Economics and Statistics*, 47: 13—37.

[3] Mossin, J., 1966, Equilibrium in a Capital Asset Market, *Econometrica*, 35: 768—783.

一、模型的基本假设

资本资产定价模型的假定一共有如下十条:
(1) 所有投资者都属于马柯维茨分散者,即投资者仅依据投资收益率的均值和方差作投资决策。
(2) 投资者遵守占优原则:在同一风险水平下,选择收益率较高的资产组合;在同一收益率水平下,选择风险较低的资产。
(3) 所有投资者的投资期限均相同。
(4) 每种资产都是无限可分的,即投资者可以以任意净额投资于各种资产。
(5) 存在无风险资产,投资者可以按相同的无风险利率借入或贷出任意数量的无风险资产。
(6) 允许无限制地卖空。
(7) 税收和交易费用均忽略不计。
(8) 没有通货膨胀和利率的变化。
(9) 所有投资者对于各种资产的收益率、标准差、协方差等具有相同的预期。①
(10) 单个投资者不能通过买卖行为影响资产价格,即市场是完全竞争的。

二、模型的基本内容

(一) 证券市场线

在第二节中我们介绍的资本市场线,反映的是有效组合的预期收益率与标准差之间的关系,任何单个风险证券由于不是有效证券组合,一定位于资本市场线的下方,所以资本市场线并不能告诉我们单个证券的预期收益与标准差之间应存在怎样的关系,证券市场线(security market line, SML)就是用来解决这个问题的。

从风险与收益配比的角度出发,在考察某一证券风险程度时,重要的并不是该证券自身的风险,而是其与市场组合的协方差。自身风险高的证券,并不意味着其预期收益率也相应较高;而自身风险较低的证券,其收益率也不一定就较低。单个证券的预期收益率水平应取决于其与市场组合的协方差。

---

① 这一假设是以有效市场假设(EMH)为前提的。

根据协方差的性质,证券 i 与市场组合的协方差 δ_{iM} 等于证券 i 与市场组合中每种证券协方差的加权平均数:

$$\delta_{iM} = \sum_{j=1}^{n} X_{jM}\delta_{ij} \tag{4.11}$$

由于资产组合的预期收益率和标准差分别是各种证券预期收益率和各种证券与市场组合协方差的加权平均数,其权数均等于各种证券在市场组合中的比例,因此如果每种证券的预期收益率相对于其 δ_{iM} 值太低的话,投资者只要把这种证券从其投资组合中剔除就可以提高其投资组合的预期收益率,从而导致市场失衡。因此,具有较大 δ_{iM} 值的证券必须按比例提供较大的预期收益率以吸引投资者,在均衡状态下,单种证券风险与收益的关系可以写为:

$$E(R_i) = R_f + \frac{E(R_M) - R_f}{\delta_M^2}\delta_{iM} \tag{4.12}$$

这就是著名的证券市场线,它反映了单种证券与市场组合的协方差和其预期收益率之间的均衡关系。①

图 4.7 是证券市场线的示意图,又称为证券市场线的协方差版本。②

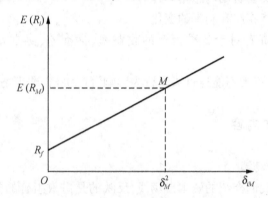

图 4.7 证券市场线的协方差版本

(二) β 系数

我们知道,市场风险可以分为系统性风险(systematic risk)和非系统性风险(unsystematic risk)。非系统性风险可以通过有效的证券组合得以减少或消除,而系统性风险则不能通过证券组合得以减少。β 系数就是用来衡量某种证券或某证券组合的系统性风险的指标。

---

① 有关证券市场线的详细推导过程,可参见威廉·F. 夏普、戈登·J. 亚历山大、杰弗里·V. 贝利:《投资学》,中国人民大学出版社 1998 年版。
② 后面我们还将介绍证券市场线的 β 版本。

如果我们把证券市场处于均衡状态时的所有证券按其市值比重组成一个"市场组合",这个市场组合的非系统性风险将等于零。这样我们就可以用某种证券的收益率和市场组合收益率之间的 β 系数来衡量这种证券的系统性风险。某种证券的 β 系数 β_i 指的是该证券的收益率和市场组合的收益率的协方差,再除以市场组合收益率的方差 δ_M^2,即

$$\beta_i = \frac{\delta_{iM}}{\delta_M^2} \tag{4.13}$$

上式中,$\delta_{iM} = \rho_{iM}\delta_i\delta_M$,$\rho_{iM}$ 为证券 i 与市场组合 M 的相关系数。

由于系统性风险无法通过多样化投资来抵消,因此一个证券组合的 β 系数 β_p 等于该组合中各种证券的 β 系数的加权平均数,权重为各种证券的市值占整个组合总市值的比重 X,即

$$\beta_p = \sum_{i=1}^{n} X_i \beta_i \tag{4.14}$$

如果一种证券或证券组合的 β 系数等于1,说明其系统性风险与市场的系统性风险完全一样;如果其 β 系数大于1,说明其系统性风险大于市场的系统性风险;如果其 β 系数小于1,说明其系统性风险小于市场的系统性风险;如果 β 系数等于0,则不存在系统性风险。

(三) 资本资产定价模型(CAPM)

在引入了 β 系数之后,我们对证券市场线再作进一步分析,并进而导出资本资产定价模型(CAPM)。

我们把 β 值的计算公式(4.13)代入证券市场线的表达式(4.12),可得到

$$E(R_i) = R_f + \beta_i [E(R_M) - R_f] \tag{4.15}$$

引入了 β 系数后的证券市场表达式(4.15)也就是资本资产定价模型(CAPM)的表达式。图4.8是证券市场线的 β 版本。

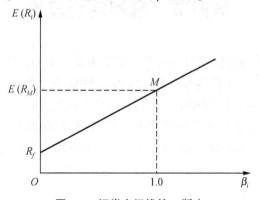

图4.8 证券市场线的 β 版本

根据公式(4.15)我们可以计算出每一证券或证券组合的预期收益率,在实际中 β 值是通过对历史数据进行分析得出的。

CAPM 所揭示的投资收益与风险的函数关系,是通过对投资者持有证券数量的调整并引起证券价格的变化而达到的。根据每一证券的收益和风险特征,给定一个证券组合时,如果投资者愿意持有的某一证券的数量不等于已有的数量,投资者就会通过买进或卖出证券进行调整,并因此对这种证券的价格产生上涨或下跌的压力。在得到一组新的价格后,投资者将重新估计对各种证券的需求并进行调整,持续这一过程,将使证券市场达到均衡。

三、模型的实证检验

CAPM 代表了金融经济学领域最重要的进展和突破。因为 CAPM 表明了资产的期望收益为什么以及如何与其 β 系数相联系,所以对于投资的目标来说,它显然是十分有用的。但是大家无论如何也不能忘记 CAPM 并非真理,实际上,与其他各种模型一样,CAPM 是一个有待实证检验的模型。

到目前为止,关于 CAPM 模型的一些实证检验结果如下:

(1) β 系数和预期收益率之间是线性的,因而,公式(4.15)的函数形式是基本正确的;

(2) β 系数较小的资产的收益率比 CAPM 预测的要高,β 系数较大的资产的收益率比 CAPM 预测的要低;

(3) β 系数并非是市场定价的唯一决定因素;

(4) 从长期来看,市场组合的收益率大于无风险利率。

第四节 套利定价理论

CAPM 描述了均衡状况下不同资产期望收益不同的原因,即资产的收益率不同是因为它们具有不同的 β 系数。但是,CAPM 是建立在严格的假设条件基础上的,这些条件在实际应用中很难得到满足。因此,在 CAPM 提出以后,不少学者提出了多种经过改进和发展的定价模型,套利定价理论(arbitrage pricing theory,APT)就是其中最重要的一个,它是由罗斯(Ross)于1976年最早提出的。[①]

APT要研究的是,如果每个投资者对同种证券的收益具有相同的预期,那么各种证券的均衡价格是如何形成的。研究者拓展问题的思路是:首先,分析市场是否处于均衡状态;其次,如果市场是非均衡的,分析投资者会如何行动;再次,分析投资者的行动会如何影响到市场并最终使市场达到均衡;最后,分析在市场均衡状态下,证券的预期收益由什么决定。

一、基本假设

套利定价理论有以下几个基本假设:
(1) 资本市场是完全竞争的、无摩擦的以及无限可分的;
(2) 所有投资者对同种资产的收益具有相同的预期;
(3) 在资本市场中,存在充分多的资产;
(4) 资本市场中不存在任何无风险套利的机会;
(5) 投资者都相信证券 i 的收益受 k 个共同因素影响,证券 i 的收益与这些因素的关系可以用下面这个 k 因素模型表示出来:

$$R_i = E(R_i) + \beta_{i1}F_1 + \beta_{i2}F_2 + \cdots + \beta_{ik}F_n + \varepsilon_i \qquad (4.16)$$

其中: R_i = 任意一种证券 i 的收益; $E(R_i)$ = 证券 i 的预期收益,包含了到目前为止所有可知信息; β_{ik} = 证券 i 相对于 k 因素的敏感度; ε_i = 误差项,即非系统因素对证券收益的影响; $F_i(i=1,2,\cdots,n)$ = 对所有资产都起作用的共同因素,也称系统因素。

由于已知的信息都已包含在 $E(R_i)$ 中了,所以,这里的 F 因素都是不可测的,在将来的发生纯属意外。有意外发生,就会改变 R_i 和 $E(R_i)$ 之间的关系;没有意外发生,从 $\beta_{i1}F_1$ 到 $\beta_{ik}F_n$ 就都将是零。由于 F_n 是随机变量,所以其期望值为零,不过,APT 并不在意一共会有多少因素和这些因素是什么的问题。

二、套利行为与套利组合

APT认为,如果市场未达到均衡状态的话,市场上就会存在无风险的套利机会。由于理性投资者具有风险厌恶和追求最大化收益的行为特征,因此,投资者一旦发现有套利机会就会设法利用它们。随着套利者的买进和卖出,资产

[①] Ross, S., 1976, Arbitrage Theory of Capital Asset Pricing, *Journal of Economic Theory*, 13: 341—360.

的供求状况将随之改变,套利空间逐渐减少直至消失,有价证券的均衡价格将得以实现。而且,套利机会不仅存在于单一资产上,还存在于相似的资产或组合中。也就是说,投资者还可以通过对一些相似的资产或组合的部分买入、部分卖出来进行套利。

因此,投资者会竭力发掘构造一个套利组合的可能性,以便在不增加风险的情况下,增加组合的预期收益率。那么如何才能构造一个套利组合呢?一般来说,套利组合必须同时具备如下三个特征:

第一,它是一个不需要投资者任何额外资金的组合。如果 x_i 表示投资者对资产 i 持有量的变化(即套利组合中证券 i 的权数),那么套利组合的这一特征就可表示为:

$$x_1 + x_2 + x_3 + \cdots + x_n = 0 \tag{4.17}$$

第二,套利组合对任何因素都没有敏感性,因为套利组合没有因素风险。这一特征可表示为:

$$\beta_{pj} = 0 \tag{4.18}$$

在存在多个影响因素的情况下,可具体表示为一个方程组

$$\begin{cases} x_1\beta_{11} + x_2\beta_{21} + \cdots + x_n\beta_{n1} = 0 \\ x_{12}\beta_{12} + x_2\beta_{22} + \cdots + x_n\beta_{n2} = 0 \\ \cdots \\ x_1\beta_{1k} + x_2\beta_{2k} + \cdots + x_n\beta_{nk} = 0 \end{cases} \tag{4.19}$$

为了找到满足上面两点特征的解,就要求证券的数量要多于因素的数量,即 $n > k$。严格来说,除了因素风险等于零之外,一个套利组合的非因素风险也应该等于零。但是,套利组合的非因素风险实际上往往会大于零,只是其数量非常小,APT 认为可以忽略不计。

第三,套利组合的预期收益率必须是正值,即

$$x_1 E(R_1) + x_2 E(R_2) + \cdots + x_n E(R_n) > 0 \tag{4.20}$$

当一个组合的投资权重可以同时满足以上三个条件时,该组合就是一个套利组合,这样一个套利组合对任何一个渴望高收益且不关心非因素风险的投资者都是具有吸引力的,因为它不需要任何额外资金,没有任何因素风险,却可以带来正的预期收益率。

三、APT 的基本内容

APT 基本内容的推导基于如下两个基本观点:第一,在一个有效市场中,当市场处于均衡状态时,不存在无风险的套利机会;第二,对于一个高度多元化的

资产组合来说，只有几个共同因素需要补偿。

由此，证券 i 与这些共同因素的关系为[①]：

$$E(R_i) = \lambda_0 + \beta_{i1}\lambda_1 + \beta_{i2}\lambda_2 + \cdots + \beta_{ik}\lambda_k \qquad (4.21)$$

这便是套利定价公式。其中 λ_k 为投资者承担一个单位 k 因素风险的补偿额，风险的大小由 β_{ik} 表示，当资产对所有 k 因素都不敏感时，这个资产或资产组合就是零 β 资产或资产组合。

套利定价公式(4.21)还可以有另外一种表达方式。由于无风险资产对任何因素均无敏感性，所以 λ_0 等于无风险利率，每一个 δ_j 的值代表一个资产组合的预期回报率，该组合只对因素 j 有单位敏感性而对其他因素无敏感性。由此可得套利定价公式的另一表达式：

$$E(R_i) = R_f + (\delta_1 - R_f)\beta_{i1} + (\delta_2 - R_f)\beta_{i2} + \cdots + (\delta_k - R_f)\beta_{ik} \qquad (4.22)$$

本章小结

- 有效市场是指资产的现有市场价格能够充分反映所有有关和可用信息的市场。有效市场可以分为弱式有效市场、次强式有效市场和强式有效市场三类。

- 如果某一资本市场上的证券价格充分包含和反映了其历史价格的信息，那么该资本市场就达到了"弱式有效"，用公式表示是：$P_t = P_{t-1}$ + 期望收益 + 随机误差 i。

- 如果某一资本市场上的证券价格充分反映了所有公开可用的信息，包括公司公布的财务报表和历史上的价格信息，那么该资本市场就称为次强式有效市场。

- 如果某一资本市场上的证券价格充分反映了所有的信息，包括公开的和内幕的信息，那么该资本市场就称为强式有效市场。

- 资产组合理论的核心内容是均值—方差资产组合模型，该模型用期望收益和方差(或标准差)来分别表示资产及其组合的收益和风险。均值—方差资产组合模型具有如下两种形式：

$$\max E(R_p)$$
$$\text{s.t.} \quad \delta^2 \leq \delta_0$$
$$\sum_{i=1}^{n} W_i = 1, \quad W_i \geq 0, \quad i = 1, 2, \cdots, n$$

[①] 具体的推导可参见 Ross, S., 1976, Arbitrage Theory of Capital Asset Pricing, *Journal of Economic Theory*, 13: 341—360。

以及

$$\min \delta^2$$
$$s.t. \quad E(R_p) \geq R_0$$
$$\sum_{i=1}^{n} W_i = 1, \quad W_i \geq 0, \quad i = 1,2,\cdots,n$$

- 在众多资产组合中，只有一部分资产组合可以成为投资者的投资对象，这一部分资产组合就称为资产组合的有效前沿。资产组合的有效前沿由那些在同样风险条件下具有最高的期望收益，或在同样期望收益条件下具有最低风险程度的资产组合构成。
- 如果在资本市场上除风险资产外，还存在着无风险资产，则无风险资产与风险资产将构成一种不同于单纯由风险资产构成的资产组合的有效前沿，这一有效前沿又称为资本市场线，它可以用下述公式表示：

$$E(R_p) = R_f + \frac{E(R_M) - R_f}{\delta_M}\delta_p$$

- 分离定理认为，资本市场线中的市场资产组合 M 是由市场中每一风险资产的风险与收益关系及它们之间的相关关系决定的，与投资者个人的风险偏好和风险承受能力无关。
- 资本资产定价模型为：$E(R_i) = R_f + \beta_i[E(R_M) - R_f]$。
- 套利定价模型有两种表达方式

$$E(R_i) = \lambda_0 + \beta_{i1}\lambda_1 + \beta_{i2}\lambda_2 + \cdots + \beta_{ik}\lambda_k$$

以及

$$E(R_i) = R_f + (\delta_1 - R_f)\beta_{i1} + (\delta_2 - R_f)\beta_{i2} + \cdots + (\delta_k - R_f)\beta_{ik}$$

❓ 思考题

1. 如何理解有效市场假设？
2. 试述均值—方差资产组合模型的基本内容。
3. 如何理解资产组合的有效前沿和资本市场线？
4. 试述资本资产定价模型的基本内容。
5. 试述套利定价理论的基本内容。

第五章 金融工程原理

☞ **本章概要** 金融工程是为解决金融问题而对投资技术的应用,大多数金融创新都要归功于金融工程师们的工作,而绝大部分的金融工程师受雇于投资银行,因此,金融工程原理成为投资银行学基本理论与技术的一个重要部分。本章第一节讲述金融工程的定义、促进金融工程发展的因素;第二节至第六节讲述金融工程的五个主要的实体性工具,分别为固定收益债券、远期合约、期货合约、掉期、期权。

☞ **学习目标** 通过本章的学习,首先应该理解金融工程的定义,并了解金融工程的促进因素;其次,理解金融工程的五个主要实体性工具的含义;最后,掌握上述五个实体性工具的定价。

> 金融工程是金融创新的生命线——致力于调整已有的金融工具和操作,并开发出新的品种,以便于金融市场的参与者能够更有效地适应我们这个瞬息万变的世界。
>
> ——约翰·芬尼迪

第一节 金融工程概述

金融工程(financial engineering)一词虽然早在20世纪50年代就已经出现在有关文献中,但金融工程成为一门独立学科则是90年代的事情。1991年"国际金融工程师协会"(International Association of Financial Engineers,IAFE)的成立被认为是金融工程学确立的重要标志,该学会的宗旨是"界定和培育金融工程这一新兴专业"。如今,金融工程学已是国外大学经济学系和工商管理学院的热门课程之一。

一、金融工程学的定义

目前被普遍接受的金融工程学的定义是由约翰·芬尼迪(John Finnerty)提出的:"金融工程包括创新性金融工具与金融手段的设计、开发与实施,以及对金融问题给予创造性的解决。"[①]

这个定义揭示了金融工程学的三个主要目标或者内容:

第一,新兴金融工具的设计和创造。包括新型银行账户、新型基金、新型保险品种、新的住宅抵押等针对普通投资者的金融产品,也包括新的债务工具、股权工具、风险控制工具等基于企业需要而设计出的金融产品。这是金融工程最核心、最重要的运作领域。

第二,创新性金融过程的设计和发展。例如,运用新技术降低金融运作的成本,根据金融管制的变更改变金融运作的方式,市场套利机会的发掘和利用,以及发行、交易和清算系统的改进等。

第三,针对企业整体金融问题的创造性解决方案。例如,创新性的现金管理策略、债务管理策略、企业融资结构、杠杆收购、项目融资等。

二、促进金融工程发展的因素

金融工程的迅猛发展是一系列因素综合作用的结果。每一种因素都刺激了金融工程在一个或多个方面的发展,使某种形式的金融工程成为可能,或者与其他因素联合作用,形成一个有利于金融工程发展的环境。我们可以把这些因素分为两大类:企业外部因素和企业内部因素。

(一) 企业外部因素

企业外部因素是指企业不能直接控制但对企业经营活动有影响的因素,主要包括价格的波动性、市场全球化、税收的不对称性、技术的进步、金融理论的发展等。

1. 价格的波动性

价格的波动性促使人们通过金融工程创造新的金融工具来避免对己不利的波动性及利用对己有利的波动性。金融市场的价格波动主要包括利率波动、汇率波动、证券行情波动等,价格的波动性包括价格变动的速度、频率和大小。

---

① Finnerty, J. D., 1988, Financial Engineering in Corporate Finance: An Overview, *Financial Management*, 17(4): 14—33.

金融市场的种种变动,使金融机构、企业和个人时时刻刻生活在价格变动风险之中,而这些风险很多难以通过传统金融工具本身来规避。为了迎合人们规避价格风险的需求,众多的金融创新手段和作为新兴风险管理手段的金融衍生工具应运而生。

2. 市场全球化

世界经济一体化进一步强化了企业经营的风险程度。20 世纪 70 年代以来,生产的国际化和资本流动的国际化趋势日益明显,跨国公司和跨国银行迅速膨胀,离岸金融市场蓬勃发展,使生产、经营、投融资活动完全打破了国界的限制,企业的经营活动日益复杂化,面临的不确定因素日益增多,风险日益增大。为了在新的市场环境下增强竞争能力,实现稳健经营、改善管理状况、有效控制成本、发掘潜在利润的目标,每个企业都在谋求采用创新型的金融工具和风险管理手段。

3. 税收的不对称性

不少金融工程活动都受到税收不对称的激励。税收不对称性的存在基于以下诸多原因:首先,政府对某些行业给予特殊的税收与优惠来促进其发展与成长,或者向某些特别的方向引导和调整其发展;其次,不同国家向企业征收的税赋不同,有的国家还向国内企业和在其境内经营的外国企业征收不同的税赋;最后,一些企业过去的经营亏损留给企业相当可观的减税和冲销额度。如果两个企业按照不同的税率纳税,便存在着一种税收上的不对称性。对于金融工程师来说,这种不对称性常常是可资利用的,因此,设计出了许多创新型金融工具以达到避税的目的。

4. 技术的进步

许多金融工程的重大活动都是在技术进步的推动下完成的,而许多此类突破又都与计算机有关。该领域的进步包括高速微处理器的开发和高功能的台式电脑、网络系统以及改进了的数据录入方法的出现。与计算机技术进步密切相关的是远程通信技术的发展。这些领域的突破对于某些形式的金融工程来说,曾经是而且将来仍然是非常关键的。伴随通信技术和计算机数据处理自动化新技术的广泛应用,新兴的金融分析理论和新兴信息处理与技术设备将理论和实践结合起来,为开发、设计和推广金融工程技术奠定了坚实的技术基础。

5. 金融理论的发展

没有坚实的金融理论基础,金融工程师就无法有效地工作,金融理论的发展促进了金融工程的发展。不可否认,现代金融工程师的大部分概念性工具都是根据金融学理论的发展建立起来的,金融理论的每一部分都成了现代金融工程师所依靠的支撑力量。

（二）企业内部因素

企业内部因素是指一些由企业直接控制的因素，主要包括流动性需要、经营者与所有者对风险的厌恶程度、代理成本等。

1. 增强流动性的需要

企业和个人都有流动性的需要，并关心流动性问题。在过去的二十多年中，许多先驱性的金融工具都是针对这方面的问题设计的，例如货币市场基金、货币市场账户、流动账户、电子资金转移和电子支付系统、大额可转让存款、回购协议、浮动利率票据、MBS、ABS、垃圾债券等。

2. 企业和个人进行风险管理的需要

理性人厌恶金融风险，这是金融理论的基本信条，但这并不意味着个人不愿承受风险，应当理解为只有当个人得到充分的风险补偿时，他才愿意承担风险。为了适应企业和个人风险管理的需要，金融工程师开发出了大量的金融创新工具，例如期货、期权、远期利率协议、远期货币协议、掉期产品等，这些金融工具都是为了有效降低价格波动风险。

3. 降低委托代理成本的需要

现代企业制度的一个重要特征就是所有权与经营权的分离，企业所有者和经营者是一种委托代理关系。如何保护自己的利益，加强对经理人员的监督效率，是投资者深为关注的问题。金融工程顺应了这一需求，通过设计新型金融工具来降低代理成本，避免投资者因证券发行者在证券有效期内经营不善、信用降低而蒙受损失的风险，例如可转换债券、雇员期权计划等即属此类。

三、金融工程的工具

正如其他工程师一样，金融工程师也必须有一套工具。从这些工具所起的作用来看，可以分为概念性工具和实体性工具。概念性工具是金融工程运作的基础，包括估价理论、证券组合理论、风险与收益理论等；实体性工具是那些可被组合起来实现某一特定目的的金融工具，主要包括固定收益证券、期货、掉期、期权等。其中概念性工具的主要内容我们已经在第三章和第四章中介绍过，因此，本章我们将主要对实体性工具进行介绍。

第二节 固定收益证券

一、固定收益证券的含义

从字面上看,固定收益证券是收益固定的证券,但由于金融创新的发展,大量的收益不固定的证券被创造出来,而这些证券依然被称为固定收益证券,其重要原因是为了与股票这种传统的收益不固定的金融工具相区别。

一般来说,只要符合如下标准之一的证券,就是固定收益证券:第一,每期支付固定的数额;第二,每期支付的数额可以由公式确定;第三,到期保证支付固定数额或按公式计算出的数额。第一个标准适用于传统的固定利率债券和优先股,第二个标准适用于浮动利率债券,第三个标准则适用于零息证券。

固定收益证券是金融工程师们最喜爱研究的领域之一,因而,在过去十几年中,这一市场出现了巨大的创新。本节我们将对这些创新进行介绍。

二、固定收益证券创新的类别

风险回避是固定收益证券创新的根本原因。根据固定收益证券所面临的风险,我们可以把这些创新分为四个类别:价格风险转移型、信用风险转移型、流动性提高型和税收风险回避型。

1. 价格风险转移型

固定收益证券的价格风险回避有多种途径,每一种途径都需要各自的金融工具。例如,发行浮动利率证券来替代固定利率证券,使固定收益证券的价格风险由发行者自己承担。另外,由于固定收益证券的价格风险因偿还期和票面利率的不同而不同,因此,在不同的利率环境中发行不同期限、不同票面利率的证券,也就成为市场所需,这也说明了为什么在固定收益证券市场中,存在着各种期限和各种票面利率的证券。

2. 信用风险转移型

为了降低固定收益证券投资的信用风险,必须增加对固定收益证券偿还的保证条件,因此,抵押证券、质押证券和保证证券就应运而生。为了确定一个证券,特别是公司债券的信用风险,投资者可以利用信用评级机构对固定收益证券评定级别。因此,投资级证券、非投资级证券以及垃圾证券等不同类别的固定收益证券也就出现了。

3. 流动性提高型

投资者对固定收益证券流动性的要求不同,证券发行者也就创造了不同流动性的固定收益证券。例如,有些证券是公开发行的,发行规模巨大,可以在交易所集中交易。有些证券虽是公开发行的,但只能在柜台进行交易。有些证券是私募的,因此只能在柜台进行交易,或者只能在投资者之间进行转让。

4. 税收风险回避型

由于证券投资有税收风险,而且不同投资者的边际税率不同,因此,不同票面利率的证券被创造出来,以满足不同投资者的需要。例如,高税率的投资者购买低收益免税证券,低税率的投资者购买高收益但不免税的证券。而有时国家对资本利得和利息的税收待遇不同,因此公司为了吸引投资者,就发行溢价证券、平价证券、折价证券甚至是零息证券。

三、固定收益证券的创新方式

为了降低各种风险,适应投资者的需求,固定收益证券发行者想方设法地创造出新颖的固定收益证券品种。概括地讲,创新方式包括:

1. 在固定收益证券期限上创新

固定收益证券除了包括人们比较熟悉的短期证券、中期证券、长期证券之外,还有永久性证券①、可展期证券、分期付款和延期付款证券等创新形式。永久性证券是没有偿还期的证券,可展期证券是指证券到期后投资者可以按事先规定的条件将证券展期的证券,而分期付款和延期付款证券允许投资者在购买固定收益证券时可以只支付部分款项,其余的价款可以在日后分期或延期支付。

2. 在利息支付形式上创新

利息的支付方式与投资者所承受的风险以及与发行者现金流出量的大小都直接相关,金融工程师通过设计证券的利息支付方式,创造了固定利率证券、浮动利率证券、逆浮动利率证券、指数化证券、纯粹证券、零息证券、低利率高收益证券等。

3. 在固定收益证券附加权利上创新

在认购权上创新的固定收益证券,是指在一般固定收益证券的基础上附加一种认购选择权,而认购的选择权包括股票认购权和固定收益证券认购权。附

---

① 其实永久性并不是绝对的,因为当政府认为有必要偿还时可以提前三个月通知投资者,该债券被偿还后,自然也就不是永久性的了。

股票认购权的固定收益证券,是指固定收益证券的购买者在一定条件下可以按事先约定的价格将公司固定收益证券转换成公司的股票。附固定收益证券认购权的固定收益证券,是指购买证券的投资者有权在有效期内按约定的价格和利率购买发行者下一次发行的固定收益证券。

4. 在交易方式上创新

如果固定收益证券的交易方式有多个,那么证券的流动性就会提高,投资者购买这种证券的流动性风险就会降低。固定收益证券交易方式,包括证券在交易所交易、在柜台交易、在投资者之间相互转让等。而具体的交易种类又包括证券的现货交易、期货交易、期权交易、信用交易、回购交易、掉期交易等。固定收益证券交易市场的发展,为投资者购买各类固定收益证券提供了支持,也为发行者根据自己的比较优势发行证券提供了方便。

总之,固定收益证券的创新是以回避风险为主线的。金融创新的结果是,固定收益证券的品种大大丰富,投资者的选择余地增大,而发行者通过金融创新更容易在资本市场上获得资金。

第三节 远期合约

一、远期合约的基本概念

远期合约(forward contract)是一个在将来确定的时间按确定的价格购买或出售某项资产的合约,它通常是在两个金融机构之间或金融机构与其公司客户之间签署的,且不在规范的交易所内交易。

下面是关于远期合约的一些重要概念:

(1) 多头(long position)和空头(short position)。当远期合约的一方同意在将来某个确定的日期以某个确定的价格购买标的资产时,我们称这一方为多头;而同意在同样的日期以同样的价格出售该标的资产的另一方就为空头。

(2) 交割价格(delivery price)。在远期合约中规定的合约双方交易标的资产的价格称为交割价格。

(3) 远期价格(forward price)。在远期合约中,使得该合约价值为零的交割价格即为远期价格。

(4) 远期的损益(payoff)。我们以 K 代表交割价格,S_T 代表标的资产的即期价格,则一单位标的资产的远期合约的多头收益是 $(S_T - K)$,对应的,空头的收益是 $(K - S_T)$。由于 K 和 S_T 的大小关系是不确定的,所以这些损益的正负也是不确定的。图 5.1 表示了远期的损益。

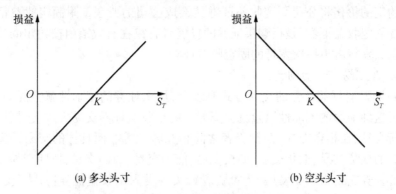

图 5.1 远期合约的损益

二、远期合约的价格

（一）无收益资产的远期合约

最简单的远期合约是基于无收益资产的远期合约。

由于没有套利机会，对无收益资产而言，该远期价格 F 与资产现价 S 之间关系应该是：

$$F = Se^{r(T-t)} \tag{5.1}$$

其中：$F =$ 时刻 t 时的远期价格；$S =$ 远期合约标的资产在时刻 t 时的价格；$T =$ 远期合约到期的时间（年）；$t =$ 现在的时间（年）。

为了证明以上公式，我们可以考虑如下两个资产组合：

组合 A：一个远期合约多头加上一笔数额为 $Ke^{-r(T-t)}$ 的现金；

组合 B：一单位的无收益资产。

在组合 A 中，假设现金以无风险利率投资，则到时刻 T 时，现金数额将达到 K。在远期合约到期时，这笔资金刚好可用来购买该标的资产。在时刻 T，两个组合都将包含一单位的标的资产。根据无套利原则可知，在 T 时刻之前，如时刻 t 时，两个组合的价值也应该相等，因此有：

$$f + Ke^{-r(T-t)} = S \tag{5.2}$$

其中：$f =$ 时刻 t 时远期合约多头的价值。

当一个新的远期合约生效时，远期价格等于合约规定的交割价格，且使该合约本身的价值为零。因此，远期价格 F 就是公式(5.2)中令 $f=0$ 的 K 值，由此可推导出公式(5.1)，即

$$F = Se^{r(T-t)} \tag{5.1}$$

（二）已知现金收益资产的远期合约

我们规定 I 为资产在远期合约的有效期内所得收益的现值，折现率为无风险利率。根据无套利原则，该远期价格 F 与资产现价 S 之间关系应该是：

$$F = (S - I)e^{r(T-t)} \quad (5.3)$$

为了证明以上公式，我们可以考虑如下两个资产组合：

组合 A：一个远期合约多头加上一笔数额为 $Ke^{-r(T-t)}$ 的现金；

组合 B：一单位的已知现金收益的资产加上以无风险利率借入的数额为 I 的现金。

组合 A 在时刻 T 时与一单位资产的价值相等。组合 B 中资产的收益刚好可以用来偿还借款，因此在 T 时刻，这个组合与一单位的证券具有相同的价值。根据无套利原则，在时刻 t 时两者价值也是相等的，因此

$$f + Ke^{-r(T-t)} = S - I \quad (5.4)$$

远期价格 F 就是使 $f=0$ 时的 K 值，可得公式(5.3)：

$$F = (S - I)e^{r(T-t)} \quad (5.3)$$

（三）已知收益率资产的远期合约

我们假设已知收益率资产的收益率是按照年率 q 连续支付的。为了确定远期合约的价值，我们考虑如下两个资产组合：

组合 A：一个远期合约多头加上一笔数额为 $Ke^{-r(T-t)}$ 的现金；

组合 B：$e^{-q(T-t)}$ 个收益率为 q 的资产和所有的收入都再投资于该资产。

组合 A 在时刻 T 时与一单位资产的价值相等。组合 B 到时刻 T 时拥有资产的数量刚好是一单位，因此在 T 时刻，组合 A 和组合 B 价值相等。根据无套利原则，在时刻 t 时两者价值也是相等的，因此

$$f + Ke^{-r(T-t)} = Se^{-q(T-t)} \quad (5.5)$$

远期价格 F 就是使 $f=0$ 时的 K 值，因此：

$$F = Se^{(r-q)(T-t)} \quad (5.6)$$

注意，如果在远期合约的有效期间收益率是变化的，公式(5.4)仍然是正确的，此刻 q 等于平均收益率。

（四）一般结论

对所有的资产，下式都是正确的：

$$f = (F - K)e^{-r(T-t)} \quad (5.7)$$

其中：f = 时刻 t 时远期合约多头的价值；F = 时刻 t 时的远期价格；K = 远期合约中的交割价格。

为了证明公式(5.7)，我们来比较两个除了交割价格不同，其他内容都相同的远期合约 A、B，合约 A 的交割价格为 F，合约 B 的交割价格为 K。这也就

是说在时刻 T，合约 A 和 B 现金流出量的差为 $(F-K)$，则在时刻 t 时的差为 $(F-K)e^{-r(T-t)}$。因此，合约 A 的价值比合约 B 的价值小 $(F-K)e^{-r(T-t)}$。我们规定合约时刻 t 时的远期价格为 F，则合约 A 的价值为 0，于是合约 B 的价值为 $(F-K)e^{-r(T-t)}$。这样就证明了公式(5.5)。

三、远期利率协议

（一）基本概念

远期利率协议(forward rate agreement，FRA)是交易双方为规避未来利率波动风险，或者为了利用未来利率的波动进行投机而达成的一份协议，交易双方在订立协议时商定，在将来的某一特定日期，按规定的币种、数额、期限和利率进行交割。这种交易的一个重要特点是并不涉及协议本金的收付，而只是在某一特定的日期，即清算日，由一方向另一方支付利息差额。支付的利息差额由协议本金、合约利率和参考利率三者共同确定，先得出合约结算日的参考利率与合约利率之间的差，然后将这个差与协议本金相乘。

参考利率是交易双方选择的在合约到期时的市场利率，如伦敦银行间同业拆借利率(LIBOR)。合约利率是合约到期日名义利率的隐含远期利率的期望值，如 $m\times n$ 的合约利率表示的是在 m 个月后，期限为 n 个月利率的期望值。

（二）实际交割额的计算

对于合约买方，实际交割额的计算公式是：

$$\text{交割额}=\frac{(R_T-R_f)\times A\times \frac{D}{B}}{1+\left(R_T\times \frac{D}{B}\right)} \tag{5.8}$$

其中：A = 协议本金数额；R_f = 合约利率；R_T = 参考利率；D = 协议期限的天数；B = 计算天数的基础（如美元是 360 天，英镑是 365 天）。

对于合约卖方，实际交割额的计算公式是：

$$\text{交割额}=\frac{(R_f-R_T)\times A\times \frac{D}{B}}{1+\left(R_T\times \frac{D}{B}\right)} \tag{5.9}$$

注意，公式(5.8)和(5.9)计算出的值可能是正数也可能是负数。也就是说，如果协议参考利率低于合约利率，合约买方要向卖方支付补偿；而如果参考利率高于合约利率，合约买方将得到补偿。

第四节 期货合约

一、期货合约的概念

像远期一样，期货合约(futures contract)是一个在将来确定的时间按确定的价格购买或出售某项资产的合约。与远期合约不同，期货合约通常在规范的交易所内交易。为了交易能够进行，交易所详细规定了期货合约的标准化条款，由于期货合约的双方不一定相识，所以交易所同时向双方提供该期货合约的承兑保证。

期货合约与远期合约的另一个不同点是期货合约并不总是指定确定的交割日期。期货合约是按交割月划分的，由交易所指定交割月中必须进行交割的期限，对商品来说，交割期限通常为整个交割月。合约空头方有权在交割期限中选定他或她将要进行交割的时间。

二、期货合约的价格

(一) 无风险利率确定的情形

当无风险利率为常数且所有到期日都不变时，两个交割日相同的远期合约和期货合约有相同的价格。我们证明如下。

假设一个持续 n 天的期货合约，F_i 为第 i 天末 $(0 < i < n)$ 的期货价格，定义 δ 为每天的无风险利率(常数)。考虑如下策略：

(1) 在第 0 天末，买入期货合约 e^{δ} (即在合约开始生效时买入)；
(2) 在第 1 天末，增加多头头寸至 $e^{2\delta}$；
(3) 在第 2 天末，增加多头头寸至 $e^{3\delta}$。

以此类推。表 5.1 即为上述策略的总结。

表 5.1 用以体现期货价格与远期价格相等的投资策略

日期	0	1	2	...	$n-1$	n
期货价格	F_0	F_1	F_2	...	F_{n-1}	F_n
期货头寸	e^{δ}	$e^{2\delta}$	$e^{3\delta}$	...	$e^{n\delta}$	0
利润/损失复利至第 n 天的利润/损失	0	$(F_1-F_0)e^{n\delta}$	$(F_2-F_1)e^{n\delta}$	...	...	$(F_n-F_{n-1})e^{n\delta}$

在第 i 天的开始,投资者拥有多头头寸 $e^{\delta i}$。第 i 天的利润(可能为负)为:

$$(F_i - F_{i-1})e^{\delta i} \tag{5.10}$$

假设这个盈利以无风险利率计算复利至第 n 天末,那么它在第 n 天末的价值为:

$$(F_i - F_{i-1})e^{\delta i}e^{(n-i)\delta} = (F_i - F_{i-1})e^{n\delta} \tag{5.11}$$

整个投资策略第 n 天末的价值为:

$$\sum_{i=1}^{n}(F_i - F_{i-1})e^{n\delta} \tag{5.12}$$

即有

$$[(F_n - F_{n-1}) + (F_{n-1} - F_{n-2}) + \cdots + (F_1 - F_0)]e^{n\delta} = (F_n - F_0)e^{n\delta} \tag{5.13}$$

由于 F_n 与最终的资产价格 S_T 相等,因此整个投资策略的最终价值可写为:

$$(S_T - F_0)e^{n\delta} \tag{5.14}$$

将 F_0 投资于无风险债券中,将这项投资与上述策略混合可得到其在时刻 T 的收益为:

$$F_0 e^{n\delta} + (S_T - F_0)e^{n\delta} = S_T e^{n\delta} \tag{5.15}$$

上述所有的多头期货头寸并不需要任何资金,由此可见,投资 F_0 能够在 T 时刻得到 $S_T e^{n\delta}$。

下面假设第 0 天末的远期价格为 G_0。通过将 G_0 投资于无风险债券并购买 $e^{n\delta}$ 个远期合约,在时刻 T 仍然保证具有 $S_T e^{n\delta}$ 的资产。因此就有两种投资策略:一个要求初始投资 F_0,另一个要求初始投资 G_0。两个投资在 T 时刻都得到 $S_T e^{n\delta}$。从而在无套利机会的情况下:

$$F_0 = G_0 \tag{5.16}$$

由此证明了期货价格与远期价格是相等的。

(二) 无风险利率不确定的情形

当利率变化无法预测时(现实世界也正是如此),远期合约价格和期货合约价格从理论上讲就不一样了。两者之间关系的证明已经超出本书的范围,但是我们对两者之间的关系能有一个感性认识。

考虑如下情形:标的资产价格 S 与利率高度正相关。当 S 上升时,一个持有期货多头头寸的投资者会因每日结算而立即获利。由于 S 的上升几乎与利率的上升同时出现,所以获得的利润将会以高于平均利率的水平进行投资。同样,当 S 下跌时,投资者立即亏损,亏损将以低于平均利率的水平融资。持有远期多头头寸的投资者将不会因利率变动而受到与上面期货合约同样的影响,因此,期货多头比远期多头更具有吸引力。

所以,我们可以得到下述结论:当 S 与利率正相关时,期货价格要比远期价格高。当 S 与利率负相关时,由类似上面的讨论可知远期价格比期货价格高。

(三) 小结

有效期仅为几个月的远期合约价格与期货合约价格之间的理论差异在大多数情况下小得可以忽略不计。随着合约有效期的增加,这个差异开始变大。实际上,许多没有反映在理论模型中的因素使得远期和期货价格不一样,这些因素包括税收、交易费用、保证金的处理方式等。同时,在某些情况下,期货合约比远期合约流动性更强,更易于交易。

但是,尽管有以上这些因素,但在大多数情况下,假定远期和期货价格相等仍是合情合理的。

第五节　掉　　期

一、掉期的基本概念

掉期(swap)是交易双方之间私下达成的协议,以按照事先约定的公式在将来交换现金流。它们可以被当作一系列远期合约的组合,因此对掉期的研究就很自然地成为对远期和期货合约研究的扩展。

直接在两个最终用户之间安排掉期是很困难的,一般都有一个掉期交易商作为中介。掉期交易商从加在掉期息票上的买卖差价中赚取利润。

典型的掉期结构由图5.2所示,其中,图5.2(a)表示初始的名义本金交换,这个交换并不是必须的,可以有也可以没有;图5.2(b)表示周期性的支付;图5.2(c)表示了名义本金的换回,这个交换也并不是必须的。

一般来说,单个的掉期意义不大,事实上掉期也并不是孤立存在的,它们总是与相应的现货市场头寸或交易结合起来使用。有三种基本的交易:(1) 从现货市场获得"实物";(2) 对现货市场的支付(或从现货市场接收);(3) 提供"实物"给现货市场。这些可能的交易概括在图5.3中,图中两个现货市场可以相同,也可以不相同。

将现货市场交易和适当结构的掉期相结合,我们可以构造出许多不同的结果。接下来我们将主要对利率掉期和货币掉期各自的机制和定价进行介绍。

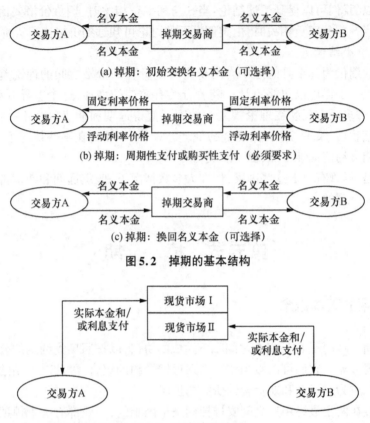

图 5.2 掉期的基本结构

图 5.3 现货市场交易

二、利率掉期

（一）利率掉期的机制

利率掉期常常是由减少融资成本的愿望所推动的。在这种情况下，一方有以相对便宜的固定利率筹集资金的机会，却希望以浮动利率筹集资金；而另一方有以相对便宜的浮动利率筹集资金的机会，却希望以固定利率筹集资金。通过与掉期交易商的交易，双方可获得它们所希望的融资形式，同时发挥它们各自相对的融资优势。

我们通过一个具体例子来说明。假设 A 和 B 都希望筹集期限为 10 年的债务资金 1 000 万美元，且 A 希望按浮动利率筹集资金，B 希望按固定利率筹集资金。A 和 B 面临的利率如下：

	固定利率	浮动利率
A	10.00%	6个月期 LIBOR +0.30%
B	11.20%	6个月期 LIBOR +1.00%

显然，B 面临的固定利率和浮动利率都比 A 高，这说明 B 的信用等级低于 A 公司。但 A 和 B 面临的利率报价的关键点是：两个固定利率的差值大于浮动利率的差值。在固定利率市场 B 比 A 多付 1.20%，但在浮动利率市场只比 A 多付 0.7%。B 看起来在浮动利率市场有比较优势，而 A 在固定利率市场有比较优势。[①] 这种明显的差异将产生可获得利润的掉期，于是掉期交易商开始加入。如图 5.4 所示。

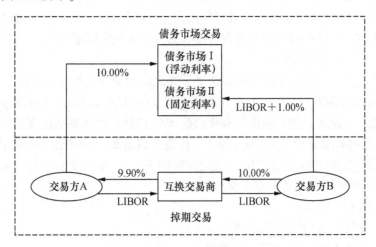

图 5.4 利率掉期

这时，A 有三项现金流：
（1）支付给外部贷款人年利率为 10.00% 的利息；
（2）从掉期交易商处得到年利率为 9.90% 的利息；
（3）向掉期交易商支付利率为 LIBOR 的利息。
这三项现金流的净效果为 A 支付年利率为 LIBOR +0.10% 的利息，它比直接在浮动利率市场筹资利率降低了 0.20%。
B 也有三项现金流：
（1）支付给外部贷款人利率为 LIBOR +1.00% 的利息；
（2）从掉期交易商处得到利率为 LIBOR 的利息；
（3）向掉期交易商支付年利率为 10.00% 的利息。

---

① 学过国际贸易中李嘉图比较优势理论的同学，可能对这一点理解起来比较容易。

这三项现金流的净效果为 B 支付年利率为 11.00% 的利息,比直接在固定利率市场筹资利率降低了 0.20%。

掉期交易商有四项现金流:

(1) 向 A 支付年利率为 9.90% 的利息;

(2) 从 A 处得到利率为 LIBOR 的利息;

(3) 向 B 支付利率为 LIBOR 的利息;

(4) 从 B 处得到年利率为 10.00% 的利息。

这四项现金流的净效果为掉期交易商得到年利率为 1.00% 的利息收入,这也是掉期交易商进行交易的报酬。

注意,掉期交易商分别签署了两份掉期合约,一份与 A,一份与 B。[①] 如果其中某个客户(A 或 B)违约,掉期交易商仍要履行与另一个客户的协议。在大多数情况下,A 和 B 都不知道对方与掉期交易商签署了掉期合约。

(二) 利率掉期的定价

在上例中,我们可以把 B 和掉期交易商之间的交换看做如下的债券买卖:

掉期交易商发行 1 000 万美元的浮动利率(6 个月 LIBOR)债券,B 买入;

B 发行 1 000 万美元的固定利率(10.00%)债券,由掉期交易商买入。

这样,掉期某部位(多头或空头)的价值可以看做是两张债券的价值之差。通常假设掉期的初期价值为 0,并假设在掉期条件下,掉期交易商在时间 t_i 收到固定收入 k,同时以浮动利率支付,定义:

$V =$ 掉期的价值;

$B_1 =$ 掉期中固定利率债券的价值;

$B_2 =$ 掉期中浮动利率债券的价值;

$Q =$ 掉期协议中的名义本金价值。

于是:

$$V = B_1 - B_2 \tag{5.17}$$

下面我们计算 B_1 和 B_2。

先看 B_2,债券的价值应等于今后一系列还本付息的货币流量的现值之和,关键在于贴现率如何计算。在估计债券价值时所使用的贴现率应反映现金流的风险性。这里,我们使用与以掉期为基础的浮动利率相对应的风险水平作为贴现率,因此,有 $B_2 = Q$。掉期初期的价值为 $V = 0$,由公式(5.17)可知,$B_1 = Q$,即经贴现率折现后,固定利率债券现值 B_1 等于名义本金价值。

定义 r_i 为与到期时间 t_i 相应的贴现率,既然 B_1 是固定利率债券未来现金流

[①] 当然,例子中合约规定的利率是人为假设的,在现实中,取决于互换交易商之间的竞争结果。

的现值,即

$$B_1 = \sum_{i=1}^{n} k e^{-r_i t_i} + Q e^{-r_n t_n} \quad (5.18)$$

其中：k = 按固定利率计算的每期应付利息。

再考虑浮动利率债券的价值 B_2。在每次支付利息刚结束时,B_2 总是等于掉期本金价值 Q,因为浮动利率经市场重新调整后会达到资金的机会成本或贴现率。但浮动利率并非追随市场利率随时调整,6 个月的 LIBOR 只是每 6 个月调整一次,在两个利息支付日之间,B_2 未必等于 Q。假定下一次利息支付日为 t_1,支付的浮动利率利息额为 k^*,那么,B_2 可用上述同样的折现原则计算出来：

$$B_2 = Q e^{-r_1 t_1} + k^* e^{-r_1 t_1} \quad (5.19)$$

计算出 B_1 与 B_2 后,通过 $V = B_1 - B_2$,即可计算出某一时期金融机构对 B 的掉期合约部位价值(金融机构对 A 的部位价值同理)。掉期初期价值为 0,随后的时间价值可正可负。

在掉期交易商支付固定利率并收取浮动利率利息的情况下,B_1 与 B_2 按同样方式计算,并且

$$V = B_2 - B_1 \quad (5.20)$$

在掉期合约开始签订时掉期的价值为零,在期间,掉期价值可能为正也可能为负。

三、货币掉期

(一) 货币掉期的机制

另一种普通的掉期类型是货币掉期,其最简单的形式是,将一种货币贷款的本金和固定利息与几乎等价的另一种货币的本金和固定利息进行交换。

货币掉期交易一般有三个基本步骤：

第一步,本金的初期掉期。掉期交易之初,双方按协定的汇率交换两种不同货币的本金,以便将来计算应支付的利息并换回本金。

第二步,利率的掉期。交易双方按协定的利率,以未偿还本金为基础,进行掉期交易的利息支付。

第三步,到期日本金的再次掉期。在合约到期日,交易双方通过掉期,换回期初交换的本金。

上述三个步骤,能够把一种货币的债务有效转变为另一种货币而得到充分保值。图 5.5 以美国公司与德国公司之间美元与马克的掉期交易为例,说明了货币掉期的机制。

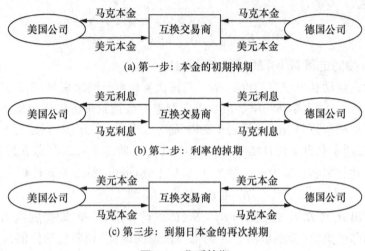

图 5.5 货币掉期

(二) 货币掉期的定价

与利率掉期一样,货币掉期也可以分散成两份债券。因此,掉期的价值 V 可以通过下式来计算:

$$V = SB_F - B_D \tag{5.21}$$

其中: B_F = 掉期中以外币衡量的债券价值; B_D = 掉期中以本币衡量的债券价值; S = 即期汇率。

第六节 期 权

一、期权的基本概念

期权是这样一种权利,其持有人在规定的时间内有权按约定的价格买入或卖出某项资产。期权是一种独特的金融合约,因为它赋予持有者的是做某事的权利而不是义务,为此,投资者购买期货合约必须交付期权费。

下面是关于期权的一些重要概念:

(1) 执行期权(exercising the option)。通过期权合约购进或售出标的资产的行为称为执行期权。

(2) 执行价格(exercise price)。持有人据以购进或售出标的资产的期权合约的固定价格称为执行价格。

(3) 到期日(expiration date)。期权到期的那一天称为到期日,在那一天之后,期权失效。

(4) 美式期权(American options)和欧式期权(European options)。美式期权可以在到期日或到期日之前的任何时间执行,欧式期权只能在到期日执行。在交易所中交易的大多数期权为美式期权,但是,欧式期权通常比美式期权更容易分析,而且美式期权的一些性质总是可由欧式期权的性质推导出来。

(5) 看涨期权(call option)和看跌期权(put option)。看涨期权的持有人有权在某一确定时间以某一确定的价格购买标的资产;看跌期权的持有者有权在某一确定时间以某一确定的价格出售标的资产。

(6) 每一个期权合约都有两方:一方是持有期权多头头寸的投资者(即购买期权的一方);另一方是持有期权空头头寸的投资者(即出售期权的一方)。因此,就有了四种基本的期权头寸:看涨期权多头(long call):持有或买进看涨期权;看跌期权多头(long put):持有或买进看跌期权;看涨期权空头(short call):卖出看涨期权;看跌期权空头(short put):卖出看跌期权。

二、期权的损益

经常使用到期日期权损益状态来描绘欧式期权投资者的头寸情况。在计算时,并不包括初始购买期权所费的成本。我们以 X 代表执行价格,F_T 代表标的资产的到期日价格。

对于欧式看涨期权多头来说,如果标的资产的到期日价格低于或等于期权的执行价格($F_T \leq X$),则期权持有人按市场价格购买资产更为有利,即不执行期权,此时期权的损益为0。相反,如果标的资产的到期日价格高于期权的执行价格($F_T > X$),则期权持有人按执行价格购买资产更为有利,即执行期权,这时期权的损益正好等于标的资产的到期日价格与执行价格之差($F_T - X$)。我们可以用下面的公式来表示欧式看涨期权多头的损益:$\max(F_T - X, 0)$。

对于欧式看跌期权多头来说,如果标的资产的到期日价格高于或等于期权的执行价格($F_T \geq X$),则期权持有人按市场价格出售资产更为有利,即不执行期权,此时期权的损益为0。相反,如果标的资产的到期日价格低于期权的执行价格($F_T < X$),则期权持有人按执行价格出售资产更为有利,即执行期权,这时期权的损益正好等于执行价格与标的资产的到期日价格之差($X - F_T$)。我们可以用下面的公式来表示欧式看跌期权多头的损益:$\max(X - F_T, 0)$。

当然,期权只是一种转移风险的安排,而不是消除风险。如果说期权多头持有者是享有一种权利而不负有相应的义务①,那么,期权空头持有者则是负有一种义务而不享有相应的权利。换句话说,价格波动的风险从期权多头持有者转移到期权空头持有者。因此,期权空头的损益正好与期权多头的损益相反。

因此,欧式看涨期权空头的损益为:$-\max(S_T-X,0)$或$\min(X-S_T,0)$。欧式看跌期权空头的损益为:$-\max(X-S_T,0)$或$\min(S_T-X,0)$。

图5.6表示了上述期权的损益。

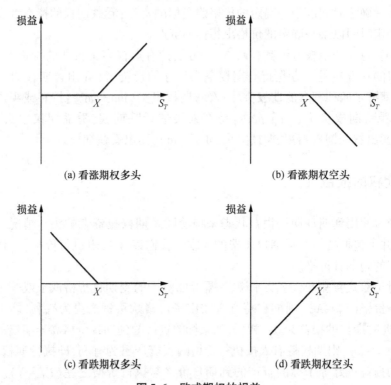

图 5.6　欧式期权的损益

三、期权价格的决定因素

期权的价格由标的资产、期权合约和金融市场相关的一些因素决定。

(一) 与标的资产相关的因素

1. 标的资产的当前价格

标的资产当前价格的变化会影响该资产期权的价格。由于看跌期权提供

---

① 注意如前所述,我们不考虑初始的购买期权所费的成本。

了以固定价格购买标的资产的权利,因此标的资产当前价格的上升能够增加看涨期权的价格;而看跌期权则恰好相反,随着标的资产当前价格的上升,期权价格将减少。

2. 标的资产价格变化幅度

标的资产价格变动的幅度越大,期权的价格越高,这一点对看涨和看跌期权都是成立的。虽然风险(方差)增加导致期权价格上升这一点在直观上不易理解,但是我们应当注意到,期权与其他证券不同,期权购买者的损失最多不会超过购买期权所支付的价格,但却能从标的资产剧烈的价格波动中获得相当显著的利益。

3. 标的资产支付的红利

在期权有效期内,如果标的资产支付红利,则标的资产的价格就可能下跌。所以,该看涨期权的价格是预期红利支付额的递减函数,而看跌期权的价格则是预期红利支付额的递增函数。

(二) 与期权合约相关的因素

1. 期权的执行价格

对于看涨期权而言,持有者获得了以固定价格购买标的资产的权利,期权的价格随着执行价格的上升而降低。而对于看跌期权,因为持有者可以以固定价格出售标的资产,所以期权的价格随着执行价格的上升而上升。

2. 距离期权到期日的时间

随着距离期权到期日时间的增加,看涨和看跌期权的价格都将变得更高。距离到期日时间越长,标的资产价格可以变动的时间越长,因此两种类型的期权价格都会上涨。到期时间对期权价格还存在附加的影响:对于看涨期权,购买者需要在到期日支付一个固定的价格,随着期权有效期的延长,这个固定价格的现值是递减的,从而增加了看涨期权的价格;对于看跌期权,在到期日以执行价格卖出标的资产获得收益的现值随着期权有效期的延长而减少。

(三) 与金融市场相关的因素

与金融市场相关的因素主要是指期权有效期内的无风险利率。期权购买者预先需要支付期权费,而期权费是存在机会成本的,该机会成本的大小取决于利率水平和距离期权到期的时间,因为期权的执行价格在执行期权时才需要支付,所以要计算执行价格的现值,进而产生利率对期权价格的影响。利率的升高将使看涨期权的价格上涨,使看跌期权的价格下降。

(四) 期权价格决定因素总结

表5.2总结了影响看涨期权和看跌期权价格的因素及其影响效果:

表 5.2　期权价格的决定因素总结

因素	看涨期权价格	看跌期权价格
标的资产价格上涨	上升	下跌
执行价格上升	下跌	上升
标的资产价格变动方差增大	上升	上升
距期权到期日的时间增加	上升	上升
利率上升	上升	下跌
红利支付额增加	下跌	上升

四、期权的定价

自从期权交易出现以来，尤其是标准期权交易出现以来，学者们就一直致力于期权定价问题的探讨。在这方面作出里程碑式贡献的是布莱克-舒尔斯模型，它于 1973 年由芝加哥大学教授费雪·布莱克与斯坦福大学教授梅隆·舒尔斯提出。布莱克-舒尔斯模型为期权定价奠定了一个总体性的框架，当在各式各样的实际情况中运用时，模型需要进行进一步的修正。期权定价的另一个模型——二项式期权定价模型，主要来自考克斯、罗斯和鲁宾斯坦等学者的研究成果。

关于二项式期权定价模型和布莱克-舒尔斯模型的详细内容我们已经在第三章第三节中进行讲述，这里不再重复。

本章小结

● 金融工程包括创新性金融工具与金融手段的设计、开发与实施，以及对金融问题给予创造性的解决。这个定义揭示了金融工程学的三个主要目标或者内容：新兴金融工具的设计和创造；创新性金融过程的设计和发展；针对企业整体金融问题的创造性解决方案。

● 促进金融工程发展的因素可分为两大类：企业外部因素和企业内部因素。企业外部因素包括价格的波动性、市场全球化、税收的不对称性、技术的进步、金融理论的发展；企业内部因素包括增强流动性的需要、企业和个人进行风险管理的需要、降低委托代理成本的需要。

● 金融工具可以分为概念性工具和实体性工具。概念性工具是金融工程运作的基础，包括估价理论、证券组合理论、风险与收益理论等；实体性工具是那些可被组合起来实现某一特定目的的金融工具，主要包括固定收益证券、期货、掉期、期权等。

- 固定收益证券是金融工程师们最喜爱研究的领域之一,在过去十几年中,这一市场出现了巨大的创新。固定收益证券是指符合如下标准之一的证券:每期支付固定的数额;每期支付的数额可以由公式确定;到期保证支付固定数额或按公式计算出的数额。
- 风险回避是固定收益证券创新的根本原因。根据固定收益证券所面临的风险,我们可以把这些创新分为四个类别:价格风险转移型、信用风险转移型、流动性提高型和税收风险回避型。
- 固定收益证券的创新方式包括:在固定收益证券期限上创新;在利息支付形式上创新;在固定收益证券附加权利上创新;在交易方式上创新。
- 远期合约是一个在将来确定的时间按确定的价格购买或出售某项资产的合约,它通常是在两个金融机构之间或金融机构与其公司客户之间签署的,且不在规范的交易所内交易。
- 无收益资产的远期合约的价格为 $F = Se^{r(T-t)}$,已知现金收益资产的远期合约的价格为 $F = (S - I)e^{r(T-t)}$,已知收益率资产的远期合约的价格为 $F = Se^{(r-q)(T-t)}$。
- 远期利率协议是交易双方为规避未来利率波动风险,或者为利用未来的利率波动进行投机而达成的一份协议。交易双方在订立协议时商定,在将来的某一特定日期,按规定的币种、数额、期限和利率进行交割。对于合约买方,实际交割额的计算公式是:

$$\text{交割额} = \frac{(R_T - R_f) \times A \times \frac{D}{B}}{1 + \left(R_T \times \frac{D}{B}\right)}$$

对于合约卖方,实际交割额的计算公式是:

$$\text{交割额} = \frac{(R_f - R_T) \times A \times \frac{D}{B}}{1 + \left(R_T \times \frac{D}{B}\right)}$$

- 期货合约是一个在将来确定的时间按确定的价格购买或出售某项资产的合约。与远期合约不同,期货合约通常在规范的交易所内交易。为了交易能够进行,交易所详细规定了期货合约的标准化条款,由于期货合约的双方不一定相识,所以交易所同时向双方提供该期货合约的承兑保证。
- 当无风险利率为常数且所有到期日都不变时,两个交割日相同的远期合约和期货合约有相同的价格。当标的资产价格与利率正相关时,期货价格要比远期价格高。当标的资产价格与利率负相关时,远期价格要比期货价格高。

● 掉期是交易双方之间私下达成的协议,以按照事先约定的公式在将来交换现金流。一般来说,单个的掉期意义不大,事实上掉期也并不是孤立存在的,它们总是与相应的现货市场头寸或交易结合起来使用。有三种基本的交易:从现货市场获得"实物";对现货市场提供支付(或从现货市场接收);提供"实物"给现货市场。

● 期权是这样一种权利,其持有人在规定的时间内有权按约定的价格买入或卖出某项资产。欧式看涨期权多头的损益为 $\max(F_T - X, 0)$,欧式看涨期权空头的损益为 $-\max(S_T - X, 0)$ 或 $\min(X - S_T, 0)$。

● 期权的价格由标的资产与期权合约和金融市场的一些相关因素决定。与标的资产相关的因素包括标的资产的当前价格、标的资产的价格变化幅度、标的资产支付的红利;与期权合约相关的因素包括期权的执行价格、距离期权到期日的时间;与金融市场相关的因素主要指期权有效期内的无风险利率。

思考题

1. 名词解释:固定收益证券、远期合约、期货合约、掉期、期权。
2. 试述金融工程的定义及其内容。
3. 有哪些因素促进了金融工程的发展?
4. 固定收益证券的创新类型和方式有哪些?
5. 如何对远期合约进行定价?
6. 如何计算远期合约的交割额?
7. 试述远期和期货价格之间的关系。
8. 如何计算利率掉期和货币掉期的价值?
9. 如何计算期权的损益?
10. 期权价格的决定因素有哪些?

第三篇

资产证券化

第六章　资产证券化理论

第七章　股票发行与企业上市

第八章　债券发行

第九章　证券交易

第十章　信贷资产证券化

第十一章　投资基金

第十二章　项目融资

第六章 资产证券化理论

☞ **本章概要** 资产证券化有广义和狭义之分。广义的资产证券化是指资产采取证券这一价值形态的过程和技术。狭义的资产证券化则是指近三十年来国际金融市场上一项重要的金融创新——信贷资产证券化,实际上,信贷资产证券化是资产证券化进一步发展的表现之一。本章我们讲述广义资产证券化的理论体系,它是本篇后面各章的基础。第一节我们从资产运营的一般模式分析广义资产证券化及其四类业务:现金资产证券化、实体资产证券化、信贷资产证券化和证券资产证券化;第二节讲述资产证券的核心原理和基本原理;第三节是资产证券化趋势的理论分析。

☞ **学习目标** 通过本章的学习,首先应该从整体上把握资产证券化的理论体系;其次,了解资产证券化的四类业务;再次,理解资产证券化的核心原理和基本原理的内涵;最后,了解资产证券化发展的动因。

证券化你的梦。

——佚名

第一节 资产运营的一般模式

一、资产的定义、特性和分类

(一) 资产的定义

关于资产(asset)的定义,国际会计标准委员会认为:"一项资产所体现的未来的经济利益是其直接或间接带给企业现金或现金等价物的潜能。这种潜能可以是企业经营能力中的部分生产能力,也可以采取可转换为现金或现金等价物的形式或减少现金流出的能力,诸如以良好的加工程序降低生产成本。"这个定义是从企业的角度来考察资产的,认为只要具备直接或间接带给企业现金或现金等价物的潜在能力,便应该被称为企业的资产。

　　一个更一般化的定义是美国财务会计准则委员会给出的,认为"资产是某一特定主体由于过去的交易或事项而获得或控制的可预期的未来经济利益"。这里,资产被看做是可以预期得到的经济利益,这种经济利益是靠过去的交易或事项获得的,资产的主体不单局限于企业,而且扩展到整个经济中任何可能的"特定主体"。与此类似的一个定义是经济学家费雪(Fisher)给出的,他认为所有可导致收入增加的东西都是资产。

　　上述对资产的定义都是从企业或个人的角度给出的,由于我们是从整个经济的角度来考察资产运营的一般模式,所以有必要从整个经济的角度来定义资产。我们给出的定义是:资产是能够给其所有者带来可预期的未来经济收益的能力。

　　从这个定义出发,资产至少具有如下内涵:第一,资产具有收益性。这是资产的最本质含义,也是资产对于所有者的最根本意义所在。第二,资产具有风险性。资产的收益是在未来提供的,而未来具有许多不确定性,因此资产具有风险性。第三,资产具有产权明确性。资产必须有其明确的所有者,其产权界区必须是清晰的。第四,资产具有非消费性。拥有资产的目的是为了获得未来的经济收益,而不是消费所得的享受收益(效用),尽管所有投资的目的最终都是为了消费。第五,资产具有多种形式。

　　确定是否是资产只有唯一的标准:能够给其所有者带来可预期的未来经济收益,而在现实经济中,符合这一标准的物质有多种形式。

　　(二) 资产的特性

　　资产的特性大致可以归纳为流动性、可逆性、可分性、价值的可预见性以及收益性。

　　资产的流动性涉及实现资产价值的便利程度和速度。虽然资产在某一特定时刻具有全额价值,但这种价值的实际实现程度则通常取决于出售该资产的决定是在多久以前做出的。具有完全流动性的资产,无论其出售决定做出得有多迟,该资产都能实现其全额价值。对于不完全流动性资产,其全额价值的实现取决于是否有充足的时间寻找买主,在较短的时间内,这类资产也可以被出售,但出售决定做出得越晚,实现的价值就越少,也就是说出售资产获得的价值和寻找买主的时间成正比。

　　一项资产的可逆性是指该资产带给其所有者的价值占购买者同期购买该资产所支付成本的百分比。对于一项完全可逆的资产来说,该百分比为100%,表明卖主可以把买主购买该资产的成本全部转换为现金。严格意义上的完全可逆性难以想象。任何资产的交换都必然伴随某些成本支出:费用、佣金以及买卖双方所花费的时间和精力等,即便是完全流动的资产也存在交换成本。

资产的可分性涉及资产交易的最小单位,一项资产可进行交易的最小单位不仅对于确定资产交易的成本至关重要,而且往往是资产交易得以进行的先决条件。

价值的可预见性则指一种确定性,如果一项资产在未来任何一天的现金价值都可以完全预测,则意味着该资产具有完全可预见性。一般而言,对资产价值的预期会因为投资者和资产种类的不同而有所不同。

一项资产在一段时间内的收益为此间持有该资产所带来的全部收入减去花费的成本,收益的形式可能多种多样,可以是实物、货币、证券等,但也必须从资产价值的角度来统一衡量。

(三) 资产的分类

目前在理论上和实践中,主要存在以下几种常见的资产分类。

第一,根据资产的存在形式,可分为有形资产和无形资产。有形资产包括厂房、设备、办公用品、现金等,无形资产包括专利权、商标、品牌等。

第二,根据资产变现的速度,可分为流动资产和固定资产。流动资产是能够较快变为现金的资产,固定资产是不能迅速变为现金的资产。

第三,根据资产在社会资本运动中的地位和作用,可分为金融资产和非金融资产。金融资产包括货币以及有价证券等;非金融资产一般由实物构成,尽管这些实物也可能表现为一定的货币额。

第四,根据资产是否能跟所有者分离,可以把资产分为主动资产和被动资产。被动资产,如土地、厂房等,可以与其所有者分离;主动资产,如劳动力、知识等,和所有者合为一体。

上面的各种分类都是为了便于说明特定问题的目的而进行的,因此每一种分类在某些特定的情形下有其优越性,而在其他的情况下又有其局限性。但上面的所有分类都不适合于说明资产运营的一般模式,在此,有必要对资产作出新的分类。

根据资产的价值形态不同,我们把资产分为现金资产、实体资产、信贷资产、证券资产四类。

简单来说,所谓现金资产,是人们手持的现金和活期存款,也就是宏观上所说的 M_1(即基础货币);现金资产是资产经营的起点和终点,是价值增加和减少的实现方式,其他形式资产的价值增加和减少都只能表现为账面价值。

实体资产包括有形资产和无形资产两种,可以以企业的未上市股权的形式存在;实体资产的运作是价值创造的源泉,其他资产的运作产生的价值增加和减少不过是价值转移的结果。

信贷资产就是我们通常意义上所说的债权资产和负债(负债是负的资产)。信贷资产的运作风险很大，因为其结果可能使总资产成为负数，而其他资产运作的最坏结果也只是使资产价值趋于零。换言之，如果资产运作结果使总资产成为负数，一定是引进了信贷资产的运作。

证券资产包括各种有价证券，包括权益类证券和债务类证券，或分为基础证券和衍生证券，证券资产的运作是更复杂的经营。

这里要特别说明的是这种分类和上面提到的分类有一个非常重要的区别，即这四种资产形态不是相互对立和排斥的。事实上，同一个资产可以以不同的价值形态同时存在，比如说上市公司的厂房，既以实体资产的形态存在，又同时以证券资产的形态存在。这个重要区别以及四类资产的价值形态更为明确的含义，将在本章的后面部分得到更为充分的阐述。

最后，必须明确本书中资本和资产之间的关系。我们认为，资本是资产的价值形式，而资产是资本的载体，但资产的概念比资本更广泛、更具体和更实用。所以，我们更多地分析资产经营，资产和资本这两个概念至少在讨论其运营模式时是可以通用的。

二、资产运营的一般模式

(一) 资产运营的定义

目前国内相关文献对资产运营的论述绝大部分是从企业的角度来考察的，大致可以分为狭义和广义两类。狭义的资产运营强调产权经营，认为资产运营就是通过产权经营实现资产保值增值，从这个角度出发，把并购重组作为资产运营最为重要的方式。广义的资产运营是指公司对其可以支配的所有资源进行优化配置，以实现最大限度的资产增值目标的过程。

由于对资产定义和理解的不同，我们对资产运营也有自己的定义，因为资产的所有者不但包括企业，还有个人甚至政府，因此，我们认为应该从整个经济资源配置的角度来定义资产运营。

我们对资产运营的定义如下：资产运营是以价值为中心的导向机制，它以资产价值形态的管理为基础，通过资产的优化配置和资产结构的动态调整，实现资产最大化增值的目标。简单地说，资产运营就是通过资产的四种价值形态以及相互之间的转换，实现价值增值的最大化。

(二) 资产运营的特点

从定义可知，资产运营具有如下特点：

第一，资产运营是以价值为中心的导向机制，要求在经济活动中始终以资产最大化增值为目标。资产是能够给其所有者带来可预期的未来经济收益的能力,也就是说,资产的价值来源于它为所有者带来的未来经济收益。所以,资产的价值是它所创造的未来经济收益的现值,资产价值最大化也就是资产未来经济收益现值的最大化。

第二,资产运营的对象是资产的四种价值形态。实际上,生产经营只是资产运营的一部分,只是对实体资产进行管理的一项活动,而资产运营不仅包括生产经营过程中的实体资产的管理,还包括其他资产价值形态——现金资产、信贷资产、证券资产——的管理以及所有四种价值形态之间的转换。

第三,资产运营注重资产的流动性,强调资产价值形态变换的便利性。资产的流通过程实际上就是资源的配置过程。各种资产的流动性越大,资产价值形态之间的变换越便利,资源配置的效率就越高。

第四,资产运营实际上是一种资产结构优化的过程。资产运营通过资产结构优化,对资源进行合理配置。结构优化不仅指企业内部资源结构如产品结构、组织结构、技术结构、人才结构的优化以及存量资本和增量资本结构的优化,更为基本和深层的是现金资产、实体资产、信贷资产、证券资产和智能资产等价值形态结构的优化,这主要包括价值形态的空间结构、时间结构和风险结构。资产价值形态的空间结构和时间结构,是指资产的价值形态在一定的空间地域和时间上得到反映,即不同价值形态在空间上和时间上的分布、流通和转化。资产价值形态的结构中最重要的是风险结构,资产收益总是和风险正相关的,高收益总是伴随着高风险,因此,资产的风险管理成为投资的重要内容。一般通过套期保值、保险和分散化三种方法来进行风险管理,从而优化风险结构。

第五,资产运营的收益主要来自资产优化组合后效率提高所带来的经济收益的增加,即资产价值的提高。从根本上说,资产运营收益是产业利润的一部分,表现为较高的投资回报与较低的投资回报之间的差额。但必须承认,如果没有资产运营,就不会有收益的提高。

(三) 资产运营的一般模式

在上述资产运营定义的基础上,我们可以建立一个资产运营的一般模式。所有的资产运营方式都可以概括为现金资产、实体资产、信贷资产和证券资产这四种价值形态及其相互之间的十六种转换,并且每一个过程中都有无形资产的运营相匹配以实现增值最大化的目的。其中,资产证券化是最为常见、最为高级的形式之一,其最高形式是无形资产的证券化。

资产运营的一般模式可以用图6.1来概括。

需要特别说明的是,上述过程中的箭头并不意味着现金流的方向,而只是资产在不同价值形态之间的转换;同时,在每个转换过程中,都必须要有依附在

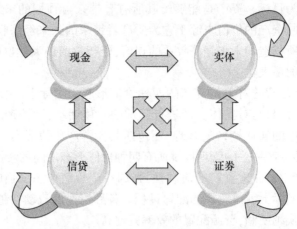

注:"→"表示资产价值形态的转换,并包含智能资产的运营过程,并非现金流的方向。

图6.1 资产运营的一般模式

有形资产之上的无形资产相匹配,例如需要结合一定的知识、信用和制度来运作。从这个角度说,资产运营创造的收益实际上是实体资产创造的价值。

资产运营的一般模式是投资银行学的基础理论,具有重要的理论和实践意义。该内容在《资本市场理论与运作》(何小锋、韩广智,中国发展出版社2006年版)中,有详细的论述和发挥。

三、资产运营一般模式中的资产证券化

从上面的分析可知,所有的资产运营方式都可以概括为通过资产在四种价值形态之间的配置以及在各形态间的互相转换,以实现经济中资源最优配置的过程和行为,资产证券化也不例外。

广义的资产证券化是指某一资产或资产组合采取证券资产这一价值形态的资产运营方式,包括实体资产证券化、信贷资产证券化、证券资产证券化和现金资产证券化。[①]

我们用图6.2来概括广义资产证券化的方式。

实体资产证券化即实体资产向证券资产的转换,是以实物资产和无形资产为基础发行证券并上市的过程;信贷资产证券化,就是把缺乏流动性但具有未

---

① 对广义资产证券化的详细分析,可参考何小锋等著,《资产证券化——中国的模式》,北京大学出版社2002年版。

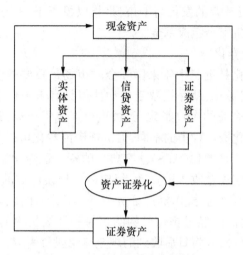

图 6.2　广义资产证券化的循环图

来现金收入流的信贷资产①经过重组形成资产池,并以此为基础发行证券;证券资产证券化即证券资产的再证券化过程,就是将证券或证券组合作为基础资产,再以其产生的现金流或与现金流相关的变量为基础发行衍生证券;现金资产证券化是指现金的持有者通过证券投资将现金转换成证券的过程。其中,信贷资产证券化是近三十年来国际金融市场上一项重要的金融创新,也就是狭义资产证券化。

四、资产证券化的四类业务

由上可知,广义的资产证券化包括四大类业务。

1. **实体资产证券化**

实体资产证券化是以实物资产和无形资产为基础发行证券并上市的过程,它主要有以下几种方式:

第一,股票发行与上市,包括直接上市(发行上市、分拆上市、异地上市、介绍上市、退市等)、间接上市(买壳上市、借壳上市)等。

第二,债券的发行与上市,按不同的融资方,可分为政府债券的发行、金融债券的发行、公司债券的发行和国际机构债券的发行。

第三,不动产证券的发行与上市,是以投资于某一项房产和地产的未来现金流为基础发行证券。

---

① 如银行的贷款、企业的应收账款等。

第四,产业投资基金的发行与上市,是指以投资于一个产业的未来收入为基础发行证券以募集资金组成基金。

2. 信贷资产证券化

信贷资产证券化是近三十年来国际金融市场最重要的金融创新之一。简言之,信贷资产的证券化,就是把缺乏流动性但具有未来现金收入流的信贷资产(如银行的贷款、企业的应收账款)经过重组形成资产池,并以此为基础发行证券。按照被证券化资产种类的不同,信贷资产证券化可以分为住房抵押贷款证券化(MBS)和资产证券化(ABS)。在典型的资产证券化流程中,通常由发起人将预期可获取稳定现金收入的资产,组成一个规模可观的"资产池",然后将这一"资产池"销售给专业操作资产证券化的"特殊目的载体"(SPV),由 SPV 以预期现金收入为保证,经过担保机构的担保和评级机构的信用评级,向投资者发行证券、筹集资金,并将日后收到的现金流给投资者以偿付,从而实现发起人筹到资金、投资人取得回报的目的。

3. 证券资产证券化

证券资产证券化就是将证券作为基础资产,再以该证券的现金流或与现金流相关的变量为基础发行证券。证券资产证券化最重要的形式是证券投资基金,即通过对现有证券资产组合的未来收益为基础发行新的证券。

4. 现金资产证券化

现金资产证券化是指现金的持有者通过证券投资将现金转换成证券的过程,它包括投资者在证券发行市场上买入证券,更主要的则是指投资者在二级市场上进行的证券交易。证券交易有以下几种方式:证券交易所交易、柜台交易、第三市场交易、第四市场交易。

第二节 资产证券化的核心原理和基本原理

资产证券化在经济生活中由于基础资产、经济中的税收及法律环境等的不同,而相应采取多种不同的实现方式,但这些方式无疑不包含和体现了如下原理——一个核心原理、三个基本原理。一个核心原理是指基础资产(被证券化资产)的现金流分析。三个基本原理分别是"资产重组原理"、"风险隔离原理"和"信用增级原理",这三个基本原理其实是对基础资产现金流分析的进一步深入。

一、资产证券化的核心原理

被证券化的资产可以采取多种形式,但这些资产必须具备一个先决条件——能产生可预见的未来现金流。所以,表面上资产证券化似乎是以资产为支撑,但实际上是以资产所产生的现金流为支撑的,这是资产证券化的本质和精髓。换句话说,资产证券化所"证券化"的不是资产本身,而是资产所产生的现金流。因此,基础资产的现金流分析成为资产证券化理论的核心原理。基础资产的现金流分析,主要包括两方面的内容:资产的估价和资产的风险/收益分析。

(一)资产的估价

资产的价值都是由它所产生的现金流所决定的,因此,资产的价值问题也就可以通过资产的现金流分析来解决,或者说资产的价值分析成为现金流分析的一项重要内容。由此,我们就可以得出资产估价的基本观点——资产的价值就是它未来产生的现金流的现值。在这个基本观点的基础上,对不同的资产可以采取不同的估价方法。

总的来说,资产估价可以被归为三类。第一,现金流贴现估价法,这种方法认为一项资产的价值应等于该资产预期在未来所产生的全部现金流的现值总和;第二,相对估价法,这种方法根据某一变量,如收益、现金流、账面价值或销售额等,考察同类"可比"资产的价值,借以对一项新资产进行估价;第三,期权估价法,它使用期权定价模型来估计有期权特性的资产的价值。

使用的估价方法不同,得出的结果可能会有显著差异,所以,如何选择合适的方式对资产进行估价成了关键的问题。一般来说,信贷资产证券化和部分的证券资产证券化(尤其是稳健型的证券投资基金)可以采取现金流贴现估价法;实体资产证券化更多地运用相对估价法;而证券资产证券化中很多衍生品的估价常常运用期权估价法。当然,上面的三种方法不应该被看做是相互排斥的,而是互相补充的。应该说,每种估价方法都有其用武之地,而且在很多情况下,对某一资产进行估价时,几种方法可能会同时用到。

(二)资产的风险/收益分析

风险/收益模型则是从风险需要得到补偿的角度出发,来计算一种资产或资产组合的收益率,而这个收益率,从资产估价的角度来说,就是资产未来现金流的贴现率。因此说,资产的风险/收益模型在证券化中的作用是用来确定证券化资产未来现金流的贴现率。

在资产估价中,风险/收益模型主要是用在现金流贴现估价法中,同时,在对比估价法和期权估价法中也可以起到一定的参考作用。在现金流估价法中，如果不能进行正确的风险/收益分析，就不可能对证券进行正确的定价。换句话说，如果不能对资产的风险/收益进行分析，就无法用现金流贴现法来估价。

二、资产证券化的三大基本原理

资产证券化的三大基本原理分别是资产重组原理、风险隔离原理和信用增级原理，这三个基本原理其实是对基础资产现金流的进一步分析，是资产证券化核心原理的深入。资产重组原理的核心思想是通过资产的重新组合来实现资产收益的重新分割和重组，着重从资产收益的角度来进一步分析现金流；而风险隔离原理却着重从资产风险的角度来进一步分析现金流，是关于资产风险重新分割和重组的原理；信用增级原理则是从信用的角度来考察现金流，即如何通过各种信用增级方式来保证和提高整个证券资产的信用级别。

任何一项成功的资产证券化，必须要对基础资产进行成功的重组以组成资产池，并实现资产池和其他资产的风险隔离，同时，还必须对资产池进行信用增级。随着资产证券化形式的不断发展，这三个原理的重要性和基础性更为明显，尤其在狭义资产证券化——信贷资产证券化中得到了最充分的体现。

（一）资产重组原理

资产重组是资产的所有者或支配者为实现发行证券的目标，根据资产重组原理，运用一定的方式与手段，对其资产进行重新配置与组合的行为。在资产证券化中，资产重组原理的核心思想是通过资产的重新组合来实现资产收益的重新分割和重组，它是从资产收益的角度来进一步对现金流进行分析。

资产重组原理一般包括如下内容：

第一，最佳化原理。通过资产重组使基础资产的收益达到最佳水平，从而使以资产为基础发行的证券价值达到最大。

第二，均衡原理。资产重组应将资产的原始所有人、策略投资者以及将来的证券持有人的利益进行协调，以有利于证券的发行和未来的表现，并至少应该保持原有的均衡不被破坏。

第三，成本最低原理。在资产重组过程中，必须坚持"低成本"的战略，也就是说必须降低资产重组的操作成本。

第四，优化配置原理。按照"边际收益递减"理论，在某种资产连续追加投入的过程中，边际投入所能带来的边际收益总是递减的，当边际收益与边际成本趋于一致时，资产投入的效益就达到最优化状态。在产出不变的情况下，各种资产相互组合或转换已经不能导致成本进一步降低的状态就是最优的资产组合状态。因此,资产重组的目的不仅是要一般地提高资产的利用效率,更重要的是通过不断调整与再组合实现社会资源配置最优化,促进经济协调、稳定和可持续发展。

(二) 风险隔离原理

资产的收益和风险总是"捆绑"在一起的,当资产的收益通过资产运营转移时,资产风险也必定随之转移,收益的转移过程同时也就是风险的转移过程。例如,当银行的住房抵押贷款实行证券化后,资产的收益转移给了证券的投资者,而风险也同时转移给了证券的投资者。因此,在一项资产运营的具体业务中,既可以以收益的转移为主要出发点,同时考虑风险的转移,例如投资业务;也可以以风险的转移为主要出发点,同时考虑收益的转移,比如风险管理。

如果说资产重组原理是以资产的收益为出发点来考察资产证券化的话,那么风险隔离原理就是以资产的风险为出发点来考察资产证券化业务,即着重从风险的角度来进一步分析现金流。因此,风险分割原理也可以说是关于资产风险重新分割和组合的原理。

风险隔离原理的核心内容是在资产证券化中,如何通过隔离基础资产的风险和其他资产(主要是基础资产原始所有人的其他资产)的风险,来提高资产运营的效率,从而最大化资产证券化参与各方的收益。风险隔离从两方面提高了资产运营的效率:首先,通过风险隔离,把基础资产原始所有人不愿或不能承担的风险转移到愿意而且能够承担的人那里去;其次,证券的投资者能够只承担他们所愿意承担的风险,而不必是资产原始所有人所面临的所有风险。

(三) 信用增级原理

正是上述资产收益和风险的重新分割和组合,使得资产证券化中的资产池具有的风险和预期收益组合更富吸引力,并以此为基础发行证券。但一项成功的资产证券化业务,在发行证券前往往还有一个重要的步骤——运用信用增级原理对将要发行的证券进行整体的信用增级。从直观上讲,信用增级会增加金融资产组合的市场价值,在资产证券化的实际运作中,几乎所有的资产证券化都包括某种形式的信用增级。如果资产证券化不进行信用增级,证券投资者可能承担一种流动性的风险,即由于基础资产的收益流没有达到目标金额和时间而使得证券的收益流也没有达到目标金额和时间,于是,就需要对此风险进行补偿,这无疑会提高证券发行者的成本。如果这个时候通过信用增级来获得信用和流动性的支持,就能降低成本。从某种意义上说,上面提到的资产组合和风险隔离也包含了信用增级的内容。

第三节 资产证券化趋势的理论分析

在所有的资产运营方式中,资产证券化,尤其是信贷资产证券化,已经成为一种世界性的趋势,在国际金融市场上得到了迅速的发展。资产采取证券这种价值形态(即资产证券化),是人类优化资源配置实践的产物。资产证券化趋势是指这样一种内在必然性:在资产运营中,越来越多的资产采取证券这种价值形态,经济日益以证券为媒介运行。这一趋势作为资产运营的世界性趋势,在广度和深度上都得到了迅速的发展。其广度上的发展主要是指资产证券化在外延上的发展,具体包括证券总量的增加,市场的多元化、多层次的拓展,证券品种的日益丰富,证券参与主体的增加以及中介服务机构的发展等。其深度上的发展是指资产证券化对整个经济运行的影响程度的提高,具体包括宏观上证券总值占国民经济生产总值的比重越来越大,微观上居民持有的证券占所有资产的比重越来越大,以及证券化产品结构的高级化、证券化技术的提升和证券业中介机构专业化程度的提高。

资产证券化趋势的出现,从微观层次上看,来自证券化参与各方的利益驱动以及政府的金融监管和推动;从宏观层次上看,主要是由于它提高了经济中资产运营的分配效率和操作效率。

一、资产证券化发展的微观动因

1. 从投、融资双方来看

资产证券化过程实质上是对被证券化资产的特性(期限、流动性、收益和风险)进行重新分解和组合的过程,也是金融工具由初级向高级进行深加工的过程。各种资产通过采取证券资产的价值形态,使得其期限、流动性、收益和风险的重新分解和组合变得更为容易。通过资产证券化,市场为筹资者和投资者提供了大量不同期限、不同流动性、不同风险收益率并且可分性强的金融产品和组合,从而满足了各种不同市场主体的偏好和需求。从资产的选择可行集角度看,资产证券化使本来不可能或者很难进行的资产收益—风险空间细分成为可能,使原来间断的收益—风险分布逐渐连续起来,筹资者和投资者在投资空间中所能选择的资产组合点或集合大大增加,从而提高了投资者和融资者的效用。

2. 从金融中介机构角度看

面对日益激化的市场竞争,获得更多的金融资源与更好地满足融资者和投资者不断变化的金融服务需求,就成为其竞争取胜的关键。而资产证券化作为一种有效的融资渠道和专业化金融服务手段,成为金融中介间竞争的焦点。创新意识强烈、创新技术雄厚的竞争者通过证券产品的创新、证券化技术的提升打破了竞争僵局,市场竞争的被动接受者又会通过模仿、改进与新的创新挽回颓势。这样,证券化的广度和深度就在市场竞争中得到了不断推进。

3. 从政府监管的角度看

证券化各方的利益驱动是推动证券化进程乃至整个金融市场发展的重要力量,但是各方的利益膨胀又会导致金融秩序的混乱,带来社会经济效率的损失。因此,各国政府都通过一方面严格监管,另一方面对有利于经济发展的资产证券化积极推动,来协调各方利益,使其有效发挥对金融市场发展的推动作用。施加严格的监管,虽然减少了金融体系的风险并使经济的运行更平稳,但同时也增加了市场上融资者融资的难度,以及金融机构开展传统金融业务的成本。因而,监管的压力促使证券化参与各方为了规避管制而突破传统方式,进一步寻求新的证券化方式,政府的推动则使资产证券化能突破制度、法律上的约束,从而共同促进了证券化的发展。

二、资产证券化的宏观动因

1. 资产证券化促进了资产运营的分配效率

所谓资产运营的分配效率是指通过价格调节对资源进行有效配置的能力。因此,评判资产运营是否具有分配效率的关键是看能否对各种金融工具(产品)作出基于潜在风险/收益基础上的准确定价,从而引导资金向经风险调整后收益最高的项目或部门流动。

具体说来,资产证券化在如下几个方面促进了资产运营的分配效率。

第一,资产证券化提供了一种将资产的收益和风险有效识别和细分的机制。在此基础上,对资产的定价将更趋准确,而准确的价格信号能更有效地引导资源向高收益的部门流动。

第二,资产证券化为资产运营主体根据不同的需求,分散和有效转移风险提供了条件。证券资产的可分性与多样性使投资者尤其是中小投资者的分散化投资成为可能,而证券投资基金的出现更进一步增强了这种优势(证券投资基金实际上是证券资产证券化的一种形式)。金融衍生证券的出现,大大提高了风险转移的效率。

第三,资产证券化一方面通过扩大投资者的资产选择集,充分动员储蓄、发掘资金来源,加快了储蓄向投资转化的速度,降低了转化成本;另一方面,资产证券化适应了融资者的日益多样、复杂的融资需要,从而使投融资双方的交易地位都得以改善,交易者的福利水平得以提高。

第四,资产证券化通过对政府监管的规避,打破了金融市场之间的界限,促进了金融资源的自由流动。同时,资产证券化引起了新的金融机构的大量出现,模糊了传统商业银行和非银行金融机构之间的界限,促进了金融业的竞争。因此它逐渐推动了市场化、自由化的金融交易制度的形成,而这种自由竞争的市场机制将有利于改善资源分配状况,实现资源配置的最优。

2. 资产证券化提高了资产运营的操作效率

所谓资产运营的操作效率是指资产运营能通过最小化成本达到资产配置的最优状态。从整个社会的角度来看,资产运营的成本就是金融中介的运作成本。中介成本越小,利用资产的中间耗费就越小,资产运营的效率就越高,反之,则存在效率损失。资产证券化则通过以下两个方面降低了金融中介的运作成本。

第一,资产证券化的发展改变了传统的不适应资产运营趋势的金融组织、金融机构和金融制度,有利于金融产业的结构调整和快速成长,促进了金融中介机构间的竞争,从而必然带来金融中介运作成本的降低。

第二,资产证券化的发展有效地改善了金融交易的信息条件。实际上证券化本身就是"信息",通过证券化可以获得成百上千项单独资产以及它们在一个资产池中的表现和变化规律的精确信息,这些信息逐步消除了市场上的"信息不完全"和"信息不对称"现象,加快了信息传递的速度,从而使金融中介更快、更准确地获取市场信息成为可能,有效降低了其信息成本。

综上所述,资产证券化趋势的出现,从根本上来讲是由资产证券化提高资产运营的效率,从而优化整个经济资源配置的优势决定的,而这一趋势也必将因为这一优势而得以不断发展。

本章小结

- 资产运营是以价值为中心的导向机制,它以资产价值形态的管理为基础,通过资产的优化配置和资产结构的动态调整,实现资产的最大化增值,从而最终实现整个经济的资源最优配置。

- 按照价值形态的不同,可以将资产分为现金资产、实体资产、信贷资产和证券资产四类。由此,所有的资产运营方式都可以概括为通过资产在四种价值形态之间的配置以及在各形态间的互相转换,实现经济中资源的最优配置的过程和行为,资产证券化也不例外。

- 广义的资产证券化是指某一资产或资产组合采取证券资产这一价值形

态的资产运营方式,包括实体资产证券化、信贷资产证券化、证券资产证券化和现金资产证券化。

- 资产证券化原理包括一个核心原理和三个基本原理。一个核心原理是指基础资产(被证券化资产)的现金流分析,三个基本原理分别是资产重组原理、风险隔离原理和信用增级原理。
- 在所有的资产运营方式中,资产证券化尤其是信贷资产证券化,已经成为一种世界性的趋势,在国际金融市场上得到了迅速的发展。资产证券化趋势的出现,从微观层次上看,来自证券化参与各方的利益驱动以及政府的金融监管和推动;从宏观层次上看,主要是由于它提高了经济中资产运营的分配效率和操作效率。

思考题

1. 名词解释:资产。
2. 你如何理解资产运营的一般模式?
3. 如何从资产运营的角度理解资产证券化的四类业务?
4. 资产证券化的核心原理和基本原理是什么?
5. 资产证券化得到迅速发展的原因有哪些?

第七章　股票发行与企业上市

☞ **本章概要**　股票发行与企业上市是投资银行的核心业务,本章对投资银行这一核心业务进行介绍。第一节介绍股票的基本概念,第二节讲述发行上市的运作,第三节介绍买壳上市,第四节介绍借壳上市。

☞ **学习目标**　了解股票的基本概念,掌握发行上市的运作,理解买壳上市和借壳上市。

城里唯一的要求就是要敢于做梦。谁这样做了,它就开启了它的大门和财宝,而不论他是谁,他从哪儿来。

——莫斯·哈特

第一节　股　　票

一、股票的概念

(一) 股票的定义

股票是股份有限公司在筹集资本时向出资人发行的股份凭证。股票代表着其持有者(即股东)对股份公司的所有权,这种所有权是一种综合权利,如参加股东大会、投票表决、参与公司的重大决策、收取股息和分享红利等。

股东与公司之间的关系不是债权债务关系,股东是公司的所有者,以其出资额为限对公司承担有限责任,承担风险,分享收益。

(二) 股票的特点

股票具有以下基本特点:

第一,不可偿还性。股票是一种无偿还期的有价证券,投资者认购了股票后,就不能要求退股,只能到二级市场上转让。股票的转让只意味着公司股东的改变,并不减少公司资本。从期限上看,只要公司存在,它所发行的股票就存在,股票的期限等于公司存续的期限。

第二,参与性。股东有权出席股东大会,选举公司董事会,参与公司重大决策。股票持有者的投资意志和享有的经济利益,通常是通过行使股东参与权来实现的。

第三,收益性。股东凭其持有的股票,有权从公司领取股息或红利,获取投资的收益。股息或红利的大小,主要取决于公司的盈利水平和公司的盈利分配政策。股票的收益性,还表现在股票投资者可以获得股票投资的资本收益。

第四,流通性。股票的流通性是指股票在不同投资者之间的可交易性。流通性通常以可流通的股票数量、股票成交量以及股价对交易量的敏感程度来衡量。可流通股票越多,成交量越大,价格对成交量越不敏感,股票的流通性就越好;反之就越差。

第五,价格波动性和风险性。股票在交易市场上作为交易对象,同商品一样,有自己的市场行情和市场价格。由于股票价格要受到诸如公司经营状况、供求关系、银行利率、大众心理等多种因素的影响,其波动性有很大的不确定性。正是这种不确定性,有可能使股票投资者遭受损失。价格波动的不确定性越大,投资风险也就越大。

二、股票的种类

股票的种类繁多,常见的有如下几种:

(一) 普通股和优先股

根据股东权利的不同,股票可以分为普通股和优先股。

普通股指在公司的经营管理和盈利及财产的分配上享有普通权利的股份,代表满足所有债权偿付要求及优先股股东的收益权与求偿权后对企业盈利和剩余财产的索取权。它构成公司资本的基础,是股票的一种基本形式,也是发行量最大、最为重要的股票。普通股股票持有者按其所持有股份的比例享有以下基本权利:公司决策参与权、利润分配权、优先认股权、剩余资产分配权。

优先股指公司在筹集资金时,给予投资者某些优先权的股票。这种优先权主要表现在两个方面:

第一,优先股有固定的股息,不随公司业绩好坏而波动,并且可以优先于普通股股东领取股息。

第二,当公司破产进行财产清算时,优先股股东对公司剩余财产有优先于普通股股东的要求权。但优先股一般不参加公司的红利分配,持股人亦无表决权,不能借助表决权参加公司的经营管理。

(二) A 股、B 股、H 股、N 股和 S 股

根据股票的上市地点和所面对的投资者不同,我国上市公司的股票可分为 A 股、B 股、H 股、N 股和 S 股。

A 股的正式名称是人民币普通股票,它是由我国境内的公司发行,供境内机构、组织或个人(不含港澳台投资者)以人民币认购和交易的普通股股票。

B 股的正式名称是人民币特种股票,又称境内上市外资股,是以人民币标明面值、以外币认购和买卖、在境内证券交易所上市交易的普通股股票。

H 股,即注册地在中国内地、上市地在中国香港的外资股。香港的英文是 Hong Kong,取其首字母,在香港上市的外资股就叫做 H 股。以此类推,纽约的第一个英文字母是 N,新加坡的第一个英文字母是 S,在纽约和新加坡上市的注册地在内地的公司股票就分别叫做 N 股和 S 股。

(三) 蓝筹股

在股票市场上,投资者把那些在其所属行业内占有重要支配性地位、业绩优良、成交活跃、红利优厚的大公司股票称为蓝筹股。"蓝筹"一词源于西方赌场,在西方赌场中,有三种颜色的筹码,其中蓝色筹码最为值钱,红色筹码次之,白色筹码最差,投资者把这些行话套用到股票上了。

蓝筹股并非一成不变,随着公司经营状况的改变及经济地位的升降,蓝筹股的地位也会变更。

(四) 红筹股

红筹股这一概念诞生于 20 世纪 90 年代初期的香港股票市场。中华人民共和国在国际上有时被称为"红色中国",相应地,中国香港和国际投资者把在中国境外注册、在中国香港上市的那些带有中国大陆概念的股票称为红筹股。

具体如何定义红筹股,尚存在一些争议。一种观点认为,应该按业务范围来区分。如果某个上市公司的主要业务在中国大陆,其盈利中的大部分也来自该业务,那么,这家在中国境外注册、在中国香港上市的股票就是红筹股。国际信息公司彭博资讯所编的红筹股指数就是按照这一标准来遴选的。

另一种观点认为,应该按照权益多寡来划分。如果一家上市公司股东权益的大部分直接来自中国大陆或具有大陆背景,也就是为中资所控股,那么这家在中国境外注册、在中国香港上市的股票才属于红筹股之列。恒生指数服务公司编制恒生红筹股指数时,就是按这一标准来划定红筹股的。

通常,上述两类公司的股票都被投资者视为红筹股。

三、股票发行监管制度

股票发行监管制度是指企业公开发行股票的准入审批体制,它的核心是股票发行决定权的归属。

目前国际上主要有两种类型的发行审批制度。一种是核准制,即政府主导型。核准制是由主承销商为代表的中介机构根据市场需要来选择、培育、推荐企业,由发行人负责诚信披露,中介机构进行实质性审核并发表专业意见,监管机构进行合规性初审,发行审核委员会独立发表意见,监管机构依法核准的发行审核体制。其核心是强制信息披露,在明确法规、标准和规则的前提下,使得市场参与者"各司其职、各尽其能、各负其责、各担风险"。

另一种是注册制,即市场主导型。股票发行之前,发行人必须按法定程序向监管部门提交有关信息,申请注册,并对信息的完整性、准确性负责,监管部门在法定期限内对发行人的申请无异议,发行人即可向资本市场发行。目前发达的市场国家如美国等均采取注册制。

我们目前实行保荐制,是核准制向注册制过渡过程中的发行监管制度。所谓保荐制,具体是指由保荐人(券商)负责发行人的上市推荐和辅导,核实公司发行文件中所载资料的真实、准确和完整,协助发行人建立严格的信息披露制度,不仅承担上市后持续辅导的责任,还将责任落实到个人(保荐代表人)。通俗地讲,就是让券商和责任人对其承销发行的股票负有一定的持续性连带担保责任。

第二节 发行上市

一、发行上市概述

(一) 首次公开发行

首次公开发行(initial public offering, IPO),是指股份有限公司首次公开向投资者发行股票。

我国的法律规定有下列情况之一的,为公开发行:(1) 向不特定对象发行证券;(2) 向特定对象发行证券累计超过二百人的;(3) 法律、行政法规规定的其他发行行为。

（二）上市

首次公开发行的股票，可以进入证券交易所交易，也可以不进入证券交易所而通过其他方式进行交易。通俗地说，公开发行的股票可以上市也可以不上市。在实践中，在新公司法和证券法颁布之前，我国是不承认公开发行股票而不上市的情形的，中国证监会的审核也是将公开发行和上市结合在一起进行审核。一旦中国证监会审核同意，交易所即有义务安排公开发行的股票上市交易。2006年新公司法和证券法颁布实施之后，明确了将公开发行和上市的监管职能授予中国证监会和证券交易所，为此，中国证监会业已成立发行监管二部，专门负责对公开发行股票但不上市的情形进行监管，并且正在筹备柜台交易场所等与此适应的市场建设，相关的法规也正在起草中。

（三）发行上市的程序

发行上市的程序包括以下五个步骤：

第一步，聘请中介机构。发行上市是一项工作量大、涉及面广和专业性强的系统工程，根据法律规定和实际需要，企业必须聘请中介机构。

第二步，改制重组。在发行上市前，如果企业是有限责任公司、国有独资企业、国有事业单位或者非公司制企业，首先应改制设立股份有限公司；如果企业是股份有限公司，则可直接进入辅导程序。

第三步，辅导。为促进拟上市公司建立良好的公司治理机制，形成独立运营和持续发展的能力，督促公司的董事、监事、高级管理人员全面了解发行上市的有关法律、法规、证券市场规范运作和信息披露的要求，使公司具备进入证券市场的基本条件，股份公司成立后应聘请一家保荐机构作为辅导机构，进行辅导。

第四步，申报与核准。拟上市公司可聘请委托保荐机构组织其他中介机构按照有关要求制作申请材料，由保荐机构出具推荐文件，并向中国证监会申报。由中国证监会核准首次公开发行的申请。

第五步，发行上市。首次公开发行包括路演、申购、抽签、配售等过程。发行结束办理股份的托管和登记后不超过7个工作日，交易所将安排其股票挂牌上市交易。

二、聘请中介机构

发行上市是一项工作量大、涉及面广和专业性强的系统工程，根据法律规定和实际需要，企业必须聘请中介机构。首次公开发行的中介机构主要包括保荐人、律师事务所、会计师事务所、资产评估事务所、财经公关顾问。

(一) 选择中介机构的标准

公司股票发行上市需要聘请中介机构,公司和中介机构之间的关系是一种双向选择的关系。公司在选择中介机构时应该注意以下几个方面:

(1) 是否具有从事证券业务的资格。拟上市公司必须聘请具有证券从业资格的证券公司、会计师事务所和资产评估师事务所从事股票发行上市的保荐、审计和资产评估业务。我国对中介机构证券从业资格实行严格管理制度,不仅要求中介机构有一定比例的证券业务从业人员,还要有与从事证券业务相关的组织机构和从业经验。

(2) 执业背景。每个公司发行上市的具体方案都必须符合该公司自身的实际情况,聘请的中介机构必须具有良好的职业背景和丰富的业务经验,才能应对上市过程中可能出现的风险和难题。只有具有较强的执业能力、熟悉其公司所在行业的中介机构,才能保证中介服务的质量。

(3) 业内声誉。拟上市公司在聘请中介机构时,除了综合考虑中介机构的执业能力之外,中介机构在业内的声誉也是一个非常重要的考虑因素。

(4) 良好的沟通协调能力。股票发行上市是发行人及各中介机构共同合作的结果,中介机构之间应该能够进行良好的合作,保荐机构与律师、会计师和资产评估师之间能够顺畅沟通,是公司成功上市的有力保障。

(5) 收费标准。公司发行股票并上市需要进行上市成本的总体控制,中介机构的具体收费或收费标准也应当予以考虑,双方可以根据具体的股票发行方案协商确定中介机构的费用。

(二) 中介机构的类型

1. 保荐机构

在发行上市的过程中,保荐机构起着至关重要的作用,是中介机构的协调人和牵头人。保荐机构在发行上市中的主要职责包括:协助企业制订改制方案;担任企业的辅导机构;组织机构制作申报材料;尽职推荐发行人股票的发行;持续督导发行人履行相关义务。

选择保荐机构应考虑的因素有:保荐机构是否具有保荐资格并在中国证监会注册;保荐机构在券商行业中是否有较高的声誉;保荐机构的承销业绩和项目经验;保荐代表人的综合素质和沟通能力;是否有自己的发行渠道和客户网络;公司上市后能否为公司提供长期的服务工作;收费标准。

2. 律师事务所

发行上市必须依法聘请律师事务所担任法律顾问。律师事务所主要对股票发行与上市的各种文件的合法性进行判断,并对有关发行上市方案的法律问题出具法律意见。

律师在发行上市中的主要职责有:协助发行人处理股份发行与上市的各类法律问题和事项;为公司起草发行上市需要的各类法律文书;为发行人出具法律意见书、补充法律意见书和律师工作报告等;为发行人申请文件出具相关见证意见等;对相关法律问题提出咨询意见;依据发行人委托编制招股说明书等。

自2002年11月1日起,律师及律师事务所从事证券法律事务不再受资格限制。选择律师事务所应考虑的因素有:律师事务所发展的时间和主营业务;律师事务所过去的证券法律服务业绩,特别是其对所属行业和所属地区的项目经验;承担本项项目的律师专业水平和项目业绩;业内声誉以及历史违规情况;收费标准。

3. 会计师事务所

发行上市的审计工作必须由具有证券从业资格的会计师事务所承担。会计师事务所在发行上市中的主要职责有:出具发行人近三年的审计报告、验资报告、盈利预测的审计报告、内部控制审计报告,根据中国证监会或发行人的要求出具专项复核报告和见证意见等。

选择会计师事务所应考虑的因素有:是否具有特许的证券从业资格;过去的证券业务审计项目的业绩,特别是其对公司所属行业的项目经验;承担本项目的注册会计师专业水平和项目经验;行业地位和历史违规情况;会计师事务所在业内的声誉;收费标准。

4. 资产评估事务所

企业在股票发行之前往往需要对公司的资产进行评估,这一工作通常是由具有证券从业资格的资产评估机构承担。资产评估的范围主要包括:各类单项资产评估、企业整体资产评估、市场所需的其他资产评估或者项目评估。

发行人聘请的审计机关与设立时聘请的资产评估机构不能为同一家中介机构。同时,根据规定,发行人在申请发行股票时需要进行资产评估的,聘请的资产评估机构与审计机构也不能为同一家。

选择资产评估机构应考虑的因素有:是否具有特许的证券从业资格;过去证券业务审计项目业绩,特别是其对公司所属行业的项目经验;承担本项目的注册会计师专业水平和项目经验;行业声誉和历史违规情况;收费标准。

5. 财经公关顾问

财经公关顾问,是指公司(主要是上市公司)为了寻求和维护其在资本市场投资者和那些对投资者有重要影响的人士心目中的特定形象和价值定位,而聘请的协助开展一系列形象设计、展示、推荐、解释和沟通等公关推广活动的专门机构。

在发行上市过程中,财经公关顾问具体负责如下工作:根据发行人的实际情况,帮助选择合适的上市地点,并制订改制上市方案;为发行人引荐合适的战略投资者；为发行人选择合适的优质保荐人、股票承销商、律师、会计师等中介机构；协助客户完成有关改制上市工作的申请报批工作，确保上市工作的顺利进行；向海外市场上实力较好的机构投资者推荐；设计、维护企业市场形象，处理突发事件和信任危机；向大众投资者推荐拟上市公司。

国内财经公关公司发展时间短，没有统一的行业规范，没有统一的资格认证，在首次公开发行过程中的作用还没有得到市场认可。选择财经公关公司应考虑的主要因素有：是否具有专业策划队伍和设计人才；在过去几年内的项目业绩；与主要合作机构的合作项目；推介和设计能力；服务内容和收费标准。

三、改制重组

（一）尽职调查

尽职调查（due diligence）是中介机构进场后的首要工作内容。尽职调查的目的是尽快了解企业的基本情况，找出企业存在的问题，为下一步提出改制重组方案奠定基础。同时，尽职调查有助于中介机构评估项目风险，提高自身的业务风险防范水平和风险管理水平。

尽职调查的内容主要包括以下九个方面：发行人基本情况调查，发行人业务与技术调查，同业竞争与关联交易调查，高管人员调查，组织结构与内部控制调查，财务与会计调查，业务发展目标调查，募集资金运用调查，风险因素及其他重要事项调查。

（二）改制重组的模式

发行上市中，企业改制重组主要有五种模式。

1. 国有企业整体改制

国有企业整体改制就是国有企业把所有经营性资产经审计评估后，按照国有资产管理部门确认的评估值折成一定比例的股份，发起设立股份有限公司。原国有企业可以作为新设立股份公司的股东，保留法人地位，也可以依法注销，由原国有企业投资单位直接作为股份公司的股东。

2. 有限责任公司整体变更

有限责任公司整体变更是指有限责任公司的资产经审计后，以其审计基准日的净资产按照等比折合成股本，整体变更设立股份有限公司。有限责任公司的股东成为股份公司的发起人，有限责任公司的债权、债务依法由股份公司承继。

3. 分立重组

分立重组是指原企业以一定比例的优质资产业务进行重组，设立股份有限公司，而其他资产仍保留在原企业中。

4. 发起新设股份有限公司

发起新设是指由五个以上的发起人以其经营性资产经审计评估后，以协商确定后的价值出资，组建新的股份有限公司。

四、辅导

在中国境内首次公开发行股票的公司，在提出首次公开发行股票申请前，必须聘请辅导机构进行辅导，并执行相关的辅导程序。

（一）辅导的目标

辅导的目标主要包括：促进辅导对象建立良好的公司治理机制，形成独立运营和持续发展的能力，督促公司的董事、监事、高级管理人员全面理解发行上市有关法律法规、证券市场规范运作和信息披露的要求，树立进入证券市场的诚信意识、法制意识，具备进入证券市场的基本条件。

（二）辅导的程序

1. 选择辅导机构

辅导对象聘请的辅导机构应是有主承销资格的证券机构以及其他经有关部门认定的机构。实行保荐制度后，辅导机构主要为保荐机构。

2. 签订辅导协议

在确定好辅导机构以后，辅导对象应本着自愿、平等的原则与辅导机构签订辅导协议，以明确双方在辅导程序中的权利及义务。

3. 辅导登记备案与审查

辅导协议签署后5个工作日内，辅导机构应向中国证监会派出机构进行辅导登记备案。中国证监会派出机构应于10个工作日内对辅导机构提交的备案材料的齐备性进行审查。

4. 实施辅导方案

辅导机构应根据有关法律、法规和规则以及上市公司的必备知识，针对辅导对象的具体情况和实际需求，确定辅导的具体内容，制订辅导计划及实施方案，以确信辅导对象具备进入证券市场的基本条件。

5. 辅导验收

辅导机构认为达到辅导计划目标后，可向中国证监会派出机构报送"辅导工作总结报告"，提出辅导评估申请，派出机构应按规定出具"辅导监管报告"。

6. 持续关注辅导对象

在辅导工作结束至发行之间，辅导机构仍应持续关注辅导对象的重大变化,对发生与"辅导工作总结报告"不一致的重大事项,应向证监会派出机构报告。辅导对象发行后,辅导机构应在履行回访或保荐义务过程中持续关注信息披露和与"辅导工作总结报告"有关的事项。

(三) 辅导工作的监管

辅导工作的监管机构是中国证监会,它对首次公开发行股票前的辅导工作进行监督和指导,其派出机构负责辖区内辅导工作的监督管理。

五、申报与核准

拟上市公司可聘请委托保荐机构组织其他中介机构按照有关要求制作申请材料,由保荐机构出具推荐文件,并向中国证监会申报。由中国证监会核准首次公开发行的申请。

(一) 申报材料

申报材料包括两部分,即要求在指定报刊及网站披露的文件和不要求在指定报刊及网站披露的文件。发行人应备有整套申请文件,发行申请经中国证监会核准并且第一部分文件披露后,整套文件可供投资者查阅。

要求在指定报刊及网站披露的文件:招股说明书及摘要、发行公告。招股说明书及其附录(审计报告及财务报告全文)是发行审核的重点文件,也是整套申报材料最核心的文件。

不要求在指定报刊及网站披露的文件:主承销商的推荐文件、发行人律师的意见、发行申请及授权文件、募集资金运用的有关文件、股份有限公司的设立文件及章程、发行定价及发行定价分析报告、其他相关文件。

(二) 发行的审核程序

首次公开发行的审核程序如下:

(1) 发行人应当按照中国证监会的有关规定制作申请文件,由保荐人保荐并向中国证监会申报。特定行业的发行人应当提供管理部门的相关意见。

(2) 中国证监会收到申请文件后,在5个工作日内做出是否受理的决定。

(3) 中国证监会受理申请文件后,由相关职能部门对发行人的申请文件进行初审,并由发行审核委员会审核。

(4) 中国证监会在初审过程中,将征求发行人注册地的省级人民政府是否同意发行人发行股票的意见,并就发行人的募集资金投资项目是否符合国家产业政策和投资管理的规定征求国家发展和改革委员会的意见。

(5) 中国证监会依照法定条件对发行人的发行申请作出予以核准或者不予以核准的决定,并出具相关文件。自中国证监会核准发行之日起,发行人应在6个月内发行股票;超过6个月未发行的,核准文件失效,须重新经中国证监会核准后方可发行。

(6) 发行申请核准后、股票发行结束前,发行人发生重大事项的,应当暂缓或者暂停发行,并及时报告中国证监会,同时履行信息披露义务。影响发行条件的,应当重新履行核准程序。

(7) 股票发行申请未获核准的,自中国证监会作出不予核准决定之日起6个月后,发行人可再次提出股票发行申请。

六、发行与上市

股票发行与上市是企业初始融资的最后阶段,也是走向资本市场的前奏。股票发行与上市有法定的时间限制,而工作又比较繁杂,需要发行人和保荐机构以认真、细致和负责的工作态度去完成。

(一) 发行定价

股票的科学合理定价是股票成功发行上市的核心,对拟发行的股票的合理估值是定价的基础。中国目前采用的估值方法主要是:可比公司法和现金流折现法。

发行人及其保荐人在估值的基础上,通过询价的方式确定股票的发行价格。发行申请经中国证监会核准后,发行人应公告招股意向书,开始向询价对象进行推介和询价。询价分为初步询价和累计投标询价两个阶段。发行人及其保荐人通过初步询价确定发行价格区间,通过累计投标询价确定发行价格。

(二) 路演

路演(road show)是股票承销商帮助发行人安排的发行前的调研与推介活动。路演是决定股票发行成功与否的重要步骤,成功的路演可以达到下述三个目的:通过路演让投资者进一步了解发行人;增强投资者信心,创造对新股的市场需求;从投资者的反应中获得有用的信息。

(三) 发行方式

1. 上网定价发行

上网定价发行是指主承销商利用证券交易所的交易系统成为股票的唯一卖方,投资者在指定的时间内,按现行委托买入股票的方式进行股票申购。

2. 向机构投资者配售股票

向机构投资者配售股票,是指发行人和主承销商事先确定发行量和发行底价,经过中国证监会批准后,发行人公告招股意向书,向机构投资者进行推介和询价,并根据机构投资者的预约申购情况确定最终的发行价格,以同一价格向法人投资者配售和对一般投资者上网发行。该发行方式与询价制度相结合,故又称为向询价对象配售股票。

(四) 股票上市

发行完成后,发行人向证券交易所提出申请股票上市,由证券交易所依法审核同意,并由双方签订上市协议,股票在交易所挂牌交易。

第三节 买壳上市

一、买壳上市的定义

买壳上市是指非上市公司通过取得上市公司的控制权并将其资产置入,从而实现非上市公司资产的上市。

所谓的"壳",是指上市公司的资格,是一种形象的称呼。

二、买壳上市的模式

(一) 买壳上市的一般模式

买壳上市一般模式的操作流程包括三个步骤:买壳、清壳和注壳。但清壳这个步骤并不是必需的,在实际操作中,也有只包括买壳和注壳两个步骤的情况。

1. 买壳

非上市公司通过收购获得了上市公司的控制权,即买到了上市公司这个壳。见图7.1。

2. 清壳

上市公司出售其部分或全部资产,即对上市公司这个壳进行清理。见图7.2。

3. 注壳

上市公司收购非上市公司的全部或部分资产,从而将非上市公司的资产置入上市公司,实现上市。见图7.3。

买壳：

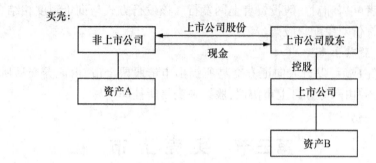

买壳后：

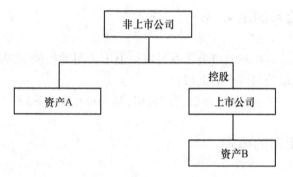

图 7.1 买壳

清壳：

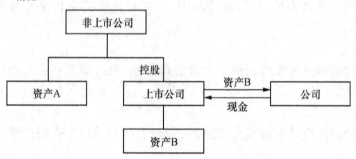

清壳后：

图 7.2 清壳

注壳:

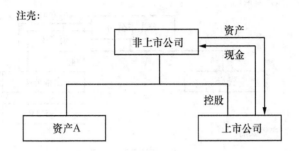

注壳后:

图 7.3　注壳

(二) 买壳上市置换模式

买壳上市置换模式是将一般模式的清壳和注壳两个步骤合并成资产置换一个步骤,即买壳上市的操作流程包括两个步骤:买壳和资产置换。

1. 买壳

买壳上市置换模式的买壳步骤与买壳上市一般模式一样,可参见前面,这里不再赘述。

2. 资产置换

非上市公司的资产与上市公司的资产进行置换。通过资产置换,上市公司的资产从上市公司置出,实现清壳;同时,非上市公司的资产置入上市公司,实现注壳。因此,通过资产置换这一个步骤,完成了清壳和注壳两个步骤。见图 7.4。

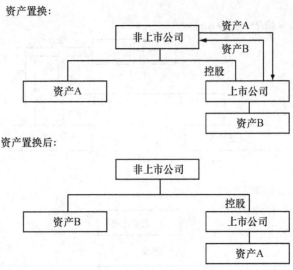

图 7.4 资产置换

(三) 买壳上市定向发行模式

所谓定向发行,是指上市公司向非上市公司定向发行股份,非上市公司用资产支付购买股份的对价。通过购买定向发行的股份,非上市公司获得上市公司的控制权,实现买壳;同时,通过用资产支付对价,非上市公司的资产置入上市公司,实现注壳。见图7.5。

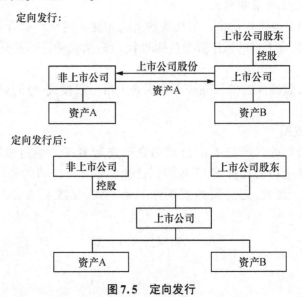

图 7.5 定向发行

至于清壳这个步骤,也如买壳上市一般模式中一样,并不是必需的。

第四节 借壳上市

一、借壳上市的定义

借壳上市,就是非上市的集团公司将其全部或部分非上市资产置入到其控股的上市公司中,从而实现上市。见图7.6。

借壳上市前:

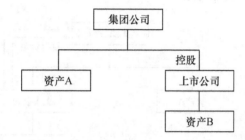

借壳上市后:

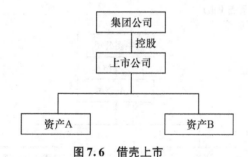

图7.6 借壳上市

二、借壳上市的模式

(一)借壳上市之自有资金收购模式

借壳上市之自有资金收购模式中,上市公司以其自有资金向其控股股东非上市集团公司收购资产,从而实现集团公司的全部或部分非上市资产上市。见图7.7。

借壳上市前:

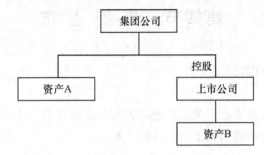

自有资金收购:

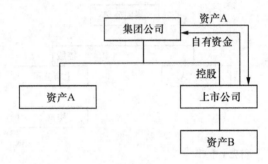

借壳上市后:

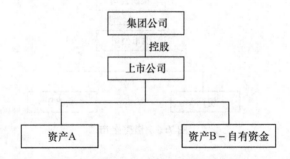

图 7.7 借壳上市之自有资金收购模式

这种模式适用于上市公司自身资金实力较强,而拟上市的资产总额不大的情形。

(二) 借壳上市之定向发行模式

借壳上市之定向发行模式中,上市公司向其控股股东非上市集团公司定向发行股票,集团公司以其资产作为认购定向发行股票的对价,从而实现集团公司全部或部分资产进入上市公司。见图 7.8。

借壳上市前：

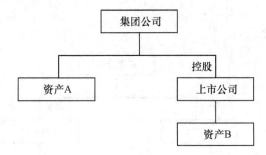

定向发行：

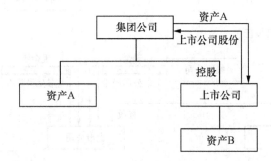

借壳上市后：

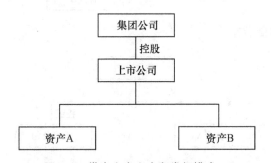

图7.8 借壳上市之定向发行模式

中国股票市场全流通后，这种模式得到了非常广泛的应用。该模式有以下几个好处：一是置入的资产可以获得较大的净资产溢价；二是上市公司不需要支付现金，容易被中小股东接受；三是集团公司还可以提高上市公司的控股比例。

（三）借壳上市之"定向发行+公开发行+收购"模式

在借壳上市之"定向发行+公开发行+收购"模式中，上市公司以向集团公司定向发行与向社会公众公开发行相结合的方式募集资金，再以这些资金收购集团公司的资产,从而实现集团公司全部或部分资产进入上市公司。见图 7.9 和图 7.10。

借壳上市前:

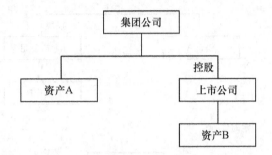

定向发行与公开发行:

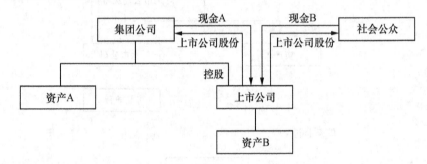

定向发行与公开发行后:

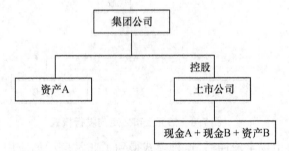

图 7.9　第一步:定向发行 + 公开发行

这种模式主要适用于实力强的企业集团整体上市,便于集团实施统一管理,理顺集团产业链关系。

收购:

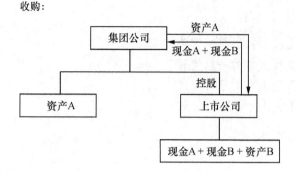

借壳上市后:

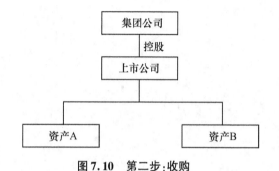

图 7.10　第二步:收购

本章小结

- 股票是股份有限公司在筹集资本时向出资人发行的股份凭证。股票具有以下基本特征:不可偿还性、参与性、收益性、流通性、价格波动性和风险性。
- 股票发行监管制度是指企业公开发行股票的准入审批体制,它的核心是股票发行决定权的归属。目前国际上主要有两种类型的发行审批制度:核准制和注册制。
- 首次公开发行是指股份有限公司首次公开向投资者发行股票。
- 发行上市的程序包括以下几个步骤:聘请中介机构、改制重组、辅导、申报与核准、发行与上市。
- 买壳上市是指非上市公司通过收购上市公司的控制权并将其资产置入,从而实现非上市公司资产的上市。买壳上市有三种模式:一般模式、置换模式、定向发行模式。
- 借壳上市是指非上市公司将其全部或部分非上市资产置入到上市公司中,换得上市公司的股权,从而实现非上市资产的上市。

思考题

1. 什么是股票？股票有哪些特点？
2. 试述发行上市的一般流程。
3. 试述买壳上市的三种模式。
4. 试述借壳上市。

第八章 债券发行

☞ **本章概要** 债券是政府和企业一种重要的融资手段,也是资本市场上一种重要的金融工具。本章首先介绍债券的定义、特征和分类,然后分别介绍国债、市政债券和企业债券。

☞ **学习目标** 了解债券的基本概念,掌握国债、市政债券和企业债券的发行运作。

华尔街专业人士都在兴奋地低声讨论着一共有 2 300 万美元的薪金和红利……在所罗门债券套利集团里,不论是一位戴眼镜的 31 岁的老"火箭专家",还是高技术交易者……都做巨额的赌博——金额达成百上千亿美元——赌不同债券之间的微小价格差异。

——《华尔街日报》

第一节 债 券

一、债券的定义和特征

(一) 债券的定义

债券是政府、金融机构、工商企业等机构直接向社会借债筹措资金时,向投资者发行并且承诺按一定利率支付利息并按约定条件偿还本金的债权债务凭证。

债券的本质是债的证明书,具有法律效力。债券购买者与发行者之间是一种债权债务关系,债券发行人即债务人,投资者(或债券持有人)即债权人。

(二) 债券的特征

债券作为一种重要的融资手段和金融工具具有如下特征:

(1) 偿还性。债券一般都规定有偿还期限,发行人必须按约定条件偿还本金并支付利息。

(2) 流通性。债券一般都可以在流通市场上自由转让。

(3) 安全性。与股票相比,债券通常有固定的利率,与企业绩效没有直接联系,收益比较稳定,风险较小。此外,在企业破产时,债券持有者享有优先于股票持有者对企业剩余资产的索取权。

(4) 收益性。债券的收益性主要表现在两个方面:一是投资债券可以给投资者定期或不定期地带来利息收入;二是投资者可以利用债券价格的变动,买卖债券赚取差额。

二、债券的分类

债券是各种不同债务凭证的总称。随着人们对资金融通需求的多样化,不断会有新的债券形式出现。目前,债券大致有如下几种分类:

1. 按发行主体的不同,分为政府债券、金融债券、企业债券和国际债券

政府债券又可以分为中央政府债券和地方政府债券。中央政府债券即国债,指由中央政府直接发行的债券;地方政府债券又称市政债券,指由地方政府及其代理机构或授权机构发行的一种债券。

金融债券是由银行或非银行金融机构发行的债券。在英、美等欧美国家,金融机构发行的债券归类于企业债券。在我国及日本等国家,金融机构发行的债券称为金融债券。

企业债券通常又称公司债券,是企业依照法定程序发行,约定在一定期限内还本付息的债券。

国际债券是由外国政府、外国法人或国际机构发行的债券,它包括外国债券和欧洲债券两种。外国债券是指在某个国家的债券市场上,由外国的政府、法人或国际机构在其国内发行的债券,该债券的面值货币是债券发行市场所在国的货币;欧洲债券是指专门在债券面值货币国家之外的境外市场上发行的债券。

2. 按利息支付方式不同,分为附息债券和贴现债券

附息债券是指按照债券票面载明的利率或票面载明的方式支付利息的债券,分为固定利率债券和浮动利率债券。固定利率债券指在发行时规定利率在整个偿还期内不变的债券,浮动利率债券是指发行时规定债券利率随市场利率定期浮动的债券。

贴现债券是指在发行时按规定的折扣率,以低于债券面值的价格发行,到期按面值支付本息的债券。

3. 按是否记名,分为记名债券和不记名债券

记名债券是指在债券上注明债权人姓名,同时在发行公司的名册上作出同

样登记的债券,一般大面额的债券均采用记名的形式。记名债券在转让时,要办理转让手续,原持有人要背书,并在发行公司的名册上更换债权人姓名,所以流通性较差。

不记名债券是指在债券上不注明债权人姓名,也不在公司名册上登记的债券。不记名债券在转让和买卖时无须背书,也无须在发行公司的名册上更换债权人姓名,因此,流动性较强。

4. 按有无担保,分为担保债券和信用债券

担保债券是指以抵押财产为担保而发行的债券。

信用债券又称无担保债券,指仅凭债券发行者的信用而发行的、没有抵押财产作担保的债券。

5. 按募集方式的不同,分为公募债券和私募债券

公募债券是指公开向社会公众投资者发行的债券;私募债券是指向少数特定的投资者发行的债券。

6. 按是否流通上市,分为上市债券和非上市债券

上市债券是指在证券交易所内买卖的债券;非上市债券是指不在证券交易所上市,只能在场外交易的债券。

第二节 国　　债

一、国债的概念

(一) 国债的定义

国债是国家债券(又叫国家公债)的简称,是指中央政府为筹集资金而发行的债券,是中央政府向投资者出具的、承诺在一定时期支付利息和到期偿还本金的债权债务凭证。

(二) 国债的特点

国债作为中央政府的债务凭证,一般具有如下几个特点:

第一,自愿性。国家在举借国债的过程中,投资者的购买行为完全是出于自愿,国家不凭借权力强制其购买。

第二,安全性。国债是由中央政府发行的,因而属于国家信用级别,这样就具有最高的信用地位,风险也最小。

第三,流动性。国债具有最高的信用地位,对投资者的吸引力很强,又容易变现。一般来说,国债市场的流动性要高于其他同样期限的资本市场。

第四,免税待遇。大多数国家都规定,购买国债的投资者与购买其他有价

债券的投资者相比,可以享受优惠的税收待遇,甚至免税。

二、国债的种类

如同债券分类一样,国债按照不同标准可以分为不同种类,如附息国债和贴现国债、固定利率国债和浮动利率国债等。这里我们分别介绍美国和中国最为常见的国债种类。

(一) 美国国债种类

美国国债按照偿还期限的不同,可以分为短期国债①、中期国债和长期国债。我们用表8.1来概括美国国债的种类。

表8.1 美国国债的种类

种类	内容	期限	投标日期	发行日期	票面额(美元)
短期国债 (Treasury Bill)	发行不足1年的贴现债券	3个月	每周星期一	该周星期四	1万以上(5 000为单位)
		6个月	每周星期一	该周星期四	
		1年	每月第4周的星期四	下周星期四	
中期国债 (Treasury Note)	发行1年以上10年以下的附息债券	2年	每月下半月	该月月末	5 000、1万、10万、100万、1亿、5亿
		3年	2月、5月、8月、11月各月第2周的星期二	2月、5月、8月、11月各月的15日	
		5年	每月月末	每月月末	1 000、5 000、10万、100万
		7年	1月、4月、7月、10月各月第2周的星期三	1月、4月、7月、10月的15日	
		10年	2月、5月、8月、11月各月第2周的星期三	2月、5月、8月、11月各月的15日	
长期国债 (Treasury Bond)	发行超过10年的附息债券	30年	2月、5月、8月、11月各月第2周的星期四	2月、5月、8月、11月各月的15日	1 000、5 000、10万、100万

(二) 中国国债种类

我们国的国债可分为凭证式国债、无记名(实物)国债和记账式国债三类。

---

① 短期国债一般又称做国库券,因为短期国债通常是为了弥补国库临时性资金短缺而发行的。

1. 凭证式国债

凭证式国债是一种国家储蓄债,可记名、挂失,以"凭证式国债收款凭证"记录债权,不能上市流通,从购买之日起计息。在持有期内,持券人如遇特殊情况需要提取现金,可以到购买网点提前兑取。提前兑取时,除偿还本金外,利息按实际持有天数及相应的利率档次计算,经办机构按兑付本金的2‰收取手续费。

2. 无记名(实物)国债

无记名国债是一种实物债券,以实物券的形式记录债权,面值不等,不记名,不挂失,可上市流通。发行期内,投资者可直接在销售国债机构的柜台购买。在证券交易所设立账户的投资者,可委托证券公司通过交易系统申购。发行期结束后,实物券持有者可在柜台卖出,也可将实物券交证券交易所托管,再通过交易系统卖出。

3. 记账式国债

记账式国债是指以记账形式记录债权,通过证券交易所的交易系统发行和交易,可以记名、挂失。投资者进行记账式国债买卖,必须在证券交易所设立账户。由于记账式国债的发行和交易均无纸化,所以效率高,成本低,交易安全。

三、国债市场的主要功能

一般来说,国债市场有如下三大功能:

1. 弥补财政赤字

这是国债的原始功能。弥补财政赤字通常有三种做法,即增加税收、向中央银行透支或借款、发行国债。作为弥补财政赤字功能的国债,通常在如下情形下发行:

第一,弥补财政收支不平衡引起的资金缺口。

第二,由于一些突发事件引起的政府收入的减少或支出的增加,从而造成政府的收支不平衡。

第三,有些国家多年积累的收支缺口较大,一些到期的旧债很难一下还清,这时政府往往通过发新债的办法,用新筹资金偿还原有债务。

2. 筹集建设资金

政府在提供一些大型基础设施时,如果这些费用以税收来支付,则对当期纳税者来说不符合公平负担原则,而通过发行国债把这些费用转嫁至将来实际享受这些福利的人身上是比较合理的。而且,由于政府安排一些大型建设项目所需资金的数目巨大,很难完全以正常分配的财政支出资金解决,所以政府需要通过一个发债计划筹集部分资金,支持该项目的建设。

3. 宏观调控功能

国债在调控宏观经济方面的作用首先表现为,它作为国家宏观经济的调控杠杆,对社会总供求平衡、经济结构优化、经济稳定增长等目标的实现起到积极作用。中央银行在公开市场业务中买卖国债,可以调节流通中的货币供应量,从而引起利率的变化。

四、中国的国债发行

(一) 我国国债发行情况概述

我国的国债在 50 年代曾发行过,后停顿,于 1981 年又开始恢复发行,并逐渐形成规模且日趋完善,充分发挥了支持国家财政有效运转和国家重点项目建设的作用。

我国的国债发行规模由财政部在每年的第四季度根据国家财政预算收入和支出情况、国家重点建设资金需求情况及社会资金的承受能力,提出国债的发行条件,经国家计委、中国人民银行进行综合平衡后,上报国务院,正式确定国债的年度发行额,报送全国人民代表大会讨论通过后确定。一般在发行前半个月,财政部发出公告,并在各大新闻媒体上予以刊登。

自 1981 年以来,我国债券市场取得了很大的发展,主要表现在如下方面:

第一,规模逐年扩大。国债发行额从 1981 年的 48.66 亿元猛增到 2007 年的 21 300 亿元,呈现逐步上升趋势。

第二,品种多样化。国债品种的多样化首先体现在国债形式的多样化,我国发行的有记账式无纸化券、无记名实物券和凭证式储蓄券;其次,自 1996 年以来国债的期限也呈现出长、中、短期相结合的发展趋势,短至 3 个月,长至 10 年,共 9 个期限品种。

第三,市场体系不断完善。国债市场初步形成了以一级自营商及银行和证券机构为主体,以国债服务部、其他金融机构和机构投资者为基础的市场中介体系;建立了以一级自营商为主体的承销组织,形成了交易所内挂牌和场外协议相结合的国债交易方式,并通过银行和证券公司等中介机构的柜台形成了全国性的交易网络;发展了以个人投资者为主,以金融机构、企业和其他机构投资者为辅的投资人体系,大大提高了国债市场的效率。

(二) 我国国债的发行方式

自 1981 年恢复国债发行以来,我国国债的承销方式在 1991 年以前采用行政分配的方式,其后采用过承购包销、招标竞价、定向发行等方式,总的趋势是以低成本、高效率为目标,使发行趋向规范化、市场化。

1. 行政分配方式

这种发行方式是财政部将当年国债发行任务,按一定的标准和分配比例,将国债分配给各级政府、各级财政及认购人所在的单位及开户银行,逐级分配认购,并在规定期限内逐级上划款项。

2. 承购包销

此种国债发行方式的实施与国债一级自营商制度紧密相关,主要用于不可流通的凭证式国债。承购包销是指由大型金融机构组成承购包销团,按一定条件向财政部承购国债,并由其负责在市场上转售,未售出的余额由承销商包销。由于发行条件由发行人和承销商协商确定,所以带有一定的市场因素,从而被世界上大多数国家采用。

3. 招标发行

公开招标发行是指财政部通过招标方式向有资格的承销商发标,投标者中标后,视同投资购买性质,可按一定价格向社会再行出售。这是从1995年起我国在国债发行上的一次重大改革,财政部在1年期记账式国债的发行中首次采用了"交款优先"的拍卖方式。与承购包销方式相比,公开招标发行可以使国债的发行人与投资者直接见面,减少了中间环节,而且使竞争机制和市场机制得以表现,有利于形成公平合理的发行条件,缩短发行期限,提高发行效率,降低发行成本。

4. 定向发售

此种发行方式是指向养老保险基金等特定机构发行国债的方式,主要用于国家重点建设债券、财政债券及特种国债等的发行。

(三) 我国国债的发行程序

现阶段我国国债的发行程序是以国债一级自营商为主的承购包销。这里所称的国债一级自营商是指具备一定资格并经财政部、中国人民银行和中国证监会共同审核确认的银行、证券公司和其他金融机构。国债一级自营商可直接向财政部承购和投标国债,并通过开展分销、零售业务,促进国债发行、维护国债市场顺畅运转。当然,根据国债的不同形态,具体的发行程序也不同,具体来说,有如下几种:

1. 无记名(实物)券的发行程序

这是以一级自营商为主的承购包销。此种发行程序是先由一级自营商或与一级自营商组织的承销团同财政部签订承销协议,承购一定数额的国债,然后承销商在规定的期限内将款项划到财政部国债司在中国人民银行总行国库司的账户上,并到国债司或国债司在各省市设的托管库领取实物券或办理托管凭证,然后国债司将手续费划到一级自营商的账户。

2. 凭证式国债的发行程序

目前,凭证式国债主要由银行承销。具有国债一级自营商资格的银行同财政部签订承销协议,然后各承销银行利用自己的系统分销凭证式国债券。所有凭证式国债在规定的期限出售后,银行迅速将款项划到国债司的账户,国债司将手续费划到各承销银行的账户上。

3. 记账式国债的发行程序

记账式国债主要通过证券交易所发行,其发行程序如下:取得该项国债承购包销资格的承销商向交易所申请取得交易席位,或者委托交易所的会员公司参与发行交易;分销期内,承销商在该交易所分别挂牌卖出国债;在挂牌买卖时,成交一栏实时显示该承销商销售债券的数量。对于投资者来说,可利用在交易所开立的"股票账户"来办理认购国债手续,以减少开户数量;投资者买入国债以后,认购的国债数量自动过入其账户,由此完成债券的认购登记手续。当日闭市后,客户的认购款被划入承销商在交易所内的账户,并且在规定的日期内,将该款项划入交易所在中国人民银行的专户。发行结束后,如果被财政部认为符合承销合同的一切规定,其承销手续费由交易所分付给承销商。

4. 招标发行

国债承销机构根据不同的招标方式中标后,采取在交易所挂牌分销和在证券经营机构柜台委托购买的方式向社会公开发行。个人等社会投资者可以用证券账户或在证券经营机构开立证券二级账户的方式购买国债。

第三节 市政债券

一、市政债券的概念

(一) 市政债券的定义

市政债券(municipal bonds)是指由地方政府及其代理机构或授权机构发行的一种债券,也称地方政府债券或地方债券。

(二) 市政债券的特点

基于债券发行人以及投资项目的特定性,市政债券具有以下四个特点:

第一,发行人必须为各级地方政府、地方政府的授权机构或代理机构。

第二,发行市政债券所筹集的资金一般投向本地的基础设施和公用设施的建设。

第三,用于偿债的资金来源多样。

第四,具有特殊的免税待遇。

二、市政债券的分类

(一) 一般债务债券和收入债券

根据偿付担保的不同,市政证券可以分为一般债务债券和收入债券。

1. 一般债务债券

一般债务债券是指由地方政府的一般征税权力为担保的,需以政府的税收来偿还的市政债券,这种债券只有有征税权的政府才能发行。发行此种债券所募集的资金往往用于修建高速公路、机场、公园等市政设施。这种债券的偿还极少拖欠,投资者能按时收回本息,在市政债券中的资信级别最高,相应地,其收益率也最低。

2. 收入债券

收入债券是指由地方政府的事业收入担保,由这些事业所获得的收入来偿付的市政债券。这种债券或是为了项目融资而发生,或是为了企业融资而发生,即债券发行人抵押给债券持有人的是经营有关项目的收入。例如供水收入债券以市政供水系统的收入来偿付,供热收入债券以市政供热系统的收入来偿付,等等。收入债券的发行人不一定是政府,政府的代理机构和授权机构也可以发行收入债券。收入债券的收益一般要比一般债务债券高,因为收入债券的风险比一般债务债券高。

(二) 公共目的债券和私人项目债券

根据筹资目的的不同,市政证券可以分为公共目的债券和私人项目债券。

1. 公共目的债券

公共目的债券是直接由地方政府发行的债券,所筹措的资金被用到传统的建设项目,诸如新学校建设项目、高速公路改善项目以及其他一些明确无误地要由政府负责承建的项目。这些市政债券的利息收入是免税的。

2. 私人项目债券

尽管这类市政债券是由地方政府或其代理机构及授权机构发行的,但为"私人"项目筹措资金,诸如体育场建设、购物中心建设或城市中心建设等。在美国,对这类债券要征收联邦所得税,但是可以免除债券发行所在州的州所得税或地方政府所得税。值得注意的是,即便某一债券在很大程度上是为了公共目的,只有一小部分为了私人目的,也同样将其看做私人目的债券。当私人企业使用部分公共设施的时候,这种情形便会发生。例如,为建立一所学校而发行某种债券,该学校中包含一个为孩子们服务的咖啡厅、一个提供食品的私人企业性餐馆,这便有足够的理由使债券的发行变为私人目的的发行。

三、市政债券的发行

在美国,市政债券的发行主要采取两种方式:竞争性发行和协商性发行。

图 8.1 和图 8.2 分别概括了市政债券竞争性发行和协商性发行的运作程序。

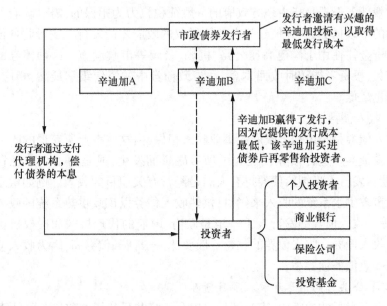

注:──► 指资金流向,- - -► 指债券流向。

图 8.1　竞争性发行的运作

竞争性发行和协商性发行最大的区别在于辛迪加成员的选定。竞争性发行完全由包销商的利息成本决定,谁的利息成本低,谁就中标。而协商性发行通常要邀请有希望的投资银行参加洽谈,而后决定由哪家投资银行包销债券。在选择过程中,主要考虑如下几点:先前发行的销售记录,包销商的地理位置,在先前发行中该公司曾提过何种建议,在过去若干年内建立起来的人事关系,等等。

第八章 债券发行

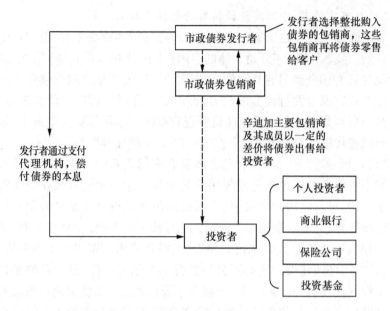

图 8.2 协商性发行的运作

四、中国的准市政债券

(一) 全球市政债券市场的发展状况

目前,美国、德国、日本等发达国家已经形成了成熟和完善的市政债券市场,市政债券与国债、企业债券、股票、投资基金等一起,共同构筑了完整统一的证券市场。市政债券成为这些国家地方政府融资的主要途径,在地方经济发展中发挥着非常重要的作用。

以美国为例。美国是世界上市政债券最发达的国家。美国的联邦预算和地方预算是各自独立编制的,地方财政独立于中央财政,地方政府经常利用发行市政债券来融通资金。美国的市政债券起始于 19 世纪 20 年代,在二战之后发展迅猛。近几年,美国每年新发行市政债券 3 000 亿美元左右,流通中的市政债券总量在 1998 年即达到了 1.5 万亿美元,在流通中各类债券总量中的比重超过了 10%。发行的绝大多数市政债券用于公共目的。根据美国《1986 年税收改革法案》的规定,此类市政债券的利息收入免缴联邦所得税,因而对投资者具有较大的吸引力。

(二) 准市政债券：中国现阶段特有的金融产品

尽管市政债券在发达国家已成为一项成熟的资本市场工具，但它在中国是禁止发行的。我国1995年开始实施的《中华人民共和国预算法》第28条明文规定："除法律和国务院另有规定外，地方政府不得发行地方政府债券。"这一规定使得地方政府没有发行债券的权力，因而无法通过发行市政债券进行融资。在地方政府所筹集到的基础设施建设资金难以满足实际需要的情况下，地方政府积极寻求替代性的融资方式，于是产生了"准市政债券"。

"准市政债券"是指那些由和地方政府有密切关系的企业发行而且所募资金用于城市或地方基础设施建设等用途的债券。这一融资方式在一些省市已经得到了运用。例如，1999年2月，上海市城市建设投资开发总公司发行5亿元浦东建设债券，筹集资金用于上海地铁二号线一期工程；1999年4月，济南市自来水公司发行1.5亿元供水建设债券，为城市供水调蓄水库工程筹资；1999年7月，长沙市环线建设开发有限公司发行1.8亿元债券，筹资目的是长沙市二环线工程的建设；1999年11月，上海久事公司和上海市城市建设投资开发总公司分别发行了6亿元和8亿元企业债券，筹集的资金全部投入上海市市政基础设施建设。从资金用途上判断，这些债券与一般的企业债券有明显的不同，实质上是市政债券。由于其偿付资金主要来源于投资项目产生的收益，因此类似于美国市政债券中的收入债券。不过，此类债券的发行方是同地方政府有紧密联系的企业，这些债券是以企业债券的形式审批并发行的，所以在形式上是合法的，从而规避了《预算法》的制约。这里要注意的是，有些地方政府发行的债券未经过企业债券的审批程序，因而不能称为准市政债券，只能是违规发行的地方债券。由上述分析可见，准市政债券是在我国当前特定的经济环境下，地方政府为规避法律上的管制而进行创新的产物，是中国现阶段特有的金融产品。

(三) 准市政债券的运作特征

在利用准市政债券开展融资方面，上海市走在了全国的前列。下面我们对上海市政府通过上海市城市建设投资开发总公司发行准市政债券这一案例进行剖析，探寻准市政债券这一新型融资方式的具体运作特征。

为拓宽城市建设融资渠道，上海市于1992年7月22日成立了上海市城市建设投资开发总公司(以下简称"城投公司")。该公司是经上海市人民政府批准和授权的，对城市建设和维护资金进行筹措和管理的城市建设专业投资、开发控股公司。从1992年到1999年，城投公司累计筹措城建资金700多亿元，其主要融资渠道之一就是发行准市政债券。在此期间，城投公司连续向社会公众发行了8期浦东建设债券，并于1997年和1998年发行了市政建设债券，基本满足了上海城市基础设施建设的资金需求。

以城投公司发行的1998年浦东建设债券为例。该债券期限为5年,满3年、5年均可兑付,满3年兑付,年利率为8%,满5年兑付,年利率为9%,收益率高于同期的银行存款利率和国债利率。浦东建设债券的偿债资金纳入上海市政府的支出预算内,偿债资金的来源可靠。上海久事有限公司还为1998年浦东建设债券提供了全额不可撤销担保,进一步降低了此债券的偿债风险。再加上债券可上柜交易,流通性较好,所以我国债券资信评估机构——上海新世纪投资服务公司确定其信用级别为AAA级,这在国内企业债券评级中是最高级别。此外,经上海市地方税务局批准,债券利息收入免征个人所得税。上述发行条件使得浦东建设债券具有低风险、高收益的"准国债"特征。1998年浦东建设债券的发行出现了抢购现象,原定发行期为38天,结果仅1个小时就告罄。这表明以浦东建设债券为代表的准市政债券得到了广大投资者的认可。

(四)准市政债券的发展前景分析

准市政债券拓展了市政基础设施建设的融资渠道,实现了基础设施建设投融资主体的多元化,缓解了市政建设资金短缺的局面,发挥了积极的作用。从短期来看,我国准市政债券有着较好的发展前景。由于各省市的基础设施建设需要巨额资金的支持,在法律不允许地方政府发行市政债券的情况下,发行准市政债券无疑为他们提供了一个可行的融资渠道。我们认为,准市政债券最好采取收入债券的形式,为特定的经营性项目融资,清偿债券需要的资金则主要来自于投资项目所产生的现金流。这一安排有两方面的好处:一是可将企业经营项目、债券发行和政府的支持紧密结合起来,妥善完成债券的还本付息,降低准市政债券的风险;二是在债券发行上比较容易通过计划委员会、人民银行的审批。非经营性项目难以产生稳定的现金流收入,靠项目本身的收益无法还本付息,此类项目所需要的资金,应尽可能直接由地方政府的财政来负担,不宜发行准市政债券。

当然,同真正意义上的市政债券相比,准市政债券存在着若干不足和不规范之处。例如,准市政债券的发行主体是企业而不是地方政府,对投资者的吸引力取决于企业的资信状况,这导致它的信用等级要低于真正的市政债券;准市政债券适用企业债券管理法规,但它的项目资金运作和项目资金管理不同于一般的企业投资项目,有其特殊性,用企业债券管理法规来监管准市政债券的合理性和实用性就显得不足;准市政债券这一融资行为缺乏统一的规范化管理,随意性较大,如果资金使用效益不好,会孕育一定的金融风险,增加地方政府的财政负担。

因此,准市政债券只能是在我国现行的经济环境和制度框架下的一种过渡性金融产品。从长远来看,借鉴国际经验,允许地方政府发行市政债券势在必行,它不仅是加快地方基础设施建设、促进地区经济发展、提高地区经济竞争力的内在要求,还是进一步完善分税制下的财政体制改革、防范和化解地区经济风险的客观需要。不过,市政债券市场的建立和发展是一个系统工程,需要开展多方面的工作,比如地方政府的资信评估与担保、金融中介机构的发展和法规的健全等。在这一渐进的过程中,我们可以在准市政债券的实践基础上,积极探索市政债券的实现方式,推动我国的金融创新和经济发展。

第四节 企业债券

一、企业债券的概念

(一) 企业债券的定义

企业债券通常又称为公司债券,是企业依照法定程序发行,约定在一定期限内还本付息的债券。

企业债券代表着发债企业和投资者之间的一种债权债务关系。债券持有人是企业的债权人,不是所有者,一般无权参与或干涉企业的经营管理,但债券持有人有权按约定收回本息。

(二) 企业债券的特点

与其他债券相比,企业债券的主要特点包括:

第一,风险较大。企业债券的还款来源是企业的经营利润,但是任何一家企业的未来经营都存在很大的不确定性,因此企业债券持有人承担着损失利息甚至本金的风险。

第二,收益率较高。按照风险与收益对应的原则,企业债券的较高风险意味着给债券投资者较高的收益。

第三,对于某些企业债券而言,发行者可以给予持有者一定的选择权,如可转换债券。

二、企业债券的种类

企业债券常见的种类包括:抵押企业债券、无担保企业债券、可转换公司债券和垃圾债券等。

1. 抵押企业债券

抵押企业债券是指发行债券的企业,必须以其不动产作为抵押品,并到证券主管机关办理债券发行手续的企业债券。如果发债企业到期不能还本付息,证券主管机关即可依法处理抵押品,以保证债券投资者的本息得以偿付。

如果一项抵押品的价值很大,一次发债尚未抵押完,还可先后分为几次抵押。处理抵押品用以偿还债务时,可按债券抵押顺序偿付。如果持有抵押企业债券的债权人在抵押品处理后仍不能清偿债券的本息,那么他也可以与企业的其他债权人一样,参与对发债企业剩余财产的分配。

2. 无担保企业债券

无担保企业债券没有抵押品作担保,而是仅凭企业的信用发行的企业债券。无担保企业债券的投资者是发债企业的一般债权人。为了保障投资者的利益,降低风险,在发行这种无担保企业债券时,证券主管机关往往对发债企业规定一些限制性条款,如发债额度、再次发行新债券和支付股票红利方面的限制等。

一般来讲,只有那些实力雄厚、盈利多、信誉好、知名度高的大企业才有资格发行这种债券,并能吸引众多的投资者。而那些规模不是很大、信誉和知名度一般的中小型企业,由于不具备大企业的优势,则只能发行抵押企业债券。

3. 可转换公司债券

可转换公司债券简称可转换债券,是一种可以在特定时间、按特定条件转换为发债公司优先股或普通股股票的特殊企业债券。可转换债券具有如下三个特点:

第一,债权性。与其他债券一样,可转换债券也有规定的利率和期限。投资者可以选择持有债券到期,收取本金和利息。

第二,股权性。可转换债券在转换成股票之前是债券,但在转换成股票之后,原债券持有人就由债权人变成了公司的股东,可参与公司的经营决策和红利分配。

第三,可转换性。可转换性是可转换债券的重要标志,债券持有者可以按约定的条件将债券转换成股票。转换权是投资者享有的、一般债券所没有的选择权。可转换债券在发行时就明确约定,债券持有者可按照发行时约定的价格将债券转换成公司的股票。如果债券持有人不想转换,则可以继续持有债券,直到偿还期满时收取本息,或者在流通市场出售变现。

可转换债券的投资者还享有将债券回售给发行人的权利。一些可转换债券附有回售条款,规定当公司股票的市场价格持续低于转股价(即按约定可将债券转换成股票的价格)达到约定幅度时,债券持有人可以把债券按约定条件回售给债券发行人。

另外,可转换债券的发行人拥有强制赎回债券的权利。一些可转换债券在发行时附有强制性赎回条款,规定在一定时期内,若公司股票的市场价格高于转股价达到一定幅度并持续一段时间时,发行人可按约定条件强制赎回债券。

由于可转换债券附有一般债券所没有的选择权,因此,可转换债券的利率一般低于普通公司债券。企业发行可转换债券有助于降低筹资成本,但可转换债券在一定条件下可转换成公司股票,因而会影响到公司的所有权。

4. 垃圾债券

垃圾债券是评级较低的公司债券。垃圾债券市场中约有25%的债券以前是投资级债券但后来被降低为BBB(或Baa级)以下的债券,这种债券也被称为"堕落天使"(fallen angels)。垃圾债券市场中另25%的债券是由那些原本信用级别就不高的公司发行的债券。垃圾债券市场中50%的债券是由进行重大重组如杠杆收购的公司发行的债券。

三、企业债券的信用评级

企业债券信用等级的评定是债券发行过程中一个极其重要的方面。信用等级的评定是方便投资者进行债券投资决策的一种行为,也是降低发行成本的一个重要手段。

(一)信用评级的定义

债券的信用评级就是由专门的信用等级评级机构根据发行人提供的信息材料,并通过调查、预测等手段,运用科学的分析方法,对拟发行的债券资金的使用合理性和按期偿还债券本息的能力及其风险程度所作的综合评价。它把所发行债券的可靠性、风险程度用简单的符号或说明展示给投资者,供投资者进行债券投资时参考。

(二)信用评级的目的

许多国家设有专门的债券评级机构,这些评级机构根据债券发行人的要求,评定其所发债券的信用等级。许多国家并不强迫发行者必须取得债券评级,但是由于没有经过评级的债券,在市场上往往不被广大的投资者所接受,极难找到销路,所以,在市场上公开发行的企业债券,都自愿向债券评级公司申请评级。

另外,通过债券评级可以将发行人的信誉和偿债的可靠程度传递给投资者,以保护投资者的利益,使之免遭由于信息不足而造成的损失。虽然债券公开发行要求发行人公布与债券发行有关的信息,但是由于所公布的信息内容较多、专业性较强,并不是所有的投资者都能够根据公布的信息准确判断发行人的偿债能力,所以,债券评级机构使用简略易懂的符号向投资者提供有关债券风险的实质信息,以供投资者作出债券投资的决策。

（三）信用评级的根据

对债券的评级并不是评价该种债券的市场价格、市场销路和证券投资收益,而是评价该种债券发行人的偿债能力、债券发行人的资信状况和投资者承担的风险水平。表8.2归纳了债券评级机构在债券评级过程中所依据的三个主要因素。

表8.2 债券信用评级的根据

债券发行人的偿债能力	预期盈利 负债比例 能否按期还本付息
债券发行人的资信状况	金融市场上的信誉 历次偿债情况 历史上是否如期偿还债务
投资者承担的风险水平	破产可能性的大小 破产后债权人所能受到的保护程度 破产后债权人所能得到的投资补偿程度

（四）信用评级的等级种类

一般来说,信用级别通过简单的符号来表示,例如标准普尔(Standard & Pool's)和穆迪(Moody's)的债券等级用英文符号 A、B、C 的有规律排列来表示,如表8.3所示。

表8.3 债券等级分类

级别	说明
标准普尔等级评定系统	
AAA	最高级:债务人有非常强的本息偿还能力
AA	高级:债务人有很强的本息偿还能力
A	中上级:债务人偿还本息能力强,但可能受到经济因素和环境变化的不良影响
BBB	中级:债务人有充分的本息偿还能力,但受经济因素和环境变化的影响较大
BB	中低级:不断发生一些可能导致不安全能力的事件
B	投机级:具有可能损害其偿还本息能力或意愿的不利情况
CCC	强投机级:现在就有可能违约
CC	超强投机级:次于 CCC 级

(续表)

级别	说明
C	保留收入债券:已经停止付息,但还保留收入
D	残值债券:不可能偿付本息,只能按一定比例兑付残值
穆迪等级评定系统	
Aaa	最佳:质量最高,风险最小,本息偿还有充分的保证,又被称为金边债券
Aa	高级:证券保护措施不如 Aaa 级,且其中某些因素可能使远期风险略大于 Aaa 级
A	中高级:担保偿付本息的措施适当,但含有某些将起损害作用的因素
Baa	中低级:偿付本息的担保措施在短期内适当,但长期并不适当
Ba	投机级:担保本息偿付的措施似乎可以,但有投机因素和其他不确定因素
B	不宜长期投资:不具备吸引投资的特点,长期看本息偿付的保护不可靠
Caa	较差:属于低等级债券,本息偿付将被延迟,甚至危及支付
Ca	有较高投机性:经常发生本息推迟偿付,或者其他明显问题
C	最低等级债券

四、中国的企业债券

按照国际通行规则,一般只有公司才能发行债券,但是,考虑到我国目前的实际情况,由于国家投资资金短缺,一些基础性行业及大中型国有企业并非公司制企业,但为了缓解资金紧张局面,也可以发行债券。

我国《证券法》规定:"发行公司债券,必须依照公司法规定的条件,报经国务院授权的部门审批。发行人必须向国务院授权的部门提交公司法规定的申请文件和国务院授权的部门规定的有关文件。"我国《公司法》规定:"股份有限公司、国有独资公司和两个以上的国有企业或者其他两个以上的国有投资主体投资设立的有限责任公司,为筹集生产经营资金,可以依照本法发行公司债券。"

本章小结

- 债券是政府、金融机构、工商企业等机构直接向社会借债筹措资金时,向投资者发行,并且承诺按一定利率支付利息并按约定条件偿还本金的债权债务凭证。债券具有如下特征:偿还性、流通性、安全性、收益性。

- 国债是国家债券(又叫国家公债)的简称,是指中央政府为筹集资金而发行的债券,是中央政府向投资者出具的、承诺在一定时期支付利息和到期偿还本金的债权债务凭证。

- 美国国债按照偿还期限的不同,可以分为短期国债、中期国债和长期国债。我国的国债可分为凭证式国债、无记名(实物)国债和记账式国债三类。
- 市政债券是指由地方政府及其代理机构或授权机构发行的一种债券,也称地方政府债券或地方债券。市政债券的发行主要采取两种方式:竞争性发行和协商性发行。
- 根据偿付担保的不同,市政债券可以分为一般债务债券和收入债券。一般债务债券是指以地方政府的一般征税权力为担保的,需以政府的税收来偿还的市政债券,这种债券只有有权征税的政府才能发行。收入债券是指由地方政府的事业收入担保,由这些事业所获得的收入来偿付的市政债券。
- 企业债券通常又称为公司债券,是企业依照法定程序发行,约定在一定期限内还本付息的债券。
- 企业债券信用等级的评定是债券发行过程中一个极其重要的方面。债券的信用评级就是由专门的信用等级评级机构根据发行人提供的信息材料,并通过调查、预测等手段,运用科学的分析方法,对拟发行的债券资金的使用合理性和按期偿还债券本息的能力及其风险程度所作的综合评价。

思考题

1. 什么是债券?债券有哪些主要分类?
2. 试述我国国债的发行。
3. 你怎么理解市政债券市场在中国的发展?
4. 你怎么理解中国企业债券市场的发展?

第九章 证券交易

> ☞ **本章概要** 投资银行主要以三种角色参与证券交易业务：经纪商、自营商和做市商。本章第一节介绍证券交易的一般理论，第二节介绍投资银行的经纪业务，第三节介绍自营业务,第四节介绍做市商业务。
>
> ☞ **学习目标** 通过本章的学习，首先应该掌握证券交易的一般理论，其次要对投资银行的经纪业务、自营业务以及做市商业务的不同操作模式和责任关系有较明确的概念和较准确的把握。

山区烈性酒的销售者和船上的赌博者、慷慨运动和边界黑豹、黑腿吹牛人和黑人暴徒、从肯塔基来的长刀会人和纽约来的小斧党人、债券人、经纪人和开小差的人——走向一个经纪人的村庄，经纪人还在经营。

——尼尔森·艾尔格伦:《成长中的芝加哥》

第一节 证券交易的一般理论

一、证券交易市场

证券交易市场也称二级市场、次级市场,是指对已经发行的证券进行买卖、转让和流通的市场。

证券交易市场主要分为场内交易市场和场外交易市场两种形式。

1. 场内交易市场

场内交易市场又称证券交易所市场,是指由证券交易所组织的集中交易市场,有固定的交易场所和交易活动时间。证券交易所接受和办理符合有关法令规定的证券上市买卖,投资者则通过证券商在证券交易所进行证券买卖。

从组织形式上看,证券交易所可分为会员制和公司制两种类型。会员制证券交易所是以会员协会形式成立的不以赢利为目的的组织,主要由证券商组成,实行会员自治、自律、自我管理。只有会员及享有特许权的经纪商,才有资格在交易所中进行交易。会员制证券交易所的最高权力机构是会员大会,理事会是执行机构,理事会聘请经理人员负责日常事务。目前大多数国家的证券交易所均实行会员制,我国规定证券交易所必须是会员制的事业法人,所以我国的上海、深圳证券交易所都实行会员制。

公司制证券交易所以赢利为目的,它是由各类出资人共同投资入股建立起来的公司法人。公司制证券交易所对在本所内的证券交易负有担保责任,必须设有赔偿基金。公司制证券交易所的证券商及其股东不得担任证券交易所的董事、监事或经理,以保证交易所经营者与交易参与者的分离。美国的纽约证券交易所、瑞士的日内瓦证券交易所都是公司制。

场内交易市场是证券交易市场中最重要、最集中的交易市场,它不仅为投资者提供公开交易的场所,也为证券交易双方提供多种服务。一般地说,证券交易所的基本职责包括:提供证券交易地场所和设施,制定证券交易所的业务规则,接受上市申请并安排证券上市,组织并监督证券交易,管理和公布市场信息。

2. 场外交易市场

场外交易市场是指在交易所外由证券买卖双方当面议价成交的市场,它没有固定的场所,也没有正式的组织,实际上是一种通过电讯系统直接在交易所外面进行证券买卖的交易网络。场外交易市场的一个共同特点是它们都是在国家法律限定的框架内,由成熟的投资者参与的,接受政府管理机构的监管。

具体来说,场外市场又可以分为以下三类:

(1) 柜台市场(over the counter, OTC),也称店头市场。在柜台市场交易的证券,主要是按照法律规定公开发行而未能在证券交易所上市的证券。在柜台市场采用议价交易的做法,由买卖双方协商决定,一般在柜台市场只进行即期交易。柜台市场一般有固定的场所,一般是证券经营商的营业处,但它不是严格意义上的固定场所,因此,属场外交易市场中的一种。目前,柜台市场最为典型、最为发达的是美国的纳斯达克(NASDAQ)。事实上,美国有1/3的普通股、大部分的公司债券和所有的政府债券、市政债券,都是在场外交易场上进行买卖活动。

(2) 第三市场,又称为店外市场,是靠交易所会员直接从事大宗上市股票交易而形成的市场。通过证券交易所交易证券,需向证券交易所支付佣金,佣金比率按交易额大小有所不同,大笔交易的数量大,因此佣金负担自然高,于是就产生了交易所会员直接完成交易的情况,这样证券交易业务成本低,且成交迅速,其主要客户是机构投资者。

(3) 第四市场,是指投资者完全绕过证券商,自己相互之间直接进行证券交易而形成的市场。由于科技迅速发展,特别是计算机和通信技术日益发达,买卖双方只需通过计算机系统,通过终端设备进行交易,使得第四市场交易成本低、成交快、保密好,具有很大潜力。

二、证券交易方式

证券交易方式就是证券交易的方法和形式。早期的证券交易主要是现货交易,一手交钱一手交证券,但随着证券市场的逐步成熟和证券交易规模的日益扩大,证券交易方式也不断发展,从低级逐渐走向高级,从简单走向复杂,从单一交易方式发展为复合交易方式。

根据不同的标准,证券交易方式可以进行不同分类,见表9.1。

表9.1 证券的主要分类

分类依据	证券交易方式
证券交易完成的交割期限	现货交易、远期交易、期货交易和期权交易
交易的价格形成方式	做市商交易和竞价交易
证券交易付款资金的来源	现金交易和保证金交易
证券交易场所的不同	场内交易和场外交易

1. 现货交易、远期交易、期货交易和期权交易

根据证券交易完成的交割期限的不同,证券交易方式可分为现货交易、远期交易、期货交易和期权交易。

最原始的现货交易是指一手交钱一手交证券,交易完成时钱货两清。在现代证券交易中,证券的成交与证券的实际清算与交割之间通常存在时差,但只要在成交之后到清算和交割之前,证券与资金处于冻结状态,也称为现货交易。

远期交易是指证券交易双方许诺在将来某一特定时间以协定价格进行证券的交易,买方处于多头地位,卖方处于空头地位。

期货交易与远期交易一样,也是证券交易双方约定未来以某种价格交易某种证券,所不同的是,期货交易是一种标准化的远期交易方式。在期货合约中,交易的品种、规格、数量、期限、交割地点等,都已经标准化。

远期交易和期货交易中,交易人承担了到期交割的业务(或提前平仓),而期权交易则给予交易人一种选择权,而非强制性义务。期权合约大致有两类:看涨期权和看跌期权。

2. 做市商交易和竞价交易

根据交易的价格形成方式的不同,证券交易方式可划分为做市商交易(dealer trading)和竞价交易(auction trading)。

做市商交易是指证券交易的买卖价格均由做市商给出,证券买卖双方并不直接成交,而是从做市商手中买进或向做市商卖出证券,做市商则以其自有资金进行证券买卖。

竞价交易是指证券交易双方的订单直接进入或由经纪商呈交到交易市场,在市场的交易中心以买卖价格为基准按照一定的原则进行撮合。

3. 现金交易和保证金交易

根据证券交易付款资金来源的不同,证券交易可划分为现金交易和保证金交易。

现金交易指证券买卖过程中,投资者支付全部证券价款,买进委托必须全部以现金完成。

保证金交易又称信用交易、垫头交易,是指投资者在缺乏足够的资金以支付购买证券所需的价款,或没有足够的证券可供卖出时,可在有效委托期限内,按规定的保证金比率向经纪商缴纳保证金,其余款项(或证券)由经纪商垫付,以买进或卖出证券的一种证券信用交易方式。

4. 场内交易和场外交易

根据证券交易场所的不同,证券交易可划分为场内交易和场外交易。前面我们已经对这两种交易进行了介绍,这里不再重复。

三、投资银行在证券交易中的作用

投资银行主要以三种角色进行证券交易业务:证券经纪商、证券自营商和证券做市商。

1. 证券经纪商

证券经纪商(broker)就是接受客户委托、代客买卖证券并以此收取佣金的投资银行。证券经纪商以代理人的身份从事证券交易,与客户是委托代理关系。证券经纪商必须遵照客户发出的委托指令进行证券买卖,并尽可能以最有利的价格使委托指令得以执行,但证券经纪商并不承担交易中的价格风险。

证券交易方式的特殊性、交易规则的严密性和操作程序的复杂性,决定了广大证券投资者很难直接进入交易市场(尤其是证券交易所)进行交易活动,因此需要通过具备一定条件的证券经纪商进行交易。

证券经纪商主要有如下两个作用:

第一,充当证券买卖的媒介。证券经纪商充当证券买方和卖方的经纪人,发挥着沟通买卖双方并按一定要求迅速、准确地执行指令和代办手续的媒介作用,从而提高了证券市场的流动性和效率。

第二,提供咨询服务。证券经纪商一旦和客户建立了买卖委托关系,就有责任向客户提供及时、准确的信息和咨询服务。这些咨询服务包括上市公司的详细资料、公司和行业的研究报告、经济前景的预测分析和展望研究、有关股票市场的近期变动态势的商情报告、有关资产组合的评价和推荐等。

2. 证券自营商

证券自营商(dealer)是指以赢利为目的,运用自有资本进行证券买卖的投资银行。投资银行用自己的资金从证券持有者手中买入,再向证券购买者卖出,随行就市,风险由投资银行自己承担。

证券自营商可以分为三大类:

第一,从事投资业务的投机商,他们从证券价格变化中谋取利润。

第二,从事套利业务的套利商,他们主要从相关价值错位中套取利润。

第三,从事风险套利活动的风险套利商,他们主要从股票市场上的并购活动或公司破产重组等其他形式的重组活动中套利。

投资银行担任证券自营商角色,有以下几个特点:

第一,投资银行必须有一定量的资金,以满足其资金周转需要。

第二,投资银行买卖证券主要不是为了获取股利、利息和红利,而是赚取买卖差价。

第三,投资银行自己承担自营交易的风险。

3. 证券做市商

证券做市商(market maker)是指运用自己的账户从事证券买卖,通过不断的买卖报价维持证券价格的稳定性和市场的流动性,并从买卖报价的差额中获取利润的金融服务机构。具体来说,做市商不断向公众交易者报出其做市的证券的买卖价格,并在所报价格上接受公众买卖要求,为投资者进行某一个证券的买进和卖出,而做市商则通过买卖报价的适当差额来补偿所提供服务的成本费用,并实现一定的利润。

同经纪商相比,做市商不依靠佣金收入,而是靠买卖差价赚取收入。另外,尽管证券做市商与自营商一样都是靠买卖差价赚取收入,但两者之间也有明显差别:

第一,做市商从事交易的主要动机是创造市场并从中获利;而自营商持有证券头寸并非是做市的需要,而是期望从价格水平变动中获利。

第二,做市商通常是在买卖报价所限定的狭窄范围内从事交易,所以赚的差价是有限的,因而做市商冒的风险小;而自营商是为了从差价中赚取赢利,对自营商来说差价越大越好,所以其冒的风险较大。

第二节 投资银行的证券经纪业务

证券经纪业务是指投资银行接受客户委托,按照客户的要求,代理客户买卖证券的业务,并以此收取佣金。投资银行从事证券经纪业务时只是作为证券交易双方的代理人,本身并不持有任何的证券头寸,因而也没有任何的价格风险,此时,投资银行所扮演的就是证券经纪商角色。

证券经纪业务包括开设账户、委托买卖、竞价成交、证券结算等四个阶段。

一、开设账户

证券经纪业务的第一步就是开设账户,即投资者在证券经纪商处开立证券交易结算资金账户。所谓证券交易结算资金账户是投资者用于证券交易资金清算的专用账户。投资者在证券经纪商处开立证券交易结算资金账户并存入证券交易所需资金,就具备了办理证券交易委托的条件,这也就意味着证券经纪商与投资者之间建立了经纪关系。

资金账户主要分为现金账户和保证金账户两种:

第一,现金账户(cash account)。开设这一账户的客户最为普遍,一切用现金交易,只要能迅速地付款和交付证券,客户就可以在这种账户下委托经纪商进行证券买卖。大部分个人和几乎所有大额投资者,如保险公司、企业或政府的退休基金、互助基金等,开设的都是这种账户。

第二,保证金账户(margin account)。在这种账户下,客户可以用少量的资金买进大量的证券,其余的资金由经纪商为投资者垫付,以作为经纪商给投资者的贷款。所有的信用交易(如买空和卖空交易和大部分期权交易),由于交易的性质,只能在这种保证金账户下进行。

投资银行在担任证券经纪商时,有两个原因使得它必须了解自己的委托人:

第一,经纪商必须把客户的利益放在首位,这是公认的存在于经纪人和委托人之间的关系,而要做到这一点,对客户的了解是最基本的。例如,某一交易或工具对这个客户是有利的,但不一定对另外的客户也适用,只有在了解客户的基础上,经纪商才能决定什么对他合适,什么对他不合适。

第二,经纪商应注重自己的职业声誉及自身资产的安全性,所以在接受开户时,应对委托人的情况加以了解。一方面,证券经纪商可以熟悉委托人的情况,避免接受不符合法律规定的客户;另一方面可以及时了解委托人的实力与信誉,避免在接受委托后才发现委托人的资金、信用等方面的缺陷,防止由于上述情况造成的损失。

二、委托买卖

客户在开设账户之后,就可以通过各种委托指令委托经纪商代其进行证券买卖了。

(一) 委托指令

客户下达给经纪商的委托指令分为六个类型:

1. 市价委托指令(market order)

市价委托只制定交易数量而不给出具体的交易价格,但要求该委托进入交易大厅或交易撮合系统时以市场上最好的价格进行交易。市价委托的好处在于它能保证即时成交,相对于其他类别的委托报价方式而言,它消除了因价格限制不能成交时所产生的价格风险。根据各国股市交易的经验,机构投资者基于对市场信息的判断而对交易的即时性要求很高,这类投资者普遍采用市价委托报价方式;从买卖双方的交易比例来看,卖出时使用市价委托的比例要高于买进时的比例,表明投资者在出货时对时机的即时性要求较高,而进货时更多地使用限价委托。

2. 限价委托指令(limit order)

客户向证券经纪商发出买卖某种股票的指令时,不仅提出买卖的数量,而且对买卖的价格作出限定,即在买入股票时,限定一个最高价,只允许证券经纪商按其规定的最高价或低于最高价的价格成交;在卖出股票时,限定一个最低价,只允许证券经纪商按规定的最低价或高于最低价的价格成交。限价委托的一个最大特点是,股票的买卖可以按照投资人希望的价格或者更好的价格成交,有利于投资人实现投资计划,谋求最大利益。

3. 止损委托指令(stop order)

这种委托要求经纪商在市场价格达到一定水平时,立即以市价或以限价按客户指定的数量买进或卖出,目的在于保护客户已获得的利润。它本质上是限价委托和市价委托的结合应用,在价格低于客户指定的价格的时候,止损委托指令相当于市价委托指令。例如,客户已按每股 80 元的价格买进 A 公司股票,而目前该股票的市场价格已达到每股 90 元,故他在账面上已获得了每股 10 美元的赢利。如果客户担心市场价格下跌,就可以要求经纪商实行止损委托,比如在价格下跌至85元时,即行出售股票,这样他仍可保住每股5元的盈利。

上述三种委托指令是最基本的指令,除此以外,还有下面几种委托指令:

4. 定价全额即时委托指令(fill or kill order)

客户根据市场上现行的价格水平,要求经纪商按照给定的委托价格和交易数量立即到市场上进行交易。如委托进入市场时,市场上的价格正好是委托价格或比委托价格更好的价格,同时又能全额满足,则可马上成交,否则其委托自动取消。与定价即时交易委托方式相比,定价全额即时委托要求必须是全额交易。

5. 定价即时交易委托指令(immediate or cancel order)

客户根据市场上现行的价格水平,要求经纪商按照给定的委托价格立即到市场上进行交易。如委托进入市场时,市场上的价格正好是委托价格或比委托价格更好的价格,则可以马上成交,否则其委托自动取消。这种委托报价方式与限价委托方式的主要区别是,它要求即时交易而不等待。

6. 开市和收市委托指令(market at open or close order)

开市和收市委托要求经纪商在开市或闭市时按市价或限价委托方式买卖股票。与前五种委托报价方式相比,开市和收市委托的主要区别在于限定成交时间,而对具体的报价方式没有严格要求。

各国股票市场,由于历史成因和交易制度的差异,在交易委托方式的选择上各有侧重。纽约证券交易所几乎涵盖了上述各种委托报价类型,而市价委托和限价委托则在世界上主要证券市场中被普遍采用。

(二)证券经纪商执行委托指令时的重大责任

证券经纪商对客户负有使委托指令获得最好的足额执行的责任,具体表现为:

第一,经纪商必须不折不扣地执行客户的指令,既不能不经客户同意就改变指令执行的时间、价格和内容,也不能过分劝告客户改变指令,并且在执行指令前的任何时间都保留客户取消指令的权利。

第二,经纪商必须对客户在交易中获得的收益负保密责任。

第三,经纪商不能违反证券交易的法规,而且必须对由于其本人的错误而造成的损失负责。

三、竞价成交

证券市场的市场属性集中体现在竞价成交环节上,特别是在高度组织化的证券交易所内,会员经纪商代表众多的买方和卖方按照一定规则和程序公开竞价,达成交易。

(一) 竞价原则

证券交易按价格优先、时间优先原则竞价成交。价格优先原则表现为:价格较高的买进申报优于价格较低的买进申报,价格较低的卖出申报优先于价格较高的卖出申报。时间优先原则表现为:同价位申报,依照申报时序决定优先顺序。

(二) 竞价方式

目前,证券交易一般采用两种竞价方式:集合竞价方式和连续竞价方式。

1. 集合竞价

在集合竞价方式下,所有的交易订单不是在收到之后立刻予以竞价撮合,而是由交易中心(如证券交易所的电脑撮合中心)将在不同时点收到的订单积累起来,到一定的时刻再进行集中竞价成交。

集合竞价是这样确定的:首先,系统对所有买入的有效委托按照委托限价由高到低的顺序排列,限价相同者按照进入系统的时间先后排列;所有卖出的有效委托按照委托限价由低到高的顺序排列,限价相同者按照进入系统的时间先后排列。其次,系统根据竞价原则自动确定集合竞价的成交价,所有交易均以此价格成交;集合竞价的成交确定原则是,以此价格成交,能够得到最大成交量。最后,系统依序逐步将排在前面的买入委托与卖出委托配对成交,即按照"价格优先,同等价格下时间优先"的成交顺序依次成交,直到不能成交为止,即所有买委托的限价均低于卖委托的限价。未成交的委托排队等待成交。

许多证券市场每日交易的开盘价都是由集合竞价决定的,此外,一些市场交易不活跃的股票(如巴黎证券交易所的 FA、FB 类股票)也采取集合竞价交易方式。

2. 连续竞价

在连续竞价方式下,证券交易可在交易日的各个时点连续不断地进行。投资者在作出买卖决定后,向其经纪商作出买卖委托,经纪商再将该买卖订单输入交易系统,交易系统即根据市场上已有的订单进行撮合,一旦按照有关竞价规则有与之相匹配的订单,该订单即刻可以成交。

连续竞价时,成交价格的决定原则是:最高买进申报与最低卖出申报价位相同;买入申报价格高于市场即时的最低卖出申报价格时,取即时揭示的最低卖出申报价位;卖出申报价格低于市场即时的最高买入申报价格时,取即时揭示的最高买入申报价位。

随着世界市场的发展,世界多数证券市场在大部分交易时间均采用连续竞价方式交易。

（三）竞价结果

竞价的结果有三种可能：

第一，全部成交。委托买卖全部成交，经纪商应及时通知委托人按规定的时间办理交割手续。

第二，部分成交。委托人的委托如果未能全部成交，经纪商在委托有效期内可继续执行，直到有效期结束。

第三，不成交。委托人的委托如果未能成交，经纪商在委托有效期内可继续执行，等待机会成交，直到有效期结束。

四、证券结算

证券结算是证券清算和交割交收两个过程的统称，清算与交割交收是整个证券交易过程中必不可少的两个环节。

（一）清算与交割交收的定义

证券清算主要是指在每一个交易日中每个经纪商成交的证券数量与价款分别予以轧抵，对证券和资金的应收或应付净额进行计算的处理过程。

在证券交易过程中，当买卖双方达成交易后，应根据证券清算的结果，在事先约定的时间内履行合约。买方需交付一定款项获得所购证券，卖方需交付一定证券获得相应价款。在这一钱货两清的过程中，证券的收付称为交割，资金的收付称为交收。

（二）证券结算的主要方式

证券结算主要有两种方式：

第一，净额结算方式，又称差额结算，就是在一个结算期中，对每个经纪商价款的结算只计其各笔应收、应付款项相抵之后的净额，对证券的结算只计每一种证券应收、应付相抵后的净额。净额结算方式的主要优点是可以简化操作手续，提高结算效率。应该注意的是，结算价款时，同一结算期内发生的不同种类证券的买卖价款可以合并计算，但不同结算期发生的价款不能合并计算；结算证券时，只有在同一清算期内的同一证券才能合并计算。

第二，有的结算机构也采用逐笔结算，即对每一笔成交的证券及相应价款进行逐笔结算，主要是为了防止在证券风险特别大的情况下净额结算风险积累的情况发生。

第三节 证券自营业务

证券自营业务是指为了从价格变动中或从相对价值差异中获利而持有金融工具或头寸的行为。从价格变动中获利的行为是投机,而从相对价值差异中获利的行为是套利。大多数投资银行都从事证券自营业务,此时,投资银行扮演的是证券自营商的角色。应当着重指出的是,投资银行的自营业务和经纪业务由不同部门负责,并且部门之间设有防火墙,采取绝对分开的原则,而且投资银行在从事自营业务的时候必须遵守一定的规则。

本节我们介绍投资银行从事自营业务的两个主要类型:投机交易和套利交易。

一、自营商的投机交易

(一)投机的含义

投机(speculation)是指自营商期望能够通过预测证券价格的变动方向而获取价差收益。如果自营商认为价格将上升,就会买入证券,希望将来以一个更高的价格将其出售;如果自营商认为价格将下降,就会卖出或卖空证券,待价格回落时回购。

投机银行在证券市场从事投机交易至少起到了两个积极作用:第一,投机有助于证券市场价格发现作用的发挥;第二,投机具有活跃证券市场、引导市场资源有效配置的作用。

(二)投机的策略

1. 绝对价格交易

绝对价格交易是指自营商根据某种资产的价格与其价值的差异程度的预测来调整其持有的证券头寸的交易行为,同时对其持有的证券头寸并不进行套期保值。例如,某个投资银行的研究部门通过分析得出某种股票目前价位是绝对低的,并且预测不久后将上升,于是发表一份报告,而股票自营商认为报告分析是正确的,于是就在市场上买进该种股票。当然,在此过程中,股票自营商自己也同时通过收集信息或凭信息或凭自己的直觉和预感作分析,因此,它们有时也并不总是同意或采纳研究部门的意见。

2. 相对价格交易

相对价格交易是指自营商根据对两种资产收益率的差距的相对变动预测，来调整其持有的证券头寸的交易行为。相对价格交易在债券交易操作中最为典型。例如 AAA 级的公司债券和国债之间的收益率差为 0.3，国债收益率低，如果投资银行预测到这种收益率差距还将扩大，那么投资银行就应当卖出公司债而买进国债，而当收益率真的扩大时，投资银行在卖出国债的同时买进公司债。

3. 信用等级交易

信用等级交易是指自营商以信用等级预测作为交易的基础，主要用在债券交易中。如果自营商预测债券的信用等级将下降，则将这些债券卖空，如果预测债券的信用等级将上升，则将这些债券买空。投资银行的研究部往往从事大量的信用分析并试图预测信用等级的变化。

二、自营商的套利交易

(一) 套利的含义

套利(arbitrage)是指通过价格差异获得收益，通常是利用证券在两个或两个以上的市场中的价格差异，同时进行买卖，从差价中获取收益。

(二) 套利的策略

1. 空间套利

空间套利是最简单的一种套利方式，套利者通过寻找不同市场上同一类证券当期价格的差异而获得收益。

2. 时间套利

时间套利即跨期套利，是指通过对某些资产的现货买进、期货卖出，或现货卖出、现货买进的方法，从寻求现期价格与远期价格的差异中谋求收益的一种套利方式。

三、投资银行进行自营业务必须遵循的原则

投资银行进行自营业务必须遵循如下原则：

第一，客户委托优先原则。

第二，不能纯粹以赢利为目的。

第三，必须向客户和交易所标明自营买卖的行为。

第四，必须保持合理的流动性资产。

第五，公开交易原则。
第六，价格制定原则。
第七，事后监督原则。

第四节 证券做市商业务

证券做市商是指运用自己的账户从事证券买卖，通过不断的买卖报价维持证券价格的稳定性和市场的流动性，并从买卖报价的差额中获取利润的金融服务机构。本节我们将对投资银行的做市商业务进行介绍。

一、投资银行充当做市商的动机

投资银行出于如下三个原因充当做市商：

第一，投资银行想从证券交易中获利。做市商在维持市场流通性的同时，可从买卖报价中赚取价差，这就是市场对做市商提供服务的报酬。在市场比较平静的时候，做市商的活动很简单，它们提供买卖报价，应交易对手请求成交，只要定价准确，符合市场供需关系，那么他买后，继之以卖，卖后继之以买，如此往复，所持头寸就可保持相对稳定，同时又可赚取买卖价差。如果他的定价过高，则更多的人愿意向他出售证券，从而使其证券存货增加，在这种情况下，他就要降低定价；反之，如果定价过低，更多的人将从他那儿买进证券，于是他的证券存货将减少，甚至可能是负数（空头）。做市商是不希望他所持有的证券存货大起大落的，所以他必须控制头寸并相应地调整他的价格。

第二，投资银行进入二级市场充当做市商是为了发挥和保持良好的定价技巧，辅助其一级市场业务的顺利开展。在二级市场上积累了丰富经验的投资银行，往往拥有娴熟的定价技巧，投资银行将这种技巧运用在一级市场新股发行中，便能在承销和分销中为发行公司订立一个较适当的发行价，为发行公司尽可能募集到更多的资金而不必出售发行公司更多的股权和承担超常的风险，投资银行在定价方面声名鹊起，能够有效地为自己赢得更多的发行业务。

第三，发行公司希望自己的股票在二级市场上市后具有较高的流通性和较佳的股价走向，为此，发行公司要寻觅一个愿意为其股票"做市"的金融机构作为其主承销商。投资银行为了争取到发行业务，维系与发行公司良好的关系，一般都会在二级市场上为其发行的股票做市，以保持股价的大致稳定，直到有其他自营商进入该只股票，它才考虑退出。当然，投资银行在做市时，要根据市场条件向市场交易者提供报价,一味托市而开出偏离市场的高价,会让投资银行该只股票的头寸大量增加。因此,投资银行能否安然担当做市商,在很大程度上取决于它的发行定价是否合适,而后者又需要投资银行长期涉足二级市场,有较高的定价技巧,所以二级市场也是投资银行不容忽视的业务领域。美国的各大投资银行无一不是周旋于二级市场的高手。

二、做市商制度的特点、形式和利弊

做市商制度是指做市商进行双向报价,投资者可以在做市商所报出的价位上向做市商买进或卖出证券。

（一）做市商制度的特点

做市商制度有如下几个基本特点:

第一,做市商对某只特定证券做市,就该证券给出买进和卖出报价,且随时准备在该价位上买进或卖出。

第二,投资者的买进订单和卖出订单不直接匹配,相反,所有投资者均与做市商进行交易,做市商充当类似于银行的中介角色。

第三,做市商从其买进价格和卖出价格之间的差额中赚取差价。

第四,如果市场波动过于剧烈,做市商觉得风险过大,也可以退出做市,不进行交易。在理论上,由于存在大量的做市商,且做市商之间相互竞争,个别做市商的退出不会影响市场的正常运作。

第五,在大多数做市商市场,做市商的报价和投资者的买卖订单是通过电子系统进行传送的。

（二）做市商制度的形式

目前国际上存在着两种形式的做市商制度:一种是多元做市商制;另一种是纽约证券交易所的特许交易商制。

1. 多元做市商制

伦敦股票交易所和美国的纳斯达克(NASDAQ)市场是典型的多元做市商制,每一只股票同时由很多个做市商来负责。在纳斯达克市场,活跃的股票通常有30多个做市商,最活跃的股票有时会有60个做市商。做市商之间通过价格竞争吸引客户订单。

2. 特许交易商制

在纽约证券交易所里,交易所指定一个投资银行来负责某一股票的交易,投资银行被称为特许交易商。交易所有将近400个特许交易商,而一个特许交易商一般负责几只或十几只股票。

与纳斯达克市场相比,纽约股市有三个特点:第一,一只股票只能由一个特许交易商做市,可以被看做是垄断做市商制。第二,客户订单可以不通过特许交易商而在经纪商之间直接进行交易。特许交易商必须和经纪商进行价格竞争,所以纽约交易所是做市商制和竞价制的混合。第三,特许交易商有责任保持"市场公平有序"。

(三) 做市商制度的利弊

做市商制度具有如下优点:

第一,成交及时。投资者可按做市商报价立即进行交易,而不用等待交易对手的买卖指令。尤其是做市商制度在处理大额买卖指令方面的及时性是竞价制所不可比的。

第二,价格稳定性。做市商具有缓和价格波动的作用,原因如下:做市商报价受交易所规则约束;做市商能及时处理大额指令,减缓其对价格变化的影响;在买卖不均衡时,做市商插手其间,可平抑价格波动。

第三,矫正买卖指令不均衡现象。出现买卖不均衡的时候,做市商可以插手其间,承接买单或卖单,缓和买卖指令的不均衡,并抑制相应的价格波动。

第四,抑制股价操纵。做市商对某种股票持仓做市,使得操纵者有所顾忌。操纵者不愿意"抬轿",也担心做市商抛压,抑制股价。这对中国市场尤其有意义。

同时,做市商制度也具有如下缺点:

第一,缺乏透明度。在报价驱动制度下,买卖盘信息集中在做市商手中,交易信息发布到整个市场的时间相对滞后。为抵消大额交易对价格的可能影响,做市商可要求推迟发布或豁免发布大额交易信息。

第二,增加投资者负担。做市商聘用专门人员,冒险投入资金,承担做市义务,是有风险的。做市商会对其提供的服务和所承担的风险要求补偿,如交易费用及税收宽减等。这将会增大运行成本,也会增加投资者负担。

第三,可能增加监管成本。采取做市商制度,要制定详细的监管制度与做市商运作规则,并动用资源监管做市商活动。这些成本最终也会由投资者承担。

第四,可能滥用特权。做市商经纪角色与做市功能可能存在冲突,做市商之间也可能合谋串通,这都需要强有力的监管。

本章小结

- 证券交易业务是投资银行的传统业务之一。投资银行主要以三种角色进行证券交易业务:证券经纪商、证券自营商和证券做市商。证券经纪商就是接受客户委托、代客买卖证券并以此收取佣金的投资银行；证券自营商是指以赢利为目的，运用自有资本进行证券买卖的投资银行；证券做市商是指运用自己的账户从事证券买卖，通过不断的买卖报价维持证券价格的稳定性和市场的流动性，并从买卖报价的差额中获取利润的金融服务机构。

- 证券交易市场主要分为场内交易市场和场外交易市场两种形式。场内交易市场又称证券交易所市场，是指由证券交易所组织的集中交易市场，有固定的交易场所和交易活动时间。场外交易市场是指在交易所外由证券买卖双方当面议价成交的市场，它没有固定的场所，也没有正式的组织，实际上是一种通过电讯系统直接在交易所外进行证券买卖的交易网络。

- 根据不同的标准，证券交易方式可以进行不同分类。根据证券交易完成的交割期限的不同，可分为现货交易、远期交易、期货交易和期权交易；根据交易的价格形成方式的不同，可分为做市商交易和竞价交易；根据证券交易付款资金来源的不同，可分为现金交易和保证金交易；根据证券交易场所的不同，可分为场内交易和场外交易。

- 证券经纪业务是指投资银行接受客户委托，按照客户的要求，代理客户买卖证券的业务，并以此收取佣金。投资银行从事证券经纪业务时只是作为证券交易双方的代理人，本身并不持有任何的证券头寸，因而也没有任何的价格风险，此时，投资银行所扮演的就是证券经纪商角色。证券经纪业务包括开设账户、委托买卖、竞价成交、证券结算等四个阶段。

- 证券自营业务是指为了从价格变动中或从相对价值差异中获利而持有金融工具或头寸的行为。大多数投资银行都从事证券自营业务，此时，投资银行扮演的是证券自营商的角色。投资银行从事自营业务可分为投机交易和套利交易，从价格变动中获利的行为是投机，而从相对价值差异中获利的行为是套利。

- 做市商制度是指做市商进行双向报价，投资者可以在做市商所报出的价位上向做市商买进或卖出证券。投资银行充当做市商可能出于如下原因：投资银行想从证券交易中获利；投资银行进入二级市场充当做市商是为了发挥和保持良好的定价技巧，辅助其一级市场义务的顺利开展；发行公司希望自己的股票在二级市场上市后具有较高的流通性和较佳的股价走向。

❓ 思考题

1. 什么是场内交易市场和场外交易市场？它们的主要区别在哪些方面？
2. 投资银行在证券交易中扮演什么角色？其相应的作用是什么？
3. 试述证券经纪业务的主要内容。

4. 什么是投资银行的投机交易和套利交易?
5. 什么是证券做市商制度?它的特点和利弊有哪些?
6. 比较多元做市商制和特许交易商制的区别和联系。
7. 投资银行为什么要充当做市商?

第十章　信贷资产证券化

> ☞ **本章概要**　信贷资产证券化开始于20世纪70年代末的美国住房抵押贷款证券化,在短短二十多年的时间里,其发展非常迅猛,已经成为当今全球金融发展的潮流之一。本章首先对资产证券化的定义进行了分析,然后阐述了资产证券化的运作、特征和意义,在此基础上,重点对破产隔离这一资产证券化的核心进行了分析,接下来介绍了资产证券化的几种主要形式。
>
> ☞ **学习目标**　理解资产证券化的原理,了解资产证券化的具体形式。

(资产)证券化很可能是现代金融中影响最为深远的发展,它改变了金融市场的性质以及市场行为的特点……堪称造就了当代金融史上最有影响和最有前途的变革。

——亨利·考夫曼

第一节　资产证券化[①]概述

一、资产证券化的定义

资产证券化(asset securitization)是指将资产通过结构性重组转化为证券的金融活动。

要进一步理解这个定义,应注意以下三个要点:第一,资产具体是指哪些资产?第二,什么是结构性重组?第三,转化成什么样的证券?见图10.1。

---

① 为行文方便,本章中如无特别说明,资产证券化专指信贷资产证券化。

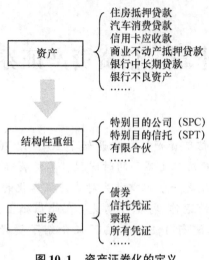

图 10.1 资产证券化的定义

二、被证券化资产

被证券化资产也被称做基础资产,那么,什么样的资产才能够被证券化呢?在资产证券化过程中,最重要的"第一是现金流,第二是现金流,第三还是现金流",资产证券化一个不可或缺的要素就是现金流。从理论上说,任何能够产生现金流的资产都有被证券化的可能;相反,不能够产生现金流的资产就无法被证券化。现实中,被证券化的资产往往是缺乏流动性的资产,通过证券化将流动性低的资产转化为流动性高的证券。

从资产证券化的可操作性来说,最容易被证券化的资产是住房抵押贷款,美国的资产证券化就是从住房抵押贷款证券化(MBS)的成功运作起步的。进而,将 MBS 领域内发展起来的金融技术应用到其他资产上,就产生了其他资产证券化(ABS)。ABS 的被证券化资产从汽车消费贷款到信用卡应收款、商业不动产抵押贷款、银行中长期贷款、银行不良资产等,实际上涉及了各种各样的资产。

资产证券化的难易程度往往取决于被证券化资产的现金流能否容易地被预测,见图 10.2。

总结多年来资产证券化的实践经验发现,具有下列特征的资产比较容易实现证券化:

(1) 资产可以产生稳定的、可预测的现金流收入。
(2) 原始权益人持有该资产已有一段时间,且信用记录良好。

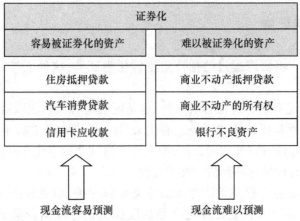

图 10.2　资产证券化的难易程度取决于现金流预测的难易

（3）资产应具有标准化的合约文件,即资产具有很高的同质性。
（4）资产抵押物易于变现,且变现价值较高。
（5）债务人的地域和人口统计分布广泛。
（6）资产的历史记录良好,即违约率和损失率较低。
（7）资产的相关数据容易获得。

一般来说,那些现金流不稳定、同质性低、信用质量较差且很难获得相关统计数据的资产不宜于被直接证券化。

三、结构性重组

结构性重组是资产证券化的关键所在,正是通过结构性重组,资产证券化才得以具有某种"神奇性",因此,资产证券化也被称为结构性融资。

所谓结构性重组,就是将基础资产转移给特别目的载体(SPV)以实现破产隔离,此后通过基础资产的现金流重组,以证券的形式出售给投资者的过程。特别目的载体、资产转移和破产隔离的概念,我们将在后面进行详细阐述,这里介绍基础资产的现金流重组。

基础资产的现金流重组,可以分为过手型(pass-through)重组和支付型(pay-through)重组两种。两者的区别在于:支付型重组对基础资产产生的现金流进行重新安排和分配以设计出风险、收益和期限等不同的证券;而过手型重组则没有进行这种处理。

四、资产支持证券

资产证券化将资产通过结构性重组转化为证券,这种证券叫做资产支持证券。

资产支持证券是有价证券的一种,也是证明持有人有权取得收入、可自由转让和买卖的所有权或债权凭证。有价证券与其他融资工具相比,除了期限性、收益性、风险性等特征相同之外,最大的不同就是标准化和高流动性。资产支持证券也具有标准化和高流动性的特征。

资产支持证券有权益类证券和债务类证券两种,但是各国一般都不直接将资产支持证券归入企业证券化产品的股权类证券或债券类证券的相关法律监管,而是对资产支持证券制定特别的法律或条款来进行监管。这是因为,作为一项创新性金融技术的最终产品,资产支持证券本身正是资产证券化融资本质的外化表现,与股票、企业债券等企业证券化产品之间存在较大区别。

第二节 资产证券化的运作

一、参与主体

一般而言,资产证券化的参与主体主要包括:发起人、特别目的载体、信用增级机构、信用评级机构、承销商、服务商和受托人。

1. 发起人

资产证券化的发起人是资产证券化的起点,是基础资产的原始权益人,也是基础资产的卖方。发起人的作用首先是发起贷款等基础资产,这是资产证券化的基础和来源;其次在于组建资产池,然后将其转移给SPV。因此,发起人可以从两个层面上来理解:一是可以理解为贷款等基础资产的发起人,二是可以理解为证券化交易的发起人。这里的发起人是从第一个层面上来定义的。

一般情况下,基础资产的发起人会自己发起证券化交易,那么这两个层面上的发起人是重合的,但是有时候资产的发起人会将资产出售给专门从事资产证券化的载体,这时两个层面上的发起人就是分离的。因此,澄清发起人的含义还是有一定必要的。

2. 特别目的载体

特别目的载体(special purpose vehicle, SPV)是以资产证券化为目的而特别组建的独立法律主体,其负债主要是发行的资产支持债券,资产则是向发起人购买的基础资产。SPV 是介于发起人和投资者之间的中介机构,是资产支持证券的真正发行人。SPV 是一个法律上的实体,可以采取信托、公司或者有限合伙的形式。

3. 信用增级机构

信用增级可以通过内部增级和外部增级两种方式,对应这两种方式,信用增级机构分别是发起人和独立的第三方。第三方信用增级机构包括:政府机构、保险公司、金融担保公司、金融机构、大型企业的财务公司等。

国外证券化发展初期,政府机构的担保占据主要地位,后来非政府担保逐渐发展起来,包括银行信用证、保险公司保函等,以后又产生了金融担保公司。

4. 信用评级机构

现在世界上规模最大、最具权威性、最具影响力的三大信用评级机构为:标准普尔、穆迪公司和惠誉公司。有相当部分的资产证券化操作会同时选用两家评级机构来对其证券进行评级,以增强投资者的信心。

5. 承销商

承销商为证券的发行进行促销,以帮助证券成功发行。此外,在证券设计阶段,作为承销商的投资银行一般还扮演融资顾问的角色,运用其经验和技能形成一个既能在最大限度上保护发起人的利益又能为投资者接受的融资方案。

6. 服务商

服务商对资产项目及其所产生的现金流进行监理和保管:负责收取这些资产到期的本金和利息,将其交付给受托人;对过期欠账服务机构进行催收,确保资金及时、足额到位;定期向受托管理人和投资者提供有关特定资产组合的财务报告。服务商通常由发起人担任,通过为上述服务收费,以及通过在定期汇出款项前用所收款项进行短期投资而获益。

7. 受托人

受托人托管资产组合以及与之相关的一切权利,代表投资者行使职能。其职能包括:把服务商存入 SPV 账户中的现金流转付给投资者;对没有立即转付的款项进行再投资;监督证券化中交易各方的行为,定期审查有关资产组合情况的信息,确认服务商提供的各种报告的真实性,并向投资者披露;公布违约事宜,并采取保护投资者利益的法律行为;当服务商不能履行其职责时,代替服务商履行其职责。

表 10.1 概括了上述各个参与主体在资产证券化中的主要职能。

表 10.1　参与主体的主要职能

参与主体	主要职能
发起人	选择拟证券化资产,并进行打包,然后将其转移给 SPV,从 SPV 处获得对价。
SPV	以资产证券化为目的而特别组建的独立法律主体,其负债主要是发行的资产支持证券,资产则是被证券化的基础资产。SPV 介于发起人和投资者之间,是资产支持证券的真正发行人。
信用增级机构	对 SPV 发行的证券提供额外信用支持。信用增级机构由发起人或独立的第三方来担任。
信用评级机构	对 SPV 发行的证券进行信用评级。除了初始评级以外,信用评级机构在该证券的整个存续期内往往还需要对其业绩情况进行"追踪"监督,及时发现新的风险因素,并作出升级、维持或降级的决定,以维护投资者的利益。
承销商	为证券的发行进行促销,以帮助证券成功发行。此外,在证券设计阶段,作为承销商的投资银行还扮演着融资顾问的角色,运用其经验和技能形成一个既能在最大限度上保护发起人的利益又能为投资者接受的融资方案。
服务商	对资产项目及其所产生的现金流进行监理和保管;负责收取这些资产到期的本金和利息,将其交付给受托人;对过期欠账服务机构进行催收,确保资金及时、足额到位;定期向受托管理人和投资者提供有关特定资产组合的财务报告。服务机构通常由发起人担任,为上述服务收费,以及通过在定期汇出款项前用所收款项进行短期投资而获益。
受托人	托管资产组合以及与之相关的一切权利,代表投资者行使职能。其职能包括:把服务商存入 SPV 账户中的现金流转付给投资者;对没有立即转付的款项进行再投资;监督证券化中交易各方的行为,定期审查有关资产组合情况的信息,确认服务商提供的各种报告的真实性,并向投资者披露;公布违约事宜,并采取保护投资者利益的法律行为;当服务商不能履行其职责时,代替服务商履行其职责。

资料来源:姜建清、李勇:《商业银行资产证券化:从货币市场走向资本市场》,中国金融出版社 2004 年版。

二、一般流程

图 10.3 概括了资产证券化的运作流程。

具体来说,完成一次资产证券化交易,需完成如下运作步骤:

1. 确定基础资产并组建资产池

资产证券化的发起人(即资产的原始权益人)在分析自身融资需求的基础

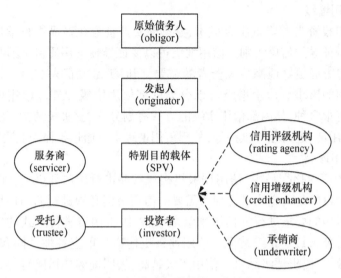

图 10.3 资产证券化的运作流程

上,通过发起程序来确定进行证券化的资产。

2. 设立特别目的载体

特别目的载体(SPV)是专门为资产证券化而设立的一个特别法律实体,它是结构性重组的核心主体。SPV 被称为是没有破产风险的实体,对这一点可以从两个方面理解:一是指 SPV 本身的不易破产性;二是指发起人将基础资产转移给 SPV,必须满足真实出售的要求,从而实现了破产隔离。

SPV 可以是由证券化发起人设立的一个附属机构,也可以是专门进行资产证券化的机构。设立的形式可以是特别目的信托、特别目的公司以及有限合伙。从已有的证券化实践来看,为了逃避法律制度的制约,有很多 SPV 是在有"避税天堂"之称的百慕大群岛、开曼群岛等地方注册的。

3. 资产转移

基础资产从发起人的地方转移给 SPV 是结构性重组中非常重要的一个环节。这个环节会涉及许多法律、税收和会计处理问题。资产转移的一个关键问题是,这种转移必须是真实出售,其目的是为了实现基础资产与发起人之间的破产隔离,即发起人的其他债权人在发起人破产时对基础资产没有追索权。

真实出售的资产转移要求做到以下两个方面:第一,基础资产必须完全转移到 SPV 手中,这既保证了发起人的债权人对已转移的基础资产没有追索权,也保证了 SPV 的债权人对发起人的其他资产没有追索权;第二,由于资产控制权已经从发起人转移到了 SPV,所以应将这些资产从发起人的资产负债表上剔除,使资产证券化成为一种表外融资方式。

4. 信用增级

为吸引投资者并降低融资成本,必须对资产证券化产品进行信用增级,以提高所发行证券的信用级别。信用增级可以使证券在信用质量、偿付的时间性与确定性等方面更好地满足投资者的需要,同时满足发行人在会计、监管和融资目标方面的需求。信用增级可以分为内部信用增级和外部信用增级两类。具体手段有很多种,如内部信用增级的方式有划分优先/次级结构、建立利差账户、开立信用证、进行超额抵押等,外部信用增级主要通过担保来实现。

5. 信用评级

在资产证券化交易中,信用评级机构通常要进行两次评级:初评与发行评级。初评的目的是确定为了达到所需要的信用级别必须进行的信用增级水平。在按评级机构的要求进行完信用增级之后,评级机构将进行正式的发行评级,并向投资者公布最终评级结果。信用评级机构通过审查各种合同和文件的合法性及有效性,给出评级结果。信用等级越高,表明证券的风险越低,从而使发行证券筹集资金的成本越低。

6. 发售证券

信用评级完成并公布结果后,SPV 将经过信用评级的资产支持证券交给证券承销商去承销,可以采取公开发售或私募的方式来进行。由于这些证券一般具有高收益、低风险的特征,所以主要由机构投资者(如保险公司、投资基金和银行机构等)来购买。这也从一个角度说明,一个健全发达的资产证券化市场必须要有一个成熟的、达到相当规模的机构投资者队伍。

7. 向发起人支付资产购买价款

SPV 从证券承销商那里获得发行现金的收入,然后按事先约定的价格向发起人支付购买基础资产的价款,此时要优先向其聘请的各专业机构支付相关费用。

8. 管理资产池

SPV 要聘请专门的服务商来对资产池进行管理。一般地,发起人会担任服务商,这种安排有很重要的实践意义。因为发起人已经比较熟悉基础资产的情况,并与每个债务人建立了联系。而且,发起人一般都有管理基础资产的专门技术和充足人力。当然,服务商也可以是独立于发起人的第三方。这时,发起人必须把与基础资产相关的全部文件移交给新服务商,以便新服务商掌握资产池的全部资料。

9. 清偿证券

按照证券发行时说明书的约定,在证券偿付日,SPV 将委托受托人按时、足额地向投资者偿付本息。利息通常是定期支付的,而本金的偿还日期及顺序则因基础资产和所发行证券的偿还安排的不同而异。当证券全部被偿付完毕后，如果资产池产生的现金流还有剩余，那么这些剩余的现金流将被返还给交易发起人，资产证券化交易的全部过程也随即结束。

需要特别说明的是，这里只阐述了资产证券化运作的最一般或者说最规范的流程，实践中每次运作都会不同。尤其是在社会经济环境不同的国家或地区，这种不同会更明显。因此，在设计和运作一个具体的证券化过程时，应以既存的社会经济环境为基础。

第三节 资产证券化的特征和意义

一、资产证券化的特征

通过对资产证券化概念和运作的分析，我们可以总结出资产证券化的特征。资产证券化的特征主要有如下几个方面：

(一) 资产证券化是资产支持融资

在银行贷款、发行证券等传统融资方式中，融资者是以其整体信用作为偿付基础。而资产证券化支持证券的偿付来源主要是基础资产所产生的现金流，与发起人的整体信用无关。

当构造一个资产证券化交易时，由于资产的原始权益人（发起人）将资产转移给 SPV 实现真实出售，所以基础资产与发起人之间实现了破产隔离，融资仅以基础资产为支持，而与发起人的其他资产负债无关。投资者在投资时，也不需要对发起人的整体信用水平进行判断，只要判断基础资产的质量就可以了。

(二) 资产证券化是结构融资

资产证券化作为一种结构性融资方式，主要体现在如下几个方面：

1. 成立资产证券化的专门机构 SPV

SPV 是以资产证券化为目的而特别组建的独立法律主体，其负债主要是发行的资产支持债券，资产则是向发起人购买的基础资产。SPV 被称为是没有破产风险的实体。SPV 是一个法律上的实体，可以采取信托、公司或者有限合伙的形式。

2. "真实出售"的资产转移

基础资产从发起人的地方转移给 SPV 是结构性重组中非常重要的一个环节。资产转移的一个关键问题是，这种转移必须是真实出售。其目的是为了实现基础资产与发起人之间的破产隔离，即发起人的其他债权人在发起人破产时对基础资产没有追索权。

3. 对基础资产的现金进行重组

基础资产的现金流重组,可以分为过手型重组和支付型重组两种。两者的区别在于:支付型重组对基础资产产生的现金流进行重新安排和分配以设计出风险、收益和期限等不同的证券;而过手型重组则没有进行这种处理。

(三) 资产证券化是表外融资

在资产证券化融资过程中,资产转移而取得的现金收入,列入资产负债表的左边——"资产"栏目中。而由于真实出售的资产转移实现了破产隔离,相应地,基础资产从发起人的资产负债表的左边——"资产"栏目中剔除。这既不同于向银行贷款、发行债券等债权性融资,相应增加资产负债表的右上角——"负债"栏目;也不同于通过发行股票等股权性融资,相应增加资产负债表的右下角——"所有者权益"栏目。

由此可见,资产证券化是表外融资方式,且不会增加融资人资产负债的规模。

二、资产证券化的意义

资产证券化自 20 世纪 70 年代在美国问世以来,短短三十余年的时间里,获得了迅猛发展。从某种意义上说,证券化已经成为当今全球金融发展的潮流之一。资产证券化之所以取得如此迅速的发展,根本原因在于资产证券化能够为参与各方带来好处。

(一) 从发起人的角度

1. 增加资产的流动性,提高资本使用效率

资产的流动性是指资产变现的能力。我们知道,货币是流动性最高的资产,而贷款、应收款等则是流动性较差的资产。如果将贷款、应收款保留在资产负债表中作为资产,那么能够获得的收益是有限的,而且如果因此而放弃了其他投资机会,那么机会成本可能就会非常大。

资产证券化最基本的功能是提高资产的流动性。发起人可以通过资产证券化将贷款出售获得现金,或者以贷款为支持发行债券进行融资。不管通过哪种方式,资产证券化使得拥有贷款等流动性差的资产的主体可以将流动性较低的贷款变成具有高流动性的现金,从而为他们提供一条新的解决流动性不足的渠道。

资产流动性的提高,意味着资本利用效率的提高。资产证券化作为一种融资手段,在获得资金的同时并没有增加负债。如果资产所有者出售资产,那么

他减少了贷款这一资产,但是同时增加了现金这一资产,所以负债并没有增加。因此,资产证券化在不增加负债的前提下,使得发起人获得了资金,促进了资金的周转,从而提高了资本的利用效率。

2. 提升资产负债管理能力,优化财务状况

资产证券化对发起人的资产负债管理的提升作用体现在它可以解决资产和负债的不匹配性。以银行为例,银行的资产和负债的不匹配性主要表现在两个方面:一是流动性和期限的不匹配,二是利率的不匹配。银行资产和负债的流动性和期限不匹配,主要是因为银行的资产主要是贷款等中长期、流动性较差的资产,而其负债则主要是活期贷款等期限短、流动性较高的资产,所以两者不能很好地匹配起来。如果发生挤兑等特殊情况,银行就无法支付,此时就会发生支付危机。而资产证券化可以将长期的、流动性差的贷款转化为流动性高的现金,从而解决流动性和期限匹配上的问题。同时,如果银行的贷款为长期固定利率贷款,而存款为短期变动利率,则银行将承受利率风险。每当短期利率相对于长期利率升高时,银行所赚取的利差(interest rate spread)将会受到侵蚀,而使银行利益受损甚至亏损。通过证券化,银行的贷款就会大大减少,从而降低了在利率上升时被迫以高利率负债支持低利率资产的风险。

由于证券化采用了表外融资的处理方法,发起人将被证券化资产转移到资产负债表外,从而达到改善资产负债表结构、优化财务状况的目的。这一点对于银行等金融机构的意义尤其重大。自1988年以来,巴塞尔委员会关于银行监管的准则已为越来越国家的金融管理当局所接受,银行等金融机构的资本充足状况成为各国金融监管的焦点,银行为达到资本充足率要求不得不保有与其所持资产相对应的资本。如果银行开展资产证券化交易,不但可以提前收回现金,从而可相应缩减负债,同时由于将基础资产移到表外,银行可以释放相应的资本,资产证券化的这种双重释放功能是其越来越受到银行青睐的主要原因。此外,资产证券化还可以使公司把未来服务费收入流提前兑现为现期赢利,如果不进行证券化,通常这种收入要在贷款的整个期限内才能逐步实现。

3. 实现低成本融资

传统的融资方式一般是以融资方的整体信用为支持的,但是资产证券化是一种结构性融资而非产权融资,其信用基础是一组特定资产(抵押类或非抵押类),而非发行人的整个资产。贷款、企业债券、股票等方式都是以发行人的全部资产和信用为支持的,投资者进行投资必须考虑发行人的整体信用和经营状况,而在资产证券化融资中,投资者只需考虑基础资产的质量就行。资产证券

化可以通过破产隔离机制的设计,再辅以信用增级等手段,使得发行的证券的信用级别独立于融资方的信用级别,大大提高了证券的信用级别。也就是说,即使融资方的信用级别并不高,资产证券化后的证券也可能有比较高的信用级别。信用级别的提高必然使得投资者的要求回报率降低,所以融资成本就得到了节约。

另外,由于资产证券化可以使得证券的信用级别高于原有融资人的整体信用级别,原来可能因为信用级别不够而无法融资的融资人也可以获得融资的机会,这就拓宽了其融资渠道。信用增级通常还会带来一个差额收益,这个收益一般都是由发起人获得。这样对发起人来说,既能获得收益,又能留住客户,是一个很大的吸引。

4. 增加收入来源

在资产证券化中,服务商通常由发起人担任,使得发起人可以通过收付款服务等途径收取费用,增加新的收入来源。

(二)从投资者的角度

1. 提供多样化的投资品种

资产证券化产品根据投资者对风险、收益和期限等的不同偏好,对基础资产组合产生的现金流进行了重新安排和分配,使本金与利息的偿付机制发生了变化。具体而言,资产证券化交易中的证券一般不是单一品种,而是通过对现金流的分割和组合,设计出具有不同档级的证券。不同档级的证券具有不同的偿付次序,以"熨平"现金流的波动。这就为投资者提供了风险和收益多样化的产品品种,为各种类型投资者分散风险、提高收益、创造新投资组合提供了巨大空间。同时,对特定领域资产的证券化,其产品的标准化设计为投资者提供了进入原本不可能进入的投资领域的可能性。

2. 提供更多的合规投资

组成资产池的是优质资产,且有完善的信用增级,因此所发行证券的风险通常很小(多数能获得 AA 以上的评级),而收益却相对比较高,并且在二级市场上具有很高的流动性。资产支持证券可以为那些在投资品种上受到诸多限制的机构投资者(如养老基金、保险公司、货币市场基金)提供新的合意投资品,成为它们投资组合中的合规投资。

3. 降低资本要求,扩大投资规模

一般而言,资产证券化产品的风险权重比基础资产本身的风险权重低得多,比如,在美国,住房抵押贷款的风险权重为 50%,而由联邦国民住房贷款协会发行的以住房抵押贷款为支持的过手证券却只有 20% 的风险权重,金融机构持有这类投资工具可以大大节省为满足资本充足率要求所需要的资本金,从而可以扩大投资规模,提高资本收益率。

(三) 从金融市场大环境的角度

资产证券化能够让整个金融市场乃至整个经济体的资源实现更有效、更优化的配置。资本的优化配置包括几个方面:一是让资本的需求者在尽可能短的时间内花费尽可能少的成本找到资本,让供给者在短时间内出让资本并获得尽可能高的收益;二是让这个过程有效地进行;三是让这个过程能够持续地进行。资产证券化很好地满足了资本优化配置的三方面要求。

1. 提供新的投融资途径

资产证券化是一种金融创新工具,通过这种新的金融安排,为资金的供需双方建立了新的沟通桥梁,提供了新的选择。对资金的供需双方和整个金融市场和经济体而言,这无疑是一种帕累托改进。资产证券化的这一优点在分析发起人和投资者部分时已有详尽分析,在此不赘述。

2. 提高资本配置的有效性

资本优化配置的一层含义就是能够在整个经济体范围内实现资源的优化配置,很难想象一个缺乏流动性的金融资产能够在大范围内实现优化配置。资产证券化通过自身独特的流动性设计和标准化证券产品设计,使得市场流动性增强,资金来源大大拓展,其集中表现是资产证券化能为社会的各种需求提供源源不断的贷款资金。不论是住房抵押贷款、汽车贷款还是信用卡的借款人,都希望能够获得充裕而低利率的贷款,以维持其消费理财的需要,资产证券化正是解决贷款资金来源不足的最好方法。资产证券化后,发起人可以将其债权出售换取现金,并以新取得的现金从事新的业务,如此周而复始,金融机构能不断有资金提供贷款。因此通过证券化,可以缩短资金周转周期,提高资金利用效率。

除了提高流动性外,资产证券化的另一个优点是促使金融市场的各个参与主体专业化分工,各参与主体根据自身的比较优势各司其职。以银行的贷款资产证券化为例,在传统的金融体制下,商业银行、储蓄机构等向社会公众吸收存款并发放贷款,承担贷款的管理和服务工作。但是在当今融资渠道多样化,银行与其他金融机构界限日益模糊的经济背景下,银行的比较优势不再来自通过持有非流动性的贷款为经济提供流动性,而是来自对那些无法在公开市场有效传播的有关借款人信息的收集、分析和持续跟踪。因此通过资产证券化,银行收集借款人信息、评估借款人、发放贷款,但是银行并不长期持有而是适时出售贷款。此外,组合证券的承销人、担保人、评级人、贷款抵押的评估人等也都在自己的专业领域实现专业化的分工,这样资产证券化就可以取得较传统融资方式更高的资源配置效率。

3. 提高金融系统的安全性

通过资产证券化，能够将积压在银行体系的房地产贷款、不良资产等风险合理配置给社会中各个层次的投资者，可以有效地避免经济周期影响房地产贷款质量等风险。

此外，通过资产证券化的流动性设计，解决了金融机构的流动性风险问题。由于金融机构将流动性差的资产证券化，这些金融机构可以很容易地变现资产，在面临挤兑或者经营不善时，金融机构可以维持需要的流动性。

整个金融系统的安全性有了保障，提供高效优化配置资本的这些安排也就能够持续不断地进行了。

第四节 资产证券化的核心

一、破产隔离是资产证券化的核心

从资产证券化的概念和运作可以看出，资产证券化实质上是围绕实现破产隔离而展开的金融活动。从资产证券化的特征可以看出，这些特征正是为了实现破产隔离而进行的各种设计和架构所导致的。从资产证券化的意义可以看出，资产证券化之所以能够给参与各方带来好处，关键之处是通过破产隔离实现了风险和收益的重组。

因此，破产隔离是资产证券化的核心。

资产证券化中的破产隔离包括两方面的含义：一是资产转移必须是真实销售的，二是 SPV 本身是破产隔离的。

二、实现破产隔离的两种方式

破产隔离的实现，有特殊目的信托(special purpose trust, SPT)方式和特殊目的公司(special purpose company, SPC)方式两种。

(一) SPT 方式

在 SPT 方式下，资产转移是通过信托实现的，即发起人将基础资产信托给作为受托人的 SPT，建立信托关系，由 SPT 作为资产支持证券的发行人，发行代表对基础资产享有权利的信托受益凭证。在这样一个信托关系中，委托人为发起人；作为受托人的 SPV 是法律规定的营业受托人，即有资格经营信托业务的信托机构；信托财产为基础资产；受益人则为受益凭证的持有人——投资者。

在信托关系的法律构造下,发起人将其基础资产信托给 SPT 后,这一资产的所有权就属于 SPT,发起人的债权人就不能再对不属于发起人的基础资产主张权利,从而实现了基础资产与发起人的破产隔离。

以信托方式实现资产转移,具体的运作如下:

第一,发起人作为信托财产的委托人,与受托人订立信托契约,将资产证券化的基础资产设定为信托财产,信托给受托人(一般为经营信托业务的信托机构),受托人向发起人发放以信托财产的未来现金流为基础的信托受益凭证,即这是一个自益信托。

第二,发起人向投资者出售信托受益凭证,信托受益凭证的购买者成为信托财产的受益人,有权获得信托财产产生的现金流。

第三,发起人作为信托财产的管理服务人,归集现金流,管理、经营、处置证券化基础资产,所获得的现金收入转入受托人指定的账户。

第四,信托财产产生的现金流按信托受益凭证规定的方式分配给投资者(即优先级受益凭证的持有人)。

第五,信托受益凭证可以在约定的交易市场进行流通、交易。

(二) SPC 方式

在 SPC 方式下,专门设立作为资产证券化 SPV 的公司 SPC,发起人将基础资产以出售的形式转移给 SPC,SPC 以基础资产为支持向投资者发行证券。

由于发起人已经将基础资产出售给 SPC,这一资产的所有权就属于 SPV,发起人的债权人就不能再对不属于发起人的基础资产主张权利,从而实现了基础资产与发起人的破产隔离。

SPC 方式实施资产证券化具体又可以分为"独立公司模式"和"子公司模式"。

在独立公司模式下,发起人把基础资产真实出售给跟自己没有控股权关系的 SPC,SPC 购买资产后,重新组合建立资产池,以资产池为支持发行证券。真实出售意味着资产离开发起人的资产负债表,从而实现破产隔离。

在子公司模式下,发起人成立全资或控股子公司作为 SPC,然后把资产出售给子公司(SPC),同时,子公司不但购买母公司的资产,还可以购买其他资产。子公司组成资产池并以此为支持发行证券。因为子公司的利润要上缴给母公司,且报表都要并入母公司资产负债表,所以子公司(SPC)的资产最终要体现在母公司资产负债表上。但是,由于母公司与子公司是两个法人,所以,母公司的破产并不会直接导致子公司的破产,从而实现了破产隔离。

三、真实出售的资产转移

通过资产转移实现基础资产与发起人的破产隔离,一个关键就是这种资产转移必须是真实出售。

对资产转移的真实出售判断,主要包括资产转移时和资产转移后两方面。

(一)资产转移时真实出售的判断

资产转移被判断为真实出售,在资产转移时必须符合如下条件:

1. 发起人在其资产转移合同中表明真实出售资产的意图

应注意的是,当事人关于资产转移的真实意思表示构成了"真实出售"的必要条件而非充分条件,对资产转移的性质判断,还应综合其他因素从交易的实质上加以分析。如在美国,资产转移的法律特征和经济实质将会成为判断资产转移是否是真实出售的主要因素,而不是当事人表明的意图,当事人不能仅仅通过在交易上贴上真实出售的标签就将资产转移断定为真实出售。

2. 资产以确定的、公平的价格出售给 SPV

由于资产证券化包含着操作流程的费用、付给各个服务人的费用及考虑到债务人违约导致的资产损失,因此资产转移给 SPV 的对价往往有一定折扣。这样的折扣应该是确定的,限于必要的费用和预期的违约损失估计,而不能涵盖将来资产的实际损失,不然将损害资产真实出售的认定。

3. 资产实现表外

资产转移的完成意味着有关资产的一切权利及其他利益都已转移给了 SPV,基础资产从发起人的资产负债表上剔除。

(二)资产转移后真实出售的判断

资产转移后资产转移性质的判断,是资产转移时的延伸,是资产转移是否真实出售的判断的又一个要点,主要包括如下几点:

1. 对发起人的追索权问题

无疑,在其他条件满足的前提下,没有附加对发起人追索权的资产转移,是真实出售,但是否附加追索权,就意味着否定了真实出售?一般来说,追索权的存在并不必然破坏真实出售,只是追索权的多少决定了资产转移的性质。一般认为,对发起人的追索权如果没有高于以资产的历史记录为基础合理预期的资产违约率,就是适度的。

2. 基础资产剩余利润抽取的问题

真实出售的一个实质内涵是 SPV 在资产转移后获取资产收益和承担资产损失。如果一开始并没有确定发起人对资产的责任，而是一旦资产发生损失，发起人就予以弥补，资产在偿还投资者权益后有剩余，发起人就予以获取，这样就常被认为 SPV 对发起人有追索权，发起人并没有放弃对资产的控制，真实出售的目的就难以达到。

3. 发起人担任服务商的问题

由于发起人对基础资产情况的熟悉，所以一般由其担任服务商，对资产项目及其所产生的现金流进行监理和保管。但不可否认，发起人担任服务商，存在着基础资产与发起人其他资产混合的风险，严重的还会被认为发起人并没有放弃对基础资产的控制，从而使破产隔离的目的落空。为了有效解决这一问题，就必须保证 SPV 对收款账户有控制权，为此，SPV 拥有对所购买资产的账簿、会计记录和计算机数据资料的所有权，SPV 有权控制服务商与收款相关的活动并可随时自主更换服务商。同时，作为服务商的发起人，必须像任何其他可能的服务商一样按约定的标准行事，收取在正常情况下提供这些服务的费用，随时可被由 SPV 自主任命的另一个服务商取代。

4. 各种期权的影响问题

在资产证券化中常存在着一些期权，这些期权将会影响到对真实出售的判断。一方面，如果存在发起人的回购期权，即发起人有权从 SPV 处重新买回资产，就意味着发起人还保有资产的利益，并没有放弃对资产的控制，因此这样的资产转移被认为不是真实出售。另一方面，如果存在 SPV 的出售期权，即发起人有义务从 SPV 处购回资产，就意味着发起人承担了资产的风险责任，因此，这样的资产转移会被认为不是真实出售。

四、破产隔离的 SPV

资产证券化实现破产隔离的另外一个关键是，SPV 本身是破产隔离的。SPV 的破产风险来自于 SPV 的自愿破产和强制破产，因此，SPV 破产隔离，也就是制约 SPV 自愿破产和强制破产。

（一）对 SPV 自愿破产的制约

完全禁止 SPV 自愿破产是不太可能的，原因在于有关禁止自愿破产的事先措施可能会被法院认为违反了公共政策而无效。

在实践中，对 SPV 自愿破产的制约措施主要表现在 SPV 的治理结构、章程或者其他成立文件中的条款。最常用的措施之一，是规定在 SPV 被发起人控制时,要求 SPV 必须具有一名或者一名以上独立董事。并在 SPV 的章程中规定,除非处于资不抵债的情况,并且经过全体董事或者至少包括一名独立董事的同意,SPV 才可以提出自愿破产申请。

还有一种措施是,SPV 的结构由两类股票组成,规定必须在这两类股票的持有人都同意时才能提出自愿破产申请,而其中一类股票被抵押给 SPV 证券的持有人或者由他们控制。

另一种措施是 SPV 与发起人没有任何关系,发起人既不持有 SPV 的股权也不控制 SPV,SPV 由一个独立的第三方控制。

(二)对 SPV 强制破产的制约

对 SPV 强制破产的制约,就是限制 SPV 的债权人和债权,常见措施有以下两种:

第一,SPV 在章程或其他组织文件中将其经营范围限定于资产证券化业务,规避其他业务活动产生的求偿权导致的 SPV 破产的风险。

第二,限制非资产证券化及其相关的负债和担保。SPV 除了履行证券化交易中确立的债务和担保义务外,一般不应再发生其他债务,也不应为其他机构或个人提供担保。

第五节 住房抵押贷款证券化

一、住房抵押贷款证券化和资产支持证券化

根据产生现金流的证券化资产的类型不同,资产证券化可分为住房抵押贷款证券化(mortgage-backed securitization,简称 MBS)和资产支持证券化(asset-backed securitization,简称 ABS)两大类。其区别在于:前者的基础资产是住房抵押贷款,而后者的基础资产则是除住房抵押贷款以外的其他资产。

本节介绍住房抵押贷款证券化,下节将介绍资产支持证券化。

二、住房抵押贷款证券化的发展历程

住房抵押贷款证券化诞生于 20 世纪 70 年代的美国。70 年代后期,美国利率开始大幅上升,利率上升的结果是:一方面,存款利率反而高于贷款利率,使得实行短存长贷、浮动利率存款固定利率贷款的银行和储蓄贷款机构面临着日益严重的资产负债不匹配问题;另一方面,一些新兴的货币市场工具以较高的

利率将资金从银行存款账户上吸引过去,使得银行发生周转困难。于是出现了专门向银行收购住房抵押贷款的金融机构,银行出售期限较长的住房贷款,既可以改善资产负债结构,又可以获得急需的流动性,而这些新金融机构购买了住房贷款后,便转售给政府信用机构或者以贷款为支持发行债券。于是住房抵押贷款支持证券便诞生了。

住房抵押贷款证券化是由私人部门创新的,但推动其迅速发展的,则是美国的政府部门。为了促进住房贷款的发放,美国政府一直积极发展住房贷款的二级市场。MBS 出现之前,就成立了联邦国民住房贷款协会(Fannie Mae)、政府国民住房贷款协会(Ginnie Mae)和联邦家庭住房贷款协会(Freddie Mac)三家机构,这三家机构向银行和储蓄贷款机构购买了大量的住房贷款。20 世纪 80 年代初,这三家机构开始对其拥有的住房抵押贷款进行证券化,在政府部门的推动下,MBS 迅速发展起来。MBS 的发展使得证券化的对象由住房抵押贷款扩展到了工商业贷款、信用卡应收账款、商业应收账款、汽车贷款等领域,证券化这一金融创新技术也由美国推广到欧洲、美洲、亚洲和大洋洲国家。

三、住房抵押贷款支持证券类型

住房抵押贷款支持证券,即住房抵押贷款证券化产品。根据对抵押贷款池内住房抵押贷款组合现金流的处理方式和证券偿付结构的不同,住房抵押贷款支持证券的类型主要可以分为三类:抵押贷款传递证券(mortgage pass-through securities)、担保抵押贷款证券(collateralized mortgage obligation,CMO)和切块抵押贷款证券(stripped MBS)。

(一)抵押贷款传递证券

抵押贷款传递证券是最简单的住房抵押贷款支持证券产品,它的基本设计思路是:SPV 在收到借款人偿还的本金和利息后,就将其直接"传递"给支持证券的投资者。采用这种证券,可以有效地分散 SPV 持有这些住房抵押贷款所面临的风险,但对投资者来说,基础资产的风险完全由它们承担。此外,这种证券的品种比较单一,不需要对基础资产产生的现金流进行特别处理。因此,如果将支持证券设计为这种产品,操作起来是比较简单的,其技术处理也不太复杂,但不能很好地满足投资者的需求。

抵押贷款传递证券的交易结构如图 10.4 所示。

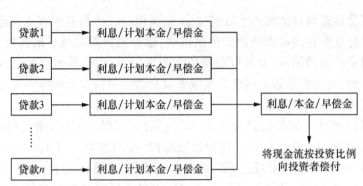

图10.4 抵押贷款传递证券的交易结构

（二）担保抵押贷款证券

担保抵押贷款证券是对抵押贷款传递证券的发展。它的一大特征就是较好地解决了过手证券品种单一、期限较长和提前偿付风险较大的问题。分档技术的采用使CMO能够为投资者提供更多不同期限、风险和收益特征的产品，从而更好地满足投资者的需要，可以扩大MBS市场的投资者队伍。

在采用CMO的证券化交易中，基础资产（即资产池内的住房抵押贷款）产生的现金流按不同的优先顺序重新分配给CMO的各档证券。根据基础资产的特征和投资者需要的不同，CMO还可以有很多不同种类，并没有一个可以适用于一切情况的不变模式。在实际操作中，设计者要根据投资者的特殊需要为投资者"量身定做"，但需要遵循如下基本原则：为了满足投资者对期限、利率、风险和收益的不同偏好，可以通过将基础资产产生的现金流重新分配给各档不同类别的证券来实现。因此，架构CMO的基本思路是采用分档技术将基础资产产生的现金流按一定顺序重新分配给不同档证券，从而将基础资产所面临的风险和收益在CMO的不同档证券之间进行非均衡的再安排，以满足各种投资者的需要。但值得注意的是：CMO的创造本身并不能使CMO各档证券所面临的基础资产的风险减少，它只是将风险在CMO的各档证券之间进行重新分配。因此，如果CMO结构中的某档证券的风险比基础资产低，那么同一个CMO结构中肯定存在着风险高于基础资产的证券。

在图10.5中我们举例说明了担保抵押贷款证券的交易结构。

（三）切块抵押贷款证券

切块抵押贷款证券也是对抵押贷款传递证券的发展。抵押贷款传递证券区别于其他固定收益证券的关键，在于其现金流会随利率的变化而改变，更进一步而言，也就是现金流中利息部分的总量是不确定的。这使得抵押贷款传递证券有可能在利率下降时出现负的凸性，甚至是负的久期。将传递证

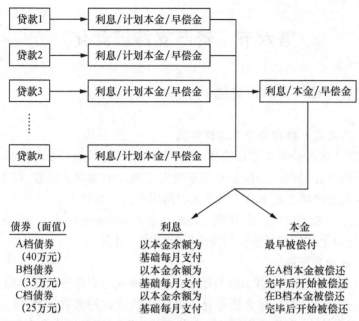

图10.5 担保抵押贷款证券的交易结构

券现金流中的利息与本金进行分割与组合,由此衍生而成的金融产品在凸性、久期等方面就具有更加鲜明的投资特色,这就是我们将要探讨的切块抵押贷款证券。

最早的切块抵押贷款证券是合成折价抵押贷款证券(synthetic discount MBS)及合成溢价抵押贷款证券(synthetic premium MBS)。目前,美国抵押贷款二级市场上的切块抵押贷款证券是合成折价、溢价抵押贷款证券的一种极端情况,被称为付息证券(interest only, IO)和付本证券(principal only, PO)。付息证券的投资者只收到源于基础资产组合产生的利息收入,而付本证券的投资者只收到源于基础资产组合产生的本金收入。付息证券和付本证券均受原始债务人早偿行为的影响。在利率下降时,前者的收入减少,价格下降,而后者则可以提前获得本金收入,价格上升。这两种债券截然相反的风险收益特性满足了投资者的不同偏好,因此它们经常被用做风险对冲的工具。

第六节 资产支持证券化

一、商用房产抵押贷款证券化

(一) 商用房产抵押贷款及其证券化

商用房产抵押贷款是指以商贸、服务业使用的建筑物以及写字楼、标准厂房等为抵押发放的贷款,贷款主要用于商用房地产的建设或购置,以中长期为主,还款的现金流将主要来自于借款人出租房产的租金收入。

商用房产抵押贷款证券化(commercial mortgage-backed securitization,CMBS)是指以上述抵押贷款作为支持发行证券的过程。

(二) 基础资产池

CMBS 是以不动产贷款中的商用房产抵押贷款为支持发行证券的,在证券化比较发达的国家,可以作为证券化基础资产的贷款种类有很多,涉及的房产主要包括多家住宅、零售房产、宾馆、办公用房、工业用房、库房和自助储存设施等。由于房地产市场发展的限制,目前我国主要的商用房产抵押贷款有办公楼、写字楼、商业营业用房以及其他商用房等。

1. 资产池构造的原则

实施资产证券化的前提条件是基础资产的违约率和损失情况必须能相当精确地预测出来,即资产的预期收益必须是确定的。对商用房产抵押贷款证券化资产池的构造也要求综合历史数据和信息能够对资产池内贷款的未来现金流作一预测。

2. 资产的选择

相对住房抵押贷款来说,不同的商用房产抵押贷款之间同质性较差,贷款人通常会根据具体交易确定贷款的各种条件。因此,构造基础资产池时对贷款的标准化程度要求会降低。但为了提高资产池的质量,进而保证交易的信用级别,选择资产时应考虑以下几个方面的问题:

(1) 与贷款所对应的项目阶段。在我国现阶段,商用房产抵押贷款的借款人主要是从事房地产建设的开发商,在项目的建设期由于没有现金流入,所以贷款的偿还并没有保证。项目建成后,租金收入短期内不能马上弥补所有成本,因此在最初的贷款到期时借款人偿还部分本金后一般会申请续贷,并以租金收入作为还款的来源。考虑到证券化的现金流要求,应该以最初贷款的后期(借款人有租金收入后)或续贷阶段的贷款为主。

(2) 房屋或楼宇的空置程度。商品房的空置程度是影响借款人租金收入的重要因素。空置程度越高,借款人的租金收入越没有保证,还款现金流越不稳定。不同商品房的空置程度除了与经济周期等宏观因素有关之外,还受其所在的地理位置、商品房用途等因素的影响。贷款人可以根据历史数据对具体贷款所涉及项目的出租情况作出预测,选择出租水平相对比较高而且稳定的贷款项目组成资产池。

(3) 贷款占项目总投资的比率。房地产开发商的项目建设资金主要来自于四部分:企业自筹资金、贷款、外资利用以及其他资金。随着我国房地产业逐渐成熟以及银行对项目审批的加强,银行贷款在总投资中的比率已经下降。据统计,2001年上半年我国房地产开发投资中国内贷款所占的比重为24.6%。银行贷款在偿还顺序上优于其他投资,因此,贷款的比率越低,还款越有保障。为了保证资产池的质量,贷款人应该设定最高的贷款/项目总投资比率,以低于该比率的贷款作为构造资产池的考虑对象。

此外,除了交易的发起人即贷款人在资产选择过程中的主导作用之外,目前正有一种新的趋势,允许BBB级以下证券的投资者参与资产池的构造。因为这类投资者多为房地产专业投资机构,他们承担的风险更大,所以也更谨慎。

3. 资产池的结构

在住房抵押贷款证券化交易中,资产池一般是由数量众多的贷款构成,而在CMBS交易中,单笔商用房产抵押贷款的规模比较大,因此资产池内贷款数量也相对较少。资产池的结构一般分为三种情形:多个借款人,多种资产(贷款);单个借款人,多种资产(贷款);单个借款人,一种资产。

(三) 贷款的转让及SPV

CMBS的SPV可以是由拥有大规模商用房产抵押贷款的银行设立的子公司或者在银行内部新设的部门来担任。银行汇总其所属各分支行的合规资产,通过真实出售或者担保融资的方式转让给证券化交易的SPV。

中小银行的资产规模难以达到证券化的要求,因此他们可以将所属资产出售给其他银行外部的SPV,采取表外方式融资。

二、贸易应收款证券化

(一) 贸易应收款及其证券化

当卖方向制造商、分销商、零售商或消费者提供商品或服务时,根据双方交易合同,买方在交易完成后的一定时期内向卖方付款。买方付清所有应付款前,这笔交易在卖方的资产负债表上就表现为对买方的应收款,它代表了卖方对已出售货物或已提供服务的求偿权,是卖方资产的重要组成部分。

随着市场竞争日趋激烈,卖方为了取得市场优势,在付款方式上也越来越多地采取赊销和分期付款等策略,而且付款期限也不断延长。但对卖方来说,如果企业债务管理不善,很容易造成应收款结构不合理,从而产生流动性问题。

应收款证券化是指借助于证券化的工具,将未来的应收款现金流转化为当期出售资产的收益。

(二)基础资产池

作为贸易应收款证券化的基础资产的可以是已经发生的或将来发生的应收款。二者对证券化交易的不同影响在于:如果基础资产是已经发生的应收款,则证券化交易的评级仅与原始权益人售出的应收款有关,而与其经营状况等因素无关,因此可以通过信用增级等各种手段使证券化交易的信用级别高于原始权益人的信用级别。如果发行证券时产生应收款的交易尚未实际发生,则资产池的质量不仅仅与应收款本身有关,还与原始权益人的经营状况和信用水平有关,因此证券化交易通常不会高于原始权益人的信用级别。

由于每笔应收款所包含的风险会影响到资产池的质量,所以在选择应收款时应遵循一定的标准。

第一,应收款的拖欠、违约。拖欠和违约指债务人无法在合同规定的付款期内偿付或全部偿付应付款项。相对于其他证券化资产而言,贸易应收款中拖欠账户的存续时间可能较长。原始债务人的违约与交易双方的关系、销售合同的信用条件、收款政策的宽紧和收款程序、行业竞争的性质以及原始债务人的经营状况等因素有关。一般来说,可以通过历史数据对应收款回收的拖欠和违约情况作出预测,构建资产池时应尽量选择还款记录良好的客户的应收款。

第二,债务人集中度。证券化交易一般要求应收款的分布尽量分散,来自同一债务人和同一地区的应收款不得高于资产池中应收款总价值的一定百分比,具体比例会因特定债务人的信用评级不同而有所差异,信用级别较高的特定债务人所占比例的最高限可以稍高些,而信用级别较低的债务人所占的比例的最高限相对较低。

(三)资产的转让

在贸易应收款从原始债权人资产负债表中向发起人账户,以及从发起人账户向特殊目的机构账户转移的过程中,双方一般会选择折价出售,折扣部分的应收款可以保证有充足的现金流支付各种费用和本金利息。

(四)循环期、摊还期和提前摊还

贸易应收款的期限一般都比较短。在资产池中原有的应收款逐渐回收的同时,可以通过循环购买的方式,不断向资产池中注入新的应收款,以维持资产池的规模,从而保证证券化交易可以长达 2—5 年。

由于多数证券化交易都采取了循环购买的方式,所以开始阶段回收的应收款除了向投资者支付利息之外并不支付本金,而是用来购买新的合规应收款,这一阶段称为证券化交易的循环期,期限一般为几年。与循环购买相对应的是要求发起人必须有能力持续产生或购买到应收款。

循环期之后是 1—4 个月的摊还期,在这一阶段,不再有新的应收款注入资产池,债务人的还款主要用来向投资者摊还本金。摊还期的设计可以比应收款的平均偿付期延长一些,以防应收款回收时拖欠时间超出预期期限。

证券化交易的循环期和摊还期是事先规定的,但如果在循环期内发生触发事件,则循环期可能提前结束,发生提前摊还。触发事件的规定在不同的证券化交易中有所不同,一般来说包括以下两类:一类是与资产池有关的,例如违约拖欠的增加、付款期限的变化、资产池没有通过抵押充足性测试等;另一类是与资产池无关的,例如发起人破产、发起人的交叉违约、发起人进入法律程序或其他突发事件,例如发起人的重要子公司的出售等。一旦发生触发事件,资金将被冻结在某一特定账户内,并同时寻求解决途径。如果在许可的时间内问题仍未解决,则立即进行提前摊还。

三、信用卡应收款证券化

(一) 信用卡应收款及其证券化

信用卡是银行或其他机构向申请人发行的用于在指定商户消费或在指定银行机构存取现金的特殊信用凭证。信用卡除了为持卡人提供了一种便利的支付工具之外,其突出的特点是可以提供无担保的消费信贷。根据发卡人的不同,信用卡可以分为:

(1) 银行卡。银行卡是由银行发行的具有消费信贷、转账结算、存取现金等全部或部分功能的信用支付工具,也是使用最为普遍的信用卡。

(2) 零售卡。零售卡是由零售商直接向消费者发行的用于购买其零售商品或服务的一种信用卡。与银行卡不同的是,零售卡的发行一般不以赢利为目的,而通常只是一种市场营销的手段,所以相对来说发放标准较松,月偿付率也更低。

(3) 联名卡。联名卡是发卡机构与企业联合发行的一种信用卡,持卡人在联名企业可以享受优惠服务。

信用卡的运作是建立在发卡人、商户和持卡人三者信用关系基础之上的。一般来说,信用卡都采用循环信用的方式。当申请人向发卡人申请信用卡时,发卡人会根据申请人提供的财力证明和可获得的信用记录决定给予持卡人一定的信用额度，申请人的财力和信用记录越好，所获得的信用额度就越高。在信用额度内，持卡人到商户持卡消费时并不直接付款，而是由发卡人代为支付，持卡人在规定的付款日之前向发卡人支付应付的款项。持卡人无须每月缴清所有应付款项，只需付最低应缴金额即可，余下部分可据自己的意愿决定偿还金额和时间。最低应缴金额是由持卡人的新消费额、未偿余额、发卡人垫付余额、融资费用和年费等因素决定的。

正是由于信用卡可以提供无担保的消费信贷，持卡人可以在发卡人提供的信用额度内延迟付款和分期付款，由此产生了对持卡人的应收款。发卡人出于各种考虑可能产生融资需求（如果发卡人是银行，这种考虑可能源于资本充足率的要求）。以发卡人的信用卡应收款为支持发行证券融资称为信用卡应收款证券化。

信用卡应收款证券化的交易过程与一般的证券化过程类似，也包括应收款的出售、资产池的构造、信用增级、信用评级、证券的发行以及将回收的应收款扣除各种费用后以事先约定的方式向投资者支付等。

（二）信用卡应收款的现金流分析

信用卡应收款的现金流主要来自以下几个部分：

（1）本金。指持卡人每月还款金额中用于偿付发卡人代为垫付的部分。

（2）融资费用。指发卡人因向持卡人提供资金融通所收取的费用，相当于发卡人提供的消费信贷的利息。如果信用卡发放时该账户上没有任何资金，而且持卡人在偿付日之前将信用卡内所有金额全部偿还或者持卡人属于便利使用者，则发卡人不收取融资费用，否则，发卡人要对垫付的金额收取融资费用。融资费用根据收款期内平均每天的债务余额来计算，以日计息，起息日可以是发卡人垫款日、结账日或缴款截止日。

（3）其他费用。包括持卡人交纳的会员年费、逾期手续费和透支额度费等。

（4）商户的折扣。发卡人通过发放信用卡为商户提供了更多的销售机会并承担了信用风险，商户通常要将持卡人消费额的一定比例作为折扣让给发卡人。

当发卡人将信用卡应收款出售给发行证券融资的信托机构时，上述现金流也需相应地转付给信托机构。

（三）信用卡应收款的出售

为了做到破产隔离，发卡人会将应收款出售给特殊目的机构，但同时发卡人仍保留了对信用卡账户的某些权利，同时这一交易不需要通知持卡人。因此,在多数情况下发卡人也是证券化交易的服务商。

(四) 信用卡应收款证券化的交易结构

信用卡应收款是一种短期应收款,因此交易结构采取了"循环期+摊还期"的偿还期结构。在循环期内,只向投资者支付利息,持卡人偿付金额的其他余额则用来购买新的应收款。如果当时没有新的应收款可供购买,则可购买卖方/发卡人在应收款资产池中的权益或者将余额存入一超额融资账户直至卖方可以提供更多的应收款。循环期一般是18—48个月,之后便是向投资者支付本金的摊还期。摊还可以是分次摊还或一次性摊还。在分次摊还的情况下,如果资产池产生的现金流扣除各种费用后仍多于向投资者支付的部分,则余额可用来购买新的应收款;在一次性摊还的交易中,资产池产生的现金流被存入一个本金累计账户直至到期日全部支付给投资者,但在本金累计结束之前,投资者仍会像在循环期那样每月得到利息收入。

(五) 信用卡应收款支持证券的设计

几乎所有的应收款证券化都设计两种证券:投资者权益凭证和卖方权益凭证。

投资者权益凭证代表了投资者对应收款资产池收益的权利,其本金和利率在发行时即已确定,一般都经过评级机构的信用评级,公开发售,其偿付也优先于卖方权益凭证。

卖方权益凭证代表了信用卡应收款卖方对应收款资产池收益的权利,由卖方持有,一般不经过评级,不公开发售。实际上卖方权益总额相当于资产池应收款总价值减去投资者权益后的余额,因此随着应收款总值的波动而波动。卖方权益的存在可以有效激励卖方更好地维持应收款资产池的信用质量。

四、汽车贷款证券化

(一) 汽车贷款

像住房抵押贷款一样,汽车贷款也是一种与消费相关的分期付款的融资方式。借款人通过贷款可以购买各种类型的轿车、客车或货车。在汽车市场发达的国家,提供汽车贷款的机构主要分为三类:商业银行、汽车制造商附属的财务公司以及某些独立的财务公司。我国从1998年10月才开始汽车贷款业务,目前提供汽车贷款的机构主要是商业银行。

1. 汽车贷款的申请

任何一笔汽车贷款都开始于借款人的申请。我国银行对申请汽车贷款的借款人都规定了比较明确的条件,大致包括以下内容:有完全民事行为能力;有当地常住户口或有效居住身份,有固定的住所;有正当职业和稳定的收入来源,具备按期偿还贷款本息的能力;持有与贷款人指定经销商签订的指定品牌汽车的购买协议或合同;能提供贷款人认可的财产抵押、质押或第三方保证等。

借款人需要提供的申请材料包括:有效身份证件;贷款人认可的部门出具的借款人职业和经济收入的证明;与贷款人指定的经销商签订的购车协议或合同;不低于首期付款的银行存款凭证;抵押物或质押物清单、权属证明及有权处分人(包括财产共有人)同意抵押或质押的证明,有权部门出具的抵押物估价证明(以财产抵押或质押的);保证人同意担保的书面文件,有关资信证明材料及一定比例的保证金(由第三方提供保证的);在合法抵押登记和有关保险手续办妥之前贷款人指定经销商出具的书面贷款推荐担保函(以所购买车辆作抵押物的);贷款人要求提供的其他资料。

贷款人收到申请人的贷款申请后,一般会根据贷款申请书中所提供的信息以及公共信用机构所提供的个人信用资料(但在我国目前这一信息还不可得)对材料的真实性、借款人的信用状况和偿债能力等进行评估。贷款人是否接受申请还取决于贷款人发放贷款的政策。

2. 贷款的额度和期限

汽车贷款的金额,除了与借款人申请的贷款数量有关外,还受到各银行规定的汽车贷款额度的限制:

(1) 借款人以贷款人认可的质押方式申请贷款的或银行、保险公司提供连带责任保证的,首期付款额不得少于购车款的20%,借款额不得超过购车款的80%。

(2) 以借款人或第三方不动产为抵押申请贷款的,首期付款不得少于购车款的30%,借款额不得超过购车款的70%。

(3) 以第三方保证方式申请贷款的(银行、保险公司除外),首期付款不得少于购车款的40%,借款额不得超过购车款的60%。

相对于住房抵押贷款来说,汽车贷款的期限要短一些,各商业银行的最高期限略有不同,但都不超过5年。

3. 贷款的利率和贷款偿还

在成熟的汽车贷款市场,贷款的利率根据借款人的风险程度不同而有所差异,借款人风险越大,贷款的利率也越高。我国目前所采用的汽车贷款利率执行中国人民银行规定的中长期贷款利率,并随利率调整作相应调整。

贷款的偿还一般是按月等额偿还本金和利息,经贷款人同意,借款人可以

(一次性地)提前偿还本息。

4. 保险

如前所述,汽车贷款可以用自有住房作抵押,但因为房产价值需由专业机构评估,评估报告有效期只有半年或一年,在汽车贷款有效期内需多次重新评估,成本很高。若用所购汽车作为抵押物,担保法规定,应在其主管部门办理抵押登记。但是我国尚未建立健全汽车抵押登记和产权证制度,只有部分城市交通管理部门办理汽车抵押登记;同时,由于缺乏汽车产权证书,即使办理了汽车抵押登记手续,也避免不了汽车转让、重复抵押给银行带来的风险。在消费者可提供的抵押物有限的情况下,保险公司开办的履约保证保险成为银行控制汽车消费贷款风险的主要手段。目前,在银行办理的汽车消费贷款中,大部分由保险公司提供履约保证保险。

(二)汽车贷款证券化的发起

发放汽车贷款的不同机构发起证券化交易有不同的动机:

第一,对商业银行来说,出售其部分或全部的汽车贷款可以释放部分资本金,以便支持银行开展其他业务,扩大客户群。而且,银行可以变以往的利差收入为费用收入,减少风险。

第二,如果证券化的发起人是汽车制造商的附属财务公司,则其母公司一般是规模较大的汽车制造商,例如美国的通用汽车、福特和克莱斯勒(现在是戴姆勒-克莱斯勒)的制造商。证券化交易的主要目的是为母公司及汽车制造商提供资金融通。通常这些财务公司的证券发行在很大程度上会受整个市场环境的影响,发行量很不稳定。此外,汽车制造商通过附属财务公司发起跨国证券化交易也是常见的融资手段,这样的财务公司以美国丰田财务公司、三菱汽车信贷(美国)公司、日产汽车承兑公司等为代表。

第三,对于少数不隶属于任何大的汽车制造厂商的独立财务公司来说,证券化是它们的主要融资渠道。

从证券化交易的需求方来说,汽车贷款的风险较小,因此是比较安全的投资工具;同时,发行的证券期限最长为5年(住房抵押贷款证券化的期限可以长达15—30年),对短期投资者很有吸引力。

(三)基础资产池

汽车贷款证券化基础资产池的信用状况会直接影响到证券化交易,因此构造资产池时需要遵循一定的标准,具体来说,应注意以下几个方面:

1. 首期付款/汽车价格,贷款总额/汽车价

这两个比例是贷款分析的重要指标。首期付款所占的比例越高,贷款总额相对于汽车价款越低,借款人违约的可能性越小,违约造成的损失也较少。为

了提高资产池的信用质量,应尽量选择首期付款数额大、贷款总额占汽车价款比例低的贷款。

2. 长期贷款的比重

贷款期限的长短往往意味着不同的风险。贷款期限长的借款人中低收入者居多,他们通过延长还款期限来减少每月应偿付的贷款额,这一类贷款的违约率相对较高;而且贷款期限越长,本金的摊还就越慢,一旦借款人破产,损失也就越严重。因此从减少损失的角度出发要求限制长期贷款的规模。证券化交易一般会要求汽车贷款的期限不超过 5 年。如果资产池中包括超过 5 年期限的贷款,则其比重也必须很小。

3. 资产池中新旧汽车贷款的比重以及该比重在整个证券化期限内的变化

根据经验分析,旧车贷款的违约和损失要比新车贷款严重,因此如果资产池中加入旧车贷款,则应该限制其比重。

4. 借款人的地理分布

如果借款人的地理分布过于集中,则地区性的经济衰退对资产池的影响就相对严重,因此应注意选择地理分布尽量分散的贷款。

5. 资产池的成熟度

汽车贷款的成熟度是指贷款合同已履约的时间。不同成熟度的贷款发生损失的概率是不同的。如果贷款人保存了足够长时期的历史记录,就可以通过分析以往借款人还款、拖欠和违约的资料,估计汽车贷款的损失多发期。国外资料表明,汽车贷款的损失多发生在贷款合同签订后的 6—18 个月期间,可见成熟度越高的贷款发生损失的可能性越小,越有利于提高资产池的质量。因此,选择贷款时应合理控制成熟的汽车贷款与新发放贷款之间的比例。

(四) SPV 与受托人、服务商

汽车贷款的贷款人将贷款以真实出售的方式转让给 SPV,以达到破产隔离的目的。然后 SPV 将抵押资产交由受托人管理,由受托人负责向投资者支付本金和利息。

服务商在汽车贷款证券化中主要履行收款职责,并将款项转移给受托人。汽车贷款证券化交易一般不要求有备用服务商。但如果证券化交易的信用级别下降或服务商破产,则应该考虑寻找备用服务商并使其参与证券化交易。并不是在所有交易的信用状况恶化或服务商提出破产申请时马上由备用服务商负责贷款本金利息的回收,因为更换服务商造成的服务中断会给证券化交易带来损失。服务商在收款和资金管理方面的能力也是证券化评级的参考因素之一。

在没有备用服务商的证券化交易中,一旦原服务商确实不能履行义务时,通常由受托人作为继任服务商。在这种情况下,受托人的服务能力和专业技能也就列入了证券化评级的考虑因素之列。

需要注意的是,受托人与服务商在证券化交易过程中都负有资金管理的职责,但他们在交易结构中所处的位置和面向的对象不同。服务商属于资金管理的上游环节,直接面向借款人,如果借款人违约,服务商要履行垫款的职责;而受托人一般由银行担任,面向投资者,向投资者支付本息并代表他们的利益,属于资金管理的下游环节。

五、基础设施收费证券化

(一)基础设施

基础设施是一国经济和社会发展的主要基础条件。它大致包括公路、铁路、航空等交通设施,通信设施,市政设施(如供水、供电和供气等设施),以及为国民经济和人民生活提供基本服务的设施。

基础设施通常可以分为两类:

第一,自然垄断行业,如电力、通信、市政基础设施等。由于平均成本递减规律的作用,一定程度的垄断有利于提高效率、降低成本,所以政府通常采取严格的进入限制政策,除非获得特许经营权,一般私人部门很难进入。

第二,纯公共品,如市政公路、排污设施、环保设施等,所提供的产品和服务具有非排他性和非竞争性两个特性。

对于纯公共品,人们无法制定恰当的价格也不存在收费的可能(或收费成本太高,使之成为不可能)。并且这些纯公共品具有显著的外部正效应,任何私人部门都不愿进入该领域,因而只有采取政府公共生产的方式免费提供。因此,基础设施证券化针对的是前面一类。

(二)基础设施收费证券化

采取基础设施收费证券化的方式为基础设施建设融资是近几年来兴起的一种融资方式。基础设施收费证券化是指以基础设施的未来收费所得产生的现金流收入为支持发行证券进行融资的方式。由于基础设施的收费所得通常具有能在未来产生可预测的稳定的现金流、缴费拖欠的比例低等特点,是很适合采取证券化融资的资产。

本章小结

- 资产证券化是指将资产通过结构性重组转化为证券的金融活动。

- 结构性重组是资产证券化的关键所在。所谓结构性重组,就是将基础资产转移给特别目的载体以实现破产隔离,此后通过基础资产的现金流重组,以证券的形式出售给投资者的过程。

- 资产证券化的参与主体主要包括:发起人、特别目的载体、信用增级机构、信用评级机构、承销商、服务商和受托人。

- 完成一次资产证券化交易,需完成如下运作步骤:确定基础资产并组建资产池;设立特别目的载体;资产转移;信用增级;信用评级;发售证券;向发起人支付资产购买价款;管理资产池;清偿证券。

- 资产证券化有以下三个特征:资产证券化是资产支持融资;资产证券化是结构融资;资产证券化是表外融资。

- 资产证券化自20世纪70年代在美国问世以来,短短三十余年的时间里,获得了迅猛发展。从某种意义上说,证券化已经成为当今全球金融发展的潮流之一。资产证券化之所以取得如此迅速的发展,根本原因在于资产证券化能够为参与各方带来好处。

- 破产隔离是资产证券化的核心。资产证券化中的破产隔离含义包括两个方面:一是资产转移必须是真实销售的,二是SPV本身是破产隔离的。

- 根据产生现金流的证券化资产的类型不同,资产证券化可分为住房抵押贷款证券化和资产支持证券化两大类,其区别在于:前者的基础资产是住房抵押贷款,而后者的基础资产则是除住房抵押贷款以外的其他资产。

思考题

1. 如何理解资产证券化的定义?
2. 试述资产证券化的参与主体和运作流程。
3. 资产证券化有哪些特征?
4. 试述资产证券化的意义。
5. 如何理解破产隔离的含义?
6. 辨析住房抵押贷款证券化和资产支持证券化。

第十一章 投资基金

☞ **本章概要** 投资基金是资本市场的一个重要组成部分,它扩大了投资银行可以向客户提供的服务和产品的名单,并越来越成为投资银行业务中不可分割的一部分。证券投资基金、对冲基金和私人股权投资基金是最常见的三种投资基金,本章对上述三种投资基金的概念、运作和种类进行了介绍。

☞ **学习目标** 了解证券投资基金、对冲基金和私人股权投资基金的概念、运作和主要的种类。

> 我曾经是一个禁止地雷条约的积极支持者,但是,我的基金却持有一个生产地雷的公司的股票。我只好卖掉这些股票,虽然这是一项很有吸引力的投资。
>
> ——索罗斯

第一节 证券投资基金

一、证券投资基金的概念

(一)证券投资基金的定义

证券投资基金是一种利益共享、风险共担的集合投资方式,即通过公开发行基金份额,集中投资者的资金,由基金管理人管理,由基金托管人托管,以集合投资的方式进行证券投资。

(二)证券投资基金的特点

证券投资基金主要有以下六个特点:

1. 集合理财,专业管理

基金将众多投资者的资金集中起来,委托基金管理人进行投资,有利于发挥资金的规模优势,降低投资成本,是一种集合理财行为。基金管理人一般拥有大量专业的投资研究人员和完善的投资决策机制,投资者将资金交给基金管理人管理,能够享受专业化的投资管理服务。

2. 组合投资,分散风险

在投资活动中,风险和收益总是并存的,而通过分散的多样化投资能够降低投资风险。但是,中小投资者由于资金实力有限,很难实现分散的多样化投资。而投资基金通过汇集众多投资者的小额资金,形成雄厚的资金实力,可以进行科学的组合,进行分散投资,实现资产组合的多样化,从而降低了投资风险。因此,组合投资、分散风险是证券投资基金的一大特色。

3. 利益共享,风险共担

证券投资基金投资收益在扣除基金应承担的费用后,盈余全部归基金投资者所有。基金投资者依其所持基金份额的多少享受证券投资基金的收益,也承担亏损的风险。基金管理人、托管人只能按照规定收取一定的管理费、托管费,并不得参与基金收益的分配。

4. 独立托管,资产安全

资产托管是基金运作的基本制度。基金管理人负责基金的投资运作,但并不保管基金财产。基金财产由完全独立于管理人的托管人负责保管,以确保基金资产的安全。

5. 买卖方便,易于变现

基金的买卖程序简便,投资者易于投资和变现。一般而言,对开放式基金,投资者既可以向基金管理人直接申购或赎回基金,也可以通过商业银行、证券公司等代理销售机构申购或赎回。封闭式基金一般在证券交易所上市交易,买卖程序与股票相似,投资者可通过交易所买卖封闭式基金。

6. 监管严格,信息透明

为确实保护投资者利益,各国证券监管机构均对基金业实行严格的监管,并强制基金进行较为充分的信息披露,以便于投资者了解信息和进行投资决策。

二、证券投资基金的种类

根据不同的标准,证券投资基金可以进行不同分类,这里介绍几种主要的分类。

(一) 开放式基金和封闭式基金

根据基金份额是否可增加或减少,证券投资基金可分为开放式基金和封闭式基金。

开放式基金是指投资者可以随时向基金管理人或其代理销售机构申购或赎回,因而规模不是固定不变的证券投资基金。

封闭式基金是相对于开放式基金而言的,是指在发行完毕后和规定的期限内,基金规模固定不变的投资基金。

开放式基金和封闭式基金的主要区别如下:

第一,基金规模的可变性不同。封闭式基金均有明确的存续期限(我国现有的封闭基金,存续期一般为15年),在此期限内已发行的基金份额不能被赎回。虽然特殊情况下此类基金可进行扩募,但扩募应具备严格的法定条件。因此,在正常情况下,基金规模是固定不变的。而开放式基金所发行的基金份额是可赎回的,而且投资者在基金的存续期间内也可随意申购基金份额,导致基金的资金总额每日均不断地变化。换言之,它始终处于"开放"的状态,这是封闭式基金与开放式基金的根本差别。

第二,基金份额的买卖方式不同。封闭式基金发起设立时,投资者可以向基金管理人或销售机构认购;当封闭式基金上市交易时,投资者又可在证券交易所按市价买卖。而投资者投资于开放式基金时,则可以随时向基金管理人或代理销售机构申购或赎回。

第三,基金份额的买卖价格形成方式不同。封闭式基金因在交易所上市,其买卖价格受市场供求关系影响较大:当市场供小于求时,基金份额的买卖价格可能高于每份基金份额的资产净值,这时投资者拥有的基金资产就会增加;当市场供大于求时,基金价格则可能低于每份基金份额的资产净值。而开放式基金的买卖价格是以单位基金资产净值为基础计算的,可直接反映基金份额资产净值的高低。在基金的买卖费用方面,投资者在买卖封闭式基金时与买卖上市股票一样,也要在价格之外付出一定比例的证券交易税和手续费;而开放式基金的投资者需缴纳的相关费用(如首次认购费、赎回费)则包含于基金价格之中。

第四,基金的投资策略不同。由于封闭式基金不能随时被赎回,其募集到的资金可全部用于投资,这样基金管理公司便可据以制定长期的投资策略,取得长期经营绩效。而开放式基金则必须保留一部分现金,以便投资者随时赎回,而不能尽数用于长期投资,且一般投资于变现能力强的资产。

(二) 公司型基金和契约型基金

根据组织形式的不同,证券投资基金可分为公司型基金和契约型基金。

契约即合同,契约型基金是基金投资者和基金管理人、基金托管人订立基金合同而组建的投资基金。基金管理公司依据法律、法规和基金合同负责基金的经营和管理操作;基金托管人负责保管基金资产,执行管理人的有关指令,办理基金名下的资金往来;投资者通过购买基金份额,享有基金投资收益。英国、日本和中国香港、台湾地区的基金多是契约型基金。我国《基金法》所规定的基金即为契约型基金。

公司型基金是具有共同投资目标的投资者参照公司的组织架构组成以赢利为目的、投资于特定对象(如各种有价证券、货币)的股份制投资公司。这种基金通过发行股份的方式筹集资金,是具有法人资格的经济实体。基金持有人既是基金投资者又是公司股东,按照公司章程的规定,享受权利,履行义务。公司型基金成立后,通常委托特定的基金管理公司运用基金资产进行投资。基金资产的保管则委托托管人,托管人的主要职责是保管基金资产并执行基金管理人的指令,二者权责分明。基金资产独立于基金管理人和托管人的资产之外,即使受托的金融保管机构破产,受托保管的基金资产也不在清算之列。美国的基金多为公司型基金。

契约型基金与公司型基金的主要区别有以下几点:

第一,法律依据不同。契约型基金是依照基金合同组建的,体现了信托关系,基金按照基金合同来运作;公司型基金是依照公司的组织结构组建的,依据公司章程来经营。

第二,法人资格不同。契约型基金不具有法人资格,而公司型基金本身就是具有法人资格的股份有限公司。

第三,投资者的地位不同。契约型基金的投资者是信托关系下的受益人,公司型基金的投资者则是公司的股东。

从投资者的角度看,这两种投资方式没有太大的区别,至于一个国家采取哪一种方式好,要根据具体情况进行分析。目前,一些国家和地区采用两种形态并存的办法,力求把两者的优点都利用起来。

(三) 股票基金、债券基金、货币市场基金和混合基金

根据投资对象的不同,证券投资基金可分为股票基金、债券基金、货币市场基金和混合基金。

股票基金是以股票为投资对象的证券投资基金,是证券投资基金的主要种类。依据中国证监会颁布的《证券投资基金运作管理办法》的规定,60%以上的资产投资于股票的基金为股票基金。

债券基金是一种以债券为投资对象的证券投资基金,它通过集中众多投资者的资金,购买债券进行组合投资,寻求较为稳定的收益。按照《证券投资基金运作管理办法》的规定,80%以上的资产投资于债券的基金为债券基金。债券基金的波动性通常要小于股票基金,因此一般为风险承受能力较低的投资者所喜爱。

货币市场基金是指仅投资于货币市场工具的基金。根据中国证监会、中国人民银行颁布的《货币市场基金管理暂行规定》,其投资范围包括:现金;一年以内(含一年)的银行定期存款、大额存单;剩余期限在 397 天以内(含 397 天)的债券;期限在一年以内(含一年)的中央银行票据;中国证监会、中国人民银行认可的其他具有良好流动性的货币市场工具。

混合基金是同时投资于股票、债券、货币市场工具或其他金融产品的基金。按照中国证监会颁布的《证券投资基金运作管理办法》的规定,投资于股票、债券和货币市场工具,并且股票投资和债券投资的比例与股票基金和债券基金不一致的,为混合基金。

三、证券投资基金的当事人

(一) 基金持有人

基金持有人是指购买并持有基金份额的个人或机构,也就是基金的投资者,他们是基金的实际所有者。

一般来说,基金持有人的权利包括:

(1) 分享基金财产收益。

(2) 参与分配清算后的剩余基金财产。

(3) 依法转让或者申请赎回其持有的基金份额。

(4) 按照规定要求召开基金持有人大会。

(5) 对基金持有人大会的审议事项行使表决权。

(6) 查阅或者复制公开披露的基金信息资料。

(7) 对基金管理人、基金托管人、基金份额发售机构损害其合法权益的行为依法提起诉讼。

(8) 基金合同约定的其他权利。

基金持有人在享有上述权利的同时,还要履行基金合同或者基金章程规定的义务。

(二) 基金管理人

基金管理人是指接受基金投资者的委托,凭借专门的知识与经验,运用所管理基金的资产,根据法律、法规及基金合同或基金章程的规定,按照科学的投资组合原理进行投资决策,谋求所管理的基金资产不断增值,并使基金持有人获取最大收益的机构。

基金管理人的职责主要有:

(1) 依法募集基金,办理或者委托经中国证监会认定的其他机构代为办理基金份额的发售、申购、赎回和登记事宜。

(2) 办理基金备案手续。

(3) 对所管理的不同基金财产分别管理、分别记账,进行证券投资。

(4) 按照基金合同的约定确定基金收益分配方案,及时向基金份额持有人分配收益。

(5) 进行基金会计核算并编制基金财务会计报告。

(6) 编制中期和年度基金报告。

(7) 计算并公告基金资产净值,确定基金份额申购、赎回价格。

(8) 办理与基金财产管理业务活动有关的信息披露事项。

(9) 召集基金份额持有大会。

(10) 保存基金财产管理业务活动的记录、账册、报表和其他相关资料。

(11) 以基金管理人的名义,代表基金份额持有人利益行使诉讼权力或者实施其他法律行为。

基金管理人是基金资产的管理和运用者,基金收益的好坏取决于基金管理人的投资运作水平,投资者的利益与基金管理人的素质密切相关。各个国家或地区对基金管理人的任职资格都有比较严格的限定,只有具备一定条件的机构才能担任基金管理人。一般而言,申请成为基金管理人的机构要依照本国或本地区的有关法规,经政府有关主管部门审核批准后,方可取得基金管理人的资格。

(三) 基金托管人

基金托管人是为基金资产提供安全保管及清算交割等服务的机构。为了保证基金资产的安全,基金应按照资产管理和保管分开的原则进行运作,并由专门的基金托管人保管基金资产。从某种程度上说,基金托管人和基金管理人是一种既相互合作,又相互制衡、相互监督的关系。鉴于基金托管人的重要性,有人把基金托管人誉为"基金安全的守护神"。

基金托管人应当履行下列职责:

(1) 安全保管基金财产。

(2) 按照规定开设基金财产的资金账户和证券账户。

(3) 对所托管的不同基金财产分别设置账户,确保基金财产的完整与独立。

(4) 保存基金托管业务活动的记录、账册、报表和其他相关资料。

(5) 按照基金合同的约定,根据基金管理人的投资指令,及时办理清算、交割事宜。

(6) 办理与基金托管业务活动有关的信息披露事项。

（7）对基金财务会计报告、中期和年度基金报告出具意见。
（8）复核、审查基金管理人计算的基金资产净值和基金份额申购、赎回价格。
（9）按照规定召集基金份额持有人大会。
（10）按照规定监督基金管理人的投资运作。

由于基金托管人在基金运作中扮演非常重要的角色，境外对基金托管人的任职资格都有严格的规定，一般都要求由商业银行及信托投资公司等金融机构担任，并有严格的审批程序。在我国，根据《基金法》及中国证监会、中国银监会颁布的《证券投资基金托管资格管理办法》的规定，只有经中国证监会和中国银监会核准，取得基金托管资格的商业银行才能担任基金托管人。

四、证券投资基金的运作

证券投资基金的运作包括：基金的设立、基金的发行与交易、基金投资管理、信息披露、基金终止。

（一）基金的设立

发起设立基金的机构称为基金发起人。发起人在基金设立过程中的行为构成发起人行为，发起人是完成筹办基金法定程序的执行者和代表者，发起人的行为构成基金的设立行为。如果基金设立成功，因发起人行为而产生的权利和义务转由基金持有人承担；如果基金未设立成功，因发起人行为所引起的权利和义务则由发起人自己承担。一般来说，基金发起人由基金管理人担任。

设立基金，应当具备下列条件：
（1）有明确的组织形式和运作方式。
（2）有合法的投资方向和明确的投资策略。
（3）有合格的基金管理人和基金托管人。
（4）法律、行政法规和监管机构规定的其他条件。

申请设立基金，一般要完成以下工作：
（1）基金发起人准备各种法律文件，包括申请报告、基金合同或者基金章程、招募说明书等。
（2）基金发起人准备好各种文件后，上报到监管机构。监管机构对这些文件进行审核，如果符合有关标准，则批准基金发起人公开发行基金。
（3）基金发起人在收到监管机构批准后，于发行前公布招募说明书，并公告具体的发行方案。

（二）基金的发行与交易

基金的发行也叫基金的募集，它是指基金发起人在其设立或扩募基金的申请获得监管机构批准之后，向投资者推销基金份额、募集资金的行为。

常见的基金发行方式有四种：

(1) 直接销售发行。基金不通过任何专门的销售部门直接销售给投资者。

(2) 包销方式。基金由经纪人按基金的资产净值买入，然后再以公开销售价格专卖给投资人。

(3) 销售集团方式。由包销人牵头组成几个销售集团，基金由各销售集团的经纪人代销。

(4) 计划公司方式。在基金销售过程中，有一公司(即计划公司)在基金销售集团和投资人之间充当中间销售人，以使基金能以分期付款的方式销售出去。

基金的交易是在基金发行之后进行的买卖活动。封闭式基金一般是在证券交易所挂牌上市交易，开放式基金一般不到证券交易所挂牌上市交易，而是通过指定的销售网点进行申购或赎回。

(三) 基金投资管理

基金投资管理的核心问题是投资目标和投资政策。投资目标是指基金所追求的收益类型，投资政策是基金实现投资目标的手段。不同类型的基金有不同的投资目标和投资政策，投资目标和投资政策通常是在基金招募说明书中列明。

一般来说，任何基金的主要投资目标都是下列三个目标之一：当期收入、资本利得、当期收入和资本利得。不同基金有不同的投资目标。基金投资目标一般都在基金招募说明书中阐述，投资目标一旦确定，如果没得到投资者同意，就不能轻易改变。

投资政策是指为了实现基金投资目标，所选择的投资资产类型和所采取的投资策略。每个基金都需要在招募说明书中陈述它的投资政策，以使现有的和潜在的投资者了解基金投资资产类型和投资策略。具体来说，投资政策涉及这样一些内容：投资资产类别和组合、投资策略、投资限制。

(四) 信息披露

信息披露是法律规定的保护投资者利益的重要手段。由于投资者涉及众多的投资者利益，而且在基金运作中，由于投资者和基金管理人之间存在委托代理关系，信息不对称问题就非常明显。投资者和基金管理人之间的信息不对称可能导致基金管理人利用信息优势损害投资人利益，这个问题如果不加以有效解决，必然对基金业产生不利影响。因此，为了保护投资者利益，充分的信息披露是非常重要的。

（五）基金终止

有下列情形之一，基金将终止：

（1）封闭式基金存续期末未续期的。

（2）基金持有人大会决定终止的。

（3）原基金管理人、基金托管人职责终止，没有新基金管理人、基金托管人承接的。

（4）基金契约或者基金章程规定的其他情形。

第二节 对冲基金

一、对冲基金的概念

（一）对冲基金的定义

对冲基金（hedge fund）是一种私募的投资基金，以各种公开交易的有价证券和金融衍生工具为投资对象，其投资策略包括一般投资基金所不具备的对冲套利操作，即具备多空双向运作机制，可灵活运用各种衍生金融产品、杠杆工具进行避险或套利。

（二）对冲基金的特点

对冲基金有以下四个特点：

1. 投资活动的复杂性

近年来，结构日趋复杂、花样不断翻新的各类金融衍生产品，如期货、期权、掉期等逐渐成为对冲基金的主要操作工具。这些衍生产品本为对冲风险设计，但因其低成本、高风险、高回报的特性，成为许多现代对冲基金进行投机行为的得力工具。对冲基金将这些金融工具配以复杂的组合设计，根据市场预测进行投资，在预测准确时获取超额利润，或是利用短期市场波动而产生的非均衡性设计投资策略，在市场恢复正常状态时获取差价。

2. 投资效应的高杠杆性

典型的对冲基金往往利用银行信用，以极高的杠杆借贷在其原始基金量的基础上几倍甚至几十倍地扩大投资资金，从而达到最大程度获取回报的目的。对冲基金的证券资产的高流动性，使得对冲基金可以利用基金资产方便地进行抵押贷款。一个资本金只有1亿美元的对冲基金，可以通过反复抵押其证券资产，贷出高达几十亿美元的资金。这种杠杆效应的存在，使得一笔交易扣除贷款利息的净利润远远大于仅使用1亿美元的资本金运作可能带来的收益。同样,也恰恰因为杠杆效应,对冲基金在操作不当时往往亦面临超额损失的巨大风险。

3. 筹资方式的私募性

对冲基金的组织结构一般是合伙人制,基金投资者以资金入伙,提供大部分资金但不参与投资活动;基金管理者以资金和技能入伙,负责基金的投资决策。由于对冲基金在操作上要求高度的隐蔽性和灵活性,因而在美国对冲基金的合伙人一般控制在 100 人以下,而每个合伙人的出资额在 100 万美元以上。由于对冲基金多为私募性质,从而规避了美国法律对公募基金信息披露的严格要求。由于对冲基金的高风险性和复杂的投资机理,许多西方国家都禁止其向公众公开招募资金,以保护普通投资者的利益。为了避开美国的高税收和美国证券交易委员会的监管,在美国市场进行操作的对冲基金一般在巴哈马和百慕大群岛等一些税收低、管制松散的地区进行离岸注册,并仅限于向美国境外的投资者募集资金。

4. 操作的隐蔽性和灵活性

对冲基金与面向普通投资者的证券投资基金不但在基金投资者、资金募集方式、信息披露要求和受监管程度上存在很大差别,在投资活动的公平性和灵活性上也存在很大差别。证券投资基金一般有较明确的资产组合定义,即在投资工具的选择和比例上有确定的方案,如平衡型基金指在基金组合中股票和债券大体各半,增长型基金只侧重于高增长性股票的投资;同时,证券投资基金不得利用信贷资金进行投资。而对冲基金则完全没有这些方面的限制和界定,可利用一切可操作的金融工具和组合,最大限度地使用信贷资金,以牟取高于市场平均利润的超额回报。由于操作上的高度隐蔽性和灵活性以及杠杆融资效应,对冲基金在现代国际金融市场的投机活动中担当了重要角色。

二、对冲基金的结构

为了规避大多数证券法律,对冲基金通常被设计为有限合伙制结构。在对冲基金中有两类合伙人,一般合伙人(GP)和有限合伙人(LP)。GP 是对冲基金的发起人,处理对冲基金的所有交易和日常运营。LP 贡献了大多数的资金,但是不涉及交易或日常运营。典型的 GP 实体是一个有限责任合伙结构(LLP),选择有限责任合伙结构是因为有限合伙结构中 GP 只对其在有限合伙结构中的投资部分责任。GP 通常就是基金的管理人,有时 GP 根据投资顾问的建议确定投资机会。

图 11.1 描述了对冲基金的典型结构。

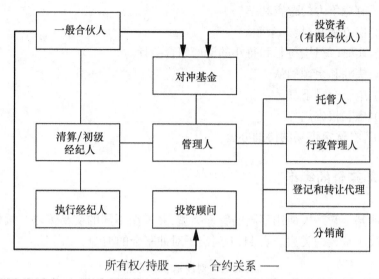

图 11.1 对冲基金的结构

GP 和 LP 通常签署合伙协议,合伙协议包括下列事项：
(1) 投资目标、策略和风险因素。
(2) 有限合伙人何时可以投资、增加投资和撤回资金。
(3) 关于管理费和激励费的细节。
(4) 如何处理全额撤资的细节。

大多数的美国对冲基金收取标准的 1% 管理费和 20% 激励费。1% 的费用通常是每季度预支 0.25%。然而,一些对冲基金收取更高的费用,例如,一只 100 亿美元的对冲基金 Caxton 收取 3% 的管理费用和 30% 的激励费用。

多数基金看住"潮标",如果在给定的业绩费时期内,基金投资损失,那么投资者在接下来的时间内就不被征收任何费用,直到损失全部得到弥补为止。另一种变化是"优先收益",即基金只有在实现了某个收益率后,才收取激励费。

初级经纪人业务是为对冲基金提供托管、清算、融资和融券的一整套服务。这些服务使对冲基金可以有多个经纪人,而只保持一个经纪人账户。初级经纪人作为基金的后台支持,为基金管理人有效地管理业务提供必要的运营服务,这使一般合伙人能专注于投资策略而不是运营事项。优秀的初步经纪人提供的服务包括:
(1) 集中托管。
(2) 清算。
(3) 融券。

(4) 有竞争力的融资利率。

(5) 借方余额/贷方余额。

(6) 实时、每日、每月和每年的资产组合会计。

(7) 头寸和余额确认。

(8) 电子交易下载。

(9) 虚卖报告。

(10) 在选定市场的协助办公。

三、对冲基金的类型

对冲基金管理人使用不同的管理类型,并遵循不同的交易策略。投资者的风险取决于基金的类型。表11.1列出了对冲基金的类型。

表11.1 对冲基金的类型

风格	定义	持有期	预期的波动性
新兴市场型	投资于新兴市场,某些市场不允许卖空,因此管理人必须利用其他方式对冲	短期/中期	非常高
只做空型	只进行证券做空	中期	非常高
宏观操作型	采取策略从主要的货币或利率变化中获利	中期	非常高
板块操作型	投资于市场的特定板块	中期	高
投资于困境公司型	主要投资于濒临破产倒闭或处于重组中的公司债券	中期/长期	中等
增长型	主要投资于高增长型公司	中期/长期	中等
风险套利型	对目标公司做多,同时对收购方做空	中期	中等
可转换套利型	对可转换证券做多,对基础股票做空	中期	低
高收益型	主要投资于非投资级证券	中期	中等
事件驱动型	根据预期的事件采取操作	中期	中等
价值型	主要侧重于内在价值:资产、现金流量的账面价值和失宠的股票	长期	低/中等
机会主义型	短期内激烈操作交易	短期	低/中等
市场中立型	组合头寸以创造零β	短期/中期	低
收敛(趋同)型	发掘各种证券之间暂时的脱轨关系,当这种关系恢复到正常水平时即可获利	短期/中期	低

第三节 私人股权投资基金

一、私人股权投资基金的概念

（一）私人股权投资基金的定义

私人股权投资基金(private equity fund)是指以非上市股权为投资对象的私募基金。

（二）私人股权投资基金的种类

表11.2概括了私人股权投资基金的种类。在本节后面的内容中，我们将对其中的风险投资基金和并购重组基金进行重点介绍。

表 11.2 私人股权投资基金的种类

基金类别	基金类型	投资方向	投资风格	风险收益特征	主要代表
风险投资基金	种子期基金 初创期基金 成长期基金 Pre-IPO 基金	主要投资中小型、未上市的成长企业	分散投资、参股为主	高风险高收益	高盛、摩根斯坦利、IDG、软银、红杉
并购重组基金	MBO 基金 LBO 基金 重组基金	以收购成熟企业为主，单体投资规模通常很大	控股或参股	风险、收益中等	高盛、美林、凯雷、KKR、黑石、华平
资产类基金	基础设施基金 房地产投资基金 融资租赁基金	主要投资于基础设施、收益型房地产等	具有稳定现金流的资产	低风险稳定收益	麦格理、高盛 EOP、领汇、越秀 REIT
其他 PE 基金	PIPE 夹层基金 问题债务基金	PIPE：上市公司非公开发行的股权 夹层基金：优先股和次级债等 问题债务基金：不良债权	—	—	夹层基金：高盛、黑石

二、风险投资基金

(一) 风险投资和风险投资基金

根据美国全美风险投资协会(NVCA)的定义,风险投资(venture capital, VC)[①]是指投资于极具发展潜力的创业企业并为之提供专业化经营服务的一种权益性资本。由此可见,风险投资的本质内涵是以资本支持与经营管理服务培育和辅导企业创业与发展。

风险投资依据其组织化程度,可以划分为三种形态:一是"个人分散性的风险投资",即天使投资(angels),它由个人分散地将资金投资于创业企业,或通过律师、会计师等非职业性投资中介人将资金投资于创业企业,这类风险投资在19世纪末即开始发展;二是"非专业管理的机构性风险投资",一些控股公司与保险公司等并非专门从事风险投资的机构以部分自由资本直接投资于创业企业,这类风险投资起步于20世纪前叶;三是"专业化和机构化管理的风险投资",即风险投资基金,它与前两大类的本质区别,是通过专业化的风险投资经营机构,实现了风险投资经营主体的专业化和机构化,因而是风险投资的高级形态。

因此,风险投资基金只是风险投资的一种形式,即只有实现了风险投资运作的专业化和机构化管理的集合委托风险投资,才是风险投资基金。与"个人分散性的风险投资"和"非专业管理的机构性风险投资"相比,风险投资基金存在如下优势:第一,风险投资基金具有较大的资金规模,因而能够通过组合投资分散和规避投资风险;第二,实现了专家管理,因而有利于提高运作效率;第三,实现了专家管理的机构化,从而有利于市场对其进行及时评价和监督。因此,风险投资基金从20世纪40年代中期出现以来,已经迅速发展成为风险投资的主要形态。

(二) 风险投资基金的特点

1. 风险投资基金采取的是一种私募权益投资方式

这个特点包含两层含义:其一,风险投资基金的投资是权益性的,而不是借贷投资,因此其着眼点并不在于投资对象当前的盈亏,而是在于它们的发展前景和资产的增值,以便能通过上市或出售而获得高额的资本利得回报。其二,

---

① "venture capital"一词在国内有着不同的译法,如"风险投资"、"风险资本"、"创业投资"等,尽管各种译法都有其道理,但"风险投资"的译法更为常见(尽管这一译法本身并不是很准确),因此,本书中就采用"风险投资"这一用法。另外,还有"venture capital investment"一词,我们认为其含义与"venture capital"相同,亦为"风险投资"之意。

风险投资基金所投资企业的股权一般都是以私募证券的形式拥有的,如果风险投资基金通过收购上市公司来进行投资,那么经收购后,这家公司一般也就变成了私募持有的公司,即非上市公司。即使在非常罕见的情况下,风险投资基金投资了上市公司,它们一般也是持有这些公司的非公开交易股票。

2. 风险投资基金一般采取组合投资方式

为了分散风险,风险投资基金通常投资于一个由多个项目组成的项目组合,利用成功项目所取得的回报来抵偿失败项目的损失并取得收益。

3. 风险投资基金的投资期限通常为3—7年

风险投资基金预期在这短短的几年内所投资的公司就会经营成功,从而价值暴涨,获得高额的投资收益。

4. 风险投资基金一般对具有优秀管理层和优良管理制度的公司感兴趣

较弱的管理意味着在投资以后还需寻找新的管理层和制定新的管理制度来取代原有的管理层和管理制度,这将面临业务中断甚至完全失败的风险。另外,这还意味着风险投资基金要为所投资的公司寻找新的管理方式而投入相当多的时间和精力,这样无疑会造成它们对所投资的其他公司的关注减少。

5. 风险投资基金采取的是参与管理型的专业投资方式

风险投资基金不仅向投资对象提供资金,还用其长期积累的经验、知识和信息网络帮助企业管理人员更好地经营企业,尽力帮助创业者取得成功。一般来说,风险投资基金总是希望在所投资的企业中获得董事一级的地位或者在公司里有这一级别的人作为自己的代表,为公司在战略、财务计划和管理方面提供建议。

(三) 风险投资基金的运作

1. 投资对象的选择

大多数风险投资基金以如下四个方面作为选择投资对象的标准:

第一,市场前景。任何一项技术或产品都需要市场做基础,市场是技术和产品成长的保证,也是利润的保证。理想的市场应该是能够迅速成长并且发展潜力巨大的市场,风险投资基金认为如下行业拥有理想的市场,并由此受到风险投资基金的青睐:生物技术、通信、计算机等。

第二,公司管理层。在评估投资前景时,管理层的素质是一个主要的因素,一定意义上甚至超过技术与产品。只有在一家公司拥有优秀的管理团队时,风险投资家才会对这家公司感兴趣。"一流团队"加上"二流产品"将比"二流团队"加上"一流产品"更有可能获得风险投资基金的青睐。

第三,公司发展阶段。根据企业的发展周期,企业可以分为五个阶段:种子期、创建期、成长期、扩张期、获利期。从实践来看,风险投资基金主要投资于成长期企业。

第四,投资规模。考虑到管理每个风险投资对象要花费的时间和成本,风险投资基金一般不愿意把投资分配到大量的小额交易中去,但是也很少有风险投资基金敢于将所有投资孤注一掷,即使是分散在少数几个项目的情况也很少见。因此,大多数风险投资基金都规定了对风险项目的最高和最低投资额,每个风险投资基金理想的投资规模由其风险资金的规模决定。对于超出最大值而又值得投资的对象,风险投资基金将会选择与其他风险投资基金联合投资。

2. 交易构造

交易构造是指创业企业与风险投资基金之间经过协商达成的一系列协议,目的是为了协调双方在特定风险投资交易中的不同需求。在这个阶段要解决的问题是:

第一,金融工具的选择。风险投资基金在构造交易时对金融工具的选择取决于被投资企业的类型、风险投资基金的资金来源、风险投资家的经营哲学等。最常用的金融工具有:优先股、可转换债和附认股权债。

第二,交易价格的确定。价格决定了风险投资基金在投资期内的期望收益水平,只有当期望收益水平能够补偿所预见的风险时,风险投资家才会接受这一价格。

第三,协议条款的签订。当风险投资基金与创业企业就金融工具与价格达成一致意见之后,就开始讨论和签订投资协议的全部条款。

3. 经营与监控

不同的风险投资基金介入被投资企业的程度各有不同,有的偏好于依赖管理层报告和定期视察,有的则愿意发挥更积极的作用。表 11.3 列出了风险投资基金介入管理活动的情况。

表 11.3　风险投资介入的管理活动分布

活动类型	介入活动的比例(%)
后续融资	93.9
制订规划	95.1
营销	63.4
人事安排	73.2
供应商关系	9.8
日常经营	7.3

4. 退出

风险投资基金主要有三种退出方式可选择:首次公开发行(IPO)、出售、回购。当然,如果投资失败,破产清算也是一种退出方式。

第一,首次公开发行。这是一种最佳的退出方式,因为它代表了资本市场对该公司业绩的一种确认,而且企业管理层的独立性得以保持不变。

第二,出售。这是指风险投资基金单方面将所持有的企业股份出售给其他投资者,这种方式能使风险投资基金迅速获得现金,完全退出,因此对风险投资基金有一定的吸引力。但是创业者一般不欢迎这种做法,因为这通常意味着企业被他人收购而失去独立性。

第三,回购。当被投资企业进入稳定发展期时,创业者希望直接由自己控制企业,会要求风险投资基金把股份卖给自己。

第四,破产清算。当公司经营状况不好且难以扭转时,破产清算可能是最好的减少损失的办法。一个风险投资基金投资于糟糕的项目并不可怕,可怕的是知道糟糕后仍执迷不悟,越陷越深。

三、并购重组基金

(一)并购重组基金的概念

并购重组基金是一种专门投资于需要重组的企业并积极参与企业重组活动的私人股权投资基金。由于企业重组基金具有发现价值(发现那些价值被低估、有发展潜力的企业)和创造价值(通过重组提高企业的效益)的功能,所以并购重组基金能使投资者获得较高的投资利润。

在市场经济发达的国家,并购重组基金多用于企业的各种并购活动(如LBO、MBO等)。同时,有些国家的并购重组基金还参与发展中国家企业的大规模重组,如在东南亚金融危机后,欧美等国的金融机构参与东南亚国家企业并购重组和大甩卖而设立的基金。在东欧等经济转轨国家中,并购重组基金出现了一种新的形式,即私有化认股权证基金,其主要目的是在这些国家大规模私有化的过程中,通过基金完成对企业的产权和管理的重组,同时为投资者创造资本增值。但是由于这些国家不具备相关的政治、经济、金融环境和人才资源,企业重组基金在这些国家都未能获得预期的成功。

(二)并购重组基金的运作

一般说来,企业重组基金的运作包括以下几个步骤:

1. 投资对象的选择

企业重组基金所投资的企业通常具有以下几个特点:

第一,非上市企业。

第二,企业有潜在生存能力,并能通过重组获得较大的增值空间。

第三,企业的所有者和管理者愿意进行重组。

第四,在企业规模、所处行业和技术方面满足基金所有者的利益要求。

2. 制订重组方案

在选择和确定投资对象后,就要制订重组方案。重组方案应对债务折扣安排、经营管理的重组以及债务的重组等重大问题作出详细的计划。重组方案应重视退出的安排。

3. 经营管理重组

企业重组基金将根据企业经营的不同情况,对企业进行经营管理重组:

第一,稳定阶段,以项目的止亏为基本目标,集中经营于主营业务,出售非核心资产,适当裁减工人,引进资金管理体制,引进激励机制。

第二,发展阶段,使公司有适度的发展,扩大生产能力,在新技术方面进行投资,开发新产品,开拓新市场,与其他公司结成战略联盟等。

第三,根据项目本身的需要,改组原有的经营管理层,形成新的管理团队。

4. 债务的重组

通常在企业的稳定阶段,债务重组与经营管理重组同时进行。债务重组的方式包括重新制定长期偿债规划、降低利率、债权股权置换等。

5. 退出

与其他产业投资基金的运作一样,重组基金在经过一段期限后就应该退出。退出方式基本上与风险投资基金的退出方式相同。

本章小结

- 证券投资基金是一种利益共享、风险共担的集合投资方式,即通过公开发行基金份额,集中投资者的资金,由基金管理人管理,由基金托管人托管,以集合投资的方式进行证券投资。

- 证券投资基金有以下六个特点:集合理财,专业管理;组合投资,分散风险;利益共享,风险共担;独立托管,资产安全;买卖方便,易于变现;监管严格,信息透明。

- 根据基金份额是否可增加或减少,证券投资基金可分为开放式基金和封闭式基金。根据组织形式的不同,证券投资基金可分为公司型基金和契约型基金。根据投资对象的不同,证券投资基金可分为股票基金、债券基金、货币市场基金和混合基金。

- 证券投资基金的当事人主要包括:基金持有人、基金管理人和基金托管人。

- 证券投资基金的运作包括:基金的设立、基金的发行与交易、基金投资管理、信息披露、基金终止。

- 对冲基金是一种私募的投资基金,以各种公开交易的有价证券和金融衍生工具为投资对象,其投资策略包括一般投资基金所不具备的对冲套利操作,即具备多空双向运作机制,可灵活运用各种衍生金融产品、杠杆工具进行避险或套利。
- 对冲基金有以下四个特点:投资活动的复杂性,投资效应的高杠杆性,筹资方式的私募性,操作的隐蔽性和灵活性。
- 私人股权投资基金是指以非上市股权为投资对象的私募基金。
- 风险投资是指投资于极具发展潜力的创业企业并为之提供专业化经营服务的一种权益性资本。风险投资的本质内涵是以资本支持与经营管理服务培育和辅导企业创业与发展。
- 风险投资依据其组织化程度,可以划分为三种形态:个人分散性的风险投资;非专业管理的机构性风险投资;专业化和机构化管理的风险投资,即风险投资基金。
- 并购重组基金是一种专门投资于需要重组的企业并积极参与企业重组活动的私人股权投资基金。由于企业重组基金具有发现价值和创造价值的功能,并购重组基金能使投资者获得较高的投资利润。

思考题

1. 什么是证券投资基金?有哪些主要分类?
2. 试述证券投资基金的运作。
3. 什么是对冲基金?
4. 什么是私人股权投资基金?
5. 试述风险投资基金的运作。
6. 试述并购重组基金的运作。

第十二章 项目融资

☞ **本章概要** 项目融资的组织安排工作需要具有专门技能的机构来完成,一般来说,无论是项目的发起人,还是项目的出资者,都很难具有协调整个运行复杂、牵涉面广的项目融资工作的专业技能和经验,这项工作通常由投资银行来完成。具体来说,投资银行在项目融资的过程中,主要发挥以下几种作用:项目的可行性分析与风险评价,项目投资结构设计,项目的融资结构模式设计,项目融资的资金选择,项目担保的安排。本章我们首先阐述了项目融资的基本概念,然后按照投资银行在项目融资中所起的作用,分节进行阐述。

☞ **学习目标** 通过本章的学习,首先,了解项目融资的定义、特点和适用范围;其次,掌握项目融资的当事人以及一般程序;再次,了解风险投资的项目可行性分析和风险评价;最后,掌握项目融资的投资结构、融资结构模式、资金选择和项目担保的安排。

横扫亚洲区的民营化进程以及募建项目通过发行股票及贷款筹借资金的活动,会为金融市场带来强大的冲击。

——马哈蒂尔

第一节 项目融资概述

一、项目融资的定义、起源和发展简史

项目融资(project financing)是为一个特定投资项目所安排的融资,项目债权人在最初考虑借款给该项目时,以能够使用该项目的现金流量和未来收益作为偿债资金的来源,并使用该项目实体的资产作为债权的安全保障。根据这个定义,项目融资用来保证资金偿还的主要来源被限制在被融资项目本身的经济强度中,即项目未来可用于偿债的净现金流量和项目本身的资产

价值。

项目融资起源于20世纪30年代,是在西方国家遭受石油危机以后,因为担忧资源不足而大规模开发资源的热潮中产生的。进入50年代,美国一些银行为石油天然气项目所安排的融资活动可视为项目融资的早期形式。60年代中期在英国北海油田开发中使用了有限追索项目贷款方式,这一方式使项目融资开始受到广泛重视。70年代第一次石油危机后的能源工业繁荣时期,项目融资得到了迅速发展,成为当时大型能源项目国际性融资的一种重要手段。80年代初开始的世界性经济危机,使得项目融资进入了低潮。1985年以来,世界经济的复苏使得项目融资又重新在金融界活跃起来,一些具有代表性的项目融资模式的完成,使得这一融资手段在融资结构、追索形式、贷款期限、风险管理等方面又有了新的发展。进入90年代,项目融资越来越依靠资本市场和投资银行,债券项目融资受到了众多筹资人的青睐,并成为投资银行的重要业务。

二、项目融资的基本特点

项目融资的基本特点可以归纳为以下几个主要方面:

1. 以项目为主体安排的融资

主要是依赖于项目的现金流量和资产而不是依赖于项目的投资者或发起人的资信来安排融资是项目融资的第一个特点。项目融资,顾名思义,就是以项目为主体安排的融资,贷款者在项目融资中的注意力主要放在项目在贷款期间能够产生多少现金流量,贷款的数量、融资成本的高低以及融资结构的设计都是与项目的预期现金流量和资产价值直接联系在一起的。

由于项目导向,有些对于投资者很难借到的资金则可以利用项目来安排,有些投资者很难得到的担保条件则可以通过组织项目融资来实现。进一步,由于项目导向,项目融资的贷款期限可以根据项目的具体需要和项目的经济生命周期来安排设计,可以做到比一般商业贷款期限长。近几年的实例表明,有的项目贷款期限可以长达20年之久。

2. 项目贷款人对借款人的有限追索权

有限追索是项目融资的第二个特点。追索是指在借款人未按期偿还债务时,贷款人要求以抵押资产以外的其他资产偿还债务的权利。在某种意义上,贷款人对项目借款人的追索形式和程度是区分融资是属于项目融资还是属于传统形式融资的重要标志。对于后者,贷款人为项目借款人提供的是完全追索形式的贷款,即贷款人更主要依赖的是自身的资信情况,而不是项目本身;而对于前者,作为有限追索的项目融资,贷款人可以在贷款的某个特定阶段(例如项目的建设期和试生产期)对项目借款人实行追索,或者在一个规定的范围内(这种范围包括金额和形式的限制)对项目借款人实行追索,除此之外,无论项目出现何种问题,贷款人均不能追索到项目借款人除该项目资产、现金流量以及所承担的义务之外的任何形式的财产。

有限追索的极端是"无追索",即融资百分之百地依赖于项目的经济强度。在融资的任何阶段,贷款人均不能追索到项目借款人除项目之外的资产。然而,在实际工作中是很难获得这样的融资结构的。

3. 项目的各个当事人共同分担项目风险

为了实现项目融资的有限追索,对于与项目有关的各种风险要素,需要以某种形式在项目投资者(借款人)、与项目开发有直接或间接利益关系的其他参与者和贷款人之间进行分担。一个成功的项目融资应该是在项目中没有任何一方单独承担起全部项目债务的风险责任,这一点构成了项目融资的第三个特点。在组织项目融资的过程中,项目借款人应该学会如何去识别和分析项目的各种风险因素,确定自己、贷款人以及其他参与者所能承受风险的最大能力及可能性,充分利用与项目有关的一切可以利用的优势,最后设计出对投资者具有最低追索的融资结构。

一般来说,风险分担是通过出具各种保证书或做出承诺来实现的。保证书是项目融资的生命线,因为项目公司的负债率都很高,保证书可以把财务风险转移到一个或多个对项目有兴趣但又不想直接参与经营或直接提供资金的第三方。

保证人主要有两大类:业主保证人和第三方保证人。当项目公司是某个公司的子公司时,项目公司的母公司是项目建成后的业主,贷款方一般都要求母公司提供保证书。当项目公司无母公司,或母公司及发起方其他成员不想充当保证人时,可以请他们以外的第三方充当保证人。可以充当保证人的主要有五类人:材料或设备供应商、销售商、项目建成后的产品或服务的用户、承包商和对项目感兴趣的政府机构。

4. 融资成本较高,所需时间较长

与传统的融资方式比较,项目融资存在的一个主要问题,也是其第四个特点,是筹资成本相对较高,组织融资所需要的时间较长。

项目融资涉及面广,结构复杂,需要做好大量有关风险分担、税收结构、资产抵押等一系列技术性的工作,筹资文件比一般公司融资要多出几倍,需要几十个甚至上百个法律文件才能解决问题,这就使得组织项目融资花费的

时间要长一些。

而项目融资的大量前期工作和有限追索性质,导致融资的成本要比传统融资方式高。融资成本包括融资的前期费用和利息两个主要组成部分。

三、项目融资的当事人

项目融资的复杂结构使参与融资结构并在其中发挥不同程度重要作用的利益主体也较传统的融资方式为多。概括起来,项目融资的主要当事人包括:项目发起人、项目公司、项目投资者、项目债权人、项目承建商、项目设备/原材料供应者、项目产品的购买者、融资顾问、保险公司、东道国政府。

1. 项目发起人

项目发起人是项目公司的投资者,是股东,它通过组织项目融资,实现投资项目的综合目标要求。项目的发起人可以是一个公司,也可以是许多与项目有关的公司(如承建商、供应商、项目产品的购买方或使用方)构成的企业集团,还可以是对项目没有直接利益的实体(如交通设施项目中土地所有者和房地产商等)。一般来说,发起人是项目公司的母公司。

2. 项目公司

项目公司通常是项目发起人为了项目的建设而建立的经营实体,它可以是一个独立的公司,也可以是一个合资企业和合伙制企业,还可以是一个信托机构。除项目发起人投入的股本金之外,项目公司主要靠借款进行融资。

3. 项目投资者

项目投资者是项目融资中真正的借款人。在有限追索的融资结构中,项目投资者除了拥有项目公司的全部股权或部分股权以及提供一部分股本资金外,还需要以直接担保或间接担保的形式为项目公司提供一定的信用支持。

4. 项目债权人

项目债权人又叫贷款人,可以是两家商业银行,也可以是由十几家银行组成的国际银团。贷款人的参与数目主要由贷款的规模和项目的风险两个因素决定。

5. 项目承建商

项目承建商通常与项目公司签订固定价格的总价承包合同,负责项目工程的设计和建设。对于大项目,承建商可以另签合同,把自己的工作分包给分包商。项目承建商的实力和以往的经营历史记录,可以在很大程度上影响项目融资的贷款银行对项目建设期风险的判断。

6. 项目设备/原材料供应者

项目设备供应者通过延期付款或者优惠出口信贷的安排，可以构成项目资金的一个重要来源。项目原材料生产者在一定条件下愿意以长期的优惠条件为项目供应原材料以保证其长期稳定的市场。这样有助于减少项目初期以致项目经营期间的许多不确定因素，为安排项目融资提供了有利条件。

7. 项目产品的购买者

项目产品的购买者可以在项目融资中发挥相当重要的作用，构成融资信用保证的关键部分之一。项目产品的购买者通过与项目公司签订长期购买合同（特别是具有"无论提货与否均需付款"和"提货与付款"性质的合同），保证了项目的市场和现金流量，为投资者对项目的贷款提供重要的信用保证。项目产品的购买者作为项目融资的一个参与者，可以直接参加融资谈判，确定项目产品的最小承购数量和价格公式。

8. 融资顾问

项目融资的组织安排工作需要一个具有专门技能的人来完成，绝大多数的项目投资者缺乏这方面的经验和资源，需要聘请专业融资顾问。融资顾问在项目融资中扮演着一个极为重要的角色，在某种程度上可以说是决定项目融资成功的关键。融资顾问通常聘请投资银行、财务公司或者商业银行中的项目融资部门来担任。

9. 保险公司

在对借款人或项目发起人的追索权是有限的情况下，项目的一个重要安全保证是用保险权益做担保。因而，必要的保险是项目融资的一个重要方面。由于项目规模很大，所以存在遭受各种各样损失的可能性，这使得项目发起人建立起与保险代理人和承包商的紧密联系，从而正确地确认和抵消风险。

10. 东道国政府

东道国政府在项目融资中的角色虽然是间接的，但很重要。在宏观方面，政府可以为项目提供一种良好的投资环境。在微观方面，政府可以为项目的开发提供土地、良好的基础设施、长期稳定的能源供应以及经营特许权，政府还可以为项目提供条件优惠的出口信贷和其他类型的贷款和贷款担保，促进项目融资的完成。

图12.1 概括说明了主要当事人之间的基本关系。

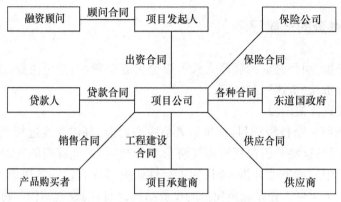

图 12.1 项目融资当事人之间的基本合同关系

四、项目融资的适用范围

项目融资发展到现在,主要运用于三类项目:资源开发、基础设施建设、制造业项目。

1. 资源开发项目

资源开发项目包括石油、天然气、煤炭、铁、铜等开采业。项目融资最早就是应用于资源开发项目。

2. 基础设施建设项目

基础设施一般包括铁路、公路、港口、电信和能源等项目的建设。基础设施建设是项目融资应用最多的领域,其原因是:一方面,这类项目投资规模巨大,完全由政府出资有困难;另一方面,是商业化经营的需要,只有商业化经营,才能产生收益,提高收益。在发达国家中,许多基础设施建设项目因采用项目融资而取得成功,发展中国家也逐渐引入这种融资方式。

3. 制造业项目

虽然项目融资在制造业领域有所应用,但范围比较窄。这是因为制造业中间产品很多,工序多,操作起来比较困难;另外,其对资金的需求也不如前两个领域那么大。在制造业中,项目融资多用于工程上比较单纯或某个工程阶段中已使用特定技术的制造业项目,此外,也适用于委托加工生产的制造业项目。

总之,项目融资一般适用于竞争性不强的行业。具体来说,只有那些通过对用户收费来取得收益的设施和服务,才适合项目融资方式。这类项目尽管建设周期长,投资量大,但收益稳定,受市场变化影响小,对投资者有一定吸引力。

五、项目融资的一般程序

一般来说,项目融资的程序大致可以分为五个阶段:投资决策、融资决策、融资结构分析、融资谈判和执行。

(1) 投资决策阶段

对于任何一个投资项目,在决策者下决心之前,都需要经过相当周密的投资决策的分析,这些分析包括宏观经济形势的判断、工业部门的发展以及项目在工业部门中的竞争性分析、项目的可行性研究等内容。一旦作出投资决策,接下来的一个重要工作是确定项目的投资结构,项目的投资结构与将要选择的融资结构和资金来源有着密切的关系。同时,在很多情况下项目投资决策也是与项目能否融资以及如何融资紧密联系在一起的。投资者在决定项目投资结构时需要考虑的因素很多,主要包括:项目的产权形式、产品分配形式、决策程序、债务责任、现金流量控制、税务结构和会计处理等方面的内容。

(2) 融资决策阶段

在这个阶段,项目投资者将决定采用何种融资方式为项目开发筹集资金。是否采用项目融资,取决于投资者对债务责任分担、贷款资金数量、贷款时间、融资费用以及债务会计处理等方面的要求。如果决定选择采用项目融资作为筹资手段,投资者就需要选择和任命融资顾问,开始研究和设计项目的融资结构。

(3) 融资结构分析阶段

设计项目融资结构的一个重要步骤是完成对项目风险的分析和评估。项目融资的信用结构的基础是由项目本身的经济强度以及与之有关的各个利益主体与项目的契约关系和信用保证构成的。能否采用以及如何设计项目融资结构的关键点之一就是要求项目融资顾问和项目投资者一起对与项目有关的风险因素进行全面分析和判断,确定项目的债务承受能力和风险,设计出切实可行的融资方案。项目融资结构以及相应的资金结构的设计和选择必须全面反映投资者的融资战略要求和考虑。

(4) 融资谈判阶段

在初步确定了项目融资方案以后,融资顾问将有选择地向商业银行或其他投资机构发出参与项目融资的建议书,组织贷款银团,策划债券发行,着手起草有关文件。与银行的谈判中会经过很多次的反复,这些反复可能是对相关法律文件进行修改,也可能涉及融资结构或资金来源的调整,甚至可能是对项目的投资结构及相应的法律文件作出修改以满足债权人的要求。在谈判过程中,强有力的顾问可以帮助加强投资者的谈判地位,保护其利益,并能够灵活地、及时地找出解决问题的方法,打破谈判僵局。因此,在谈判阶段,融资顾问的作用是非常重要的。

(5) 执行阶段

在正式签署项目融资的法律文件之后,融资的组织安排工作就结束了,项目融资进入执行阶段。在这期间,贷款人通过融资顾问经常性地对项目的进展情况进行监督,根据融资文件的规定,参与部分项目的决策,管理和控制项目的贷款资金投入和部分现金流量。贷款人的参与可以按项目的进展划分为三个阶段:项目建设期、试生产期和正常运行期。

第二节 项目可行性分析与风险评价

一、项目可行性分析

项目的可行性分析是项目开发的前期准备工作,可行性分析的方法发展到今天已经成为一种成熟的标准化的程序。在此阶段,投资银行着重从项目的外部环境、项目生产要素、投资收益分析等几方面判断项目的可行性。

表 12.1 我们概要列举了项目可行性分析包括的主要内容。

表 12.1 项目可行性分析的主要内容

项目领域		可行性分析的内容
外部投资环境	政策性环境	国家法律制度、税收政策 项目对环境的影响和环境保护立法 项目的生产经营许可或其他政府政策限制 项目获得政治风险保险的可能性
	金融性环境	通货膨胀因素 汇率、利率 国家外汇管制的程度、货币风险及可兑换性
	工业性环境	项目基础设施:能源、水电供应、交通运输、通信等
项目生产要素	技术要素	生产技术的可靠性及成熟度 资源储量及可靠性
	原材料供应	原材料来源、可靠性、进口关税和外汇限制
	项目市场	项目产品和服务的市场需求、价格和竞争性 国内和国家市场分析
	项目管理	生产、技术、设备管理 劳动力分析

(续表)

项目领域		可行性分析的内容
投资收益分析	项目投资成本	项目建设费用 征购土地、购买设备费用 不可预见费用
	经营性收益分析	项目产品或服务市场价格分析和预测 生产成本分析和预测 经营性资本支出预测 项目现金流量分析
	资本性收益分析	项目资产增值分析和预测

在项目融资中普遍存在这样一种误解，认为项目的可行性就等于项目的可融资性，但实际上，两者之间有着相当的距离。贷款人不是项目的所有者，不可能从项目的投资中获得股本收益。因此，当贷款人在考察是否为一个项目提供融资时，所关心的是项目未来的偿债能力，而不是项目未来的投资收益率，虽然这两者之间存在着紧密的联系。也就是说，贷款人更着重于分析项目出现坏前景的可能性，而不是项目出现好前景的可能性。

二、项目风险评价

很多关于项目融资的文献把项目的可行性分析等同于项目的风险评价，或者把项目风险评价看做项目可行性分析的一部分，事实上这种认识是错误的。无疑，项目的可行性分析需要分析和评价许多与项目有关的风险因素，一个高品质的、详细的项目可行性分析报告，也将有助于项目融资的组织以及项目的风险评价。但是，两者的出发点不同。项目的可行性分析是从项目投资者的角度分析投资者在整个生命期内能否取得预期的经济效益，具体来说即是否能获取一个满意的投资收益率。项目融资的风险评价则是在可行性研究的基础上，按照项目融资的特点和要求，对项目风险作出进一步详细的分类研究，并根据这些分析结果，为在项目融资结构设计中减少或分散这些风险提供具体的依据。

项目融资的风险大体可以分为两类：系统风险和非系统风险。系统风险指与市场客观环境有关，超出了项目自身范围的风险；非系统性风险指可由项目实体自行控制和管理的风险。然而，这两种风险的划分并不绝对，有时候系统风险也可以通过一定的手段予以削减，而另外一些时候非系统风险却无法避免。

(一) 系统风险

系统风险主要包括政治风险、获准风险、法律风险、违约风险和经济风险。

(1) 政治风险。它是指由于战争、国际形势变幻、政权更迭、政策变化而导致项目资产和利益受到损失的风险。政治风险大致可分为两类：一类涉及政局的稳定性，另一类涉及政策的稳定性。

(2) 获准风险。开发和建设一个项目，必须得到项目东道国政府的授权或许可。取得政府的许可要经过复杂的审批程序，花费相当长的时间。如果不能及时得到政府的批准，就会使整个项目无法按计划进行，造成拖延，这种风险就是获准风险。

(3) 法律风险。它是指东道国法律的变动给项目带来的风险。法律风险主要体现在以下几个方面：当出现纠纷时，是否有完善的法律体系提供依据，解决纠纷；东道国是否有独立的司法制度和严格的法律执行体系执行法院的判决结果；根据东道国的法律规定，项目发起人能否有效地建立起项目融资的组织结构和日后项目经营的组织结构。由此可见，法律健全与否对约束项目融资各当事人的行为关系很大，因此，东道国法律的变动会改变对各当事人的约束，进而改变各当事人的地位，带来的风险是不言而喻的。

(4) 违约风险。它是指项目当事人因故无法履行或拒绝履行合同所规定的责任与义务而给项目带来的风险。违约有多种表现形式，如在规定的日期前承销商无法完成项目的施工建设，借款方无力偿还债务等。

(5) 经济风险。主要包括市场风险、外汇风险和利率风险三大类。市场风险是由于产品在市场上的销路、原材料供应情况和其他情况的变化而引起的项目收益的变动，主要包括价格风险、竞争风险和需求风险；外汇风险通常包括三方面：东道国货币的自由兑换、经营收益的自由汇出以及汇率波动所造成的货币贬值问题；利率风险指项目在经营过程中，由于利率变动直接或间接地造成项目价值降低或收益受到损失。

(二) 非系统风险

非系统风险主要包括完工风险、经营维护风险以及环保风险。

(1) 完工风险。它是指项目无法完工、延期完工或者完工后无法达到预期运行标准的可能性。完工风险对项目公司而言，意味着利息支出的增加、贷款偿还期限的延长和市场机会的错过。完工风险的大小取决于四个因素：项目设计技术要求、承建商的建设开发能力和资金运筹能力、承建商所作承诺的法律效力以及履行承诺的能力、政府节外生枝的干预。

(2) 经营维护风险。它是指在项目经营和维护过程中，由于经营者的问题、生产条件问题或技术方面的问题而发生重大经营问题的可能性。与经营者有关的问题包括:由于经营者的疏忽使原材料供应中断,设备安装、使用不合理,产品质量低劣,管理混乱等;生产条件问题包括:原材料的供应是否可靠,交通、通信以及其他公用设施的条件是否便利等;技术方面的问题指存在于项目生产技术及生产过程中的有关问题,如技术工艺是否在项目建设期结束后依然能够保持先进,会不会被新技术所替代,厂址选择和配套设备是否合适,原材料来源是否有保证,工程造价是否合理,技术人员的专业水平与职业道德是否达到要求等。

(3) 环保风险。近年来,工业对环境的破坏问题已经越来越引起社会公众的关注,许多国家制定了严格的环境保护法律来限制工业污染对环境的破坏。对项目公司来说,要满足环保法的各项要求,就意味着成本支出的增加,尤其对那些利用自然资源和生产过程污染较为严重的项目来说更是如此。

第三节 项目投资结构设计

所谓项目投资结构的设计,是指在项目所在国家的法律、法规、会计、税务等客观因素之外的制约条件下,寻求一种能够最大限度地实现其投资目标的项目资产所有权结构。如果项目中有两个以上的投资者,则项目投资各方的利益协调同样是投资结构设计的重要考虑因素。采用不同的项目投资结构,投资者对其资产的拥有形式、对项目产品和项目现金流量的控制程度以及投资者在项目中所承担的债务责任和所设计的税务结构会有很大的差异,这些差异会对项目融资的整体结构设计产生直接的影响。

目前,国际上较为普遍采用的投资结构有三种基本的法律形式:公司型合资结构、合伙制结构、非公司型合资结构。

针对一个具体的项目,选择哪一种投资结构作为基础方案并没有一个统一的标准。项目的投资者在面对多种方案的取舍时,应该全面考虑各个投资结构的优点与缺点,并根据项目的特点和合资各方的发展战略、利益追求、融资方式、资金来源以及其他限制条件,以确定基础的投资结构,并适当地加以修正以满足各方投资目标的要求。

一、公司型合资结构

公司型合资结构(incorporated joint venture)的基础是有限责任公司。有限责任公司是目前世界上最简单有效的一种投资结构,这种投资结构历史悠久、使用广泛。

在公司型合资结构中,投资者通过持股拥有公司,并通过选举任命董事会成员对公司的日常运作进行管理。由于公司型结构相对简单明了,国际上大多数的制造业、加工业项目都采用的是公司型合资结构,并且在20世纪60年代之前很高比例的资源型开发项目采用的也是公司型合资结构。

图12.2是一个简单的公司型合资结构示意图。投资者A、B和C根据合资协议认购合资公司股份,建立并经营合资公司。合资公司将资产抵押给银行换取贷款,独立地经营和从事市场销售活动。

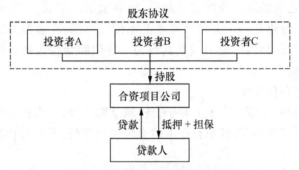

图12.2 简单的公司型合资结构

公司型合资结构具有如下优点:

第一,有限责任。在公司型合资结构中,投资者的责任是有限的,其最大责任限制在所投资的股本资金之内。

第二,融资安排比较容易。公司型合资结构对于安排融资有两个方面的优点:第一,公司型合资结构便于贷款人取得项目资产的抵押权和担保权,也便于贷款人对于现金流量的控制;第二,公司型合资结构易于被资本市场接受,条件许可时可以直接进入资本市场,通过股票上市或发行债券等多种方法筹集资金。

第三,投资转让比较容易。公司股票代表着投资者在一个公司中的投资权益,相对项目资产的买卖而言,股票的转让程序比较简单和标准化。另外,通过发行新股,公司型合资结构也可以较容易地引入新的投资者。

第四,股东之间关系清楚。公司法中对股东之间的关系有明确的规定,其中最重要的一点是股东之间不存在任何的信托、担保或连带责任。

公司型合资结构的缺点是:

第一,对现金流量缺乏直接的控制。在合资项目公司中,没有任何一个投资者可以对项目的现金流量实行直接的控制,这对于希望利用项目的现金流量自行安排融资的投资者是一个很不利的因素。

第二,税务结构灵活性差。由于投资者与公司分离开了,所以除了百分之百的持股者外,其他投资者无法利用合资公司的亏损去冲抵其他项目的利润。

另外,投资者还要负担双重纳税。

二、合伙制结构

合伙制结构(partnership)是至少两个以上合伙人(partners)之间以获取利润为目的,共同从事某项商业活动而建立起来的一种法律关系。合伙制结构不是一个独立的法律实体,其合伙人可以是自然人也可以是公司法人。合伙制结构通过合伙人之间的法律合约建立起来,没有法定的形式,一般也不需要在政府注册,这一点与成立一个公司有本质的不同。然而,在多数国家中均有完整的法律来规范合伙制结构的组成及其行为。合伙制结构包括普通合伙制和有限合伙制两种类型。

(一) 普通合伙制结构

普通合伙制由于所有合伙人对于合伙制结构的经营、合伙制结构的债务以及其他经济责任和民事责任负有连带的无限制的责任,所以这种结构很少在项目融资中使用。

图 12.3 是普通合伙制投资结构的一个简单示意图。

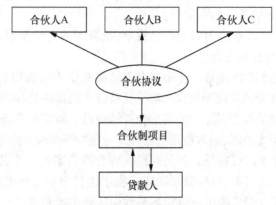

图 12.3 普通合伙制的项目投资结构

由于普通合伙制结构不是一个与其成员相分离的法律实体,与公司型结构相比较,普通合伙制结构具有以下几方面的特点:

第一,公司型结构的资产是由公司而不是其股东所拥有的,而普通合伙制结构的资产则是由合伙人所拥有。同样,公司型结构的债务责任由公司承担,而普通合伙制结构中合伙人将对普通合伙制的债务责任承担个人责任。

第二,公司型结构的股东可以同时又是公司的债权人,并且根据信用保证安排(如资产抵押)可以取得其他债权人有限的地位,而合伙人给予普通合伙制的贷款在合伙制解散时只能在所有外部债权人收回债务之后回收。

第三,公司型结构的单个股东极少能够请求去执行公司的权利,但是每个合伙人均可以要求以所有合伙人的名义去执行合伙制结构的权利。

第四,公司型结构的管理一般是公司董事会的责任,然而在一个普通合伙制结构中,每个合伙人都有权参与合伙制的经营管理。

第五,公司型结构一般不对股东数目进行限制,而普通合伙制结构中对合伙人数目一般都有所限制。

普通合伙制结构最主要的优点表现在税务安排的灵活性上。与公司型结构不同,普通合伙制结构本身不是一个纳税主体,所以不存在双重纳税问题。普通合伙制结构在一个财政年度内的净收入或亏损全部按投资比例直接转移给合伙人,合伙人单独申报自己在普通合伙制结构中的收入、扣减和税务责任,并且从普通合伙制结构中获取的收益(或亏损)允许与合伙人其他来源的收入进行税务合并,从而有利于合伙人较灵活地作出自己的税务安排。

普通合伙制结构的缺点是:

第一,无限责任。由于合伙人在普通合伙制结构中承担无限制的责任,因而一旦项目出现问题,或者其他合伙人无力承担应负的责任,其他合伙人就需要承担超过自己在普通合伙制结构中所占投资比例的风险责任。这一问题严重限制了普通合伙制在项目开发和融资中的使用。为了克服这一限制,国外某些公司在使用普通合伙制作为投资结构时加入了一些减少合伙人风险的措施,其中一个做法是投资者并不直接进入普通合伙制结构,而是专门成立一个子公司并通过这个子公司投资到普通合伙制结构中。图 12.4 概括了这种结构。

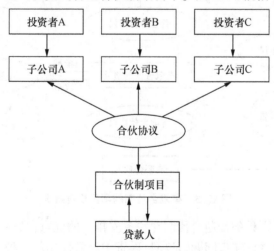

图 12.4　变通的普通合伙制的项目投资结构

第二,融资安排相对比较复杂。由于普通合伙制结构在法律上并不拥有项目的资产,所以图12.3中普通合伙制结构安排的融资需要每一个合伙人统一将项目中属于自己的一部分资产权益拿出来作为抵押或担保,并共同承担融资安排中的责任和风险。

(二) 有限合伙制结构

有限合伙制是在普通合伙制基础上发展起来的一种合伙制结构。有限合伙制结构需要包括至少一个普通合伙人(general partner)和至少一个有限合伙人(limited partner)。在有限合伙制结构中,普通合伙人负责合伙制项目的组织、经营、管理工作,并承担对合伙制结构债务的无限责任;而有限合伙人不参与项目的日常经营管理,对合伙制结构的债务责任也被限制在有限合伙人投资于合伙制项目中的资金。有限合伙制结构是通过有限合伙制协议组织起来的,在协议中对合伙各方的资本投入、项目管理、风险分担、利润及亏损的分配比例和原则均需要有具体的规定。

在使用有限合伙制作为投资结构的项目中,普通合伙人一般在该项目领域具有技术管理特长并且准备利用这一特长从事项目开发。由于资金、风险、投资成本等多种因素的需求,普通合伙人愿意组织一个有限合伙制的投资结构,吸收对项目的税务、现金流量和承担风险程度有不同要求的较广泛的投资者参加到项目中,共同分担项目的投资风险和分享项目的投资利润。

图12.5是有限合伙制投资结构的示意图。

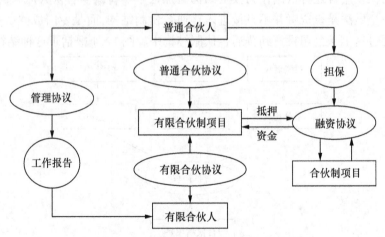

图12.5 有限合伙制的项目投资结构

有限合伙制既具备普通合伙制在税务安排上的优点,又在一定程度上避免了普通合伙制的责任连带问题,是项目融资中经常使用的一种投资结构。经常使用有限合伙制作为投资结构的项目有两大类型:一类是资本密集、回收期长但风险较低的公用设施和基础设施项目,如电站、公路等;另一类是投资风险大、税务优惠大,同时又具有良好勘探前景的资源开发项目。

总的来说,合伙制结构在法律上要比公司型结构复杂,有关的法律在不同国家之间相差也很大。在使用有限合伙制作为项目投资结构时,尤其需要注意项目所在国对有限合伙制结构的税务规定和对有限合伙人的定义。

三、非公司型合资结构

(一) 非公司型合资结构的定义

非公司型合资结构(unincorporated joint venture),又称为契约型合资结构,是一种被大量使用并广泛接受的投资结构。但从严格的法律概念上说,这种投资结构并不是一种法律实体,只是投资者之间所建立的一种契约性质的合作关系。非公司型合资结构在项目融资中获得相当广泛的应用,主要集中在采矿、能源开发、初级矿产加工、石油化工、钢铁及有色金属等领域。

(二) 非公司型合资结构与合伙制结构的区别

从表面上看,非公司型合资结构与合伙制结构似乎有一定的相似之处,然而,这两种结构在本质上是有区别的,非公司型合资结构与合伙制结构的主要区别表现在如下几个方面:

第一,非公司型合资结构是通过每一个投资者之间的合资协议建立起来的,每个投资者直接拥有全部项目资产的一个不可分割的部分,每个投资者都有权独立作出与其投资比例相应的项目投资、原材料供应、产品处置等重大商业决策。

第二,根据项目的投资计划,每个投资者需要投入相应比例的资金,这些资金的用途可以包括项目的前期开发费用、项目的固定资产投入、流动资金、共同生产成本和管理费用等。同时,合资协议规定,每个投资者从合资项目中将获得相应份额的产品,每个投资者直接拥有并有权处置其投资比例的项目最终产品,即投资者获得的不是项目的利润而是最终产品。

第三,与合伙制结构不同,在非公司型合资结构中,没有一个投资者可以作为其他投资者的代理人,每个投资者的责任都是独立的,对于其他投资者的债务责任或民事责任不负有任何共同的和连带的责任。

第四,由投资者代表组成的项目管理委员会是非公司型合资结构的最高决策机构,项目的日常管理由项目管理委员会指定的项目经理负责,有关项目管理委员会的组成、决策程序以及项目经理的任命、责任、权利和义务,需要通过合资协议或者单独的管理协议加以明确规定。

图 12.6 是一个非公司型合资结构的简单示意图。

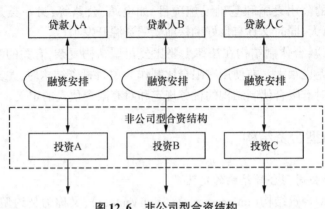

图 12.6 非公司型合资结构

显而易见,从上述特点可以看出,非公司型合资结构更适合作为产品"可分割"的项目的投资结构。

(三) 非公司型合资结构的优缺点

非公司型合资结构的优点是:

第一,投资者在合资结构中承担有限责任。每个投资者在项目中所承担的责任将在合资协议中明确规定,一般来说,这些责任将被限制在投资者相应的投资比例之内,投资者之间没有任何的连带或共同责任。

第二,税务安排灵活。由于投资者获得的不是项目的利润而是最终产品,所以投资者的财务活动和经营活动将直接反映在投资者自身的财务报表中,其税务安排也将由每一个投资者独立完成。比合伙制结构更进一步,非公司型合资结构中的投资者可以完全独立地设计自己项目中的税务结构。

第三,融资安排灵活。项目投资者在非公司型合资结构中直接拥有项目的资产,直接掌握项目的产品,直接控制项目的现金流量,并可以独立设计项目的税务结构,为投资者提供了一个相对独立的融资活动空间。

非公司型合资结构的缺点是:

第一,结构设计存在一定的不确定因素。尤其是在结构上要注意防止合资结构被认为是合伙制结构而不是非公司型结构,从而避免不必要的损失。

第二,投资转让程序比较复杂。在非公司型合资结构中的投资转让是投资者在项目中直接拥有的资产和合约权益的转让,因此,程序比较复杂,相关的费用也比较高。

第三,管理程序比较复杂。由于缺乏现成的法律规范非公司型合资结构的行为,所以,必须在合资协议中对所有的决策和管理程序按照问题的重要性清楚地加以规定。

第四节 项目的融资结构模式设计

一旦项目的投资者在确定投资结构问题上达成一致意见之后,接下来的重要工作就是要设计和选择合适的融资结构,以实现投资者在融资方面的目标要求。融资结构是项目融资的核心部分,设计项目的融资结构是作为融资顾问的投资银行的重点工作之一。

项目融资通常采用的融资结构模式包括:投资者直接安排的融资模式、投资者通过项目公司安排融资的模式、以"设施使用协议"为基础的融资模式、以"生产支付"为基础的融资模式、以"杠杆租赁"为基础的融资模式、BOT项目融资模式、项目债券融资模式等。融资结构的设计可以按照投资者的要求,对几种模式进行组合、取舍、拼装,以实现预期目标。

一、投资者直接安排的融资模式

这类融资模式由项目投资者直接安排融资,并直接承担有关责任和义务,这是最简单的一种项目融资模式。投资者直接安排的融资模式在非公司型投资结构中较为常用,具体又可以分为两种形式。

在第一种形式中,项目投资者根据合资协议组成非公司型合资结构,并按照投资比例合资组建一个项目的管理公司,负责项目建设、生产经营以及产品销售。根据合资协议规定,投资者分别在项目中投入相应比例的自有资金,并统一安排用于项目的建设资金和流动资金的融资比例,但是融资协议由每个投资者独立与贷款人签署。

投资者直接安排项目融资的另一种形式是在非公司型合资结构中由项目投资者完全独立地安排融资。

这种融资模式归纳起来有以下几个优点:

第一,投资者可以根据其投资战略的需要较灵活地安排整个融资。这种灵活性表现在三个方面:(1)选择融资方式及资金来源比较灵活,投资者可以根据不同需要在多种融资方式、多种资金来源方案之间充分选择;(2)债务比例安排比较灵活,投资者可以根据项目的经济强度和本身资金状况较灵活地安排债务比例;(3)可以灵活运用投资者在商业社会中的信誉,从而降低融资成本,对于大多数资信良好的公司而言,信誉本身就是一种担保。

第二,融资可以在有限追索的基础上,使追索的程度和范围在项目不同阶段之间发生变化。

投资者直接安排的融资方式的一个突出缺点是项目融资的结构比较复杂，这种复杂性主要表现为两个方面：

第一，如果合资结构中的投资者在信誉、财务状况、市场销售和市场管理能力等方面不一致，就会增加以项目资产及现金流量作为融资担保抵押的复杂性。

第二，在安排融资时，需要注意划清投资者在项目中所承担的融资责任和投资者其他业务之间的界限。

二、投资者通过项目公司安排融资的模式

投资者通过建立一个单一目的的项目公司来安排融资，有两种基本形式。

一种形式是由投资者建立一个特别目的子公司作为投资载体，以该项目子公司的名义与其他投资者组成合资结构，并安排融资。这种形式在非公司型合资结构、合伙制结构甚至公司型合资结构中都有运用。这种形式的特点是项目子公司将代表投资者承担项目中全部或主要的经济责任，但是由于该公司是投资者为一个具体项目临时组建的，缺乏必要的信用和经营历史，所以可能需要投资者提供一定的信用支持和保证。

另一种形式是由投资者共同组建一个项目公司，再以该公司名义拥有经营项目和安排融资。这种形式在公司型合资结构中较为常用。其具体特点是：项目投资根据股东协议组建项目公司，并注入一定股本资金，项目公司作为独立的生产经营者与贷款人签署融资协议。

投资者通过项目公司安排融资具有以下两个主要优点：

第一，项目公司统一负责项目的建设、生产、销售，并且可以整体地使用项目资产和现金流作为融资的抵押和信用保证，这比较容易为贷款人接受。

第二，由于项目投资者不直接安排融资，而是通过间接的信用保证形式支持项目公司的融资，所以投资者的债务责任较为清楚。

这种模式的主要缺点是缺乏灵活性，很难满足不同投资者对融资的各种要求，这种灵活性的缺乏主要表现在两个方面：

第一，在税务结构安排上缺乏灵活性，项目的税务优惠或亏损只能保留在项目公司中。

第二，在债务形式选择上缺乏灵活性，由于投资者缺乏对项目现金流量的直接控制，在资金安排上有特殊要求的投资者就会面临一定的困难。

三、以"设施使用协议"为基础的融资模式

设施使用协议(tolling agreement),是指在某种工业设施或服务性设施的提供者和这种设施的使用者之间达成的一种具有"无论提货与否均需付款"性质的协议,这种协议在工业项目中也称为委托加工协议。以"设施使用协议"为基础的融资模式主要应用于一些带有服务性质的项目,例如石油、天然气管道、发电设施、某种专门产品的运输系统及港口、铁路设施等。

在以"设施使用协议"为基础安排的融资模式中,先由项目投资者与项目使用者谈判达成协议,由项目使用者提供一个"无论提货与否均需付款"(在这里可以称为"无论使用与否均需付款")性质的承诺,并且这一承诺为贷款人所接受。然后,以该承诺和承建商的完工担保作为贷款信用保证,向贷款人贷款。

以"设施使用协议"为基础安排的项目融资具有以下特点:

第一,以"设施使用协议"为基础安排项目融资,其关键是项目设施的使用者能否提供一个强有力的具有"无论提货与否均需付款"性质的承诺。这种承诺是无条件的,不管项目设施的使用者是否真正地利用了项目设施所提供的服务。

第二,投资结构的选择比较灵活,既可以采用公司型合资结构,也可以采用非公司型合资结构、合伙制结构或者信托基金结构。

第三,项目投资者也可以利用项目设施使用者的信用来安排融资,以降低融资成本。

四、以"生产支付"为基础的融资模式

以"生产支付"为基础的融资模式是建立在由贷款人购买某一特定份额生产量的基础上的。在这一模式中,贷款人从项目中购买到一个特定份额的生产量,这部分生产量的收益成为偿债资金的来源。因此,这种融资模式是通过直接拥有项目的产品和销售收入,而不是通过抵押或权益转让的方式来实现融资的信用保证。

这种融资模式的基本思路是:

第一,由贷款人或者项目投资者建立一个"融资中介机构",以从项目公司购买一定比例的项目生产量作为融资的基础。

第二,贷款人为融资中介机构安排用以购买这部分项目生产量的资金,融资中介机构再根据生产支付协议将资金注入项目公司,作为项目的建设资金和

资本投资资金。作为生产支付协议的一个组成部分,项目公司承诺按照一定的公式安排生产支付,同时,以项目固定资产抵押和完工担保作为项目融资的信用保证。

第三,在项目进入生产期后,根据销售代理协议,项目公司作为融资中介机构的代理销售其产品,销售收入将直接进入融资中介机构用来偿还债务。

五、以"杠杆租赁"为基础的融资模式

以"杠杆租赁"为基础组织起来的融资模式,是指在项目投资者的要求和安排下,由杠杆租赁结构中的资产出租人融资购买项目的资产,然后租赁给承租人(项目投资者)的一种融资结构。

这种融资模式的一个重要特点是:上述几种融资模式主要侧重于资金的安排、流向、有限追索的形式、风险分担等问题,而将项目的税务结构和会计处理问题放在项目的投资结构中加以考虑和解决。以"杠杆租赁"为基础的融资模式则不同,在结构设计时不仅需要以项目本身的经济强度特别是现金流量状况作为主要的参考依据,而且也需要将项目的税务结构作为一个重要的组成部分加以考虑。

(一) 主要当事人

1. 项目资产的法律持有人和出租人

项目资产的法律持有人和出租人一般是一个合伙制结构,这个合伙制结构是专门作为杠杆租赁融资结构的股本参与者而组织起来的,其参与者一般为专业租赁公司、银行和其他金融结构,在有些情况下,也可以是一些工业公司。合伙制结构为杠杆租赁结构提供部分股本资金(一般为项目建设费用或者项目收购价格的20%—40%),安排债务融资,享受项目结构中的税务好处(主要来自项目折旧和利息的税务扣减),出租项目资产收取租赁费,在支付到期债务、税收和其他管理费用之后取得相应的股本投资收益。

2. 贷款人

贷款人又称为债务参与人,一般为普通的银行和其他金融机构,贷款人为融资项目提供绝大部分的资金(一般为60%—80%)。由贷款人提供的债务资金和合伙制结构所提供的股本资金构成被出租项目的全部或绝大部分建设费用或者收购价格。通常,贷款人的债务被全部偿还之前在杠杆租赁结构中享有优先取得租赁费的权利。对于贷款人来说,为杠杆租赁结构提供贷款和为其他结构的融资提供贷款在本质上是一样的。

3. 项目资产承租人

项目资产承租人是项目的主办人和真正投资者,它通过租赁协议的方式从杠杆租赁结构中的股本参与者手中获得项目资产的使用权,支付租赁费作为使用项目资产的报酬。由于在结构中充分考虑到了股本投资者的税务好处,所以与直接拥有项目资产的融资模式相比,项目投资者可以获得较低的融资成本。具体来说,只要项目在建设期和生产前期可以有相当数额的税务扣减,这些税务扣减就可以被用来作为支付股本参与者的股本资金投资收益的一个重要组成部分。

4. 杠杆租赁经理人

杠杆租赁融资结构通常是通过一个杠杆租赁经理人组织起来的,这个经理人相当于一般项目融资结构中的融资顾问角色,主要由投资银行担任。在安排融资阶段,投资银行根据项目的特点、项目投资者的要求设计融资结构,并与各方谈判,组织融资结构中的股本参与者和债务参与者,安排项目的信用保证结构。

(二) 融资的一般步骤

以"杠杆租赁"为基础组织起来的融资模式一般包括项目投资组建阶段、租赁和建造阶段、终止阶段三个步骤。

1. 项目投资组建阶段

在项目投资者(即项目资产承租人,也是项目的发起人)确定通过租赁融资结构组建一个项目的投资之后,成立一个项目公司,由项目公司进行项目投资(购买或建造项目资产)。如图12.7所示。

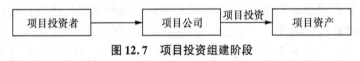

图 12.7 项目投资组建阶段

2. 租赁和建造阶段

项目公司将项目资产及投资者在投资结构中的全部权益转让给项目出租人(一般是合伙制结构),出租人在得到贷款人的贷款之后,进行项目建造,然后项目出租人再将项目资产转租给项目公司。如图12.8所示。

3. 终止阶段

在终止阶段,项目投资者的一个相关公司需要以事先商定的价格,将项目的资产购买回去。如图12.9所示。一些国家规定这个相关公司不能是投资者本人或项目公司,否则就会被认为是另一种"租赁购买"融资结构(hire and purchase)而失去杠杆租赁结构中的税务好处。

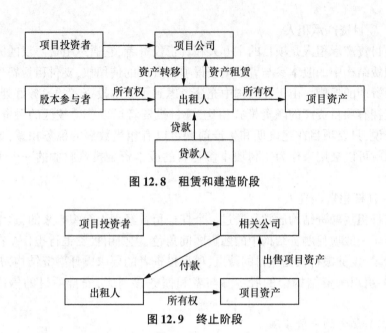

图 12.8 租赁和建造阶段

图 12.9 终止阶段

六、BOT 项目融资模式

BOT 是 build(建设)、operate(经营)和 transfer(转让)三个英文单词第一个字母的缩写,代表着一个完整的项目融资的概念。这种模式主要用于发展中国家的公共基础设施建设的项目融资,是国际项目融资发展趋势的一种新型结构。这种模式的基本思路是,由项目所在国政府或所属机构为项目的建设和经营提供一种特许权协议(concession agreement)作为项目融资的基础,由本国公司或者外国公司作为项目的投资者和经营者安排融资,承担风险,开发建设项目并在有限的时间内经营项目获取商业利润,最后根据协议将该项目转让给相应的政府机构。

(一) BOT 模式的当事人

1. 项目发起人

项目发起人也是项目的最终所有者,一般是项目所在国政府、政府机构或政府指定的公司。值得注意的是,BOT 模式中的项目发起人与前面几种模式中的发起人(即项目投资者)有着相当大的区别。在 BOT 模式中,项目发起人在法律上既不拥有项目(这一点与杠杆租赁融资有相似之处),也不经营项目,而是通过给予项目某些特许经营权和给予项目一定数额的从属性贷款或贷款担保作为项目建设、开发和融资安排的支持。在协议规定的经营期限结束后,项目的发起人通常无偿地获得项目的所有权和经营权。

从项目所在国政府的角度来看,采取 BOT 模式主要是出于以下几种考虑:

第一,对于那些资金占用量大、投资回收期长的项目(主要是基础设施项目),如果政府面临资金短缺和投资不足,通过 BOT 模式,可以投入少量甚至不用投入资金而完成项目建设。

第二,政府可以通过 BOT 模式引入私人投资以提高基础设施的效率。

第三,可以吸引外资,引入新技术,改善和提高项目的管理水平。

2. 项目的直接投资者和经营者

项目的直接投资者和经营者是 BOT 模式的主体,一般是一个专门组织起来的项目公司。项目公司的组成以在这一领域具有技术能力的经营公司和工程承包公司作为主体,有时也吸收项目产品(或服务)的购买者和一些金融性投资者参与。

3. 贷款人

BOT 模式中的贷款人,除了商业银行之外,还包括政府的出口信贷机构和世界银行或地区性开发银行。

(二) BOT 模式的操作

BOT 模式主要包括下列几个阶段:

第一阶段,由项目经营公司、工程公司、设备供应公司及其他投资者共同组建一个项目公司,从项目所在国政府取得"特许权协议"。

第二阶段,项目公司以特许权协议作为基础安排融资。

第三阶段,在项目建设期,工程承包公司以承包合同的形式建造项目。

第四阶段,在项目经营阶段,由经营公司根据经营协议负责项目公司投资建造的公用设施的运行、保养和维护,获得利润并支付项目贷款本息。

第五阶段,项目公司在协议规定的经营期结束后,将项目转交给所在国政府。

第五节 项目融资的资金选择

在项目的投资结构和融资模式被初步确定下来的基础上,如何安排和选择项目的资金构成和来源成为项目融资结构整体设计中的另一个关键环节。

项目融资重点解决的是项目的债务资金问题,然而,在整个结构中也需要适当数量和适当形式的股本资金和准股本资金作为信用支持。项目融资的资金选择主要是决定项目中股本资金、准股本资金、债务资金的形式、相互比例以及相应的来源。虽然项目的资金选择在很大程度上受制于项目的投资结构、融资模式和项目的信用保证结构，但是也不能忽略资金结构安排和资金来源选择在项目融资中可能起到的特殊作用。如果抓住这些特殊点，灵活巧妙地安排项目的资金构成比例，选择适当的资金形式，可以达到既减少项目投资者自有资金的直接投入，又能提高项目综合经济效益的双重目的。

一、确定资金结构时需要考虑的因素

（一）债务资金和股本资金的比例

由于税法一般都规定公司贷款的利息支出可以计入公司成本冲抵所得税，所以债务资金成本相对股本资金要低得多；但另一方面，公司的债务比例越高，则公司的风险越大，从而资金成本也就相对越高。所以，如何选择一个合适的债务资金和股本资金的比例，以实现资金成本最低的目的，成为一个重要的考虑因素。

当然，项目融资并没有一个标准的"债务/股本资金比率"，确定一个项目资金比例应具体根据不同项目的情况而确定。

项目融资的一个重点特点是可以增加项目的债务承受能力。在项目融资中，贷款银行所面对的对象是一个相对简单的独立项目，通过对项目的全面风险分析，可以确定项目最小现金流量水平和债务承受能力；通过对整体融资结构（包括投资结构、融资结构、资金结构、信用保证结构四个方面）的综合设计，可以减少许多风险因素和不确定因素。因此与传统的公司融资相比较，采用项目融资方式可以获得较高的债务资金比例。

（二）项目资金的合理使用结构

确定项目资金的合理使用结构，除了需要确定合理的债务资金和股本资金的比例关系之外，至少还需要考虑以下三方面的内容：

1. 项目的总资金需求量

准确地制订项目的资金使用计划，确保满足项目的总资金需求量是一切项目融资的工作。许多失败的项目融资在很大程度上就在于事前没有周密地确定项目的总资金需求量。

2. 资金使用期限

投资者的股本资金是项目中使用期限最长的资金，其回收只能依靠项目的投资收益。但是，项目中的任何债务资金都是有固定期限的，如果能够针对具体项目的现金流量特点，根据不同项目阶段的资金需求采用不同的融资手段，安排不同期限的贷款，就可以起到优化项目债务结构、降低项目债务风险的作用。

3. 资金成本和构成

投资者的股本资金成本是一种相对意义上的成本概念,因而在有些情况下也被称为是一种"机会成本"。在评价股本资金成本时,除了要参照投资者获取该部分资金时的实际成本,还要考虑投资者的长期发展战略以及一些潜在的项目投资利益等重要因素。而项目的债务资金成本则是一种绝对的成本,也就是项目贷款的利息成本。项目融资可以选用固定利率、浮动利率或者两者利率的结合,也可以选用利率封顶、限底等手段相对降低利率风险。如何合理地选择利率成为设计债务成本的重要因素。

二、股本资金与准股本资金

虽然相对于提供债务资金的贷款人而言,股本资金与准股本资金在项目融资中没有本质上的区别,承担的风险相同,只是在形式上有所不同,但是对于项目投资者来说,准股本资金相对于股本资金在安排上具有较高的灵活性,并在资金序列上享有较为优先的地位。图 12.10 是股本资金和准股本资金的几种形式。

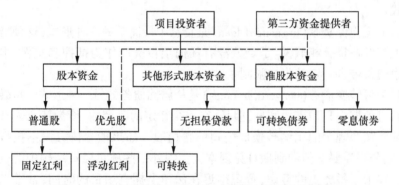

图 12.10 项目融资中股本资金、准股本资金的几种形式

(一) 股本资金

股本资金构成了项目融资的基础,它在资金偿还序列中排在最后一位,因此贷款人将项目投资者的股本资金看做其融资的安全保障。当然,对项目投资者来讲,之所以愿意承担风险,是由于项目具有良好的发展前景从而能够为其带来相应的投资收益。

增加股本资金的投入,实际上并不能改变或提高项目的经济效益,但是可以增加项目的经济强度,提高项目的风险承受能力。

在项目融资结构中,应用最普遍的股本资金形式是认购项目公司的普通股和优先股。在过去很长一段时间内,项目公司的股本资金来源也相对比较简单,基本上来自投资者的直接资金投入,这类股本资金被称为投资者自有资金。近年来,在项目融资中出现了一种新的情况,在安排项目融资的同时,直接安排项目公司上市,通过发行项目公司股票(包括普通股和优先股)筹集项目融资所需要的股本资金和准股本资金,这类股本资金被称为公募股权资金。

除此之外,有时与某些项目开发有关的一些政府机构和公司出于其政治利益或经济利益等方面的考虑,也会为项目提供类似的股本资金和准股本资金,这类资金被称为"第三方资金"。这些第三方资金提供者包括愿意购买项目产品的公司、愿意为项目提供原材料的公司、工程承包公司、政府机构以及世界银行和地区性开发银行等。这些机构为了促使项目的开发,有可能提供一定的股本资金和准股本资金。

(二) 准股本资金

准股本资金是指项目投资者或者与项目利益有关的第三方所提供的一种从属性债务(subordinated debt)。

项目融资中最常见的准股本资金有无担保贷款、可转换债券和零息债券三种形式:

(1) 无担保贷款(unsecured loan)是贷款中最简单的一种形式,这种贷款在形式上与商业贷款相似,但是贷款没有任何项目资产作为抵押和担保,本息的支付也通常带有一定的附加限制条件。

(2) 可转换债券(convertible notes)是从属性债务的另一种形式。可转换债券在其有效期内只需支付利息,但是,在一个特定的时期内,债券持有人有权选择将债券按照规定的比例转换成公司的普通股。如果债券持有人不执行转换期权,则公司需要在债券到期日兑现本金。国外一些项目融资结构中的投资者出于法律上或税务上的考虑,希望推迟在法律上拥有项目的时间,常常采用可转换债券形式安排项目的股本资金。

(3) 零息债券(zero coupon bond)也是项目融资中常用的一种从属性债务形式。零息债券不支付利息,而是通过债券的折价发行、按面值赎回而使债券购买者受益。

上述三种从属性债务的特性归纳在表12.2中。

表 12.2　三种从属性债务的主要特性比较

债务形式	债务金额	利息	本金偿还	转换性	担保/抵押
可担保贷款	贷款协议规定金额	等于或略高于商业贷款利率	按贷款协议规定	无	无
可转换债券	按债券面值购买	低于商业贷款利率	在到期日按面值支付	可在有效期内转换成股票	无
零息债券	按债券贴现价格购买	无	在到期日按面值支付	无	无

对于项目投资者而言，为项目提供可从属性债务比提供股本资金具有以下几个方面的优点：

第一，在项目融资安排中对于项目公司的红利分配通常有着十分严格的限制，但是可以通过谈判减少对从属性债务在这方面的限制，尤其是对债务利息支付的限制。

第二，从属性债务为投资者设计项目的法律结构提供了较大的灵活性：首先，作为债务，利息的支付可以抵税；其次，债务资金的偿还可以不用考虑项目的税务结构，而股本资金的偿还则会受到项目投资结构和税务结构的种种限制，其法律程序要复杂得多。

(三) 其他形式的股本资金

1. 以贷款担保形式出现的股本资金

以贷款担保作为项目股本资金的投入，是项目融资中具有特色的一种资金投入方式。在项目融资结构中投资者可以不直接投入资金作为项目公司的股本资金或准股本资金，而是以贷款人接受的方式提供固定金额的贷款担保作为替代。

贷款担保作为股本资金有两种主要形式：

(1) 担保存款(security deposit)。它是指项目投资者在一家由贷款银团指定的第一流银行中存入一笔固定数额的定期存款，存款账户属于项目投资者，存款的利息也属于投资者，但是存款资金的使用权却掌握在贷款银团的手中，如果项目出现资金短缺，贷款银团可以调用担保存款。如图 12.11 所示。

(2) 备用信用证担保(standby letter of credit)。它是比担保存款对项目投资者更为有利的一种形式，投资者可以根本不用动用公司的任何资金，而只是利用本身的资信作为担保。由于这种方式贷款银团要承担投资者的信用风险(如投资者出现财务危机，或投资者不履行担保协议等情况)，所以一般坚持要求备用信用证由一家被接受的独立银行开出，将风险转移。如图 12.12 所示。

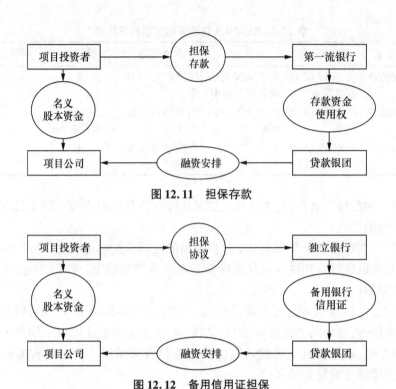

图 12.11 担保存款

图 12.12 备用信用证担保

2. 以其他信用担保形式出现的股本资金

有时项目担保人提供的某种形式的担保协议(例如 BOT 模式中的特许权协议)在项目融资中也会被作为股本资金来处理。我们将把各种类型的项目担保归纳为项目融资的信用保证结构,并在下一节中集中讨论。

三、债务资金

如何安排债务资金是解决项目融资的资金结构问题的核心。对于一个项目投资者来说,他所面对的债务资金市场可以分为本国资金市场和外国资金市场两大部分,其中本国资金市场可分为国内金融市场和政府信贷,外国资金市场又可以进一步划分为某个国家的金融市场、国际金融市场以及外国政府出口信贷/世界银行/地区开发银行的政策性信贷。我们把债务资金的这些来源归纳在图 12.13 中。

下面我们将重点介绍几种在项目融资中被广泛应用的债务资金形式:商业银行贷款和国际辛迪加银团贷款、欧洲债券、美国商业票据。

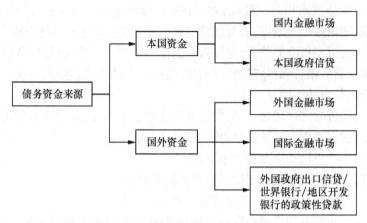

图 12.13　项目融资的债务资金来源

1. 商业银行贷款和国际辛迪加银团贷款

商业银行贷款是公司融资和项目融资中最基本和最简单的债务资金形式。商业银行贷款可以由一家银行提供,也可以由几家银行联合提供。贷款形式可以根据借款人的要求来设计,包括定期贷款、建设贷款、流动资金贷款等。

商业银行贷款在国际融资实践中的一个合理延伸是国际辛迪加银团贷款(international syndicated loan)。国际上大多数大型项目融资案例因其资金需求规模大、机构复杂,只有大型跨国银行和金融机构联合组织起来才能承担得起融资的任务。

在项目融资中使用辛迪加银团贷款有以下几个主要优点:

第一,有能力筹集到数额很大的资金。

第二,贷款货币的选择余地大,对贷款银行的选择范围同样也比较大,这一点为借款人提供了很大的方便。

第三,参与辛迪加银团贷款的银行通常是国际上具有一定声望和经验的银行,具有理解和参与复杂项目融资结构和承担其中信用风险的能力。

第四,提款方式灵活,还款方式也比较灵活。

2. 欧洲债券

欧洲债券是为借款人提供从欧洲货币市场为数众多的金融机构投资者和个人投资者手中获得成本相对较低的债务资金的一种有效形式。与一般国家发行的本国债券或外国债券(如美国的扬基债券、日本的武士债券)不同,欧洲债券的发行和交易超出国家的界限,不受任何一个国家的国内金融市场的法律、法规限制。

利用欧洲债券为项目筹集资金有以下几个方面的优点:

第一，筹资成本相对比较低，对于在国际金融市场上具有良好资信的借款人，利用欧洲债券市场融资，有可能获得比其他借款方式更低的融资成本。

第二，通过发行欧洲债券，可以接触到范围非常广泛的投资者，从而避免过分依赖少数商业银行和投资银行。当然，这一优点对于偶尔组织一次项目融资活动的公司而言并不明显。

第三，集资时间比较短，一旦发行系统建立起来，每次发行债券所需要的时间非常短，这样可以有效地抓住机会，迅速进入市场。

第四，还款可以采用多种货币形式。

第五，在还款日期上比辛迪加银团贷款更加灵活。

利用欧洲债券市场筹集资金的缺点如下：

第一，由于欧洲债券的融资结构比较复杂，一般投资者较难理解，因此不太愿意投资。

第二，由于组织欧洲债券发行的程序比较复杂，所以要求达到一定的发行金额才能具备规模经济效益。

3. 美国商业票据

商业票据(commercial paper)是美国国内金融市场上主要的也是最古老的金融工具之一。美国商业票据市场为借款人提供了一种成本低、可靠性高、可以通过不断展期来满足长期资金需求的短期债务资金形式。自20世纪70年代以来，美国商业票据开始逐渐成为非美国公司的一种重要资金来源，成为国际辛迪加银团贷款、欧洲债券市场的一种具有竞争力的替代方式。

利用美国商业票据融资的优点主要表现在以下三个方面：

第一，成本低。一般来说，在同等条件下，从美国商业票据市场上获得的资金的成本要比银团贷款的利息成本低。

第二，资金来源多元化。这一优点与使用欧洲债券是一样的。

第三，资金使用的灵活性。美国商业票据市场为票据发行人在票据期限和发行时间上提供了很大的灵活性，从而可以满足票据发行人的各种具体需要。使用商业票据可以做到同一天发行票据并获得资金，不需要任何提前通知。

第六节　项目担保的安排

对于贷款人而言，项目融资的安全性来自两个方面：一是项目本身的经济强度，二是来自项目之外的各种直接或间接的担保。这些担保可以是由项目的投资者提供的，也可以是由与项目有直接或间接利益关系的其他方面提供的。

一、项目担保的两种基本形式

一般来说,担保分为物的担保和人的担保两种形式。

1. 物的担保

在项目融资结构中,物的担保主要表现为对项目资产的抵押和控制上。物的担保比较直接,法律界定相对清楚。对于贷款人而言,在对项目资产设定担保物权之后,当借款人发生违约事件时,贷款人有权出售担保物及与之相关的权益,优先于其他债权人从出售所得中得到补偿。

项目融资中比较常用的物的担保主要有抵押和担保两种形式。抵押(mortgage)是指为提供担保而把资产的所有权转移给债权人,而在债务人履行其义务后所有权重新转移于债务人。担保(charge)则不需要资产所有权和权益转移,是债权人和债务人之间的一项协议。据此协议,债权人有权使用该项担保条件下资产的收入来清偿债务人对其的责任。债权人对这项收入有优先请求权,其地位优先于无担保权益的债权人以及具有次级担保权益的债权人。

2. 人的担保

人的担保在项目融资中的表现形式是项目担保。项目担保是一种以法律协议形式作出的承诺,依据这种承诺,担保人向债权人承担一定的义务。项目担保是在贷款人认为项目自身物的担保不够充分而要求借款人(项目投资者)提供的一种人的担保,它为项目正常运作提供了一种附加保障,降低了贷款人在项目融资中的风险。

项目担保是项目融资的一个重要组成部分,是实现项目风险分担的一个关键。项目融资结构以被融资项目本身的经济强度作为保证融资成功的首要条件,债务偿还的来源被主要限制在项目的现金流量和资产价值上。但是,许多的项目风险是项目本身所无法控制的,并超出其承受能力的范围,因而,贷款人常常对超出项目自身承受能力的风险因素要求提供人的担保。一般来说,项目担保由投资者或与项目利益有关的第三方提供。

二、项目担保人

项目担保人包括项目的投资者、与项目利益有关的第三方参与者、商业担保人三类。

1. 项目投资者作为担保人

项目投资者作为担保人是项目融资中最主要也是最常见的一种形式。如图 12.14 所示。

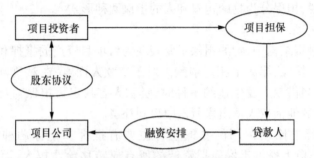

图 12.14　项目投资者作为担保人

在多数项目融资中,项目投资者通过建立一个专门的项目公司来经营项目和安排融资。但是,由于项目公司在资金、经营历史等方面不足以支持融资,很多情况下贷款人会要求借款人提供来自项目公司之外的担保作为附加的担保。因而,除非项目投资者可以提出其他的能够被贷款银行所接受的担保人,否则项目投资者自己必须提供一定的项目担保。

2. 与项目有利益关系的第三方作为担保人

第三方作为担保人是指在项目的直接投资者之外寻找其他与项目开发有直接或间接利益关系的机构为项目的建设或者项目的生产经营提供担保。这些机构的参与在不同程度上分担了一部分项目的风险,为项目融资设计一个强有力的信用保证结构创造了有利条件,对项目的投资者具有很大的吸引力。图 12.15 是这种担保形式的示意图。

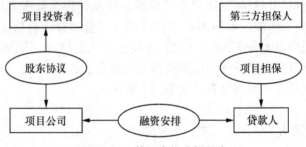

图 12.15　第三方作为担保人

能够提供第三方担保的机构可以大致分为以下几种类型:

(1) 政府机构。政府机构作为担保人在项目融资中是极为普遍的,这种担保对于大型工程项目的建设十分重要,尤其是对于发展中国家的大型项目,政府的介入可以减少政治风险和经济政策风险,增强投资者的信心,而这类担保是从其他途径所得不到的。

(2) 与项目开发有直接利益关系的商业机构。这类商业机构作为担保人,其目的是通过为项目融资提供担保而换取自己的长期商业利益。能够提供第三方担保的商业机构可以归纳为以下三类:工程公司、项目设备或原材料的供应商、项目产品(设施)的用户。

(3) 世界银行、地区开发银行等国际性金融机构。这类机构虽然与项目的开发并没有直接的利益关系,但是为了促进发展中国家的经济建设,对于一些重要的项目,有时可以寻求到这类机构的贷款担保。

3. 商业担保人

商业担保人与以上两种担保人在性质上是不一样的。商业担保人以提供担保作为一种赢利的手段,承担项目的风险并收取担保服务费用。商业担保人通过分散化经营降低自己的风险,银行、保险公司和其他的一些专营商业担保的金融机构是主要的商业担保人。

商业担保人提供的担保服务有两种基本类型:一种是担保投资者在项目中或者项目融资中所必须承担的义务,这类担保人一般为商业银行、投资公司和一些专业化的金融机构,所提供的担保一般为银行信用证或银行担保。商业担保的另一种类型是为了防止项目意外事件的发生,这类担保人一般为各种类型的保险公司,项目保险是项目融资文件中不可缺少的一项内容。

三、项目担保的类型

根据项目担保在项目融资中承担的经济责任形式,项目担保可以划分为三种基本类型:直接担保、间接担保、或有担保。

1. 直接担保

直接担保(direct guarantee)在项目融资中是指有限责任的直接担保,担保责任根据担保的金额或者担保的有效时间加以限制。

在金额上加以限制的直接担保的主要特点是在完成融资结构时已事先规定了最大担保金额,因而在实际经营中无论项目出现任何意外情况,担保的最大经济责任均被限制在这个金额之内。有限金额直接担保的一个重要用途是支付项目成本超支。

在时间上加以限制的直接担保,最为典型的是项目在建设期和试生产期的完工担保。根据项目的复杂程度以及贷款人介入项目阶段的时间,有时完工担保可以同时安排成为有限金额的担保,但是在多数情况下,项目的完工担保是在有限时间内的无限责任担保。

2. 间接担保

间接担保(indirect guarantee)是指担保人不以直接的财务担保形式为项目提供的一种财务支持,间接担保多以商业合同和政府特许协议形式出现。对于贷款人来讲,这种类型的担保同样构成了一种确定性的无条件的财务责任。

间接担保主要包括以"无论提货与否均需付款"概念为基础的一系列合同形式,这类合同的建立保证了项目的市场和收入稳定,进而保证了贷款人的基本利益。

另外,政府特许协议作为强有力的间接担保手段构成了 BOT 融资的基础。

3. 或有担保

或有担保(contingent guarantee)是针对一些由于项目投资者不可抗拒或不可预测因素所造成的项目损失的风险所提供的担保。或有担保主要针对三种风险:第一种风险是由于不可抗因素造成的,如地震、火灾等,其担保人通常是商业保险公司;第二种风险指政治风险,由于政治风险的不可预见性,所以为减少这类风险所安排的担保有时也划在或有担保的范围内;第三种风险指与项目融资结构特性有关的,并且一旦变化将严重改变项目的经济强度的一些项目环境风险,这类风险通常由项目投资者提供有关的担保。

本章小结

- 项目融资是为项目公司融资,它是一种利用项目未来的现金流量作为担保条件的无追索权或有限追索权的融资方式。与传统的融资方式相比,项目融资的基本特点可以归纳为以下几个主要方面:项目导向、有限追索、风险分担、融资成本较高。

- 项目融资的主要当事人包括:项目发起人、项目公司、项目投资者、项目债权人、项目承建商、项目设备/原材料供应者、项目产品的购买者、融资顾问、保险公司、东道国政府。

- 一般来说,项目融资的程序大致可以分为五个阶段:投资决策阶段、融资决策阶段、融资结构分析阶段、融资谈判阶段和执行阶段。

- 投资银行在项目融资的过程中,主要发挥以下几种作用:项目的可行性分析与风险评价、项目投资结构设计、项目的融资结构模式设计、项目融资的资金选择、项目担保的安排。

- 项目的可行性分析是项目开发的前期准备工作,可行性分析的方法发展到今天已经成为一种成熟的标准化的程序。在此阶段,投资银行着重从项目的外部环境、项目生产要素、投资收益分析等几方面判断项目的可行性。

- 项目融资的风险评价是在可行性研究的基础上,按照项目融资的特点和要求,对项目风险作出进一步详细的分类研究,并根据这些分析结果,为在项目融资结构设计中减少或分散这些风险提供具体的依据。项目融资的风险大体可以分为两类:系统风险和非系统风险。系统风险主要包括政治风险、获准风险、法律风险、违约风险和经济风险,非系统风险主要包括完工风险、经营维护风险以及环保风险。

- 项目融资的投资结构设计,是指在项目所在国家的法律、法规、会计、税务等客观因素之外的制约条件下,寻求一种能够最大限度地实现其投资目标的项目资产所有权结构。目前,国际上较为普遍采用的投资结构有四种基本的法律形式:公司型合资结构、合伙制结构、非公司型合资结构、信托基金结构。采用不同的项目投资结构,投资者对其资产的拥有形式、对项目产品和项目现金流量的控制程度以及投资者在项目中所承担的债务责任和所设计的税务结构会有很大的差异,这些差异会对项目融资的整体结构设计产生直接的影响。

- 融资结构是项目融资的核心部分,设计项目的融资结构是作为融资顾问的投资银行的重点工作之一。项目融资通常采用的融资结构模式包括:投资者直接安排的融资模式、投资者通过项目公司安排融资的模式、以"设施使用协议"为基础的融资模式、以"杠杆租赁"为基础的融资模式、以"生产支付"为基础的融资模式、BOT项目融资模式、项目债券融资模式等。融资结构的设计可以按照投资者的要求,对几种模式进行组合、取舍、拼装,以实现预期目标。

- 项目融资的资金选择主要是决定项目中股本资金、准股本资金、债务资金的形式、相互比例以及相应的来源。灵活巧妙地安排项目的资金构成比例,选择适当的资金形式,可以达到既减少项目投资者自有资金的直接投入,又能提高项目综合经济效益的双重目的。

- 对于贷款人而言,项目融资的安全性来自两个方面:一是项目本身的经济强度,二是来自项目之外的各种直接或间接的担保。因此,担保的安排成为项目融资的一个内容。项目融资的担保可以由项目的投资者提供,也可以由与项目有直接或间接利益关系的其他方面提供。

思考题

1. 什么是项目融资?它有哪些特点?
2. 项目融资有哪些当事人?它们在项目融资中的作用是什么?
3. 项目融资一般适用于哪些方面?
4. 试述项目可行性分析的主要内容。
5. 项目融资有哪些风险?

6. 比较四种普遍采用的投资结构：公司型合资结构、合伙制结构、非公司型合资结构、信托基金结构。

7. 试述如下几种项目的融资结构模式的主要内容：投资者直接安排的融资模式、投资者通过项目公司安排融资的模式、以"设施使用协议"为基础的融资模式、以"杠杆租赁"为基础的融资模式、以"生产支付"为基础的融资模式、BOT项目融资模式、项目债券融资模式。

8. 项目融资的资金选择主要是解决什么问题？

9. 项目融资的担保人有哪些？试述项目担保有哪些主要形式和哪些类型。

第四篇

企业重组

第十三章　企业重组概论

第十四章　企业扩张

第十五章　企业收缩

第十六章　企业所有权或控制权变更

第十三章　企业重组概论

☞ **本章概要**　企业重组是一个很广的概念,它包括了企业的所有权、资产、负债、人员、业务等要素的重新组合和配置。投资银行在企业重组中起着相当重要的顾问作用。本章对企业重组进行概述,主要讲述了企业重组的形式、投资银行在企业重组中的作用、企业重组的定价。

☞ **学习目标**　通过本章的学习,首先应该了解企业重组有哪些主要形式;其次,应该了解投资银行在企业重组中有哪些作用;最后,应该掌握企业重组的定价。

> 存在一种神秘的技艺使原本不和谐的元素得到调和,使它们在同一机体中密不可分。
>
> ——威廉·沃兹沃斯

第一节　企业重组的形式

一、概览

企业重组(reorganization)是一个很广的概念,它包括了企业的所有权、资产、负债、人员、业务等要素的重新组合和配置。企业重组有两种分类:一是从企业要素变动的角度出发,把企业重组分为产权变动、资产变动、产权和资产同时变动三大内容;二是从单个企业活动的视角出发,把企业重组分成企业扩张、企业收缩、企业所有权或控制权变更三大内容。

我们从第二种分类出发来介绍企业重组,表13.1中我们对企业重组的这三种形式进行了归纳。①

表 13.1 企业重组的主要形式

Ⅰ. 企业扩张(expansion)
　　兼并(mergers)
　　合并(consolidation)
　　收购(acquisitions)
　　合营企业(joint ventures)
Ⅱ. 企业收缩(contraction)
　　分立(spin-offs)
　　剥离(divestiture)
Ⅲ. 公司所有权或控制权变更(change in ownership or control)
　　反收购防御(defense)
　　股票回购(share repurchases)
　　杠杆收购(leveraged buy-out,LBO)

二、企业扩张

企业扩张(expansion)是指能导致企业规模及经营范围扩大的并购行为,主要包括兼并、合并和收购。

兼并是指一家企业吸收另外一家或几家企业的行为,被吸收企业的法人地位消失(称为被兼并公司),吸收的企业则存续(称为兼并公司),用公式表示是:A+B=A。兼并经常发生在实力比较悬殊的企业之间,兼并公司通常是优势企业。

合并是指两家或两家以上企业结合后全部不存在,而在原来企业资产的基础上创立一家新企业,用公式表示是:A+B=C。

收购是指一家企业通过某种方式主动购买另一家企业的股权或资产的行为,其目的是获得该企业的控制权。

一般来说,兼并和合并同收购有如下区别:兼并和合并是两个或多个企业结合为一个企业,结合各方的资产进行重新组合,一般只有一个法人;而收购是一个企业通过收购资产或股权以实现对其他企业的控制,收购后通常只进行业务整合而非企业重组,收购后两个企业仍为两个法人,

---

① 类似的分类可以参见:J. 弗雷德·威斯通,《兼并、重组与公司控制》,经济科学出版社 1998 年版,第 3 页;王益、刘波,《资本市场》,经济科学出版社 2000 年版,第 324 页。这里我们也参考了这两篇文献对相关概念的阐述。

只发生控制权转移。

三、企业收缩

企业收缩(contraction)又称为出售(sell-off),是指使企业规模及经营范围缩小的各种行为,是企业扩张的逆过程。企业收缩可采取分立和剥离两种形式。

分立是指母公司将其资产和负债独立出去,成为一家或数家独立公司,新公司的股份按比例分配给母公司的股东。这样,母公司现有的股东就在新公司中拥有与在原有企业所拥有的相同比例的所有权,然而,控制权却被分离了,并且新公司作为一个独立的决策单位,可能采取与母公司不相一致的策略。在分立方式中,母公司没有收到一分钱现金。

分立可以分为两种形式:子股换母股(split-offs)和完全析产分股(split-ups)。在子股换母股方式下,母公司将一部分资产和负债分立出来,成立一家独立的公司,但母公司仍然存在。在完全析产分股方式下,母公司的资产和负责被分立成不同的新公司,而母公司不复存在。

与分立相对应的,还有另外一种形式的企业收缩——剥离(divestiture)。剥离是将企业的一部分出售给外部的第三方,进行剥离的企业将收到现金或与之相当的报酬。如果说分立只是进行股权的转移或交换,则剥离是资产的出卖,会有现金流入。在典型的剥离中,购买者是一家已经存在的企业,因此不会产生新的公司实体。

剥离的一种常见形式是分拆上市,即已上市公司将其部分业务或者是某个子公司独立出来,另行公开招股上市。[①]

四、企业所有权或控制权变更

企业所有权或控制权变更(change in ownership or control)的范围非常广泛,本书主要讲述如下三种形式:反收购防御、股票回购和杠杆收购。

反收购防御(defense)。在企业并购中,善意并购往往很少,而且许多善意收购中就收购条件的讨价还价往往是不欢而散,因此善意收购又转化成敌意收购。目标公司一旦遭受收购公司的袭击,通常会进行防御,采取各种反收购手段,以提高收购者的收购成本。反收购防御主要有如下几种:资产重估、股份回

---

① 关于分拆上市的具体介绍可见本书第八章第二节的内容。

购、白衣骑士、金保护伞和锡保护伞、皇冠上的明珠、毒丸防御计划、帕克门战略、反接管修正、清算等。

股票回购(share repurchases)。股票回购是指上市公司从证券市场上购回自己所发行的股票的行为。股票回购的原因之一是,在收购公司的过程中,被收购公司通过回购自己的股票进行反收购,因此,股票回购是公司对控制权的一种调整。

杠杆收购(leveraged buy-out,LBO)。杠杆收购是指一小群投资者以目标公司的资产为抵押进行大量的债务融资,来收购公众持股公司所有的股票或资产。典型情况是,收购者希望能保持对企业3—7年的私人所有权,在此期间,收购过程所产生的债务主要通过资产售卖和企业的未来现金流得以偿清。然后,收购者要么公开卖掉公司,要么获取现金红利。杠杆收购的一种常见形式是管理层收购(MBO),通过这种方式,当权的管理集团取得新的非上市公司的大部分权益。

第二节　投资银行在企业重组中的作用

投资银行在企业重组中的作用通常通过兼并收购部门或财务顾问部门进行,尤其以前者为主。投资银行的企业重组业务通常又被简单称为兼并收购(merger and acquisition,M&A,简称并购)业务,这主要可以分为两类:一是中介顾问业务,即为进行重组的企业提供顾问服务,这是投资银行的"正宗"并购业务;另一类是产权投资商业务,在这类业务中投资银行作为并购交易的主体参与企业并购,通过先买进然后卖出企业获得收益。我们主要对如下三种中介顾问业务进行介绍:买方顾问业务、卖方顾问业务和反收购方顾问业务。[①]

一、投资银行在企业扩张中的作用

投资银行作为中介顾问机构,在企业扩张中扮演买方顾问的角色,其主要作用如下:

(1) 策划收购方的经营战略和发展规划,帮助收购方明确收购目的,拟订收购标准。

(2) 搜寻、调查和审查目标企业,分析并购目标企业的可行性、必要性和可

---

① 王明夫:《投资银行并购业务》,企业管理出版社1999年版,第31—36页。

能性。

（3）设计并购方式和交易结构。

（4）评估并购对买方的影响。

（5）组织和安排谈判——制订谈判的策略技巧，拟订明确的收购建议。

（6）设计一套保障买方权益的机制——决定适当的"锁定协议"、毁约费、期权或换股交易协议，以保障议定的交易得以完成。

（7）帮助确定公平价格或合理价格，拟订可接受的最高出价，向买方董事会提供关于价格的公平意见书。

（8）游说目标企业所有者及目标企业管理层、职工接受买方收购。

（9）做好攻关活动和舆论宣传，争取有关当局和社会公众的支持。

（10）调查、防范和粉碎目标企业的反收购措施和行动。

（11）策划并购融资方案，承销发行并购融资证券或提供收购资金。

（12）在善意并购情况下与律师一起拟订合约条款，协助买卖双方签订并购合约，办理产权转移手续。

（13）在上市公司收购的情况下，帮助买方分析市场形势，策划并实施二级市场操作方案，与交易所、管理层及各有关当事人进行沟通和协调，发出收购要约，完成收购。

（14）改组目标企业的董事会和经理层，实现买方对目标企业的真正控制和接管。

（15）就接管后的企业整合、一体化和经营发展等问题提出咨询意见，帮助买方最终实现并购目标。

投资银行以上所有角色内容都旨在帮助客户（买方企业）达到以下效果：以最优的交易结构和并购方式用最低的成本（含支付对价、融资成本、时间成本、劳动量等）购得最合适的目标企业，从而获得最大的企业发展。

二、投资银行在企业收缩中的作用

投资银行作为中介顾问机构，在企业收缩中扮演买方顾问的角色，其主要作用如下：

（1）分析潜在买主的范围，寻找最合适的买方企业。

（2）帮助卖方明确销售之目的。

（3）策划出售方案和销售策略。

（4）评估标的企业，制订合理售价，拟订销售低价，向买方企业董事提出关于售价的公平意见。

(5) 制订招标文件,组织招标或谈判,争取最高售价。
(6) 积极推销标的企业,游说潜在买方接受卖方企业的出售条件。
(7) 帮助编制合适的销售文件,包括公司备忘录和并购协议等。
(8) 与有关各方签署保密协议。
(9) 做好有关方面的公关和说服工作。
(10) 执行监管协议,直至交易完成。

作为卖方的顾问,投资银行的工作宗旨是:帮助卖方以最优的条件(含价格及其他条件)将目标企业卖给最合适的买主。

三、投资银行在公司所有权或控制权变更中的作用

投资银行在公司所有权或控制权变更中扮演很多角色,这里我们主要介绍投资银行在敌意并购中作为反收购顾问的角色,其主要内容有:

(1) 帮助发现潜在"鲨鱼"(收购方或曰袭击者),调查、分析和估测"鲨鱼"的行动目的和方案,监视其行为过程。
(2) 评价敌方企业的收购条件是否公平,抨击其不合理之处。
(3) 针对收购双方的具体情况确定拟用的反收购策略,分析拟用之各种反收购措施的优劣利弊及其后续影响,帮助企业采取最有效的反收购措施。
(4) 策划反收购融资。
(5) 以"公正判别者"的身份分析和评价本次收购对双方企业、双方企业股东和职工、地方经济和社会的影响(主要是其不良影响的方面),争取有关当局、股东、职工、社会公众支持反收购。
(6) 安排目标企业在反收购期间的财务活动,控制财务支出,保证反收购活动顺利进行。
(7) 为目标企业策划和制订"一揽子"防御计划,防止下次再遭袭击。

第三节　企业重组的定价[①]

定价是企业重组的关键,也即是投资银行兼并收购业务的关键。要想做成

[①] 本节内容参考了 Robert Lawrence Kuhn, 1990, *Investment Banking Library* Ⅰ—Ⅵ, Volume Ⅳ (*Mergers, Acquisitions, and Leveraged Buyout*), Richard D. Irwin Press;以及田进、钱弘道,《兼并与收购》,中国金融出版社 2000 年版,第 20—42 页。

一笔好的交易,就必须制订合适的价格,这个价格实际上是在买主愿意支付的最高价和卖主所能接受的最低价之间的一个交集,找到这个交集,需要从买卖双方的角度来考虑,这是一个既需要创造性又很烦琐的过程,也正是一个投资银行体现其魅力与作用的过程。

在企业重组中,定价既是一门科学,也是一门艺术。科学是指企业重组基于金融理论和模型,艺术是指其基于个人的洞察力和经验。专门从事兼并收购业务的投资银行家在提高专业技术的同时,必须保持他们敏锐的商业感觉。

定价的方法有很多,且各有利弊,没有一套体系或方法能适用所有情况,每个方法和模型在企业重组中都有其特定的适用范围,而且其本身在特定情况下有特定的应用。

有关企业重组定价的学术文献大都强调现金流折现法(discounted cash flow,DCF),并把它看做是能得到正确答案的正确方法。这种方法利用某一段时间来自某一业务的预期现金流量来计算净现值或内部收益率,它是一种非常定量的、较精确的方法,能用做一个公司的定价经济模型。

但问题在于,一个处于复杂环境里的组织复杂的企业是难以如此简单地加以描绘的。在现实世界里,各种与兼并收购有关的复杂因素相互影响,从而使精确分析难以完成。绝对不能迷信数字,数字的准确性是相对的和有条件的。在很多情况下,较少地使用数值的"经验方式"比较多地利用数值的"数学模型法"效果更好。学者们喜欢那些基于金融理论(如 DCF 法)的方法,而投资银行家根据实际经验知道这些方法所需要的假设常常难以满足,所以运用这些方法所得出的结果只能作为参考,在这种情况下,人们必须考虑采用其他技术来进行定价。

事实上,在企业重组的定价方面,分析决策人员必须把各种定量和定性以及理论和经验的方法与技巧结合起来考虑,才能避免一些基本的错误。本节的目的就是分析定量和定性两方面的不同定价方法。

一、确定价格的定量模型

定量模型关注的是能产生一个明确的数值结果以表明价格,表 13.2 列出了五种主要的定量模型。

表 13.2　企业重组的五种定量模型

Ⅰ. 现金流折现法
Ⅱ. 市场行业比率倍数定价法
　　市盈率法
Ⅲ. 市场价值法
　　股票市场价值法
　　并购市场价值法
　　账面价值法
Ⅳ. 杠杆收购法
Ⅴ. 资产分析法
　　分散加总定价法
　　实物资产价值法
　　清算价值法

（一）现金流折现法(discounted cash flow, DCF)

我们已经在第三章介绍过 DCF 法的计算原理，所以不再重复，而把重点放在这种定价方法的优缺点分析上。

1. DCF 法的优点

作为一种定价方法，尤其是在与其他方法联合使用时，DCF 有着很大的优点。DCF 定价方法的结果对于判断用其他方法得出的价值是否合理很有用。如果通过其他方法取得的价值与 DCF 产生的价值相差悬殊，并且不能找出一个有说服力的理由，那么就需要重新分析该种方法的合理性了。

在所有的企业重组中，都应当使用 DCF 分析方法，这个方法本身很重要，其结果也是重要的，特别是在收购方要确定最高价格时。

2. DCF 法的缺点

尽管 DCF 法在理论上是可行的，但在实际应用中却有几个主要缺陷，其主要的问题是估计和预测的不确定性。无论是现金流量还是折现率的预测，都必须根据市场、产品、竞争和利息率等假定计算，所以其可信度会大打折扣。由于这种不确定性，其本身数值上的完美形式往往会使人迷惑。

（二）市场行业比率倍数定价法

1. 市场行业比率倍数定价法概述

显然，众多投资者很难在现金流量、折现率上达成一致。为了对付这个难题，市场行业比率倍数定价法借助于市场上形成的共识，利用目标企业的某一方面财务数据乘以某一行业比率倍数来得到价格，收购价格作为收益、现金流量、收入、账面价值以及特殊情况下资产的倍数或百分数加以确定。市场行业比率倍数定价法是对比估价法的应用。这个方法尤其适用于对私有企业和上市公司的子公司进行估价。

市场行业比率倍数定价法假定相同行业的企业存在相似之处,但完美的比较几乎是不存在的,特别是在对一个多样化的公司进行定价时更是如此。当然,可以精心挑选一组可比公司,其中每一个对目标公司都有可比性,可比公司的经营历史、财务和股票表现以及业务前景可以用于分析确定一个适当的价值,以便应用于目标公司。

2. 市场行业比率倍数定价法的指标

(1) 市盈率(P/E)

应用市盈率法定价是市场行业比率倍数定价法中最常用的。所谓市盈率是指股票市场上某种股票的每股价格与每股收益的比值。一个企业适当的损益表项目,如税息前收益(EBIT)或税后净利润(NPAT)乘以适当的 P/E 倍数,即可计算其价格。

P/E 倍数是由行业和公司的特点来决定的。用于并购的倍数通常是一定时期(如3—5年)的平均收益,所以这不适用于年轻的公司,当对行业中处于稳定状态的公司进行定价时,这种方法的效果最佳。

(2) 其他指标

市盈率是在市场行业比率倍数定价法中经常使用的,然而,市盈率并不是唯一的、也不是在任何情况下都是最佳的指标,另外还存在如下一些指标可供选择:现金流量、账面价值、总收入。

经营结果相对稳定、资本需求小并有较高商誉(goodwill)的公司通常使用现金流量乘数来进行评价。资本密集型企业通常是按照其有形资产账面价值的某一百分数来进行评价。能够以较多经营手段和机会提高盈余的公司通常也是按照其收入的某一百分数来进行评价。

对一个行业基本经济情况的深入了解是挑选适当定价比率的关键。

3. 市场行业比率倍数定价法的优缺点

虽然市场行业比率倍数定价法在理论上没有 DCF 分析那样完善,但它有特殊的优点。首先是其可靠性,它是基于市场对可比公司的财务前景所作的综合分析,而不是某个人的预测。另外,该方法在理解和应用上比较简单,这有助于获得收购方股东的支持。

市场行业比率倍数定价法的主要缺点是,目标公司的价值是通过与类似公司的比较取得的,而这些公司的特殊情况与目标公司可能会有很大的差异。

(三) 市场价值法

市场价值法具体可分为如下三种:股票市场价值法、并购市场价值法和账面价值法。

1. 股票市场价值法

股票市场每天都给上市公司一个价值评估，上市公司的股票价格反映了市场对公司未来业绩的预期。严格地说，一家公司的市场价值同它的 DCF 价值的计算在理论上是一致的，都运用了 NPV 原理。

股票市场价格显然是确定一家上市公司价格的必要因素，因为以低于市价的价格购买一个公司几乎是不可能的。上市公司的并购定价可以依据当前股票市场的价格，再加上适当的溢价。

股票市场价值适用于上市公司，当然也能通过类比对非上市公司进行定价，即将潜在收购对象的价值与具有相似特点的上市公司的市场价值进行比较。

2. 并购市场价值法

并购市场价值法是在类似的目标公司之间进行价格比较的一种方法。投资银行把并购市场上之前进行的类似并购的价格列出来，并使用这些价格来判断此次并购中目标公司的相关价值。投资银行喜欢这种技术，并编制了可比交易的一长串单子以便向客户提供建议。

从理论上讲，并购市场是愿意买卖的双方相互作用的真实反映，然而，实际上每宗并购交易都需要作特别的考虑。而且并购市场时常会出现偏差：当遇到不利情况时，公司以较低价格出售；当收购者急于收购时，公司以较高价格出售。

3. 账面价值法

账面价值是一个明确的、某一时点上的数字，该数字反映了某公司在某特定时间内的账面价值。账面价值之所以重要，是因为它是按照标准的会计准则产生的，并且是由独立的第三方进行审计的。

但是，账面价值有时是没有什么意义的，这一点在公司的真实价值和账面价值差距比较大的时候尤其明显。

(四) 杠杆收购法

杠杆收购是指完全用债务来提供资金支持的企业收购行为。典型情况是，收购者希望能保持对企业 3—7 年的私人所有权，在此期间，收购过程所产生的债务主要通过资产售卖和企业所产生的现金流得以偿还。之后，收购者要么公开卖掉公司，要么获取现金红利。①

在杠杆收购中决定价格的因素有：目标公司的预期财务结构、投资者要

---

① 我们将在后面的内容中对杠杆收购进行详细介绍。

求的权益资本回报率、利息率和预期信贷额度。因为杠杆收购不产生两个企业的联合，结果并没有协同作用。除此之外，交易主要是自我筹资。鉴于这些原因，从理论上讲，杠杆收购的价格应该代表售卖一家国内公司的最低价格。

杠杆收购法的主要缺点是，它要求作长期预测，潜在的收购者首先必须确定短期资本支出的削减将对目标公司的长期经营结果和现金流量产生什么样的冲击。

（五）资产分析法

资产分析法具体可分为如下三种：分散加总定价法、实物资产价值和清算价值。

1. 分散加总定价法

分散加总定价法主要评估来自目标公司所有部门和有形财产的总价值减去所有债务后的净收入。

一些公司事实上根本没有生存价值，单个部分的价值比目前企业的总价值还要高。这类情况主要发生在公司很少有部门间的协同作用的时候，或者是在公司所产生的收入很差的时候，很多大企业可以归入此类。当不同的子公司或下属部门单独作为有活力的企业被卖掉时，可以用分散加总定价法来估计其预期价格。

2. 实物资产价值法

实物资产价值决定公司所有有形资产的市场价值，它是从购买的工厂、设备、自然资源等得到的价值。实物资产价值为估计清算价值模型提供了一个基准。

3. 清算价值法

清算定价模型能用做定价基准，即任何目标公司的最低实际价值。主要方法是按照下述程序判定公司的可变现净资产价值：以可能得到的最大价格逐一出售全部资产，按债务到期偿还的条款归还全部债务。

二、确定价格的定性因素

一般来说，影响企业重组的定性因素有两类：经营因素和财务因素。经营因素与特定时期的特定公司有关，因此我们这里主要介绍财务因素。

在表13.3中，我们罗列了对企业重组定价有影响的定性因素。

表 13.3　影响企业重组定价的定性因素

完成兼并收购交易的能力
融资能力
财务结构
税收考虑
资本成本
清偿能力
竞争投标
控制
对目标企业的了解
购买欲望
协同作用
交易时间的选择
交易速度的选择

1. 完成兼并收购交易的能力

无论情况多么有吸引力,无论价格是多么合适,一个首要的前提就是这个交易必须是能够完成的。即使在有关条款和条件满足以后,实际上仍然有许多情况使一个交易不能完成。

2. 融资能力

为了获得收购所需的资金,收购方通常要进行融资,其融资能力通常取决于以下两个因素:第一,收购公司的一般信誉和它对借贷者或证券持有人的信任度;第二,金融机构认为计划中的并购交易是个好的交易。

无论是收购方还是目标企业的原始财务状况都是至关重要的,要考虑的因素包括赢利、资产质量等。预计的现金流量必须经过仔细审查,以确认利息和本金能从预计的现金流量中取得。

3. 财务结构

离开了财务结构,单纯谈收购价格就会产生误导,交易是如何得到资金支持的,这个问题将会极大地影响价格。例如,完全以三年期优先债务作为资金来源的全部现金支付方案将会限制在一个很低的价格水平,而股票、零息债券和优先股的使用将会为同样的交易支付一个更高的价格。

现代并购活动所取得的进步在某种程度上要归功于金融工具的创造性发展,它能够把公司的现金流量与债务需要、资产负债风险、借贷方和投资者所要求的不同水平的回报匹配起来。

4. 税收考虑

税收是并购中双方主要关心的问题之一,而买方和卖方的税收考虑是不同的。表 13.4 列出了买方和卖方的税收考虑。

表 13.4　并购买卖双方的税收考虑

买方的税收考虑
预期税收怎样影响用于经营公司和分摊债务的净现金流量
已收购资产的新税基是什么
在行业或公司方面有没有特别的税收政策补偿
有没有暗含的税收责任
卖方的税收考虑
税后实际的净现金流量是多少
最大限度地减少税收责任的最有效方案是什么
把握时间期限,例如实行选择权或通过设计股息收入以调整应付税收的时间

5. 资本成本

一家公司的资本成本是其最关键的特点之一,并购所要求的回报率应当按照收购者的资本成本来评价。

6. 清偿能力

对买方来说,清偿能力的因素包括两类:经营上的和交易上的,见表 13.5。

表 13.5　清偿能力的因素

经营上的清偿能力因素
在经营企业时,包括流动资本和资本支出在内的短期现金需要是多少
很多新的所有者在计算直接收购成本后发现,他们缺乏流动资金,以使企业正常经营
交易上的清偿能力因素
把企业变成现金的前景怎样
企业是否能很容易卖掉
是否需要重新筹集资金

7. 竞争投标

影响买卖双方竞争投标的因素各不相同,如表 13.6 所示。

表 13.6　竞争投标的因素

买方的竞争性投标因素
竞争对手的实力是否很强
他们的最初动机是什么
如果一个竞争对手对目标公司的并购利益与自己公司的利益互补,是否存在合作的可能
在一个公开竞争的过程中,在招致高成本并出现哄抬价格的风险时,应该怎么办
能否"控制"目标公司的一些股票或关键资产

(续表)

卖方的竞争性投标因素
竞争性投标能否抬高价格 一个正式的拍卖是否合适 所有投标者参加竞争过程时能受到怎样的鼓励

8. 控制

买方的控制因素有:是否存在目标公司能够控制的任何特殊情况,如其他公司的股票、市场份额、主要消费者之间的关系、长期的供应合同、重要的不动产等;仅购买一个能控制目标公司的股东地位,却不买整个公司,这样做是否有价值;任何一种控制都有价值,因此控制权溢价是很普遍的。

9. 对目标企业的了解

令人震惊的是,收购者经常不了解他们刚刚买来的业务。他们通常花费数百乃至数千小时去交易,而只有一小部分时间用在理解交易上。买方需要了解的因素有:你对这个行业、企业及关键人员了解吗?假如目标公司的现有管理层离开,你的管理层有接管目标企业的能力吗?并购的历史表明,由于收购者没有意识到一个不熟悉的行业或组织中的关键问题,结果前景良好的交易也可能因为管理不善而失败。

10. 购买欲望

有些人经常误认为个人愿望对并购决定不会产生实质性的影响,但是在当代社会中,拥有一家新企业不仅对主要管理人员而且对整个管理层都是一个极好的自我展示的机会。不能低估收购方管理者对更大权力和更高威望的追求的重要性。

11. 协同作用

协同作用要考虑的因素如表 13.7 所示。

表 13.7 协同作用要考虑的因素

并购对交易双方而言有什么利益 计划整合所需要的程序、时间,并预测可能遇到的障碍和危险是什么 如果预期的协同作用未能实现具体效果,交易是否应该继续进行下去

12. 交易时间的选择

选择交易时间时要考虑的因素如表 13.8 所示。

表 13.8　选择交易时间时考虑的因素

从经济周期考虑,现在是否是进行并购的恰当时机
如果现在是在经济周期的顶峰,是否打算支付高于平均水平的费用
如果现在是在经济周期的低谷,目标公司的当前商业前景如何
目标公司的发展趋势如何
如果推迟交易,可能会对目标公司的相关成本产生什么样的影响

13. 交易速度的选择

买卖双方在选择交易速度时考虑的因素是不同的,见表 13.9。

表 13.9　选择交易速度时考虑的因素

买方选择交易速度时要考虑的因素
面对竞争必须行动多快
能够行动多快
是否必须从新的第三方筹集资金
目前能得到信用透支吗
买方选择交易速度时要考虑的因素
交易应当以多快的速度完成
买方或卖方谁面临更大的时间压力

三、定价的综合考虑

企业重组的定价没有简单的公式可以套用。从交易各方的利益考虑,确定一个交易的"最好价格"需要进行广泛的、创造性的分析。这样的分析必须考虑到各种因素,只有通过一套系统的方法才能防止得出简单化或误导性的结论。

多种替代性定价方法可以互相结合起来评价定价战略及其伴随的风险。如果可比性的价格低于变现价值,那么收购风险是很小的;但是,如果市场价格高于 DCF 价值或分拆价值,则收购风险就相当大。

谨慎的购买者总是喜欢使用复杂的定量技术,然而有经验的、精明的投资银行家并不受此限制。他们总是喜欢把不同的、直觉的定性因素注入定价过程中。一个深刻而有效的定价过程应该应用许多定量模型和定性因素。在定量模型和定性因素之间也应当使用敏感度分析。另外,在交易中的个人洞察力也是十分重要的。

总之,兼并收购交易的定价要求多样化的思维方法,认为只有一种方法起主要作用的想法是错误的。相反,在每一笔交易中都要求计算每个定量模型和

权衡每个定性因素也是不现实的。只有挑选最合适的方法,并进行深入分析才是正确的方式。通过经验积累产生的良好商业感觉和判断力有助于投资银行家确定使用哪种方法以及如何使用它们。

本章小结

- 企业重组是一个很广的概念,它包括了企业的所有权、资产、负债、人员、业务等要素的重新组合和配置。企业重组有两种分类:一是从企业要素变动的角度出发,把企业重组分为产权变动、资产变动、产权和资产同时变动三大内容;二是从单个企业活动的视角出发,把企业重组分成企业扩张、企业收缩、企业所有权或控制权变更三大内容。

- 企业扩张是指能导致企业规模及经营范围扩大的并购行为,主要包括兼并、合并、收购及合营企业。企业收缩又称为出售,是指使企业规模及经营范围缩小的各种行为,是企业扩张的逆过程,主要包括分立和剥离两种形式。公司所有权或控制权变更的范围非常广泛,主要有如下三种形式:反收购防御、股票回购和杠杆收购。

- 投资银行在企业重组中的作用通常通过兼并收购部门或财务顾问部门进行,投资银行的企业重组业务通常又被简称为兼并收购业务,主要可以分为两类:一是中介顾问业务,另一类是产权投资商业务。

- 定价是企业重组的关键。在企业重组中,定价既是一门科学,也是一门艺术。事实上,在企业重组的定价方面,分析决策人员必须把各种定量和定性以及理论和经验的方法与技巧结合起来考虑,才能避免一些基本的错误。

- 企业重组定价的定量模型主要有五种:现金流折现法、市场行业比率倍数定价法、市场价值法、杠杆收购法、资产分析法。

- 影响企业重组定价的定性因素有:完成兼并收购交易的能力、融资能力、财务结构、税收考虑、资本成本、清偿能力、竞争投标、控制、对目标企业的了解、购买欲望、协同作用、交易时间的选择、交易速度的选择。

思考题

1. 企业重组可具体分为哪些形式?
2. 投资银行在企业重组中起什么作用?
3. 企业重组的定量模型有哪些?
4. 企业重组定价的定性因素有哪些?

第十四章 企业扩张

☞ **本章概要** 企业扩张是指能导致企业规模及经营范围扩大的兼并收购行为,主要包括兼并、合并和收购。本章首先分析了兼并收购的含义和动因,然后对并购的操作流程进行了介绍。

☞ **学习目标** 通过本章的学习,应该掌握并购的含义和操作流程。

当公司期盼着变化并能接受变化时,并购为它提供了一个机会的窗口。将所有期盼改变的公司推向那个窗口吧!

——阿德里安·卡德伯里

第一节 企业扩张概述

一、企业扩张的含义

企业扩张(expansion)是指能导致企业规模及经营范围扩大的并购行为[1],主要包括兼并、合并和收购。

(1)兼并(mergers)。是指一家企业吸收另外一家或几家企业的行为,被吸收企业的法人地位消失(称为被兼并公司),吸收的企业则存续(称为兼并公司),用公式表示是:A+B=A。兼并经常发生在实力比较悬殊的企业之间,兼并公司通常是优势企业。

(2)合并(consolidation)。是指两家或两家以上企业结合后全部不存在,而在原来企业资产的基础上创立一家新企业,用公式表示为:A+B=C。

(3)收购(acquisitions)。是指一家企业通过某种方式主动购买另一家企业的股权或资产的行为,其目的是获得该企业的控制权或资产的所有权。

---

[1] 本书中,企业扩张和并购通用。

二、企业扩张的动因

在不同时期和不同市场条件下,企业扩张的动因是不同的,理论界从不同角度解释了企业扩张的动因,提出了许多理论。

(一) 经营协同效应

所谓经营协同效应,是指通过企业扩张使企业生产经营活动效率提高所产生的效应,整个经济的效率将由于这样的扩张活动而提高。经营协同效应的产生主要有以下几个原因:

第一,通过企业扩张,使企业经营达到规模经济。企业扩张使几个规模小的公司组合成大型公司,从而有效地通过大规模生产降低单位产品的成本。规模经济还体现在企业扩张、规模扩大后市场控制能力的提高,包括对价格、生产技术、资金筹集、顾客行为等各方面的控制能力的提高以及同政府部门关系的改善。追求规模经济在横向兼并中体现得最为充分。

第二,企业扩张可以帮助企业实现经营优势互补。收购兼并能够把当事公司的优势融合在一起,这些优势既包括原来各公司在技术、市场、专利、产品管理等方面的特长,也包括它们中较为优秀的企业文化。

第三,可能获得经营效应的另一个领域是纵向一体化。将同一行业处于不同发展阶段的企业合并在一起,可以获得各种不同发展水平的更有效的协同,其原因是通过纵向联合可以避免联络费用、各种形式的讨价还价和机会主义行为。

(二) 财务协同效应

财务协同效应是指企业扩张后,由于税法、证券市场投资理念和证券分析人士偏好等作用而产生的一种好处,它主要表现在以下三个方面:

第一,通过企业扩张可以实现合理避税的目的。企业可以利用税法中的亏损递延条款来达到避税目的,减少纳税业务。因此,如果某企业在一年中严重亏损或该企业连续几年亏损,那么企业拥有相当数量的累积亏损时,这家企业往往会被其他企业作为兼并收购对象来考虑,同时该亏损企业也会希望出售给一个赢利企业来充分利用它在纳税方面的优势。因为通过亏损企业和赢利企业之间的兼并收购,赢利企业的利润就可以在两个企业之间分享,这样就可以大量减少纳税义务。

第二,通过企业扩张来达到提高证券价格的目的。如果 A 公司的市盈率较高,B 公司的市盈率较低,则 A 公司和 B 公司合并以后,证券投资者通常会以 A 公司的市盈率来确定合并后新公司的市盈率。这样,合并以后企业的证券价格就会上涨。

第三,通过企业扩张能提高公司的知名度。公司扩张性行为能更好地吸引证券分析界和新闻界对它的关注、分析和报道,从而提高公司的知名度和影响力。同时,扩张之后企业规模的扩大也更容易引起市场的关注。

(三) 企业快速发展理论

企业发展主要有两种基本方式,一是通过企业内部积累来进行投资,扩大经营规模和市场能力;二是通过兼并收购其他企业来迅速扩张企业规模。在现实生活中,通过兼并收购其他企业来迅速发展壮大是一种非常普遍的现象。比较而言,通过兼并收购来实现企业发展有如下几个优点:

第一,兼并收购可以减少企业发展的投资风险和成本,缩短投入产出时间。在兼并收购情况下,可以通过利用原有企业的原料来源、生产能力、销售渠道和已占领的市场,大幅度降低发展过程中的不确定性,降低投资风险和成本。同时,也大大缩短了投入产出的时间差。

第二,兼并收购有效地降低了进入新行业的障碍。公司在进入新行业寻求发展的时候,往往会面临很多障碍,如达到有效经营规模所需要的足额资金、技术、信息和专利,有效占领消费市场所需要的销售渠道等,这些障碍很难由直接投资在短期内克服,但却能由兼并收购来有效地突破。再者,收购方式还能避免直接投资带来的因市场生产能力增加而引起的行业内部供需关系失衡,从而减少了价格战的可能性。

第三,兼并收购可以充分利用经验曲线效应。所谓经验曲线效应,是指企业的单位生产成本随着生产经验的增多而不断下降的趋势。由于经验是在企业的长期生产过程中形成和积累下来的,企业与经验形成了一种固有联系,企业无法通过复制、聘请其他企业雇员、购置新技术和新设备等手段来取得这种经验。如果企业通过收购方式扩张,不仅获得了原有企业的生产能力,还将获得原有企业的经验。

(四) 代理问题理论

当管理者只拥有公司股份的一小部分时,便会产生代理问题。由于拥有绝大多数股份的所有者将承担大部分的成本,所以部分所有权可能会导致管理者的工作缺乏动力并且(或者)进行额外的消费(如奢华的办公室、公司汽车、俱乐部的会员资格等)。他们还认为在所有权分散的大公司中,个别所有者没有足够的动力为了监控管理者的行为而花费大量的财力和物力。许多报酬协议和管理者市场可能会使代理问题得到缓解。

解决代理问题的另一种市场机制是被收购的危险,被收购的危险可能会代替个别股东的努力来对管理者进行监控。收购通过要约收购或代理权之争,可以使外部管理者战胜现有的管理者和董事会，从而取得对目标企业的决策控制权。

代理问题理论的一个变形是自由现金流量理论，这种理论认为有些收购活动的发生是由于管理者和股东间在自由现金流量的支出方面存在冲突。所谓自由现金流量是指超过公司可进行的净现值为正的投资需求以外的资金，自由现金流量必须支付给股东，以削弱管理层的力量并且使管理者能够更经常地接受公共资本市场的监督。

（五）市场占有理论

市场占有理论认为，企业扩张主要是为了提高产品的市场占有率，从而提高企业对市场的控制能力。因为企业对市场控制能力的提高，可以提高其产品对市场的垄断程度，从而获得更多的垄断利润。就兼并收购的形式来说，不论是横向兼并还是纵向兼并都会增强企业对市场的控制能力，从而获得更多的垄断利润。在横向兼并中，因为同行业的两个企业之间的兼并，必然会导致竞争对手的减少，从而扩大市场占有率。而在纵向兼并中，由于企业控制了原料供应和(或)产品销售渠道，能够有力地控制竞争对手的活动。

第二节　企业扩张的操作流程

企业扩张即并购程序一般包括以下七个环节：
(1) 自我评价。
(2) 目标筛选。
(3) 尽职调查。
(4) 并购定价。
(5) 评估并购风险。
(6) 确定交易方案。
(7) 并购整合。

一、自我评价

自我评价是并购的第一步。企业自我评价的目的在于结合企业的战略安排和财务状况，分析企业并购需求、目标和能力。换言之，自我评价需要回答的问题主要是：企业经营处于哪个发展阶段？企业的发展潜力如何？企业的竞争地位及变化趋势如何？企业将面临哪些机遇和挑战？企业的发展是否需要扩张到新的经营领域中去？有没有并购其他企业的必要？并购能不能增强企业的业务能力和竞争优势？企业有没有财力和管理能力并购其他企业？会不会因为并购而成为反并购的目标？

自我评价起着非常重要的作用，许多并购的经济效果差强人意，许多国际知名的大型公司因为不恰当的并购导致元气大伤，大大削弱了抵抗风险的能力和发展后劲，最后导致破产，都是因为自我评价不到位。并购一般需要花费很大的代价，因为并购需要占用大量的资金，从而使并购方的抗风险能力明显减弱。如果并购的目标企业不能产生利润，不能增加现金流，那么企业的资金周转就会遇到问题，最终陷入财务困境。许多企业因为并购而失败，这与事前缺乏正确的自我评价不无关系。

二、目标筛选

并购的第二步是筛选目标企业。在目标企业筛选中，首先要考虑的是目标企业是否符合并购方的战略需要，考察的内容主要包括：

第一，目标企业所属的产业和产品的竞争力是否与并购方存在战略上的协调效应。

第二，目标企业的资产规模、销售量和市场份额是否适合并购方。分析的目的是，一方面了解目标企业的实力和并购以后对并购方在扩大市场份额和提升公司竞争力方面的贡献，另一方面分析目标企业的规模是否超出了并购方的支付能力。

第三，目标企业是否具有反并购的章程，目标企业进行反并购的可能性有多大。反并购可能会大大增加并购的成本，提高并购难度，增加并购失败的可能性。

一般而言，理想的目标企业应具备以下条件：

第一，具有某种可以利用的资源。并购是为了获得某种资源或为战略目标服务的，为了达到这一目的，目标企业必须具备某种并购方面的核心资源。例如，目标企业具有一定的土地或自然资源（如矿山、油田等），具有较好的融资能力，具有先进的技术和生产设备，具有良好的产品和销售渠道等。

第二，目标企业的规模大小适中。如果目标企业规模太大，对于并购方的资金需求太大，可能增加并购方的风险和并购后资源整合的难度，反而会遭受损失。如果目标企业规模太小，可能难以达到预期目标。

第三，行业具有较高的关联度。大量的研究表明，存在高度关联性的目标企业更可能提供并购方需要的资源，产生协同效应。高度关联性的目标企业是指和并购方处于相同或相近行业的企业，或处于上下游的企业。

第四，目标企业的股价较低或适中。目标企业较低的股价有利于降低并购成本，为并购后股票的升值预留一定的空间。

三、尽职调查

信息不对称是并购中最重要的风险之一。尽职调查是降低并购过程中信息不对称的最主要的手段。所谓尽职调查，就是从资产、负债、财务、经营、战略和法律角度对目标企业进行的一系列深入的调查、核查与分析，了解目标企业真实的经营业绩和财务状况以及目标企业面临的机会和潜在的风险，以对目标企业作出客观评价，帮助并购方作出正确的并购决策。

并购的尽职调查通常分为以下几个方面：

第一，业务和市场调查。主要了解目标企业的行业状况、产品竞争力、市场现状、市场前景等。

第二，资产情况调查。主要了解目标企业的资产是否账实相符，了解无形资产的大小、产权质押及是否存在产权归属不清的情况。

第三，财务方面的调查。主要了解目标企业的收支状况、内部控制、或有负债、关联交易、财务前景等。

第四，税务方面的调查。主要了解目标企业的纳税情况，了解是否存在拖欠税款的情形。

第五，法律事务调查。了解目标企业一切可能涉及法律纠纷的方面，包括目标企业的组织结构、产权纠纷、正在进行的诉讼事项、潜在的法律隐患等。

从历史经营来看，有相当多的并购方不能充分重视尽职调查，尽职调查流于形式的情况时有发生。埃森哲的一项非正式调查表明，只有10%的企业在尽职调查中利用了企业外部4个或更多的信息来源。对于并购金额动辄超过亿元的并购项目，仅仅把尽职调查的范围局限于小范围内是不能称为尽职调查的。失败的并购案例多数是因为对目标企业的财务、资产和经营情况知之甚少，以及对并购的复杂性预计不足。

并购方在并购前的尽职调查中应特别注意：

第一，选择有实力的中介机构，包括律师事务所和会计师事务所等进行尽职调查。

第二，明确尽职调查的范围和完成时间。

第三，在尽职调查中，除了分析报表之外，还需要格外关注报表之外的信息，特别是可能存在的陷阱。

四、并购定价

在进行并购定价前,首先要解决的问题是确定并购协同效应的大小。在此基础上,确定目标公司的价格。

(一) 确定并购的协同效应

假定两个公司 A 和 B 准备并购,A 公司在并购前(未宣告并购前)的价值为 P_A,B 公司在并购前(未宣告并购前)的价值为 P_B,并购后的价值为 P_{AB},则并购的协同效应是:

$$协同效应 = P_{AB} - (P_A + P_B)$$

当协同效应为正时,并购创造财富;反之,则损毁财富。当然,即使并购产生正的协同效应,创造的财富也非完全归于并购公司(A 公司)所有,原因在于并购公司(A 公司)需要向被并购公司(B 公司)支付超出其价值 P_B 的溢价。

对于现金支付方式的并购,并购成本等于支付给被并购对象 B 公司的现金总额减去未宣告并购前 B 公司的价值 P_B,也即 B 公司在被并购过程中获得的溢价。

现金支付溢价公式:

$$A 公司并购成本 = B 公司所获溢价 = 支付 B 公司现金 - P_B$$

对于股票支付方式的并购,A 公司并购 B 公司的成本需要视并购之后的公司股票价值而定,假设 B 公司股东取得 X 比例的并购后的公司股票,则 A 公司实际的并购成本或 B 公司所获溢价为 $XP_{AB} - P_B$。

股票支付溢价公式:

$$A 公司并购成本 = B 公司所获溢价 = 支付 B 公司股票价值 - P_B$$
$$= XP_{AB} - P_B$$

无论是现金并购还是股票并购,并购公司的价值增值,即 A 公司的并购收益均可表示为:

$$A 公司并购收益 = 协同效应 - B 公司所获溢价$$

并购究竟能为股东带来什么样的回报呢?能不能创造价值?换言之,并购能否产生正的协同效应?理论上的并购动因表明并购能够产生正的协同效应,原因在于:

第一,规模经济效益。通过并购进行资产的补充和调整,达到最佳经济规模,降低企业的生产成本,提高生产效益和赢利水平。

第二,降低交易费用。企业理论表明,市场的复杂性会导致市场交易付出高昂的交易成本,通过并购改变企业边界,使某些具有高昂成本的交易变为企业的内部经营,从而能节省成本,提高效率。

第三,提高市场份额和市场竞争力。企业通过并购减少竞争对手,提高市场占有率,可以增加对市场的控制能力和垄断能力,从而获得超额利润。

第四,财富转移效应。并购由于种种原因被低估价值的目标公司,可能为并购方的股东带来额外的利益。

第五,并购效益差的目标企业以创造价值。如果一家公司的经营管理效率低于另外一家公司,则高效率公司并购低效率公司可使低效率的经营管理效益得到提高,从而创造价值。

(二) 确定目标企业的价格

需要注意的是,对目标企业的定价不一定能够保证并购方获得正的并购收益,即 A 公司的并购收益 >0。那么,在并购过程中,目标企业价格(支付 B 公司股东的价值,而不是 P_B)如何确定呢?

1. 现金流折现法(DCF)

现金流折现法是一种最基本的价值评估方法。这一方法具有良好的理论基础,但由于未来的现金流很难准确预测(现金流预测的时间越长,准确性越差),且折现率难以估计,所以在使用时必须十分小心。

2. 可比公司法

可比公司(benchmark)是通过与同行业相似公司比较来估算目标公司的价值。在同类企业的比较中,要考虑企业所在的行业、企业规模、企业财务结构、并购的时间等方面的情况,对可比较的部分进行合理的组合,然后判断目标公司的相对价格。作为比较的基础,可以考虑每股赢利(乘以用做比较公司的市盈率)、每股净资产(乘以用做比较公司的市净率,即每股市场价格与每股净资产的比率)、每股现金流、每股销售收入等。

3. 账面价值法

账面价值法是指利用传统的会计方式确定净资产以决定并购价格的方法。当然,一个企业在正常运营时,账面价值和真实价值有很大差异。不过,仍然有许多人将此作为并购时的重要定价参考指标,特别是在公司处于难以正常经营的情况下。

一般来说,在为目标企业定价时,除了考虑目标企业的财务、经营之外,还应考虑以下因素:

第一,并购协同效应的大小。协同效应越大,并购方的收购愿望越强,当然在并购价格方面可作一定的让步,以保障并购的顺利实施。

第二,并购对卖方和其他竞争的价值。并购对卖方和其他竞争者的价值越高,并购方的出价越高。

第三,并购方和其他并购公司可能的策略与动机。"知彼知己,百战不殆。"充分了解对方的信息,可以在价格谈判中更好地掌握主动权。

第四,并购对反并购行动的潜在影响。反并购行动会增加并购的成本难度。并购价格越低,进行反并购的可能性就越大。

总而言之,在目标企业的定价方面,既要仔细严格地进行定量分析,也要考虑具体并购的内在环境;既要考虑并购方利益,也要重视对方的具体情况和讨价还价的能力。然后,在与目标企业协商的基础上,寻求双方都能接受的价格。

五、评估并购风险

由于并购双方信息的严重不对称,并购隐含着各种风险。

1. 财务风险

财务风险是指并购方对被并购方财务状况缺乏足够的了解,从而导致并购方错误地估计目标企业的价值和并购的协同效应。财务报表是并购中进行评估和确定交易价格的重要依据,其真实性对整个并购交易至关重要,但目标企业有可能为了自己的利益,利用虚假的报表美化其财务、经营状况,欺骗并购方,从而导致并购方蒙受利益损失。

2. 资产风险

资产风险是指被并购方的资产低于其实际价值或并购后这些资产未能发挥目标作用而形成的风险。并购的本质是产权交易,并由此导致所有权和控制权的转移。所有权的问题看似简单,实际上隐藏着巨大的风险。例如,目标企业资产评估是否准确可靠、无形资产(商标、品牌、技术专利、土地使用权等)的权属是否存在争议、资产真实价值是否低于报表显示的账面价值等,都不会一目了然。同时,并购资产的不确定性也可能影响并购后企业的经营。

3. 负债风险

在多数情况下(收购资产等除外),并购行为完成以后,并购方需要承担目标企业的债务。这里有三个问题值得注意:其一,因目标企业为其他企业提供担保等行为产生的或有负债。或有负债符合一定的条件便会产生,给企业未来的财务安排带来不确定性。其二,被并购方是否隐瞒负债。其三,目标企业负债是否过高,会不会在将来产生还本付息的压力。

4. 法律风险

企业在并购过程中可能会发生民事纠纷,或者并购本身不符合相关的法律规定,例如政府反垄断的规定。此外,目标企业的未决诉讼等或有事项也可能引发法律风险。

5. 融资风险

融资风险是指并购方能否按时、足额地募集到资金以保证并购的顺利进行。以现金方式支付的企业并购往往需要大量资金,如何利用内部和外部的融资渠道在短期内募集到所需的资金是并购能否成功的关键。即便企业能够募集到足够资金进行并购,但是,融资方式或资本结构安排不当也同样会增加企业还本付息的负担,增加融资风险。

6. 流动性风险

流动性风险是指企业并购后由于债务负担过重、缺乏短期融资渠道而导致无法短期支付的可能性。目标企业的高负债(特别是短期负债)比率也可能给承担债务的并购方带来流动性风险,影响其短期偿债能力。

7. 扩张过速的风险

扩张太快未必是好事,其弊端包括三个方面:

第一,可能带来管理的难度和风险。企业规模增大自然会带来管理难度的增加。

第二,并购产生的企业规模增大可能导致规模不经济,体现为随着企业生产能力的扩大而形成的单位成本提高和收益递减的现象。

第三,可能分散企业的资源,造成资金周转困难甚至资金链的断裂。

8. 多元化经营的风险

混合并购导致企业多元化经营。多元化经营虽不总是坏事,但是足够的事例表明,多元化经营的企业比专业化经营的企业难以管理。换句话说,许多时候业务专一的企业比业务分散的企业更容易创造价值。

9. 并购后资源整合的风险

并购后的资源整合包括生产技术的整合、产品的整合、流程的整合、标准的整合、品牌的整合、营销的整合、人力资源的整合、组织构架的整合和企业文化的整合等,这并非易事,因资源整合不成功而导致并购失败的案例比比皆是。

10. 反并购风险

并购有时会遭到目标企业董事会和股东的抵抗,他们采取各种反并购手段,设置各种抵御并购的障碍,既增加了并购难度,也增加了并购成本。

六、确定交易方案

在交易价格确定之后,交易双方还必须议定具体的交易方案,签署有关交易文件,履行相关法律手续。

七、并购整合

并购的正确动机是创造财富,但在相当多的并购中,价值破坏则经常发生。究其原因,除了代理问题等因素外,并购整合的失败是一个非常重要的原因。

具体来说,并购整合大体上可以分为以下七个方面:

1. 公司的战略定位、远景安排和相关的沟通工作

友好的沟通对并购整合非常关键。明确并购后公司的长远规划和发展方向,一来可以更好地为相关的资源整合做好思想和认识上的准备,二来可以减少并购后管理者和员工的不安定心理,减少整合过程中的误解、不满和摩擦。

2. 管理制度的整合

在并购之后,各种管理制度(包括工资制度、奖惩制度、质量控制制度、财务会计制度、内部控制制度等)应当予以统一,以利于业务的整合。由于每个公司的工资制度不同,因此在进行管理制度的整合时,工资制度的整合是非常敏感的问题,需要仔细评估,合理安排,以免影响员工士气和内部团结。在并购之后,如果并购方将目标企业视为一个独立的个体,则某些制度(例如工资制度)可暂缓整合。

3. 经营政策和方向的整合

并购后,被并购方的经营政策和方向往往需要进行调整。例如,某些业务不符合并购后公司的整体发展战略,或某些功能和设备与并购方重叠,为此需要对这些资产和业务进行调整和剥离。此外,企业被并购后,其原来的销售体系亦常因并购方对整体利益的考虑而进行整合。

4. 文化方面的整合

文化是企业的灵魂,一个组织的文化体现在其价值体系、行为准则和理想理念之中,它可以激发员工,使之成为企业不竭的价值源泉。表 14.1 中是四种不同类型的组织文化,这是由 Cartwright 和 Cooper 于 1992 年提出来的,分别是权力型、作用型、使命型和个性型。

表 14.1　组织文化的类型

类型	主要特点
权力型	对挑战进行独裁和压制；突出个人决策而不是组织决策
作用型	官僚主义和等级制度；突出刻板的教条和程序；高效和标准的客户服务
使命型	突出团队义务；使命决定工作组织；灵活性和自主性；要求创造性环境
个性型	突出质量；追求成员的个性发展

为达到并购的预期目标，并购后的企业整体在文化上必须具有高度的凝聚力，文化上的差异会妨碍两家企业之间的有效整合。在对并购方案进行可行性评估时，除了考虑战略方面的问题外，还要考虑文化整合的风险。文化适应性不好或文化上的水火不容必然产生很大的分歧，使组织内成员无所适从。文化类型差异太大的某些企业间的并购是不可行的。

5. 组织结构的整合

被并购方的运营是否完全融入现行的组织结构中(例如成为母公司的一个部门)或让其独立运营？是否裁拆被并购方的某些部门或将其纳入并购方的相关部门？被并购方的生产线需要哪些技术改造？被并购方的现有产品和母公司的现有产品存在何种差异？被并购方的产品能否通过并购方的现有渠道在市场上销售？这些问题必须结合被并购方的产品结构、规模、文化等因素进行综合考虑。

6. 人事整合

人事整合是并购整合中最敏感的问题，主要有以下两个方面：

第一，并购方是否派任以及如何派任并购方的主管人员。并购后，并购方对被并购方最直接、最有效的控制方法是派遣人员担任被并购方的主管。不过，派任被并购方的主管并非易事。相关人选既要对被并购方的业务相当了解，有足够的能力和知识，又要能为被并购方接受。否则，结果可能适得其反。

第二，如何稳定人才队伍和设计激励措施。并购后，如何稳住被并购方的核心人才是关乎并购成败的重大问题。留住关键人才，一要提高被并购方员工的归属感、认同感和安全感，使他们适应新的环境；二要依靠正确的激励措施，例如期权计划等。

7. 利益相关者的整合

并购一个企业不仅仅涉及两个企业之间的整合，还会不可避免地涉及企业外部关系的管理。并购方同时应当关注对企业外部关系的管理，主要包括以下三个方面：

第一，政府关系的管理。

第二，供应链的管理。一是保持供应商的稳定性和竞争力；二是对供应商进行系统的评审,由此改进供应商的结构和效率。

第三,客户关系的管理。这要求并购方制定强有力的策略,保持或重建被并购方客户的信任和关系。

本章小结

- 企业扩张是指能导致企业规模及经营范围扩大的兼并收购行为,主要包括兼并、合并和收购。
- 在不同时期和不同市场条件下,企业扩张的动因是不同的,理论界从不同角度解释了企业扩张的动因,提出了许多理论,主要有:经营协同效应理论、财务协同效应理论、企业快速发展理论、代理问题理论、市场占有理论等。
- 企业扩张一般包括为以下七个环节:自我评价、目标筛选、尽职调查、并购定价、评估并购风险、确定交易方案、并购整合。

思考题

1. 试述企业扩张的动因。
2. 试述企业扩张的一般程序。

第十五章　企业收缩

> **☞ 本章概要**　任何一笔交易都有买卖双方，上章我们从买方的角度考察了企业重组，即企业扩张，本章我们从卖方的角度考察企业重组，即企业收缩。企业收缩又称为出售，是指使企业规模及经营范围缩小的各种行为，是企业扩张的逆过程，企业收缩可采取分立和剥离两种形式。本章首先介绍了企业收缩的形式、动因和时机，然后介绍了企业收缩的一般操作程序，最后介绍了企业收缩对企业价值的影响。
>
> **☞ 学习目标**　通过本章的学习，首先应该了解企业收缩的形式、动因和时机；其次，掌握企业收缩的一般操作程序；最后，理解企业收缩对企业价值有何影响。

> 靓女先嫁。
>
> ——俗语

第一节　企业收缩的形式、动因和时机

一、企业收缩的形式

企业收缩(contraction)又称为出售(sell-off)，是指使企业规模及经营范围缩小的各种行为，具体可分为分立(spin-offs)和剥离(divestiture)两种形式。

(一) 分立

分立是指母公司将其部分资产独立出去，成为一家或数家独立公司，新公司的股份按比例分配给母公司的股东。这样，母公司现有的股东就在新公司中拥有与原有企业相同比例的所有权，然而，控制权却被分离了，并且新公司作为一个独立的决策单位，就可能采取与母公司不一致的策略。

分立可以分为两种形式：子股换母股(split-offs)和完全析产分股(split-ups）。

1. 子股换母股

在这种方式下,母公司将一部分资产分立出来,成立一家独立的公司,但母公司仍然存在。如图 15.1 所示。

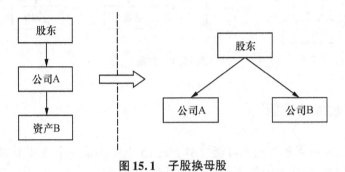

图 15.1　子股换母股

2. 完全析产分股

在这种方式下,母公司的资产和负债被分立成不同的新公司,而母公司不复存在。在完全析产分股后,管理队伍无疑要发生变化,同时,公司由于母公司选择不同的方式向其股东提供子公司的股份,所有权比例也会发生变化,如图 15.2 所示。这种形式的分立与我国《公司法》中涉及的公司分立颇为相似。

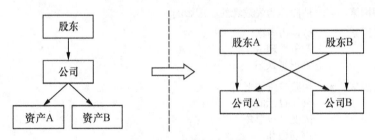

图 15.2　完全析产分股

（二）剥离

与分立相对应的,还有另外一种形式的企业收缩——剥离。剥离是将企业的一部分出售给外部的第三方,进行剥离的企业将收到现金或与之相当的报酬。如果说分立只是进行股权的转移或交换,那么剥离则是资产的出卖,会有现金流入。在典型的剥离中,购买者是一家已经存在的企业,因此不会产生新的公司实体。如图 15.3 所示。

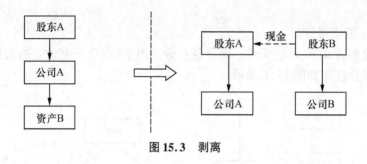

图 15.3 剥离

二、企业收缩的动因

企业的所有者和管理者可能会出于表 15.1 中的某一个或几个原因而决定进行企业收缩，出售企业的部分或全部资产。

表 15.1 企业收缩的动因

经济因素	就任何投资标准而言都不是一个好的业务组成部分
	无法实现经营目标
	税收考虑
	资本使用的优化选择
	利润
心理因素	消除作为失败者的心理影响
经营因素	劳动力考虑
	竞争性理由
	管理层缺陷
战略因素	风险投资的退出
	公司目标的变化
	改变公司形象
	市场饱和

1. 经济因素

（1）就任何投资标准而言都不是一个好的业务组成部分。在很多情况下，不管对公司某一特定业务部门投入多少资金与管理力量，管理层也不可能实现适当的回报，这种情况下，出售可能是一个明智的选择。

（2）无法实现经营目标。当一家公司的分支部门无法完成季度或年度计划或其他各项经营目标时，大多数公司就会选择出售。

（3）税收考虑。由于税收法规的复杂性，资产出售时对此进行考虑就是必不可少的。一家公司在卖掉一个分支部门或生产线时，可以通过合理避税而受益。

（4）资本使用的优化选择。这里涉及经济和战略两方面的因素，这是资产出售的关键理论基础。那些熟练利用资产出售这一工具的公司，在把获得的收入投入到现有其他业务领域或新的收购业务后取得了相当大的成就。

（5）利润。利润仍然是最终的动因，缺乏利润是公司开始考虑出售的重要原因。除非是战略上的需要，否则持续亏损的分支部门就应当被出售。

2. 心理因素

出售亏损的部门可以消除企业所有者和管理者作为失败者的心理影响。没有人想遭受损失，没有什么比想到一个人正在为一家亏损的或没有什么前途的公司工作或与之打交道更令人沮丧了。

3. 经营因素

（1）劳动力考虑。当由于缺乏足够熟练的劳动力以及劳动力短缺而引起工资水平的上升时，若通过内部经营不能改变这种情况的话，那么资产出售就可以作为一种替代选择。

（2）竞争性理由。根据竞争能力的实际情况，有时选择退出市场竞争是必要的。那些经营效率不高、缺乏竞争优势的企业所有者和管理层，可以从竞争激烈的市场中退出来，把自己的业务部门卖给一家更有实力的公司。

（3）管理层缺陷。有时因为某种原因，一家公司不能组织起一个有能力的管理队伍来管理一个分支部门，如果这种情况持续存在，且得不到改正，就应当考虑出售资产。

4. 战略因素

（1）风险投资的退出。风险投资的一个重要退出方式就是资产出售，即被其他企业兼并收购。

（2）公司目标的变化。大公司经常会改变其战略目标，那些不再适应新目标的业务部门就会被出售，以支持符合公司新目标的业务的发展。

（3）改变公司形象。有些公司觉得有必要出售某些分支部门，以便树立新的公司形象，出售对象不一定是那些低效率或缺乏潜力的部门，而是管理层不喜欢的那些领域。

（4）市场饱和。从战略角度看，当前为企业创造利润的业务逐渐萎缩而且用于保持市场份额的投资超过它产生的利润时，一个分支部门或一条生产线可以作为资产出售的候选对象。

三、企业收缩的时机

企业收缩（出售）的最好时机并不总是在必须收缩的时候，这也就意味着卖主并不总是那些存在财务压力或经营压力的企业,尽管财务压力和经营压力是企业出售的一个重要原因。

企业收缩的决定还受整个经济大背景的影响。当人们对经济看好、股市上涨、利率较低的时候,企业也能卖一个好价钱,因此,当宏观经济指标出现有利情况的时候,企业主应该随时等待好价格以备出售。

如果将要出售的企业从事的是周期性的业务,例如采矿业,则企业的出售应等到公司"收入高峰"年份进行。由于大多数买主会对未来的经济状况过分乐观,所以收购价格会比较高。同样地,那些静候市场变化的企业主们也应在市场对其企业的热情升温时迅速作出反应。市场往往反复无常,它会很快捧起某一行业,同样也会很快将它抛弃。

第二节　企业收缩的操作程序

企业收缩的操作程序包括如下几个步骤:聘请中介机构、预备工作、准备买主清单、与买主的接触、评价收到的报价、尽职调查和法律文书的准备。图15.4是企业收缩(资产出售)一般流程的示意图,本节我们将按照这个流程来介绍投资银行的出售方顾问业务。

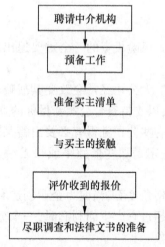

图15.4　企业收缩的一般流程

一、聘请中介机构

企业在作出资产出售的决定之后,首先要做的是寻找一个胜任的中介机构。中介机构——主要是投资银行——对出售的成功与否非常重要,除非卖方本身也是一个有经验的并购专家,否则它就不可能取得像经验丰富的中介机构那样好的结果。只有中介机构才能在交易中同时运用利诱和制造紧张气氛来使竞争加剧,从而取得期望的价格目标。如果卖主想自己来运用这些花招的话,它常常表现得不是孤注一掷就是非专业化,这使它常以失败而告终。

以下三条是聘请中介机构的关键原则:

第一,经验。不用说,中介机构以及处理交易的特定主管应具有各类并购业务的广泛经验。

第二,类似交易的专门知识。尽管大多数中介机构最终都能完成任何类型的交易("边干边学"),但当它们曾经有过类似交易的经验时,它们可以做得更好。由于在相似的交易中有过前端调查、定价和成交的经验,所以它们不必在新的交易中再一切从头做起。

第三,承诺。在大多数交易中,结果是否最佳常取决于中介机构高级主管的承诺。很多中介机构常常会叫一个高级主管与客户接洽,而接到业务且真正的工作开始后,他就消失了,转由"边干边学"的低级经理来完成。细致的卖主总是要求高级主管作出亲自处理交易的承诺,如果承诺不能兑现,卖主就会立即取消协议。

二、预备工作

聘请中介机构、确定出售动因只是企业资产出售的第一步,此后的工作还将更加复杂,常常持续数周到数月。

在交易中,投资银行会协助资产出售工作,包括预备工作。投资银行被聘请为中介机构后,会进行如下工作:实地考察,检查有关设施,与管理层会谈,"找到对企业的感觉"。在完成上述尽职调查和类似的信息收集后,投资银行开始了以下三个出售前的预备工作:"包装"待售资产,确定资产的价格范围,起草以后将提供给买主的情况备忘录。

1. "包装"待售资产

那些愿意支付溢价的公司所偏好的资产必须是"干净的":有清晰明了的业务、可靠的历史经营记录和最少量的无关事项。投资银行为使客户能符合这些标准,常会建议采取修正措施以达到"包装"目的。

2. 确定资产的价格范围

投资银行家可通过尽职调查对初步定价作出调整,同时也解释了为什么企业的资产值这么多钱。

3. 起草情况备忘录

上市公司每年都会公布年报和财务预测,这样就提供了详细的业务和财务资料。私人企业不会公布这些文件,在私人企业的资产出售过程中,描述有关事项的情况备忘录为潜在的买主提供了关于卖方的初步介绍。情况备忘录的起草必须十分谨慎,既要勾勒出企业的基本业务,也要强调它的正面特性。

三、准备买主清单

如果情况备忘录的准备已经接近尾声,卖方与中介机构就可以考虑列出一个买主清单,这一清单的长度和组成取决于许多不同的因素。一般来说,这个清单包含50—100家的潜在买主名单。

在准备这个买主清单时,以下企业将被排除在外:不具有购买财力的企业;卖主的直接竞争对手,卖主认为它并不是真正的买家;坏名声、只看不买和池底渔夫形象的买主。

四、与买主的接触

当中介机构起草了买主清单后,它会考虑与潜在买主接触的各种措施。这些不同的措施有各自的绰号,详见表15.2。

表 15.2　出售的主要接触策略

接触策略	说明	评论
点射(rifle shot)	投资银行与可能性很大的3—5家收购者进行会晤,这些收购者以前都与卖方有过接触。这些公司通常是市场份额/产品系列的扩张者。	因为缺乏足够的竞争,所以卖方发现很难用这种策略来获得最高的卖价,尽管这一策略最有利于保密。
扫射(shotgun approach)	银行家与100—150家公司接触,哪怕他们对客户的兴趣极小。	这一策略很难顺利实施。它最适合于具有可靠历史经营记录的大公司,因为它们具有广泛的吸引力。

(续表)

接触策略	说　明	评　论
绽放式拍卖（full blown auction）	这一方式是扫射的变种。主要的变化是卖主的答复期限有一个严格的截止日，答复包括他们对有关法律初稿的意见。	这一策略为交易过程加入了速度和紧张性，但很多大公司会拒绝参与这种进攻性较强的方式。然而，对于那些极富吸引力的卖主，这种方式确实是最为有效的。
改进型拍卖（modified auction）	中介机构根据潜在买主的不同兴趣将它们分组，每一组包括30—40家企业，从兴趣很高的组开始，依次与之接触，直到找到3—4家真正的买主，然后，再为谈判最后的条件确定截止日。	这种策略对大多数交易都比较适合，它并不随便打发买主，在任何时候，它都会限定有兴趣的买主数量，以使交易过程可控制。

资料来源：杰弗里·C.胡克，《兼并与收购：实用指南》，经济科学出版社2000年版，第301页。

在确定了客户清单和接触策略后，中介机构会给每个潜在买主的高级主管打电话。在对卖主的情况作简要说明之后，中介机构会问对方是否对收购感兴趣。如果回答是肯定的，则对方公司的经理将收到一份情况备忘录，附带的还有一份待签署的保密函。

之后，中介机构就配合买主对卖方公司进行拜访，并回答有关问题。在面对买主拜访的时候，明智的卖方会准备一些正式的材料以对情况备忘录作出补充。卖方还会安排每位买主与各主要职能部门的高层主管进行会晤，以便于买主的分析。另外，卖方会以一种方便、明晰的形式提供有关的经营性数据。在绽放式拍卖的方式下，卖方会用专门的一间屋子来陈列这些材料，并配以电话、传真以及复印机，以便于潜在买主的使用。

五、评价收到的报价

接下来中介机构的一个重要任务就是要获得一个落入预期价格区间内的有支付能力的报价。请注意"报价"前的修饰语是"有支付能力的"，那些由无力筹集收购资金的收购者提出的报价没有任何意义。一旦投资银行家获得了一个具有支付能力的报价，他就可以以此为武器要求其他买主迅速完成报价工作。买主也会认识到他的报价有可能被卖主用作兜售手段，因此，他会对初次报价设定一个有效期以不让卖主的伎俩得逞。很自然地，中介机构会搁置收到的第一个报价以等待更多的竞争性报价。在理想的情况下，卖主会同时收到2—3个报价，这样，就可以从中选出最合适的买主，从而获得理想的卖价。

收到的报价低于期望值是一种常见的情况。在这种时候，卖方可以选择：

(1)扩大接触的范围以寻找报价更高的收购者;(2)通过进一步谈判提高现有报价;(3)降价出售;(4)取消出售的计划。大多数卖主会选择第一种方法,但在接触了100家以上的买主后仍无法实现期望价格时,它就应该考虑降价或不再出售了。在报价只比期望值低10%—20%时可采用第二种方法,因为买主总是对其报价保留10%—15%的"谈判空间"。中介机构的经验在选择正确的方法时特别有用。

六、尽职调查和法律文书的准备

之后,就到了签署意向书(letter of intent,LOI)这一步。在意向书签署后,谈判的主动权也就由卖方转向了买方。此后,买方常会根据其尽职调查的发现而略微降低收购价格。大多数卖主会在初步谈判中将企业的全部优点列举穷尽,而买主剩下要做的就是在调查过程中将所有的哪怕是很小的负面因素寻找出来。

在法律文书的起草过程中,买方会尽量防止自己陷于尽职调查未能揭示或未能预见的问题之中。尽管未知问题永远也无法消除干净,但买方还是希望在问题一旦出现时能获得保护,除非目标公司是一家上市公司,否则卖方常会以代管账户或保证的形式让买主放心,这能使买主在某些特定的情况下取得对卖主的追索权。最后,为进一步保护自己的未来利益,买主也许会要求卖主答应在收购后的一段时期内不再从事同一业务,这一期限通常为3—5年。

第三节 企业收缩对企业价值的影响

一、企业收缩的宣布效应

关于企业收缩的宣布效应,有关理论的实证研究显示:

第一,如果以企业收缩公告日后两日的超常收益率计算,卖方公司股东的超额收益率一般在1%—2%,但买方公司的股东却不一定能取得超额收益。

第二,不同的收缩形式会对卖方公司的股票产生不同的超额收益率。一般来说,剥离出售的超额收益率在1%—2%之间,而分立产生的超额收益率为2%—3%。

第三,当企业采取剥离形式时,如果出售方在最初的剥离公告中不宣布出售价格,则对出售方的股票价格没有重大影响。若卖方公司宣布出售价格,对其股价的影响取决于公司的售出比例,该比例用宣布的出售价格与宣布期前一个月最后一天的股票价格之比来衡量。当售出比例低于10%时,不会对股价产生重大影响;以后随着出售比例的增加,卖方的平均超常收益也将增加。在金额上,公司的全部收益约等于被分离出的子公司的价值。因为母公司的价值经过重组实际上并未改变,而子公司有了自身独立的市场价值。

二、企业收缩影响企业持续经营价值的原因

理论界提出了许多观点用以说明企业收缩导致持续经营下企业价值提高的原因。具体来说,主要包括:

第一,投资者主业突出偏好学说。20世纪60年代到90年代初,全球企业界盛行多元化发展,认为多元化经营可以有效地分散经营风险,发掘新的市场机会。实践表明,很多跨行业经营的企业在日后发展中遇到了很大困难,因为盲目地多元化扩张,降低了企业整体的赢利水平。作为认真反思的结果,许多企业开始有计划地放弃一些与主业联系不紧密的业务,收缩战线。而投资者也开始偏好于主业突出的企业,所以,公司收缩一般都会得到市场的普遍认同,带来公司价值的上涨。

第二,管理效率学说。由于公司管理层能力有限,不可能在所有业务方面都经营得十分出色。最优秀的企业家在其企业经营范围扩展到一定程度时,也会遇到企业效益开始下滑的尴尬局面。因此,企业收缩通常宣称是将不适应企业主营业务发展的部分加以出售,以使企业的经营重点集中于主营业务,从而提高企业的管理效率。

第三,债权人的潜在损失学说。这种学说认为分立公司财富的增加来源于公司债权人的隐形损失。公司分立减少了债权的担保,使债权的风险上升,相应减少了债权的价值,而股东却因此得到了潜在的好处。因此,在实际经济生活中,许多债务契约附有资产处置的限制(限制资产出售)。

本章小结

- 企业收缩又称为出售,是指使企业规模及经营范围缩小的各种行为,具体可分为分立和剥离两种形式。分立是指母公司将其资产独立出去,成为一家或数家独立公司,新公司的股份按比例分配给母公司的股东。剥离是将企业的一部分出售给外部的第三方,进行剥离的企业将收到现金或与之相当的报酬。

- 分立可以分为子股换母股和完全析产分股。在子股换母股的方式下,母公司将一部分资产分立出来,成立一家独立的公司,但母公司仍然存在。在完

全析产分股的方式下,母公司的资产和负债被分立成不同的新公司,而母公司不复存在。

- 企业收缩的动因包括经济因素、心理因素、经营因素和战略因素。经济因素包括:就任何投资标准而言都不是一个好的业务组成部分、无法实现经营目标、税收考虑、资本使用的优化选择、利润;心理因素主要指消除作为失败者的心理影响;经营因素包括劳动力考虑、竞争性理由和管理层缺陷;战略因素包括风险投资的退出、公司目标的变化、改变公司形象、市场饱和。
- 企业收缩的操作程序包括如下几个步骤:聘请中介机构、预备工作、准备买主清单、与买主的接触、评价收到的报价、尽职调查和法律文书的准备。
- 多数理论的实证研究表明,企业重组对企业的价值有提高作用。

思考题

1. 企业收缩可分为哪些形式?
2. 企业收缩的动因有哪些?
3. 如何掌握企业收缩的时机?
4. 试述企业收缩的一般程序。
5. 如何理解企业收缩对企业价值的影响?

第十六章　企业所有权或控制权变更

☞ **本章概要**　企业重组的另外一种形式是企业所有权或控制权变更。企业所有权和控制权变更的范围非常广泛,本章中我们分节对其中最主要也是最常见的三种方式进行介绍,即反收购、股票回购和杠杆收购,以及杠杆收购的一种重要形式——管理层收购。

☞ **学习目标**　通过本章的学习,首先应该掌握反收购防御的手段,其次了解股票回购的内容,最后了解杠杆收购和管理层收购的内容。

无恒产者无恒心。

——孟子

第一节　反　收　购

一、反收购的含义

反收购是指目标公司为了防止公司控制权转移而采取的旨在预防或挫败收购者收购本公司意图的行为。反收购的主体是目标公司,反收购的核心在于防止公司控制权的转移。反收购发生于敌意收购的情况之下。

目标公司进行反收购的原因主要有以下三个:

第一,现任管理层不希望丧失其对目标公司的控制权。一旦被收购,目标公司的管理层将有较大变动,这将危及现任管理层的位置、权力、威望和待遇。

第二,现任管理层相信公司具有潜在价值,不愿轻易出售公司的股权。

第三,现任管理层或股东认为收购者出价偏低,希望通过抵制收购来提高收购者的出价。

二、反收购措施

反收购措施主要可分为六种类型:

第一,提高收购成本,降低目标公司的收购价值。
第二,提高相关者的持股比例,增加收购者取得控制权的难度。
第三,制定策略性的公司章程,提高改组管理层的难度。
第四,贿赂收购者,以现金换取管理层的稳定。
第五,找出收购行动中的违法、违规行为,提出法律指控。
第六,采取早期措施,防患于未然。

表16.1罗列了各种类型反收购的主要措施。

表16.1　反收购的主要措施

提高收购成本,降低目标公司的收购价值
一般性财务重组
毒丸术
焦土战术
金降落伞、银降落伞和锡降落伞
提高相关者的持股比例,增加收购者取得控制权的难度
股份回购
增持股份
白衣骑士、MBO和ESOP
帕克门防卫
制定策略性的公司章程,提高改组管理层的难度
董事会轮选制
超级多数条款
公平价格条款
贿赂收购者,以现金换取管理层的稳定
绿色邮件
找出收购行动中的违法、违规行为,提出法律指控
控告与诉讼
采取早期措施,防患于未然
鲨鱼监视

(一) 提高收购成本,降低目标公司的收购价值

1. 一般性财务重组

为了降低公司成为敌意收购对象的可能性,最常用的反收购措施就是采取

一般性财务重组,以降低公司对于敌意收购者的吸引力,而这些措施与公司吸引敌意收购者的财务特征相对应,其对应关系可用图16.1表示。

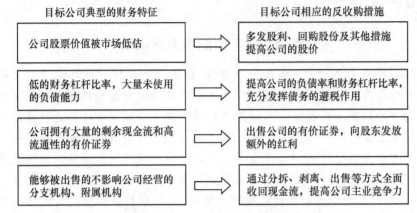

图16.1 目标公司财务特征与反收购措施的对应关系

2. 毒丸术

毒丸术通常是指公司章程规定的一定的触发事件发生时,股东可以行使特别权利。

一定的触发事件可以是单一投资者持有目标公司股票累计至一定的比率或者全面要约收购的公告。

特别权利有很多不同形式,但基本特征都是提高收购者的成本,具体的权利和条款包括:

第一,购买并购后新公司股票的权利,即在一些被认定的触发事件发生后,公司原有股东有权利以较低的价格购买新公司的股票。

第二,购买并购前目标公司股票的权利,即在触发事件发生后,公司股东有权利以较低价格购买现有目标公司的股票。

第三,强制性债务偿付的毒丸策略,即敌意收购者在入主公司时要一次性归还公司原有的债务。

当然毒丸术的应用是需要一定的法律环境的,在有些国家毒丸术是不合法的,在有些国家则是合法的。在美国有些州毒丸术被认为是合法的,在有些州则被认为是不合法的。

> **专栏 16.1**
>
> ### 两个命运不同的毒丸术案例
>
> 　　1987年9月25日,纽约银行以每股80美元的价格敌意收购了欧文银行47.4%的股票,并向其余股东发出了以1.9股纽约银行股票换取一股欧文银行股票的要约。欧文银行拒绝了该项要约并实施了一项以200美元价格购买价值400美元公司股票的股东特别权利,但该权利的行使对象不包括纽约银行原先持有的欧文银行的47.7%的股票。纽约银行随即向纽约州高等法院提出诉讼,法院判决欧文公司的歧视性毒丸政策违背了所有股东应该被公平对待的原则,认为特别权利应该包括纽约银行。最终,纽约银行以每股欧文银行股票换取15美元现金和1.675股纽约银行股票以及认股权证,即相当于每股77.15美元为代价全面收购了欧文银行。纽约州同时修改了相关的公司法规以限制公司制定歧视性的股东权利。
>
> 　　但在另外一个轰动一时的类似案例中,特拉华州判定目标公司犹那科公司(Unocal)针对米萨公司(Mesa)的歧视性条款有效,并发表声明指出,除非是有确切证据表明犹那科公司股票纯粹是为个人利益而制定歧视性的股东权利,否则法庭不应干涉公司董事会正常的反收购行为。
>
> 　　资料来源:北京大学光华管理学院课题组,《中国上市公司的反收购措施及其规制》,《上证研究(二〇〇三年第二辑)》,复旦大学出版社2003年版。

3. 焦土战术

　　焦土战术就是当目标公司面临被收购威胁时,采用各种方式有意恶化公司的资产和经营业绩,如低价出售优质资产、购买不良资产、增加负债,使公司丧失配股资格,让收购公司感到重金购买了空壳,以此降低目标公司在收购公司眼中的价值,使收购者却步。这是公司在遇到收购袭击而无力反击时,所采取的一种两败俱伤的做法。

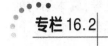

爱使股份实施焦土战术

1998年,爱使股份在抵制大港油田的收购过程中,实施了焦土战术。第一,爱使股份将最具赢利能力、利润回报率最高的上海海地通信连锁有限公司的股权全部出让。第二,爱使股份以800万元购买了延中属下的上海新延中企业发展有限公司80%的股份,把即将被淘汰且前景堪忧的饮用水作为公司发展的主业。第三,爱使股份还为新延中清偿延中实业1 824.28万元借款提供担保,增加了爱使股份的或有负债,加大了财务风险。第四,爱使股份新增的3 474万元短期投资去向不明。

虽然爱使股份反收购的焦土战术最后因为其他原因而以失败告终,但为中国反收购的焦土战术开了先河。

资料来源:周春生,《融资、并购与公司控制》(第二版),北京大学出版社2007年版。

4. 金降落伞、银降落伞和锡降落伞

金降落伞的基本原理是当公司由于收购等事项引起管理层变化时,包括CEO在内的公司原最高级管理层将得到一笔数目可观的补偿金。银降落伞和锡降落伞则是把补偿对象扩大到较低层次的管理者甚至雇员身上。

许多学者认为,金降落伞被普遍认为不是一种有效的收购防御措施,因为在大多数情况下金降落伞的开支估计不到全部收购费用的1%。相反,对管理层一定的经济补偿能减少管理层抵制并购的阻力,因此,反而有可能诱导管理层低价将企业出售。对金降落伞另外一个批评理由是,金降落伞是对失败管理的一种补偿。

(二) 提高相关者的持股比例,增加收购者取得控制权的难度

1. 股份回购

股份回购即目标公司回购它自己的股份,其基本形式有两种:一是公司将可用的现金分配给股东,这种分配不是支付红利,而是购回股票;二是换股,即发行公司债、优先股或其组合以回收股票。

股份回购同时达到了几个目的:

第一,通过减少公开发行的股票数量,增加了每股的利润,结果市场价格也随之提高了。

第二,从任何当前或潜在的收购者手中夺回部分市场上可供收购的股票。

第三,增加了管理层对公司控制的比例。通过举债买进证券,资本结构的调整使公司对入侵者来说显得不那么吸引人了,但此法对目标公司颇危险,因为负债比例提高,财务风险增加。

2. 增持股份

通过增持股份加大持股比例达到控股地位,也是反收购中最常见的手段。

如果不是绝对控股,控股股东需要持有多少股份才能巩固控股地位比较难以把握:持股比例太小,难以达到反收购效果;持股比例太大,则会过量"套牢"资金。

3. 白衣骑士、MBO 和 ESOP

白衣骑士是指目标公司在面临敌意收购而依靠公司本身力量无法抵御敌意收购时,邀请友好的第三方购买公司的股份。公司在遭到收购危险时,为不使本企业落入恶意收购者手中,可选择与其关系密切的有实力的公司,以更优惠的条件达成善意收购。

作为一种反收购措施,寻找白衣骑士的基本精神是"宁给友邦,不予外贼"。一般来说,如果收购者出价较低,目标企业被白衣骑士拯救的希望就大;若买方公司提供了很高的收购价格,则白衣骑士的成本提高,目标公司获救的机会相应减少。

白衣骑士的两个变化形式是管理层杠杆收购(MBO)和职工持股计划(ESOP),目标公司的管理层和(或)职工本身就是一个潜在的白衣骑士。大量资金充足的杠杆收购机构和主要的投资银行可以帮助这些管理层和(或)员工评价这种替代性的选择方案。

4. 帕克门防卫

帕克门①防卫是指目标公司威胁要进行反接管,并开始购买收购公司的股票,以挫败收购者的企图而采用的一种方法。在美国资本市场上,第一个利用该措施成功击退敌意收购者的是 Marietta 公司。

(三) 制定策略性的公司章程,提高改组管理层的难度

这类反收购措施的着眼点在于,在敌意收购者成功收购公司足够股票取得控股权后,目标公司设置重重障碍增加外部收购者入主董事会和管理层的难度,从而使敌意收购者无法真正掌握目标公司的控制权,主要手段有董事会轮选制、超级多数条款、公平价格条款等。

---

① 帕克门是一种著名的电子游戏,玩家必须在对手吃掉自己之前就吞下对手。

1. 董事会轮选制

董事会轮选制是指公司每次只能改选很小比例的董事。即使收购者已经取得了多数控股权，也难以在短时间内改组公司董事会或委任管理层，实现对公司董事会的控制，从而进一步阻止其操纵目标公司的行为。

2. 超级多数条款

超级多数条款是指涉及公司的控制权变化等重大事宜时需要股东大会中至少 2/3 甚至 90% 的票数同意才能通过，这就使得即使外部收购者掌握了公司 50% 以上的股票也难以保证在投票中取得胜利，从而提高了外部收购者掌握目标公司控制权的难度。在美国，更为常见的情形是董事会有权决定是否实行超级多数条款甚至什么时候终止超级多数条款的效力。

3. 公平价格条款

公平价格条款是指对超级多数条款再加上这样一条，即如果所有购买的股份都得到了公平价格，就放弃超级多数要求。通常将公平价格定义为某一特定期间要约支付的最高价格，有时还要求必须超过一个确定的关于目标公司会计收入或账面价值的金额。

（四）贿赂收购者，以现金换取管理层的稳定

这类反收购措施又称为绿色邮件，其基本原理是目标公司以一定的溢价回购被外部收购者先期持有的股票，以直接的经济利益赶走外部的收购者。同时，绿色邮件通常包含一个大宗股票持有人在一定期限（通常为 5—10 年）内不准持有目标公司股票的约定。

绿色邮件措施虽然能够以和平的方式解决控制权争端，但从其出现开始就受到了批评，其核心问题是：如何判断董事批准实行回购的行为不是内外勾结攫取公司财富，而是为了维护公司稳定和长远利益？如何保证股票没有被回购的其他股东的利益？

（五）找出收购行动中的违法违规行为，提出法律指控

设法找出收购行动中的违法违规行为并提出相应法律指控，几乎是每一宗反收购案必然要采取的措施。这类指控主要有三种情况：

第一，指控收购行为可能违背反垄断法的规定。

第二，指控收购行为违背有关收购程序和证券交易法。

第三，指控收购者的目的不在取得目标公司的经营权，而在于绿色邮件勒索或操纵市场、哄抬股价。

从反收购的效果来看，控告与诉讼措施可以起到以下作用：

第一，拖延收购时间，延缓收购进度，让其他买者能够从容介入叫价竞买，同时目标公司本身也可争取时间采取其他反收购措施。

第二，收购者为避免陷入法律麻烦或支付数额不菲的诉讼费，往往宁愿支付较高的收购价格。

第三，有时候控告与诉讼亦有可能直接令收购者鸣金收兵，放弃收购。

（六）采取早期措施，防患于未然

前面讨论的一些反收购措施也可以在收购成为既定事实后运用。但是，收购一旦摆到桌面上，随着时间的推移，目标公司将处于更为不利的地位。敌意收购者将完全占有主动权来调查研究收购目标、安排相关事宜、选择市场条件，安排最有利于攻击的时机，而浑然不觉的目标公司只有很短的时间来作出反应。

目标公司赢得更多时间的一个常用方法是利用代理咨询公司的一项新型服务，这种业务通常被称为"鲨鱼监视"。只要付给一定的费用，代理公司就声称它能较早地发现并确认股票被别人大量购买。因为绝大部分国家的证券监管机构并不要求收购者在购得一定比例的股份（比如我国为5%）前表明其身份，所以，早期的预警显然会给予目标公司更多的时间来采取反收购措施。

第二节 股票回购

一、定义与类型

股票回购是指上市公司从证券市场上购回本公司一定数额的发行在外的股票的行为。公司在股票回购完成后可以将所回购的股票注销，也可以将回购的股票作为"库藏股"保留，但不参与每股收益的计算和收益分配。"库藏股"日后可移作职工持股计划和发行可转换债券等，或在需要资金时将其出售。

股票回购资金有三个来源：借贷、待分配利润、发行股票，可采用其中任一种或综合使用几种资金来源。借贷会增加公司财务费用，影响公司效益；使用待分配利润，直接影响股东分红；发行新股相当于以流通股代替非流通股。回收资金的构成要根据公司具体情况决定。

股票回购按其目的分类，有两种基本类型：第一，红利替代型。公司回购了部分普通股，发行在外的股数就相应减少，每股收益势必提高，从而导致股票市价上涨，由股价上涨所得的资本收益就可以代替股利收入，所以，股票回购也被认为是支付股利的方式之一。与直接派发现金红利一样，股票回购所用的资金通常来源于公司的经营盈余。第二，战略回购型。它直接服务于公司的战略目标，不是以向股东发放股利为目的。战略回购的规模较大，在进行战略回购时,公司不仅需要动用现金储备,而且往往需要大规模举债,或出售部分资产或子公司以筹集股票回购所需的现金,在短期内使公司资本结构被实质性重整。

按照回购的方式不同,股票回购可以分为实物回购和现金回购,但大部分国家都要求用现金回购。现金回购方式又可以具体分为如下四种:第一,公司以全面要约方式,向本公司同一类别的全体股东,进行全部股份或比例股份的回购;第二,公司以要约方式,向在同一市场交易的本公司同一类别股份的全体股东进行全部股份或比例股份的回购;第三,公司通过证券交易所集中竞价交易的方式进行股票回购;第四,公司以协议方式向特定股东进行全部或比例股份的回购。

二、股票回购的动因

股票回购的动因主要有如下几种:

第一,巩固既定控股权或转移公司控股权。许多股份公司的大股东为了保证其所代表股份公司的控股权不被改变,往往采取直接或间接的方式回购自己的股份,即公司直接以自己名义或通过自己的关联公司购回自己的股份。有些股份公司的法定代表人并非公司最大股东的代表者,实际上,这些法定代表人为了保证不改变在公司中的地位,也为了能在公司中实现自己的意志,往往采取回购股票的方式分散或削弱原控股股东的控股权,以实现原控股权的转移。

第二,提高每股收益。由于财务上的每股收益指标以流通在外的股份数作为计算基础,不少股份公司基于自身形象、上市需求和投资人渴望高回报等因素,采取了股票回购并库存自身股份的方式来影响每股收益,减少实际应支付红利的股份数量。

第三,稳定或提高公司股价。公司回购股票可以支撑股价,有利于使投资者关心公司的运营情况,恢复消费者对公司产品的信任,公司也有了进一步配股融资的可能。因此,股票回购是维护公司形象的有效途径,有利于稳定或提高公司股价。

第四,改善资本机构。任何产业的发展都会经历上升期、成熟期和衰退期,当产业进入衰退期后,如果公司资金较为充裕却由于行业进入衰退期而不愿扩大投资,这时,通过回购股票减少公司资本,不仅可充分利用公司资本改善公司的资本结构,还可提高每股收益。

第五,反收购策略。股票回购常被用做重要的反收购策略。股票回购可提高公司股价,减少流通在外的股份,增加收购方的收购难度,从而起到反收购的作用。

三、股票回购的原则

从回购的理论和实践效果分析,股票回购的基本原则至少有以下三条:

第一,保护债权人利益。若股票回购导致公司股本减少,降低公司还债能力,再加上债权人对公司经营无参与权,那么将使债权人利益受到威胁。因此,股票回购必须首先保护债权人的利益。

第二,保护全体股东利益。股票回购时若采取定向回购,则出让股份的股东和未出让股份股东的利益将受到不平等待遇,特别是大股东在回购价格上的主导影响,将与其他股东及债权人之间产生利益矛盾,这就需要设定约束条件,保护全体股东的利益。

第三,限制公司回购行为和方式。公司通过回购保护自身利益是自然的,公司也可能通过回购操纵股票市场价格,这将会助长内幕交易和投机行为,危及其他公众股东的利益。因此,一般国家都不允许用实物资产回购股份,而对现金回购行为又规定了许多约束条件。

四、股票回购的操作程序

公司董事会决定进行股票回购时,应首先报监管部门批准同意后,公告并发布召开股东大会的通知。然后,聘请证券经营机构承担有关经纪事务,并聘请律师事务所对有关股票回购事宜出具法律意见。

之后召开的公司股东大会应对股票回购数量、回购资金来源、股票回购方式、回购价格、回购期限等事项作出决议。如果公司回购股票用来减少注册资本,应依法通知债权人征得其同意。

公司在进行股票回购时,应编制资产负债表和财产清算单,并聘请会计师事务所对资产负债表进行审计。如果公司拟回购的股份中50%以上为某一股东直接、间接持有,或回购结构导致控股股东变更,或回购对象为特定股东,则应按如下三点办理:一是公司非关联董事对股票回购方案提出独立意见并公告;二是公司董事会聘请独立财务顾问,对股票回购方案中非关联股东权益的保护和公司发展前景作出报告,并由董事会安排公告;三是在公司召开股东大会时,由非关联股东对股票回购事项进行独立表决。

第三节 杠杆收购

一、杠杆收购的含义

杠杆收购(leveraged buy-out,LBO)是指由收购方以目标公司为担保进行债务融资,再加上自有资金,来收购目标公司,收购之后重组目标公司并逐渐偿还债务。如果目标公司是上市公司,一般在被收购后会下市。

杠杆收购起源于美国,并在20世纪80年代达到高峰。杠杆收购流行的原因有以下几点:

第一,高通货膨胀率导致价值低估。美国20世纪60年代到80年代的通货膨胀率导致企业的重置成本不断上涨,而企业的市场价值并没有大幅上涨,致使企业的托宾Q值①大幅下降。据统计,美国企业的平均Q值在1965年高达1.3,但受通货膨胀的影响,1981年下降到0.52。换句话说,在1981年的美国,从平均意义上讲,在资本市场上收购一家企业的花费大约是投资建设一家同样企业的一半。这无疑大大刺激了美国包括杠杆收购在内的并购活动。

第二,通货膨胀降低了债务融资的成本。由于债券的名义利息不随通货膨胀进行调整,所以在通货膨胀的情况下,企业的实际债务成本会下降。

第三,税收效应。1981年,美国实施《经济复兴税收法案》,该法案允许企业对新购进的旧资产增加账面价值,并可以和新资产一同采用加速折旧法。企业在收购旧资产后可以在较大基数上重新加速提取折旧,从而减轻了所得税负担,这有力地促进了杠杆收购的发展。

第四,放松管制。20世纪80年代,美国政府放松了金融管制,这也促进了杠杆收购。因为并购活动需要巨额资金,而金融机构的贷款是并购资金的重要来源,所以金融管制的放松使得银行和其他金融机构增加了对并购的贷款支持。另外,政府对于鼓励自由竞争而采取的反托拉斯措施也发生了重要变化,不再对大规模的横向并购与纵向并购施加过于严格的限制。

第五,高收益债券等金融创新不断涌现。金融创新是融资并购的关键性条件,特别是附加各种期权的金融工具和高收益债券(垃圾债券)的创新推动了管理层收购的发展。

---

① 托宾Q值是指资产市场价值与其资产重置成本的比值。

二、杠杆收购的运作流程

1. 选择目标公司

尽管不同企业出于不同考虑,会选择不同的目标公司,但在杠杆收购中,目标公司一般具有以下条件:

第一,稳定而充足的现金流。目标公司具有稳定而充足的现金流是杠杆收购成功的必要前提。只有企业产生稳定而充足的现金流,企业的资金链才不会断裂,收购方才有可能偿还因杠杆收购而筹措的债务的本息。

第二,良好的价值提升空间。杠杆收购的价值提升空间主要源于:目标企业价值被低估、能够降低代理成本、能够迅速提升企业的管理效率。因此,价值越被低估的企业、代理成本越大的企业、管理效率越低下的企业,越容易成为杠杆收购的目标公司。

第三,较低的资产负债率。如果一个企业具有较低的资产负债比率,那么实施杠杆收购就可以以企业的资产进行担保融资;如果一个企业已经具有较高的资产负债率,那么在实施杠杆收购时就不能以企业的资产进行担保融资,从而制约了杠杆收购的融资,不适合成为杠杆收购的对象。

第四,非核心资产易于变卖。如果目标企业拥有较易出售的非核心部门或资产,那么在必要时可以通过出售这样的部门或资产,迅速地获得资金以偿还一部分债务。

第五,收购人具有良好的管理能力和信誉。贷款方对于收购者的管理能力和信誉要求往往比较苛刻,因为只有管理人员尽心尽力、诚实守信,才能保证本金和利息的如期偿还。

2. 融资

杠杆收购的融资主要分为三部分:

第一,自有资金。通常情况下,收购集团自己需提供10%—20%的资金,作为新公司的股权资本,即作为新公司的优先股和普通股。

第二,优先债。在杠杆收购中,收购资金绝大部分是以公司资产为抵押向贷款机构申请有抵押的收购贷款,这部分融资约占50%—60%。该贷款可以由数家商业银行组成辛迪加来提供,也可以由保险公司或专门从事杠杆收购的机构来提供。

第三,次级债。收购所需的其余资金通过发行高风险、高收益的次级债券筹集,这些次级债券通常通过私募(针对养老基金、保险公司、风险投资基金等机构投资者)或公开发行垃圾债券(junk bonds)来筹集。次级债也称做夹层融资,这部分融资约占30%—40%。

3. 收购目标公司

收购集团在筹集到收购资金后,开始购买目标公司所有发行在外的股票,使其转为非上市公司(收购股票形式),或购买目标公司的所有资产(收购资产形式)。

在收购股票的形式下,目标公司的股东只要将他们持有的目标公司的股票和其他所有者权益卖给收购集团,两个公司的合并就完成了。在收购资产的形式下,目标公司将资产卖给收购集团,目标公司的原有股东仍然持有目标公司的股票,但除了大量的现金之外,目标公司已没有任何有形资产,目标公司可以对股东发放红利,或变成投资公司,用这些现金进行投资。

4. 公司重组和经营

收购完成后,由于资本结构中债务占了相当大的比重,所以财务风险巨大,若收购者经营不善,则收购者极有可能被债务压垮,因此,加强收购后的重组和经营非常关键。

重组的核心思想是卖掉市盈率或价格/现金流比率大于收购整个目标公司所形成的市盈率或价格/现金流比率的各项资产、部门或子公司,保留那些获取现金能力大于收购价格的资产、部门或子公司。

经营的核心思想是采取各种措施迅速提高企业的销售收入、净收入,加大公司的现金流,从而保证债务的偿还速度。

5. 投资套现

如果公司在经过一段时间后,生产经营状况得到了明显的改善,公司价值因此得到升值,达到了收购者的初步目的,此时股权投资就可套现了,通常有如下两条途径:上市和出售。

第四节 管理层收购的原理

一、管理层收购的定义

管理层收购(management buy-out,MBO)是杠杆收购的一种,是指收购方为目标公司管理层的杠杆收购,这是西方国家对管理层收购的定义。

但是从中国目前的实际情况来说,管理层收购更为合适的定义应该是:目标公司管理层参与的收购。也就是说,只要一项收购的收购方有目标公司管理层,就是管理层收购。

中国管理层收购的独特定义,是由中国管理层收购的特点决定的。

二、中国 MBO 的特点

与西方的 MBO 不同,中国的 MBO 具有如下特点:

1. 独特的形成背景

MBO 在西方形成的背景是 20 世纪 60 年代的多元并购浪潮造成了无数业务多元化的企业集团,但到了 20 世纪 70 年代中后期,由于股票市场价值评估理念的变化,市场和投资者不再青睐业务多元化的企业集团。于是,那些从事 LBO 的投资银行家与公司管理层联手,通过 MBO 方式对企业集团的下属企业进行收购。

而中国 MBO 的形成更是有其独特背景:

(1)民营企业摘"红帽子"。由于历史原因,许多民营企业挂靠在国有或集体单位下面,即所谓戴"红帽子"。随着改革开放的进一步深入,这种产权不清的问题极大地束缚了企业的发展,MBO 是解决此类产权问题的一个有效方式。

(2)国企改革中的"国退民进"。国有企业改革中,国有产权可以出售给民营资本、外资和管理层,如果出售给管理层,就是 MBO。

2. 收购的价格优惠

中国 MBO 的上述形成背景,决定了 MBO 具有价格优惠的特点。

(1)在民营企业摘"红帽子"的情形中,企业的所有权实际上属于创业的管理层,但"红帽子"在企业发展中也曾起到过积极作用,应予承认。因此,民营企业通过 MBO 的方式摘"红帽子"时,管理层支付的价格有优惠,实际支付价格是对挂靠单位作用的承认,而优惠部分是对创业管理层的所有权的承认。

(2)在国有企业改革中,一些国企管理层在企业长期发展中作出了巨大贡献,地方政府通过 MBO 方式将国有产权卖给管理层,会给予一定的价格优惠。

3. 收购主体的多元化

西方的 MBO 中,收购的主体就是目标公司的管理层。

在中国,MBO 有价格优惠,而除了公司管理层之外,企业的其他人员因为各种原因也有资格享受这些价格优惠,因此,管理层在发起 MBO 时,纳入收购主体的人员往往从管理层扩展到中层、大股东管理层、子公司管理层、公司的业务骨干,甚至一般员工。

4. 相对性收购

在西方的 MBO 中,收购股份一般达到公司总股份的 90%(如目标公司是上市公司,则要下市)。

中国的 MBO 中,特别是国有企业的 MBO 中,管理层通常只持有目标公司股份的较少部分。

5. 杠杆的外部性

西方通行的 MBO 是在收购后对目标公司的财务结构进行调整,形成高财务杠杆的资本结构。根据统计,在 MBO 融资中,债务融资占整个收购融资的 80%,一般的目标公司在收购前债务和权益的比例通常为 2∶1,收购后目标公司的债务和股权比例上升到 8∶1 甚至 9∶1。

对比中国 MBO,所谓的杠杆效应却体现在收购主体上或管理层个人,而不是目标公司,即通过收购主体或管理层负债融资来收购目标公司。

三、MBO 的操作流程

MBO 的操作流程分为以下三个阶段:

1. 方案策划设计阶段

由于各个企业的情况千差万别,各地对国有或集体资产的管理归属等问题又有种种不同的规定,同时有效运用当地政策法规可极大地促进 MBO 的运作。因此,成功的 MBO 首先取决于良好的方案,主要包括:组建收购主体、协调参与各方的工作进度、选择战略投资者、收购融资安排等。

2. 收购操作阶段

这一阶段是 MBO 实施方案确认后的实际收购操作阶段,主要工作环节为:评估、定价、谈判、签约、履行。实施的焦点主要是收购价格的确定及其他附加条款的确定。操作阶段涉及许多 MBO 的实施技巧,纯熟的资本运作将减少从方案到现实的成本。

3. 后 MBO 阶段

此阶段为 MBO 的后续整合阶段,最重要的工作是企业重新设计和改造。管理者必须对公司进行业务和资产重整,加强科学化管理,改善资产结构,剥离不良或与公司核心业务无关的资产偿还债务,积极开展获利能力强的业务,同时,还需降低整体财务费用和负债水平。通过后 MBO 阶段,解决 MBO 过程中形成的债务,同时也实现 MBO 操作的各种终极目标。

四、MBO 的模式:按收购主体分

中国 MBO 在实践中涌现了大量案例,根据收购主体的不同,概括起来,大

致有如下四种常见模式：管理层直接收购、职工持股会或工会收购、壳公司收购、信托收购。

1. 管理层直接收购模式

在这种模式下，管理层以自然人身份，直接收购目标公司的股份，成为目标公司的股东。

2. 职工持股会或工会收购模式

这种模式的操作要点是职工持股会或工会出资收购目标公司股份，从而成为目标公司股东。

目前，这种模式不再可行。第一，民政部2000[110]号文明确规定："职工持股会是企业内部组织，根据全国社团法人重新登记的有关规定，不应由民政部门登记。"因此，民政部门不再对全国的原职工持股会进行年检和重新注册登记、换发法人资格证书。第二，由于工会是政治性组织，是不以赢利为目的的组织，而职工作为企业股东单位，是一个经济性、赢利性的组织，所以，由工会进行出资设立公司，与法律不符合。

3. 壳公司收购模式

这种模式的操作要点是参与收购的管理层和其他自然人出资设立壳公司，并利用该公司来收购目标公司股权，实现管理层收购的目的。这是目前中国管理层收购普遍采用的形式，其优点是收购主体产权明晰，利于融资以及后续运作和资金偿还，不利之处是高运营成本和双重纳税的问题。

4. 信托收购模式

这种模式操作的要点是，参与MBO的管理层与信托投资公司签订资金信托合同，将收购资金委托给投资公司，用于目标公司的收购。然后，信托投资公司出面收购目标公司，成为目标公司股东。至于管理层对于目标公司的控制权，可以通过管理层和信托公司的资金信托合同进行约定。

五、MBO的模式：按收购资金来源分

目前，在中国进行MBO面临的一个难题是融资。

在国外的MBO操作中，管理层主要通过银行贷款、发行垃圾债券、收购基金投资等方式来进行融资，自有资金一般只占10%—30%。

但在国内，这些融资方式几乎没有操作的可能性。首先，由于受《贷款通则》的限制，商业银行不能对股本权益性投资行为提供贷款，而MBO是管理层收购目标企业股权的行为，所以不可能通过银行贷款进行MBO融资。其次，国内对债券发行实行审批制，目前并不容许通过发行债券进行MBO融资。再次，

国内目前也没有专门针对 MBO 的收购基金。融资渠道的限制,使得收购资金来源成为企业进行 MBO 的最大难题。

针对上述融资难题,中国 MBO 的实践中出现了各种解决办法,概括起来,大致有如下五种常见模式:自有资金模式、银行贷款模式、信托贷款模式、合作企业借款模式、股权奖励模式。

1. 自有资金模式

这种模式下,管理层以自有资金收购目标公司股份。这种模式适合于目标企业规模较小,而管理层又有足够自有资金的情况。

2. 银行贷款模式

前面讲到,《贷款通则》禁止商业银行对股本权益性投资行为提供贷款,而 MBO 是管理层收购目标企业股权的行为,所以不可能通过银行贷款进行 MBO。那么这里所说的银行贷款模式是指什么呢?

事实上,银行贷款模式是在国有企业改制过程的 MBO 中,管理层不是将银行贷款用于收购目标企业的股权,而是用于收购目标企业的资产,从而回避了股本权益性投资。

3. 信托贷款模式

这种模式操作的要点是,信托投资公司通过向投资者(也可包括管理层)发行资金信托计划募集资金,然后将所募集的资金通过贷款的方式交给管理层(或专门为收购成立的壳公司),用于收购目标公司的股份。

在具体操作中,为了减少信托投资公司的风险,管理层(或壳公司)会把所受让股份质押给信托投资公司,有时还会寻找外部担保。

4. 合作企业借款模式

在这种模式下,管理层的收购资金来自于目标公司合作企业的借款。合作企业一般都是目标公司的上下游企业,对目标公司和管理层的经营比较了解,对公司 MBO 后的情况也能够作出相对客观的判断,对用于 MBO 的借款能否收回也比较有底。因此,合作企业借款成为管理层收购资金的来源之一。

5. 股权奖励模式

这种模式下,管理层并不实际出资收购目标公司的股份,而是通过与目标公司的股东签订协议,约定达到一定业绩就给予一定的股权奖励,从而实现管理层持股。

本章小结

- 反收购是指目标公司为了防止公司控制权转移而采取的旨在预防或挫败收购者收购本公司的行为。反收购的主体是目标公司,反收购的核心在于防止公司控制权的转移。反收购发生于敌意收购的情况之下。

- 股票回购是指上市公司从证券市场上购回本公司一定数额的发行在外的股票的行为。股票回购按其目的分类,可分为红利替代型和战略回购型;按照回购的方式,可以分为实物回购和现金回购,一般以现金回购为主。
- 杠杆收购是指由收购方以目标公司为担保进行债务融资,再加上自有资金,来收购目标公司,收购之后重组目标公司并逐渐偿还债务。如果目标公司是上市公司,一般在被收购后会退市。
- 管理层收购是杠杆收购的一种,是指收购方为目标公司管理层的杠杆收购,这是西方国家对管理层收购的定义。但是从中国目前的实际情况来说,管理层收购更为合适的定义应该是:目标公司管理层参与的收购。也就是说,一项收购,只要收购方有目标公司管理层的,就是管理层收购。

思考题

1. 什么是反收购?
2. 反收购措施有哪些?
3. 什么叫股票回购?股票回购的动因有哪些?
4. 什么是杠杆收购?
5. 试述杠杆收购的运作流程。
6. 什么是管理层收购?
7. 试述管理层收购的模式。

第五篇

投资银行的内部组织管理

第十七章　投资银行的组织结构

第十八章　投资银行的风险管理

第十九章　投资银行的创新管理

第二十章　投资银行的人力资源管理

第十七章 投资银行的组织结构

☞ **本章概要** 投资银行常常根据各自的规模、业务要求和发展战略的不同而采取不同的组织结构,而且随着技术进步和市场环境的发展变化对其加以调整,以最大限度地提高组织效率,增强自身的综合竞争力。不同时期的投资银行具有不同的组织结构,不同规模、不同业务取向的投资银行的组织结构可能大相径庭。第一节介绍投资银行组织结构的选择,具体分析投资银行从合伙制到公司制演变的原因;第二节以国际上主要的投资银行为例,对投资银行的三种主要组织结构进行介绍。

☞ **学习目标** 通过本章的学习,首先应该理解投资银行从合伙制向公司制演变的原因;其次,应该了解投资银行三种主要的组织架构。

> 如果我们要对变化极大的商业和经济环境作出反应,我们需要有关组织工作的全新思维。
>
> ——汤姆·彼得斯

第一节 投资银行的组织形态选择

一、合伙制投资银行

20世纪70年代以前,投资银行主要是合伙制。合伙制最显著的法律特征是:当事人有两个或两个以上,合伙组织无法人资格。普通合伙人主管企业的日常业务和经营,并承担无限责任;有限合伙人承担的业务局限于财务方面,并不参与组织的日常经营管理,对合伙组织的债务仅以出资额为限,负有限责任。

合伙制的投资银行主要有如下特点:第一,合伙人共享投资银行的经营所得;第二,普通合伙人对亏损负无限责任,有限合伙人以出资额为限负有限责任;第三,它可以由所有合伙人共同参与经营,也可以由部分合伙人经营,其他合伙人仅出资且承担的最大损失为出资额;第四,合伙人多少不定,根据企业业务需要确定企业规模。

在合伙制投资银行中,人的因素十分重要。一般来说,合伙制投资银行中的合伙人是那些在投资银行业务方面具有较高声望和地位的专业人士。

二、投资银行组织形态的演变

20世纪80年代以来,投资银行业发展的最大变化之一就是由有限合伙制转换为公司制,并先后上市,许多大的投资银行都已经实现了这一转变。摩根斯坦利于1970年改制,并于1986年上市,美林、贝尔斯登和高盛分别于1971年、1985年和1999年先后成为上市公司。

简单来说,投资银行组织形态演变的原因是:合伙制对投资银行来说不是一种有效率的组织形态。具体来说,又有三种可能:

第一,合伙制从一开始就不是一种有效率的组织形态,投资银行完全是在错误的估算或过分理想主义的基础上选择合伙制的,而转到公司制只是一种事后的纠错行为。

第二,虽然合伙制从长远来看可能不是一种有效率的安排,但在一段时间内采用这种组织形态,可能是一种帮助企业实现效率改善的经营策略,并且这种策略只能通过合伙制来实现。

第三,合伙制虽然曾经是一种有效率的所有权形式,但随着时间的推移,整个行业的特点发生了根本性的变化,合伙制开始慢慢失去原有的效率优势。

显然,投资银行组织形态的演变是出于第三种可能。导致投资银行组织形态变化的行业特点包括:

第一,投资银行对资本金的需求增大。随着投资银行现有业务规模的扩大和新的业务范围的增加,投资银行对资本金的需求越来越大,而公司制在这方面无疑比合伙制有着更大优势。

第二,投资银行规模和内部组织的复杂性增加。随着投资银行的发展,规模和内部组织的复杂性越来越大,直至超过了合伙制这种组织形态的控制能力,而需要转向更合适的公司制。

第三,投资银行客户关系的改变。投资银行客户的忠诚度的降低使得合伙制的优势减少。今天,投资银行的收益越来越少地依赖于客户与单个合伙人之间的关系,而更多的是依赖于客户对整个公司能力的信任。

第四,投资银行风险的增大。随着更多金融创新产品的出现,投资银行所面临的风险越来越大,合伙制的无限责任对投资银行合伙人的个人资产造成了实质性的威胁,而公司制则能避免这种威胁。

需要特别指出的是,在投资银行从合伙制向公司制的转变过程中,投资银行仍想保留合伙制的长处。合伙制中的合伙人,往往在公司制的公司中仍然是大股东。他们仍然凭借其拥有的客户资源,在公司的业务方面发挥较大的影响。因此,合伙制转为公司制后,公司上层仍然是以前的合伙人,只是现在是通过持有股份的体制,以及利用经营者自己对公司的贡献,按照一定的价格来获得股份。但是在私人股权投资基金领域中,有限合伙制依然有着强劲的生命力。

三、公司制投资银行

与合伙制投资银行相比,公司制投资银行,尤其是上市的投资银行具有如下优点:

第一,增强筹资能力。现代公司制包括有限责任公司和股份有限公司,而股份有限公司利用股票市场公开上市后又成为上市公司,能够充分展示其筹资能力。

第二,完善现代企业制度。上市的投资银行要求有更完善的现代企业制度,包括组织管理制度、信息披露制度,要求有较好的赢利记录。上市后的公司能避免合伙制中所有权与管理权不分带来的各种弊端,使公司具有更大的稳定性。

第三,推动并加速投资银行间的购买浪潮,优化投资银行业的资源配置。投资银行上市,资本金增加,本身便增加了其收购其他专业投资银行的能力;同时,投资银行上市也增加了其股权的流动性,增加了兼并收购的渠道和方式。

第四,提高业务运作能力和公司整体运行效率。随着公司资本规模的扩大和高级管理人才的加盟,公司的业务能力和整体运行效率将进一步提高。如20世纪70年代主要从事零售业务的投资银行纷纷由合伙制走向上市公司制,使它们在扩大和稳定资本的基础上,大大增强了从事证券承销的能力,改善了投资银行的整体运作效率,整体竞争实力得到进一步提高,由此使零售性投资银行的竞争地位得到巩固。

在投资银行的组织形态上,各国的规定不一样。目前,世界上只有比利时、丹麦等少数国家的投资银行仍限于合伙制;德国和荷兰虽然在法律上允许有不同的组织形态,但事实上只有合伙制;马来西亚、新西兰、南非等大多数国家允许投资银行采取合伙制和公司制;新加坡、巴西等国则只允许采取股份公司制。但从投资银行比较发达的美、欧、日等国家和地区来看,公司制是具有典型意义的投资银行组织结构形式。

第二节 投资银行的组织架构

西方投资银行常常根据各自的规模、业务要求和发展战略的不同而采取不同的组织架构,并且随着技术进步和市场环境的发展变化对其加以调整,以最大限度地提高组织效率,增强自身的综合竞争力。

因此,不同时期的投资银行具有不同的组织架构,不同规模、不同业务取向的投资银行的组织架构可能大相径庭。我们通过对西方大型跨国投资银行的组织架构进行分析,来探讨西方大型投资银行组织架构的特点。

传统上,投资银行根据自身的业务情况倾向于采用比较简单的直线型、职能型架构,但是随着投资银行规模和业务范围的扩大,这种组织架构显然不能适应新的需要,因此,开始出现更为新型、简单、安全、高效的组织架构。这些新的组织架构,大致可以概括为三类。①

一、"客户驱动式"组织架构

这种架构形式的基本特点是以客户为核心,即在部门的设置上,突出为客户服务的特征,按照客户的不同性质划分相应的业务部门。

美林是这种组织架构的代表之一。美林证券将"客户核心"作为一种企业精神,组织架构是围绕以客户为核心的企业精神来架构的。具体而言包括以下几点:事先预测并分析客户需求、满足客户需求,提供增值信息服务;在容易使用的前提下提供广泛而高质量的客户服务;通过积极听取客户的反馈意见,建立良好、长期的客户关系;通过团队合作,充分运用集体协作能力来满足客户需求。

如图 17.1 所示,美林的组织架构可以分成四块:最高决策管理、内部管理、业务管理、区域管理。

1. 最高决策管理

美林的最高决策管理层主要包括董事会和执行管理委员会。董事会下设

---

① 马庆泉:《中国证券市场发展前沿问题研究》,中国金融出版社 2001 年版。

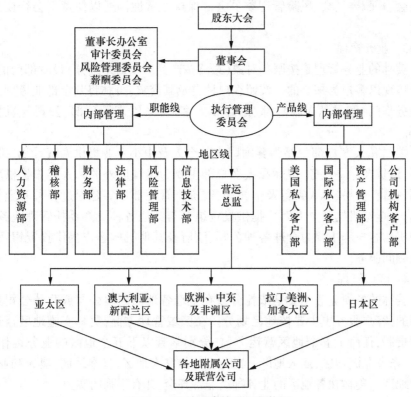

图 17.1 美林证券的组织架构图

董事长办公室、审计委员会、风险管理委员会、薪酬委员会等,主要负责公司的发展规划、战略管理和重大投资决策,对公司内部进行审计监督和风险控制等。同时,它在全球范围内监管美林与公司及机构客户的关系,并加强引导以确保公司动员整体资源来满足这些客户的多样化需求。

执行管理委员会负责公司具体政策、管理程序的制定,公司各种决策的执行,总体业务的规划、协调及统筹管理等。该委员会包括董事长办公室和总裁办公室的行政管理者,以及负责营销企划、技术服务、风险控制、全球业务、财务监管等方面的高级主管。

2. 内部管理

美林的内部管理是按职能设置部门的,其重点是实现有效的监管和激励。监管主要通过财务稽核、法律督察、风险控制来实现,分别由财务部、稽核部、法律部、风险管理部等负责;激励主要通过人力资源管理来实现,由专设的人力资源部负责。

内部管理部门直接由执行管理委员会领导,同时他们与董事会下设的审计委员会、薪酬委员会、风险管理委员会等保持经常性沟通以便董事会行使监督职能。

3. 业务管理

美林的业务管理是按服务对象(最终按产品和项目来细分)设置部门的,也是最体现以客户为核心的。按照客户种类及其需求,美林将其全部业务划归四个业务部门:美国私人客户部、国际私人客户部、资产管理部、公司与机构客户部。

美国私人客户部主要为美国国内的个人及中小企业提供融资计划、投资、交易、信贷及保险业务;国际私人客户部主要为美国以外的私人客户提供融资计划、投资、交易、私人银行及信托服务;资产管理部主要是通过各种基金管理公司,为全球机构及个人客户提供投资组合与其他各种资产委托管理业务;公司与机构客户部主要为全球各种公司、政府及其他机构客户提供投资银行、交易及顾问服务。

4. 区域管理

美林的各项业务主要是依托分布在全球各地的附属公司或联营公司具体开展的,客户服务也主要按地区划分。在区域管理方面,美林实施地区营运总监负责制,任命了五个地区营运总监,分别掌管以下五个地区的业务运作:欧洲、中东及非洲地区、亚太地区、拉丁美洲、加拿大地区、日本地区、澳大利亚、新西兰地区。美林在各地区的业务种类非常齐全,并有很强的实力。

美林的这一组织模式既不同于传统的直线型、职能型架构,也不同于按职能、产品划分的简单的矩阵型架构。总体来说,它属于一种多维立体网络架构。在这一组织架构下,决策管理层一旦作出决策,业务管理、内部管理、区域管理三方面一起行动,并通过共同协调,发挥专业分工和团队协作的优势,将有关决策高质、高效地付诸实施。

美林这一新的组织架构反映了现代投资银行以客户为核心的现代管理思想,有助于公司致力于为客户提供世界先进水平的服务,为股东提供最高的回报,以及为雇员提供最佳的事业发展机会。

在具体操作上,美林尤其注意突出"一个中心,三线管理"的特点,即以客户种类为中心设立四个归口协调部门,在每个部门下面,注重加强产品、职能、地区三条线管理。一个大项目的完成最终需要调动三条线的力量,在归口部门统一协调下顺利完成;

二、"业务驱动式"管理架构

这种架构形式的基本特点是以业务为核心,即在部门的设置上,突出业务品种的重要性,按照业务种类的不同设置相应的职能部门。

日兴证券是这种组织架构的代表。从图17.2的日兴证券的组织架构图中,可以看出以业务为核心的组织架构的特征。

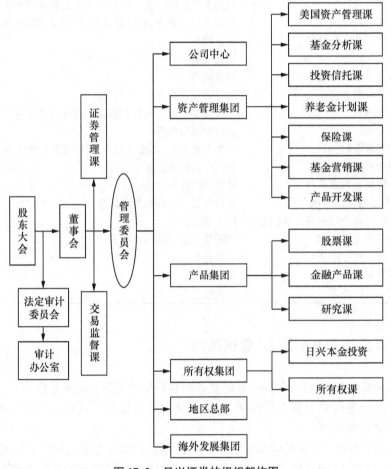

图17.2 日兴证券的组织架构图

日兴证券"业务驱动式"特征在其主要子公司和分支机构的设立上同样表现得非常明显。从表17.1中,我们可以看到,每家公司的业务都有一定的主营业务,这样,对于总公司来说也更容易管理。

表 17.1　日兴证券的主要子公司和成员网络

公司	主营业务
日兴所罗门史密斯巴内有限公司	投资银行业务,为公司和机构客户提供交易和研究服务
日兴研究中心	包括养老基金研究和投资技巧的研究和咨询活动
日兴商务系统有限公司	结算、保管、数据处理、外购服务和临时雇佣
日兴系统中心	日兴集团计算机系统的发展
日兴设备管理有限公司	设备管理
日兴资产管理有限公司	建立、管理和提供共同基金
日兴资产有限公司	为最初的公共产品向中小型企业提供融资和帮助
日兴信托银行公司	信托和银行业务,包括接受存款、贷款和国内外汇兑
日兴信用服务有限公司	融资服务
日兴 DC 卡服务有限公司	消费信贷
日兴百万元卡服务有限公司	消费信贷
日兴投资者服务有限公司	投资者相关服务
日兴培训基地	为日兴集团员工制订和筹备职训和教育计划
日兴事业有限公司	旅行和保险服务
新日兴零售有限公司	零售办公设备、出售升级产品、制服和妇女服饰
科艾事业有限公司	DIY 产品的零售商
日兴计算机系统事务所	计算机软件的发展
IBJ-日兴信息系统有限公司	分析和提供金融和工业信息
巴克来斯日兴全球投资者有限公司	投资建议服务
全球瑞普咨询集团	共同基金限制的咨询服务
日兴全球证券有限公司	证券业务
东京证券有限公司	证券业务
日兴比斯有限公司	在线经纪人服务

三、"客户与业务交叉式"管理架构

这种架构形式的基本特点是将业务和客户结合起来,按照客户的需要或公司业务运作的需要设置不同的部门,以达到预期的目标。这种管理架构的主要代表是摩根斯坦利。

与美林相似,摩根斯坦利的组织架构也是由四部分组成:决策管理、内部管理、业务管理、区域管理,其中决策管理、内部管理、区域管理的运作及部门设置和美林大同小异,而区别主要体现在业务管理上。

摩根斯坦利的业务管理总体架构如下:首先,公司将其所有业务按所提供的产品和服务划分为三大块业务领域:证券(securities)、资产管理(asset management)、信用服务(credit services)。然后在每一类业务中按照客户种类(机构或个人)划分(或归并)业务部门。在这两个层次下,再以具体的证券业务(投资银行、交易、研究)及具体的金融品种(股票、公债、公司债券、金融衍生产品、垃圾债券等)为划分标准进行细分,使各部门的专业分工和职能定位非常明确。如图17.3所示。

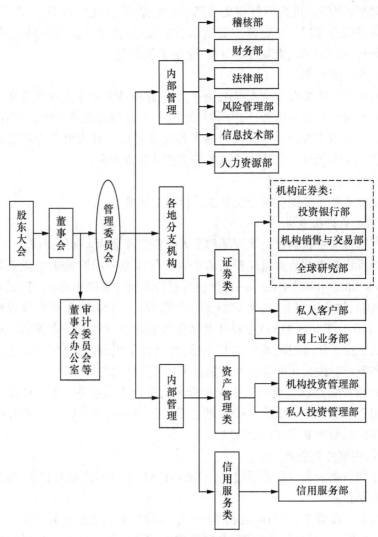

图17.3 摩根斯坦利的组织架构图

1. 证券类业务

证券类业务包括机构证券类、私人客户部和网上业务部。

(1) 机构证券类

机构证券类业务主要是为包括大型企业、政府金融机构等在内的机构投资者提供服务。该类由投资银行部、机构销售与交易部、研究部三大部门组成。投资银行部下设企业融资部、政府融资部、市政债券部、并购重组部、证券化业务部、特别融资部。机构销售与交易部下设股票部、固定收益部、外汇交易部、商品交易部四个部门。研究部主要从事有关股票、债券等方面的研究,包括行业公司分析、市场分析、宏观经济分析、金融工程研究。

(2) 私人客户部

私人客户部主要提供个人经纪业务、个人理财业务和个人信托业务。个人业务主要通过信托公司进行,它为个人提供汽车、住房等抵押贷款,为信用卡部发掘有信誉的潜在客户。个人理财服务也是通过成立私人财产管理公司来进行,它为1 000万美元以上的个人投资者提供理财服务。

(3) 网上业务部

网上业务部主要提供网上交易及其他网上业务。

2. 资产管理类业务

资产管理类由机构投资管理部和个人投资管理部两大部门组成。

机构投资管理部负责机构投资者的资产管理业务。如 MSDW 投资管理公司(MSDW Investment Management)为机构投资者设计多样化的金融产品和投资工具,提供其他增值服务,并为他们实行分账管理。MSDW 私有产权投资公司(MSDW Private Equity Firm)主要对世界各地成长中的和发展完善的公司进行实业投资。由于该部门的业务遍布全球,并培育了很好的客户基础,它为投资银行部和资产管理公司的业务开展提供了更为广阔的空间。

个人投资管理部主要负责个人投资者的资产管理业务。如 MSDW SICAV 基金公司管理着28个基金,MSDW 的全资子公司——MSDW Trust FSB 提供个人和公司信托服务并代理红利发放。

3. 信用服务类业务

信用服务类业务主要是通过发行 DISCOVER 卡从事信用卡服务,服务对象包括个人及企业。

由以上可以看出,摩根斯坦利倾向于把各种紧密相关的业务放在一个部门中进行,这样可以拓宽管理跨度,有利于彼此间的协作和协调。如投资银行部将企业的股票融资和债券融资、政府融资、并购业务、资产证券化、高收益债券服务等统统纳入自家门下,从而形成大投资银行架构。由于投资银行的各类业务之间常常存在千丝万缕的关系,一个部门的业务开拓常常需要其他部门的配合,这使得各业务部门之间得以紧密协作。摩根斯坦利公司部门间的这种紧密协作主要得益于管理委员会的协调和利益机制的驱动。在项目策划和制作时，通常由归口业务部门牵头负责，相关部门参与，产品、职能、地区三线联动，实施团队作战。

摩根斯坦利非常注重各项业务的集中统一管理，以便提高整体资源的利用效率并强化风险控制。其中的管理委员会对三线的统一协调，是集中管理的组织保证。同时，公司对许多业务的开展都尽力采取分权形式，如设立各种相对独立的投资公司、基金公司从事资产委托管理业务，设立经纪公司开展零售业务等。

四、西方投资银行组织架构的特点

通过对上面三种组织架构的分析，我们可以归纳总结出西方投资银行尤其是大型投资银行的组织架构及运作机制的一些主要特点。

首先，奉行"大部门架构"，实施扁平化管理。西方大型投资银行普遍奉行"大部门架构"，同时配合以合适的协作机制，使组织架构充分地扁平化，以拓宽管理跨度，提高管理效率。这是投资银行实现简单、快速、高效的组织管理的有效途径。

其次，集中统一管理下的分权制。各个投资银行在管理架构中加入了"委员会模式"以加强统一协调和总体风险控制，实现集中统一管理。与此同时，它们的业务运作又都是通过设立诸多彼此相对独立的附属公司或联营公司来进行的，这是为了调动各业务单位积极性所采用的典型的分权模式。因此，投资银行就将业务的分权运作与集中统一管理很好地融入组织架构中。

再次，强化风险管理。大型投资银行一般都在其组织架构中设有风险管理委员会。它们大多设在董事会或直属董事会，对董事会负责，各业务部门都有相应的风险经理。委员会的集中统一协调更是有利于公司整体风险的防范和控制。

最后，强调团队合作。投资银行所实行的"大部门架构"，为"团队工作"方式留下了充分的想象空间。通过这种方式，公司可以把各有关方面的专家组合在一起，进行团队作战，从而有利于公司开拓大型综合类业务项目。

本章小结

- 20世纪80年代以来，投资银行业发展的最大变化之一就是由合伙制转换为公司制，乃至上市，许多大的投资银行都已经实现了这一转变。有限合伙制虽然曾经是一种有效率的所有权形式，但随着时间的推移，整个投资银行业的特点发生了根本性的变化,合伙制开始慢慢失去原有的优势。但是在私人股权投资基金领域,有限合伙制依然有着强劲的生命力。

● 导致投资银行组织形态变化的行业特点包括:投资银行对资本金的需求增大,投资银行规模和内部组织的复杂性增加,投资银行客户关系的改变,投资银行风险的增大。

● 不同时期的投资银行具有不同的组织架构,不同规模、不同业务取向的投资银行的组织架构可能大相径庭。投资银行根据自身的业务情况倾向于采用比较简单的直线性、职能型架构,但是随着投资银行规模和业务范围的扩大,这种组织架构显然不能适应新的需要,因此,开始出现更为新型、简单、安全、高效的组织架构。大致可以概括为三类:客户驱动式、业务驱动式和客户与业务交叉式。

思考题

1. 比较合伙制和公司制投资银行的利弊。
2. 试述投资银行从合伙制向公司制演变的原因。
3. 比较投资银行的三种主要组织架构:客户驱动式、业务驱动式和客户与业务交叉式。
4. 西方投资银行尤其是大型投资银行的组织架构及运作机制方面有哪些主要特点?

第十八章 投资银行的风险管理

☞ **本章概要** 风险管理对一切金融机构的经营管理而言,都是一个非常重要的课题,对投资银行业的经营管理而言,更是一个永恒的主题。投资银行的风险管理,就是指对投资银行业务内部固有的一些不确定因素将带来损失的可能性进行识别、分析、规避、消除和控制。第一节主要是按照两条线索(风险的起因和投资银行的业务)来对投资银行的风险进行识别和分类;第二节和第三节分别对投资银行面临的两种主要风险——市场风险和信用风险进行测量、规避的有关技术工具和模型进行介绍;第四节则是借鉴世界著名投资银行的宝贵经验,给出投资银行在风险管理方面实际的操作思路和框架。

☞ **学习目标** 通过本章的学习,首先应该了解投资银行所面临的风险;其次,理解 VaR 方法及其三种补充方法;再次,理解 Creditmetrics 模型与 KMV 模型;最后,掌握投资银行风险管理实际操作方面的主要内容。

> 不首先理解人们的金融经济行为包括他们对风险的反应,我们就不能正确地理解这些经济组织的最优功能。
>
> ——罗伯特·莫顿

第一节 投资银行面临的风险

一、概述

风险,是指由于事物的不确定性而遭受不利结果或经济损失的可能性。纯粹的风险是指因不可抗因素产生的风险,这类风险与收益无关。收益风险是指在获取收益的过程中,由于人们的认识不全面而伴随着一些不确定的因素所产生的风险。在当今的经济生活中,通常所说的风险多指收益风险,我们所指的风险也是就这个意义而言的。

投资银行学

因此,风险管理对一切金融机构的经营管理而言,都是一个非常重要的课题,对投资银行业的经营管理而言,更是一个永恒的主题。风险管理成为投资银行业永恒的主题,是由投资银行业自身的业务特点决定的。投资银行业务,无论是传统的证券承销和证券交易业务,还是并购重组、风险投资、公司理财、信贷资产证券化等创新业务,都伴随着风险。而且一般来说,收益越高的业务所伴随的风险也越高。和商业银行不同,投资银行没有存贷款业务,没有相对稳定的收益和利润来源,它为了获取较高的收益,必须勇于开拓具有较高风险的各项业务。但是,高风险并不能确保高收益,这样,投资银行业务管理的轴心就不是资产负债比例管理,而是风险与收益的对应管理:在收益性、安全性、流动性三者协调统一的基础上,合理开展低、中、高不同风险程度(因而不同收益程度)的业务,尽可能以最小的综合风险,获取最大的收益。

接下来,我们按照风险的起因和投资银行的业务两条线索,对投资银行的风险进行识别和分类。

二、按照风险的起因分类

根据诱发风险的具体原因,我们可以把投资银行面临的各种风险分为政策风险、法律风险、系统风险、市场风险、信用风险、流动性风险、操作风险等七类。① 其中市场风险和信用风险又被视为业务风险,即金融机构从赢利的目的来看必须承担的核心风险,与之相对应的是,它面临的其他风险是从事业务不得不承担的间接风险,但同时也是不可避免的风险。

1. 政策风险

资本市场是市场经济发展的必然产物,而投资银行是基于资本市场的发展而产生的,它与资本市场乃至整个市场经济休戚相关,因而受国家经济政策影响较大。这一点对于处于经济体制转轨时期的发展中国家而言,更是如此。所以,投资银行的从业人员,尤其是管理者,必须熟悉国家最新的政治经济形势,了解国家最新的宏微观经济动态,预测国家或其他经济管理部门有可能制定的一些影响投资银行的政策,使投资银行不至于因为运作滞后于政策而招来巨大的风险。

2. 法律风险

法律风险来自交易一方不能对另一方履行合约的可能性,可能是因为合约根本无从执行,也可能是合约一方的行为超越法定权限。所以,法律风险包括

---

① 通常说的结算风险一般是由信用风险或信息系统风险导致的。

合约潜在的非法性以及对手无权签订合同的可能性。与此同时,法律风险随着投资银行越来越多地进入新的、不熟悉的业务领域而变得日益突出。针对这一风险,投资银行应该认真研究业务所在国的法律法规和监管部门对有关业务的规定,仔细签订和实施对外合同以及与雇员的合同,建立专门的管理机构。

3. 系统风险

系统风险是指因单个公司倒闭、单个市场或结算系统混乱而在整个金融市场产生"多米诺骨牌效应",导致金融机构相继倒闭以及由此引发整个市场周转困难,出现投资者"信心危机"。

4. 市场风险

市场风险是金融体系中最常见的风险之一,通常指市场变量(例如价格、利率、汇率、波动率、相关性或其他市场因素水平等)的变化给金融机构带来的风险。在有关市场风险的模型中,往往把它定义为金融工具及其组合的价值对市场变量变化的敏感程度。根据这些市场变量的不同,市场风险又可以细分为以下种类:

(1) 利率风险。利率风险是指利率变动致使证券供求关系失衡,从而导致证券价格波动而造成投资银行发生损失的可能性。

(2) 汇率风险。汇率风险是指由于外汇价格变化而对投资银行的经营造成损失的可能性。投资银行在外汇买卖业务、承销以外币面值发行的证券业务以及外汇库存保值等方面要承担汇率风险。

(3) 市场发育程度风险。市场发育程度风险是指资本市场的监管程序和投资者的成熟程度对投资银行业务可能带来的损失。以我国为例,由于资本市场是一个新兴的市场,与西方发达国家相比,市场监管还不完善,投资者也很不成熟,投资银行业务中的暗箱操作时有发生,二级市场投机色彩较浓,所有这些都可能使得投资银行业务暴露在风险之中。

(4) 资本市场容量风险。资本市场容量是指由居民储蓄总额、可供投资的渠道以及投资者的偏好所形成的投资证券的最大资金量。资本市场容量风险是指投资证券最大资金量的变化引起投资银行业务损失的可能性。测算资本市场容量对投资银行业务有指导作用,尤其是在证券发行和交易方面。

5. 信用风险

信用风险是指交易对手不能正常履行合约所规定义务的可能性,包括贷款、掉期、期权以及在结算过程中的交易对手违约带来损失的风险,因而又被称为违约风险(default risk)。投资银行签订贷款协议、场外交易合同和授权时,将面临信用风险。通过风险管理以及要求交易对手保持足够的抵押品、支付保证金、在合同中规定净额决算条款,可以最大限度地降低信用风险。

值得注意的是,在金融实践活动中,随着人们对信用风险重视程度的提高和信用风险管理技术的发展,信用风险的概念得到了重大扩展。在传统的定义中,只有当违约实际发生的时候,风险才转化为损失,在此之前,银行资产的价值与交易对手的履约能力和履约可能性无关。这样做会让很多潜在的风险无法在转化为损失之前引起充分的重视和作足够的准备。现在,很多金融机构采取盯市(mark-to-market)的方法,对手的履约能力和信用状况会随时影响金融机构有关资产的价值,而且在纯粹信用产品的交易市场上,信用产品的市场价格是随着履约能力不断变化的。这样,信用风险能够在转化为现实的损失之前就在市场和银行的财务报表上得到反映,它的定义也相应地扩展为交易对手履约能力的变化造成的资产价值损失的风险。

6. 流动性风险

流动性风险通常可以在产品、市场和机构三个层次上讨论。对于金融机构而言,流动性风险往往是指其持有的资产流动性差和对外融资能力枯竭而造成的损失或破产的可能性。由于投资银行属于高负债经营的金融机构,要求资产结构向高流动性、易于变现的资产倾斜,而不宜过多参加长期投资,以免陷入兑付危机。

7. 操作风险

操作风险是指金融机构由于内部控制机制或者信息系统失灵而造成意外损失的风险。这种风险主要是由人为错误、系统失灵、操作程序的设计或应用发生错误、控制不当等原因引起的,它主要由财务风险、决策风险、人事管理风险以及信息系统风险构成。

(1) 财务风险。财务风险是指财务管理上的"漏洞"、财务处理的差错以及财务人员的蓄意违规使投资银行遭受损失的可能性。

(2) 决策风险。决策风险是指由于决策者的决策失误而造成投资银行损失的可能性。投资银行的决策是对未来经营活动的抉择,是根据对整个宏微观经济环境的分析和对经营结果的预测得出的结论,难免由于个人主观认识、占有资料不充分、分析和判断的经验不足等原因造成预测与未来实际状况的偏差。

(3) 人事管理风险。人事管理风险是指在人事管理方面的失误而导致投资银行损失的可能性。人事管理风险可以说是一种体制风险,投资银行内部管理体制越不健全,人事管理风险越大,对投资银行的业绩甚至生存的潜在威胁性越大。

(4) 信息系统风险。信息系统风险指的是计算机信息与决策系统风险。随着信息技术在金融领域的广泛应用,在投资银行信息与决策系统中,各营业部局域网子系统或通信子系统等,都存在系统数据的可靠程度问题、信号传递的及时程度问题、决策模型的完善程度问题及网络系统的安全问题等。

三、按照投资银行的业务类型分类

投资银行业务包括证券承销、经纪和自营等基本业务,以及由此派生出来的业务,如基金管理、兼并收购、信贷资产证券化和风险投资等。

1. 证券承销风险

证券承销风险指投资银行在承销股票、债券、金融衍生工具等经营活动的过程中,由于不能在规定时间内按事先约定的条件完成承销发行任务而造成损失的可能性。承销风险包括发行方式风险、市场判断风险、违法违规操作风险等。

(1) 发行方式风险。发行方式风险的大小是和承销方式联系在一起的,投资银行在承销方式的选择上有代销、全额包销和余额包销三种方式。其中代销业务由于承销额可以退回发行公司,因而风险最小;余额包销的风险次之;全额包销因为承销商在发行前必须先将拟发行证券全额认购,因此风险最大。

(2) 市场判断风险。是指如果投资银行在对市场未来的走向进行研究和判断的基础上确定项目后,在争取项目过程中介入太深,投入过大,一旦在竞争中败下阵来,则要承担先期投入的费用等方面的损失。所选择的发行企业或行业的发展并非如原来预料的那样好,得不到市场的认可,导致承销的证券无法按原计划出售,或者上市后业绩表现太差,有损投资银行的信誉和形象。

(3) 违法违规操作风险。指由于业务人员在承销业务过程中贪污受贿、违法犯罪,给公司承销业务造成损失,以及由于上市公司违反有关规定、披露信息不实而带来的风险。在证券承销的过程中,作为企业和投资者之间的"桥梁",作为信息高度不对称的交易双方的媒介,投资银行从业人员的职业道德、公司内部监管制度和来自外部的有关监管机构对投资银行的行为进行"三重监视",但是,在巨大的经济利益和激烈的市场竞争面前,还是不乏以身试法之辈。

2. 证券经纪风险

证券经纪风险是指投资银行在接受客户委托,代理交易股票、债券、金融衍生工具的时候所面临的风险。证券经纪风险主要包括:

(1) 规模不经济的风险。指的是当开户数量和经纪规模低于一定水平的时候,投资银行的经纪业务难以获得理想的经济利益,甚至出现亏损的风险。

(2) 信用风险。指的是投资银行向客户提供融资时产生诈骗、亏损以及政策限制的可能性。

(3) 操作风险。是指由于人为的或者信息系统的错误,在委托、受托和交易的过程中,交易结果违反委托人意愿或者不能及时有效地进行正常交易给投资银行带来经济损失的风险。

3. 证券自营风险

证券自营风险是指投资银行在进行证券投资活动中面临的风险,包括投资产品本身内含的风险、证券市场价格异常波动的风险、投资决策不当的风险等。由于投资银行在证券市场中相对一般投资者而言,其投资技巧、投资经验、信息渠道、研究水平和资金实力等诸多方面具有一定的优势,所以规避和抵御风险的能力较强。但是,由于投资规模巨大,一旦风险形成,其可能遭受的损失也是非常大的。

4. 基金管理风险

投资银行在基金管理中所面临的主要风险是市场风险和公司内部的非系统风险。虽然基金实行投资组合,投资基金比投资单一种类的有价证券风险低、收益高,但是投资基金毕竟也是投资于其他有价证券,因此,投资有价证券的风险同样也会体现在基金投资上。

5. 兼并收购风险

进入 20 世纪 90 年代后,兼并收购业务在投资银行业务收入中所占的比重不断增加,而且投资银行对于企业并购活动的参与正朝着全方位、深层次的方向发展。具体来说,投资银行在进行并购业务的时候,面临着以下几种风险:

(1) 融资风险和债务风险。在企业的并购活动中,投资银行在为其提供咨询、策划操作的同时,一般还会为企业提供一定的并购活动所需的资金,通常叫做过桥贷款(bridge loan),企业并购成功以后会还给投资银行。这笔资金可以是现金,也可以通过举债方式筹集,但不管采取何种方式,一旦企业并购失败,与之相联系的并购资金就存在着难以全额按期收回的风险。

(2) 营运风险。如果并购后企业运营不理想就会面临营运风险。如果这些问题在投资银行与企业签署的契约文件中被忽略而没有列入"免责"条款,那么企业的营运风险可能会波及投资银行,投资银行可能要因此承当相应的经济责任。

(3) 信息风险。投资银行在策划企业并购的过程中,作为财务顾问却因为调研不充分、信息不准确而造成决策失误,并购失败。

(4) 操作风险。主要体现在企业并购目标公司的时候,被目标公司部署反并购战略,出现反并购风险。

(5) 法律风险。法律风险包括两个方面:一是投资银行制定出来的并购方案违反目标公司所在地的某些法律而使并购策略落空;二是投资银行在帮助企业并购的过程中由于操作不当或疏忽或与某些法律规定相背离,而出现被起诉、败诉和并购成本增加的风险。它们形成投资银行参与、帮助企业并购目标公司过程中面临的主要风险。这些风险从经济上看,轻则增加投资银行的费用成本,重则不仅收不回策划企业并购的费用,而且可能收不回对企业并购行为的融资贷款,给投资银行带来极大的损失。

6. 信贷资产证券化风险

信贷资产证券化的风险主要来源于证券化资产本身的质量和预期效应以及投资者和资本市场对它的认同程度。具体说来,投资银行作为这一业务中的特别目的机构,主要面临以下几种风险:

(1) 资本风险。指投资银行如果是购买信贷资产再将其证券化,那么,在这一过程中就存在着本金损失的可能性。

(2) 收益风险。指投资银行在操作证券化的过程中,由于多种原因而导致未能获取收益或未能足额获取收益的可能性。

(3) 市场风险。指投资银行在承销资产支持证券后,卖不出去或者只能高买低卖的可能性。

(4) 价格风险。指投资银行在承销资产支持证券的过程中由于证券价格制定不当而导致损失的可能性。

(5) 汇率风险。如果信贷资产证券化业务是跨国际市场运作的,那么投资银行还面临着汇率波动的风险。

7. 风险投资业务的风险

投资银行进行风险投资业务的高风险主要来自投资企业或项目的市场风险以及企业或项目负责人的信用风险。

(1) 产业风险。风险投资往往投资于一些新兴产业,希望将最新的科技成果转化为生产力,但是新兴产业的发展前景不明,企业遭遇失败的可能性很大。

(2) 信用风险。主要是指被投资对象在产品开发成熟前,通过转移成果的方式为个人谋求超额回报的可能性。

(3) 决策风险。主要指风险投资者对市场判断有失误或者任命的参与管理者对项目前景所作的判断有失误的可能,这会损失极佳的投资机会,或浪费投资银行的物力、财力。

第二节 VaR 方法及其补充

由于市场风险和信用风险两者共同构成了投资银行核心业务的风险,所以也是金融机构和监管部门风险管理的主要对象和核心内容。现代金融理论的有关模型和技术工具主要也是围绕如何量化、控制和规避这两类风险展开讨论的。本节介绍市场风险的综合衡量工具 VaR 方法,以及 VaR 的几种补充方法:

压力测试、情景分析和返回检验;下一节介绍信用风险衡量的现代理论:Credit-metrics 模型与 KMV 模型。

一、VaR 方法

VaR(Value at Risk,在险价值)比较规范的定义是:在正常的市场条件和给定的置信水平(confidence interval,通常是 95% 或 99%)上,在给定的持有期间内,某一投资组合预期可能发生的最大损失;或者说,在正常的市场条件和给定的时间段内,该投资组合发生 VaR 值损失的概率仅仅是给定的概率水平(置信水平)。从统计的角度看,VaR 实际上是投资组合回报分布的一个百分位数(percentile),从这个意义上理解,它和回报的期望值在原理上是一致的。正如投资组合回报的期望值实际上是对投资回报分布的第 50 个百分位数的预测值一样,在 99% 的置信水平上,VaR 实际上就是对投资回报分布的第 99 个百分位数(较低一侧)的预测值。见图 18.1 所示。

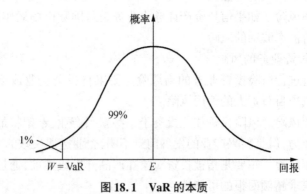

图 18.1 VaR 的本质

如果某一金融机构或资产组合以天为单位的回报率分布由图 18.1 给出,其中 E 点表示回报的期望值,也就是回报分布的第 50 个百分位数,W 表示回报分布在较低一侧的第 99 个百分位数,则 W 就是该组合在 99% 置信水平上的 VaR 值,它表示该组合在一天之内损失到 W 水平的可能性为 1%,或者说 100 天内出现损失状况 W 的天数为一天。另外,值得注意的是,有时,VaR 被定义为期望值 E 与临界值 W 的差额,即 $VaR = W - E$,但这并不妨碍对 VaR 本质的理解。

要确定一个金融机构或资产组合的 VaR 值或建立 VaR 的模型,必须首先确定以下三个系数:

第一,持有期限(holding period)或目标期限(target horizon)。它是指衡量

回报波动性和关联性的时间单位,也是取得观察数据的频率,如所观察数据是日收益率、周收益率、月收益率还是年收益率等。持有期限应该根据组合调整的速度来具体确定。调整速度快的组合,如有些银行所拥有的交易频繁的头寸,应选用较短的期限,如一天;调整相对较慢的组合,如某些基金较长时期拥有的头寸,可以选用一个月,甚至更长。在既定的观察期间(如一年)内,选定的持有期限越长,在观察期间内所得的数据越少(只有 12 个),进而会影响到 VaR 模型对投资组合风险反映的质量。

第二,观察期间(observation period)。它是对给定持有期限的回报的波动性和关联性考察的整体时间长度。观察期间的选择要在历史数据的可能性和市场发生结构性变化的危险之间进行权衡。为克服商业循环等周期性变化的影响,历史数据越长越好,但是时间越长,收购兼并等市场结构性变化的可能性越大,历史数据因而越来越难以反映现实和未来的情况。

第三,置信水平(confidence interval)。置信水平过低,损失超过 VaR 值的极端事件发生的概率越高,这使得 VaR 值失去意义。置信水平过高,超过了 VaR 值的极端事件发生的概率可以降低,但统计样本中反映极端事件的数据也越来越少,这会使得对 VaR 值估计的准确性下降。VaR 的准确性和模型的有效性可以通过返回检验(back testing)来检验。置信水平决定了返回检验的频率。例如,对于日回报率的 VaR 值,95% 的置信水平意味着每 20 个营业日进行一次返回检验,而采用 99% 的置信水平,返回检验的频率只有 100 个营业日一次。

除了要确定 VaR 模型的三个关键系数外,另一个关键问题就是确定金融机构或资产组合在既定的持有期限内的回报的概率分布,即概率密度函数(probability density function,PDF)。如果能够拥有或根据历史数据直接估算出投资组合中所有金融工具的收益的概率分布和整个组合收益的概率分布,那么作为该分布的一个百分位数的 VaR 值也就相当容易推算出来。但是,要取得所有金融工具的收益分布是不容易的,所以投资组合收益分布的推算成为整个 VaR 法中最重要也是最难解决的一个问题。目前解决的办法是将这些金融工具的收益转化为若干风险因子(risk factors)的收益,这些风险因子是能够影响金融工具收益的市场因素,如利率、汇率、股票指数等,然后把投资组合转化为风险因子的函数,再通过各种统计方法得到这些风险因子收益的概率分布,在此基础上得到整个组合收益的概率分布,最终求解出 VaR 的估计值。目前,推算组合风险因子收益分布的方法主要有三种,分别为历史模拟法(Historical Simulation Method)、方差—协方差法(Variance-Covariance Approach)和蒙特卡罗模拟法(Monte Carlo Simulation),从而决定了三种不同类型的 VaR。

VaR 把对预期的未来损失的大小和该损失发生的可能性结合了起来,所以

比起 β 值(只适用于股票价格风险)、持续期、凸性(只适用于债务的利率风险)、Delta(只适用于衍生金融工具)等指标而言,它的适用范围非常广泛;作为一种用规范的统计技术来全面衡量风险的方法,它能够更客观、全面、准确地反映金融机构所处的风险状况,大大增加了风险管理系统的科学性。

但是,它也是有局限性的,这主要表现在:第一,它主要适用于正常条件下对于市场风险的衡量,在市场出现极端情况的时候却无能为力,所以压力测试成为 VaR 方法在这个方面的重要补充手段;第二,由于 VaR 对数据的要求比较严格,所以对于交易频繁、市场价格数据容易获得的金融工具的风险衡量效用比较显著,但对于缺乏流动性的资产,由于缺乏每日市场交易的价格数据,有时需要将流动性差的金融产品分解(mapping)为流动性较强的金融产品的组合,然后才能使用 VaR 模型来分析;第三,用它来衡量市场风险还存在模型风险,这是因为有三种可供选择的模拟法,对同一资产组合采用不同的模拟法时,会得到不同的 VaR 值,使其可靠性难以把握;第四,总的来说,VaR 模型对历史数据有很强的依赖性,但未来并不一定总能重复历史,所以这是一个固有的缺陷;第五,按照最新发展的总体风险管理的 3P 理论,风险的价格(price,转移或对冲风险付出的代价)、投资者对风险的心理偏好(preference)、概率(probability)三个因素共同决定了现代金融风险管理的框架,但是在 VaR 管理体系下,受到重视的只是概率因素。

二、压力测试

如前文所述,VaR 对金融机构或资产组合市场风险衡量的有效性是以市场正常运行为前提条件的,如果市场发生异常波动或出现极端情况,VaR 的缺陷需要压力测试(stress testing)来弥补。

所谓压力测试,是指将整个金融机构或资产组合置于某一特定的(主观想象的)极端市场情况之下,例如,假设利率骤升 100 个基点、某一货币突然贬值 30%、股价暴跌 20% 等异常的市场变化,然后测试该金融机构或资产组合在这些关键市场变量突变的压力下的表现状况,看看是否能经受得起这种市场的突变。正是鉴于压力测试在衡量金融机构或资产组合在异常市场条件下风险状况的重要作用和 VaR 相应的局限性,金融监管部门在同意金融机构使用以 VaR 为基础的内部模型的同时,除了要求使用返回检验来衡量 VaR 模型的有效性外,还要求使用压力测试来衡量金融机构在遇到意外风险时的承受能力,以弥补 VaR 模型的不足。

由于压力测试在很大程度上是一种主观测试,由测试者主观决定其测试的市场变量(风险因素)及其变动幅度,而且测试变量一旦确定,就假设了测试变量与市场其他变量的相关性为零。同时,在压力测试下,引起资产组合价值发生变化的风险因素也非常清楚。由于压力测试并不负责提供事件发生的可能性,因而也没有必要对每一种变化确定一个概率,这样就免除了模拟整个事件概率分布的麻烦,也使得这种风险衡量方式较少地涉及高深的数学和统计知识,显得简单明了。

不过,使用这一方法在实践中也存在着几个需要注意的问题:第一,合理的测试变量的选择要考虑它是否与市场其他变量的相关性为零;第二,进行压力测试的时候,某一或某些市场因素的异常或极端的变化可能会使得风险分析的前提条件发生变化,所以对分析的前提条件要重新确认;第三,对众多的风险因素进行不同幅度的压力测试所带来的工作量是巨大的,而且,由于每次压力测试只能说明事件的影响程度,却不能说明事件发生的可能性,这使得管理者对众多的压力测试难以分清主次,因而仅仅是压力测试对管理者的决策作用并不大,它应该与其他风险衡量方法尤其是 VaR 相结合,而不是替代 VaR。

三、情景分析

情景分析(scenario analysis)与压力测试有许多相似之处。两者的不同之处是:压力测试只是对市场中的一个或相关的一组变量在短期内的异常变化进行假设分析;情景分析假设的是更为广泛的情况,包括政治、经济、军事和自然灾害在内的投资环境,在这种假设的环境变化中,例如投资国出现政治动荡、战争或经济危机,首先分析出主要市场变量的可能变化,进而分析对资产组合的影响。如果说压力测试是一个自下而上的过程,那么情景分析就是一个自上而下的过程,因为前者直接假设了一个或一组相关市场变量的异常取值,然后测试投资组合的变化,而情景分析则是首先假设一个整体环境的变化,再推断出在这种特定情景下市场变量的可能变化,最后再考察这些市场变量变化对投资组合的影响。

显然,情景分析从更广泛的视野、更长远的时间范围来考察金融机构或投资组合的风险问题。这种具有战略高度的分析,无疑弥补了 VaR 和压力测试只注重短期情况分析的不足。因此,情景分析应与 VaR 和压力测试结合起来,以使风险管理更加完善。

进行情景分析的关键首先在于对情景的合理设定。为此,投资者应该从两方面入手,一方面是充分认识自己的投资组合的性质和特点,了解可能发生的相关事件,包括战争冲突、政治选举、重要经济改革措施的出台、重大的公司合并与改组、政府经济管理部门关键的人事变动等,并充分理解这些事件可能对市场进而对自己的投资组合产生的重大影响。另一方面,要对设定情景进行深入细致的分析以及由此对事态在给定时间内可能发展的严重程度和投资组合由此而可能遭受的损失进行合理的预测。

四、返回检验

用 VaR 来衡量金融机构所面临的市场风险,以及用 VaR 来作为监管部门确定该机构应具备的资本充足水平的依据,所面临的一个重要问题是它的有效性的问题。由于 VaR 只是一种由历史数据或假定的统计参数和分布建立的统计预测模型,其对未来风险状况的预测是否准确、有效是需要检验的。检验的主要方法就是返回检验。统计学中的返回检验(back testing)是指将实际的数据输入到被检验的模型中,然后检验该模型的预测值与现实结果是否相同的过程。

例如,一个 VaR 模型对某一投资组合的风险衡量结果为:在 99% 的置信水平上,该组合在未来的 6 个月内的日 VaR 值为 10 万元,即每天损失超过 10 万元的概率为 1%,或者说,每 100 天内,只有一天的损失将超过 10 万元。对 VaR 的这一预测值进行返回检验,就是多次考察实际 100 天的交易数据,如果损失超过 10 万元的天数的确不超过一天,则基本说明该模型是有效的,如果损失超过 10 万元的天数是两天甚至更多,则该模型的有效性值得怀疑。

然而,需要注意的是,这种返回检验本身也会存在是否有效可靠的问题,上例中对 VaR 有效性的判断是基于假设返回检验本身是有效的,没有发生下面两种类型的错误:第一,VaR 的预测实际上是对的,但检验结果却表明它低估了风险,这在统计上被称为 1 类错误;第二,VaR 的预测实际上低估了风险但是检验结果却没有显示这一结果,这在统计上被称为 2 类错误。影响返回检验有效性的主要因素有三个:

第一,样本空间的大小。数据量的大小对统计检验是非常重要的,尤其是在对概率较小的事件进行检验的时候,所需的历史数据更多,这使得对有较长持有期限的 VaR 的检验难以进行。例如对 10 日 VaR 值的检验,10 年交易历史才能提供 250 个观测数据。因此,返回检验一般选用日 VaR 值检验。

第二,对投资回报概率分布的假设。一般情况下,投资组合的回报被假设呈正态分布,并且有稳定的期望和方差。这些假设不仅使得 VaR 模型的预测是合理的,而且较长持有期限的 VaR 值也可以由日 VaR 值合理得到(如对 VaR 值乘以 $\sqrt{10}$ 就可以得到两周 VaR 值)。然而这些假设在现实中往往不成立,实际的回报分布往往有"肥尾"现象,而且其期望和方差也是变动的。因此,在对VaR的有效性进行检验的时候对这些有关分布的假设应该予以重新审视。

第三,置信水平的选定。置信水平越高,意味着需要对可能性更小、更极端的事件进行检验,显然,这种小概率事件的历史数据是稀少的,检验起来更加困难。

第三节 Creditmetrics 模型与 KMV 模型

一、Creditmetrics 模型

Creditmetrics 模型是 JP 摩根 1997 年推出的用于量化信用风险的风险管理产品。与 1994 年推出的量化市场风险的 Riskmetrics 一样,该模型引起了金融机构和监管部门的高度重视,是当今风险管理领域在信用风险量化管理方面迈出的重要一步。

(一) 模型的基本思想

第一,信用风险取决于债务人的信用状况,而企业的信用状况由被评定的信用等级表示。因此,信用计量模型认为信用风险直接源自企业信用等级的变化,并假定信用评级体系是有效的,即企业投资失败、利润下降、融资渠道枯竭等信用事件对其还款履约能力的影响都能及时恰当地通过其信用等级的变化表现出来。信用计量模型的基本方法就是信用等级变化分析。

第二,信用工具(包括债券和贷款及信用证等)的市场价值取决于债务发行企业的信用等级,即不同信用等级的信用工具有不同的市场价值,因此,信用等级的变化会带来信用工具价值的相应变化。如果能得到信用工具的信用等级变化的概率分布(一般由信用评级公司提供),同时计算出该信用工具在各信用等级上的市场价值(价格),就可以得到该信用工具的市场价值在不同信用风险状态下的概率分布。这样就达到了用传统的期望和标准差来衡量(单一)资产信用风险的目的。

第三,信用计量模型的一个基本特点就是从资产组合而不是单一资产的角度来看待信用风险。根据马柯威茨资产组合管理理论,多样化的组合投资具有降低非系统性风险的作用。信用风险在很大程度上是一种非系统性风险,因此,在很大程度上能被多样性的组合投资所降低。同时,由于经济体系中共同的因素(系统性因素)的作用,不同信用工具的信用状况之间存在相互联系,由此而产生的系统性风险是不能被分散掉的。这种相互联系由其市场价值变化

的相关系数(这种相关系数矩阵一般也由信用评级公司提供)表示。由单一的信用工具市场价值的概率分布推导出整个投资组合的市场价值的概率分布可以采取马柯威茨资产组合管理分析法,即整个投资组合的市场价值的期望值和标准差可以表示为:

$$E(r_p) = \sum_{i=1}^{n} w_i E(r_i) \quad (18.1)$$

$$\delta_p^2 = \sum_{i=1}^{n} w_i^2 \delta_i^2 + \sum_{i=1}^{n}\sum_{j=1}^{n} w_i w_j \text{cov}(r_i, r_j) \quad (i \neq j) \quad (18.2)$$

第四,由于信用计量模型将单一的信用工具放入资产组合中衡量其对整个组合风险状况的作用,而不是孤立地衡量某一信用工具自身的风险,所以,该模型使用了信用工具边际风险贡献(marginal risk contribution to the portfolio)这样的概念来反映单一信用工具对整个组合风险状况的作用。绝对边际风险贡献是指在组合中因增加某一信用工具的一定持有量而增加的整个组合的风险(以组合的标准差表示)。

$$平均边际风险贡献 = \frac{组合因增加某一信用工具而增加的风险}{该信用工具的市场价值}$$

通过对比组合中各信用工具的边际风险贡献,进而分析每种信用工具的信用等级、与其他资产的相关系数以及其风险暴露程度等各方面因素,可以很清楚地看出各种信用工具在整个组合的信用风险中的作用,最终为投资者的信贷决策提供科学的量化依据。

(二) 模型的基本方法

Creditmetrics 模型的基本方法如下:

(1) 确定组合中每种信用工具当前的信用等级。

(2) 确定(估计)每种信用工具在既定的风险期限(如一年)内由当前信用等级变化到所有其他信用等级的概率,由此得出转换矩阵(transition matrix),即所有不同信用等级的信用工具在风险期限内变化(转换)到其他信用等级或维持原级别的概率矩阵,这一矩阵通常由专业的信用评级公司(如标准普尔)给出。对于某一具体信用工具而言,就是得到了其信用等级变化的概率分布图。

(3) 确定每种信用工具期末在所有信用等级上的市场价值(并由此得出由于信用等级变化而导致的信用工具价值的变化)。对于不能交易、不能盯市的信用工具,具体方法是对信用工具在剩余期限内所有现金流量用与特定信用等级相适应的远期(风险期限,如一年)收益率(forward rate)进行贴现。这样,结合(2)可以得到每一信用工具在风险期限末价值(或收益)的概率分布图。

(4) 确定整个投资组合在其各种信用工具不同信用等级变化下的状态值。如果每种信用工具的等级变化有八种可能,两种信用工具的组合就有 8×8 个状态值,三种组合有 $8\times8\times8$ 个状态值,n 种组合就有 8^n 个状态值。可见数据规模非常庞大,实践中常采用模拟法。

(5) 估计各种信用工具因信用事件(主要指信用等级变化)而引起其价值变化的相关系数,共有 $n\times n$ 个,即 $n\times n$ 相关系数矩阵。这一相关系数矩阵通常也是由信用评级公司提供。尽管信用风险一般被认为是非系统性风险,但这仅是粗略而言的。更准确地说,除了借款人独特的原因而使信用风险表现出的非系统性特征外,信用风险也存在系统性因素,即借款人信用等级的变化甚至违约的发生并非是完全独立的,而是由于诸如宏观经济变化等系统性因素的作用仍然存在相关性,而表现出一定的系统性的特征。因此,该相关系数矩阵对准确反映和估算组合的信用风险有重要意义,是 Creditmetrics 的重要输入数据。然而,由于信用事件引起资产价值变化的数据远比市场风险的数据少,所以,对该相关系数矩阵的估计是应用该模型最艰难的工作之一。

(6) 根据上述步骤就可以得到该组合在 8^n 种状态值的联合概率分布(两种信用工具的组合情况下为 8×8 的联合分布)。并由此得出该组合作为一个整体的概率分布(包括期望和方差),从而可以在确定的置信水平上找到该组合的信用 VaR 值(Credit VaR)。同时,对(4)、(6)两个矩阵进行分析,可以得出每种信用工具的所谓边际风险贡献(绝对的和平均的),从而为信贷决策提出风险管理上的建议,使得贷款限额等信用风险管理决策有了量化依据。

二、基于股票价格的信用风险模型——KMV 模型

股票市场可以视为一个评价上市公司的巨大机制。宏观经济状况、行业以及公司的信息会以很快的速度传递给或大或小的投资者及投资分析人员,因此,股价会在整个交易日内不断地变化。就在公司股价的变化之中隐藏着关于该公司可信度变化的可靠证据,据此,放贷者就有机会利用这些现成的、规模巨大、潜能巨大的信用风险管理工具。度量股票市场信用风险的著名模型是 KMV 公司 1995 年创立的预期违约频率(Expected Deafault Frequence,EDF)模型。该模型的出发点是:当公司的市场价值下降到一定水平以下的时候,公司就会对它的债务违约。

KMV 模型是著名的风险管理公司 KMV 公司开发的一个信用风险计量模型。与 Creditmetrics 从受信企业的信用评级变化的历史数据中分析出企业的信用状况不同,该模型采用了一种从受信企业股票市场价格变化的角度来分析出该企业信用状况的信用风险计量方法。

(一) 模型的基本思想

第一,该模型最主要的分析工具是所谓的 EDF,即预期违约频率(Expected

Default Frequency),指受信企业在正常的市场条件下,在计划期内违约的概率。KMV 公司目前发布了 5 000 家上市公司 1—5 年期的 EDF 数据。

第二,违约被定义为受信企业不能正常支付到期的本金和利息,而且被认为在企业的市场价值(可用企业资产价值表示)等于企业负债水平时就会发生,因为此时该企业即便将其全部资产出售也不能完成全部偿还义务,所以在概念上会发生违约。正是基于对违约的这种理解,企业市场价值或资产价值的违约触发点(default point)被设定为与企业负债水平相等的企业资产价值水平。EDF 就是根据企业资产价值的波动性(通过该企业的股票在市场上的波动性测算出来)来衡量的企业目前市场价值或资产价值水平降低到违约触发点水平的概率,即违约概率。

第三,有关 EDF 的信息被包含在公司上市交易的股票的价格之中。因此,只要分析公司的股票价格水平及其变化,就可以得到 EDF,即与该公司进行信用交易所面临的信用风险。这一信用风险信息还可以随着股票交易价格的变化而不断更新。通过对公司股票价格波动的分析来寻找其中包含的信用状况的信息是 KMV 模型的基本特点之一。

第四,公司资产的市场价值从概念上被认为等于公司的债务加股东权益(debt and equity)的全部负债(liabilities)。因此,通过观察借款公司的股票价格以及公司债务的账面价值,KMV 模型可以间接地衡量难以直接观察的借款公司资产的市场价值。

$$资产市价 = 账面负债 + 股权市价$$

第五,由于公司负债的账面价值的波动性可以被视为零,所以资产市价的波动性可以被视为公司股票市价的波动性(方差或标准差),即通过观察股票市价的波动性可以得到资产市价的波动性。

$$账面负债的波动性(以标准差表示) = 0$$
$$资产市价的波动性 = 股权市价的波动性$$

(二) EDF 的求解过程

EDF 主要取决于三个关键变量,即以企业资产市场价值表示的企业市场价值、代表违约触发点的企业负债水平和以标准差表示的企业资产价值的波动性。同时,EDF 是建立在所谓的违约距离(Distance to Default,DTD)的概念基础上的。所谓违约距离是指以百分数表示的企业资产价值在计划期内由当前水平降至违约触发点的幅度,可以表示为

$$DTD = \frac{AV - DP}{AV} \tag{18.3}$$

其中,DTD 为违约距离,AV 为企业资产价值(asset value),对于贷款银行而言

AV 不易观察,但在概念上等于企业的负债(debt)的账面价值与公司股权市价(equity)之和。DP 为违约触发点,即企业负债水平。

EDF 等于企业的违约距离除以企业资产价值波动的标准差,即:

$$EDF = \frac{DTD}{SD} = \frac{\frac{AV-DP}{AV}}{SD} \quad (18.4)$$

其中,SD 为企业资产价值的波动性,即标准差。由于企业资产价值在概念上等于企业负债的账面价值加上企业股权的市值,而负债的账面价值的波动性为零,所以,企业资产价值的波动性在概念上也等于其股权市值的波动性,即股票价值波动的标准差。式(18.4)也表明,违约距离 DTD 不仅如式(18.3)所示,表示企业资产价值在计划期内由当前水平降至违约触发点的百分数幅度,实际上也表示企业资产价值由当前水平降低到违约触发点的幅度是其资产价值波动标准差的多少倍,即股价降低使得公司资产价值达到违约触发点的概率。因此,违约距离从本质上也可理解为一个概率。

根据上述思想,在确定公司的股票价格及其波动的概率分布后,可以得到股价降低使得公司资产市价达到违约触发点的概率。这一以标准差表示的概率就是违约距离 DTD。例如,某公司目前的股票价格为每股 30 元,假设股价波动服从标准差为 20%,即 6 元的正态分布,又假设当股票价格降低到 18 元会使公司资产的市场价值达到违约触发点,那么这一跌幅 12 元是两个标准差的大小。根据正态分布的性质,股票价格在两个标准差之间波动,即 18—42 元之间波动的概率为 95%,而跌破 18 元而使公司达到违约触发点的概率为 2.5%。

式(18.4)也清楚地表明,如果企业负债的账面价值已知(从而违约触发点 DP 已知),EDF 可以主要通过分析受信企业股票市场价格的变化而得出,因为企业资产价值 AV 是负债与股权市值之和,而企业资产价值的波动性又等于企业股票市价波动的标准差。

三、KMV 模型与 Creditmetrics 模型的比较

KMV 模型和 Creditmetrics 模型是目前国际金融界最流行的两个信用风险管理模型。两者都是金融机构在进行授信业务时衡量授信对象的信用状况,分析所面临的信用风险,防止集中授信,进而为实现投资分散化和具体的授信决策提供量化的、更加科学的依据,为以主观性和艺术性为特征的传统信用分析方法提供了很好的补充。然而,除前述两模型在估值方法和信用损失计量范式的选择方面有所不同外,从上述的介绍和分析中,我们又可以明显地看到这两

个模型在建模的基本思路上有相当大的差异。

第一,KMV 模型对企业信用风险的衡量指标 EDF 主要来自于对该企业股票市场价格变化的有关数据的分析,而 Creditmetrics 模型对企业信用风险的衡量来自于对该企业信用评级变化及其概率的历史数据的分析。这是两者最根本的区别之一。

第二,由于 KMV 采用的是企业股票市场价格分析方法,这使得该模型可以随时根据该企业股票市场价格的变化来更新模型的输入数据,得出及时反映市场预期和企业信用状况变化的新 EDF 值。因此,KMV 模型被认为是一种动态模型,可以及时反映信用风险水平的变化。然而,Creditmetrics 模型采用的是企业信用评级指标分析法。企业信用评级,无论是内部评级还是外部评级,都不可能像股票市场价格一样是动态变化的,而是在相当长的一段时间内保持静态特征。这有可能使得该模型的分析结果不能及时反映企业信用状况的变化。

第三,也正是因为 KMV 模型所提供的 EDF 指标来自于对股票市场价格实时行情的分析,而股票市场的实时行情不仅反映了该企业历史的和当前的发展状况,更重要的是反映了市场中的投资者对于该企业未来发展的综合预期,所以,该模型被认为是一种向前看(forward-looking)的方法,其 EDF 指标中包含了市场投资者对该企业信用状况未来发展趋势的判断。这与 Creditmetrics 模型采用的主要依赖信用状况变化的历史数据的向后看(backward-looking)的方法有根本性的差别。KMV 的这种向前看的分析方法在一定程度上克服了依赖历史数据向后看的数理统计模型的"历史可以在未来重复其自身"的缺陷。

第四,KMV 模型所提供的 EDF 指标在本质上是一种对风险的基数衡量法,而 Creditmetrics 模型所采用的信用评级分析法则是一种序数衡量法,两者完全不同。以基数法来衡量风险的最大特点在于不仅可以反映不同企业风险水平的高低顺序,而且可以反映风险水平差异的程度,因而更加准确,这也更加有利于对贷款的定价。而序数衡量法只能反映企业间信用风险的高低顺序,如 BBB 级高于 BB 级,却不能明确说明高到什么程度。

第五,Creditmetrics 模型采用的是组合投资的分析方法,注重直接分析企业间信用状况变化的相关关系,因而更加与现代组合投资管理理论相吻合。而 KMV 模型则是从单个受信企业在股票市场上的价格变化信息入手,着重分析该企业体现在股价变化信息中的自身信用状况,对企业信用变化的相关性没有进行足够的分析。

第四节 投资银行的风险管理实务

在前面几节中,我们对投资银行面临的风险进行了识别和分类,阐明了投资银行业务的核心风险——市场风险和信用风险的衡量、分析以及控制的重要方法和工具。但是从实践来看,仅仅如此还不能保证投资银行有一个有效的风险管理体系。在这节中,我们借鉴世界著名投资银行的宝贵经验,给出投资银行在风险管理方面实际的操作思路和框架。

一、营造浓厚的风险文化氛围

当提到风险文化的重要性时,可以看看为什么有些投资银行在风险管理方面比其他投资银行强。毫无疑问,如果在巴林银行内有一个浓厚的风险文化氛围,使得交易和监督的工作分开,而且对账上所表现出来的赢利性可疑的交易的风险进行密切监督,则类似尼克·利森的行为就可能避免。

随着现代金融工具越来越复杂,风险文化日益重要。一个高效的风险文化的主要特征就是对风险非常敏感和了解,并将风险意识贯穿在企业所有员工的言语和行为中。例如,高级管理层向所有业务部门表明他们重视风险报告,并要求所有业务部门对其风险负责。部门负责人会询问交易员要求增加交易权限的原因,交易员会要求风险管理人员分析新的交易的风险,金融控制部门会要求衍生工具定价分析部门分析一个复合的衍生工具,等等。

二、建立风险管理机构

(一) 明确风险管理机构的责权

投资银行的决策层对了解公司面临的风险、保证高级管理层采取必要措施监督和控制这些风险、确保风险管理系统的有效运作负有最终的责任。相应地,高级管理层负责公司日常业务的监控,实施适当的风险管理决策,监控公司面临的风险。决策层和高级管理层有责任提高员工的风险管理意识。

一般来说,规模庞大、业务复杂的投资银行应该设立独立的内部风险管理机构,风险管理机构由决策层和高级管理人员牵头,并建立相关的分支部门,这是建立风险管理架构的开端。具体来说,风险管理部门负责的主要工作包括:总览整个投资银行的风险,获取全面的信息;向高级管理层报告风险,并将风险情况通知到相关的业务部门;负责监督风险额度和风险原则是否被遵循;在风险检查期间与有关的管理者沟通;收集、分析、核对从前台和后台得到的信息;设计、开发、维持适合风险测量的系统。

(二) 正确协调风险管理部门和其他部门的关系

虽然风险管理部门需要保持独立,但是也需要和企业的其他部门沟通和协作,这些部门主要有交易前台、后台、控制者、法律部门和高级管理层。风险管理部门还经常需要与上级监管者、审计事务所、评级机构和投资者联系。图18.2概括了风险管理部门的内外关系。

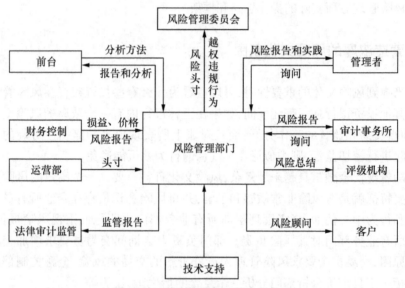

图 18.2 风险管理部门的内外关系

1. 内部关系

从风险管理部门的内部关系来看,主要有:

第一,交易前台。由于交易前台不仅是风险信息的使用者,而且其行为极大地受到信息的影响,他们了解其产品和市场,所以在这方面风险部门应该及时地与他们进行沟通,沟通的主要目的是要知道他们对自己的头寸、市场和损益的看法,以及怎样为他们的交易或投资的产品设计模型以准确地把握风险。但是,不管怎么样,由于风险部门对风险应该有自己独立的观点,所以还应该在沟通的同时与前台保持一定的距离。这种关系非常微妙,过犹不及。

第二,财务控制。风险管理和财务控制必须密切联系。企业绩效的评价不再只依靠企业回报或总的收益,而是应该日益重视以风险为基础的调整,因为财务控制部门有关于损益的会计记录,而风险控制部门负责风险数据,所以两个部门需要密切合作。风险部门对财务的贡献表现在:随时汇报法定资本的变动情况,并且保证财务部门方便地调阅在准备报告时需要的任何规范化的风险数据。

第三,营运部门。风险部门和营运部门的关系与财务控制部门不同,因为风险部门需要准确的后台数据来得到风险结果,同时,如果风险部门发现数据有误,必须立即反馈给营运部门,以便它们下一个工作日能更正。

第四,技术部门。风险管理需要从不同的部门收集大量的数据,而且要求较高的技术能力和比较安全的运作环境,所以,风险部门必须密切地与负责前台和后台的技术部门联系。

第五,在整个公司中。在一些情况下,风险部门是整个公司中唯一能提供完整的、经整理过的数据的部门。这意味着其他部门如果想了解整个企业的情况,须依赖风险部门的帮助。如果一个企业可能有国际固定收益和国际股票市场的外汇头寸,那么只有在风险管理系统中才将这些头寸汇总报告。所以,风险管理部门作为总览整个银行的风险的机构,有责任为各个部门提供全面而且准确的信息。

2. 外部关系

除了和内部的联系外,风险部门经常要和外部联系,并且风险管理的水平、能力常常是整个企业是否重视风险和稳健经营的标志。

第一,上级管理者或上级权威部门。世界上所有国家的政府监管机构都越来越认识到风险管理在增强企业的稳定性和缓和行业风险方面的关键作用。特别是在世界经济一体化的今天,随着对风险管理和风险标准的日益重视,管理部门坚持监督、测量一个企业的质和量方面的风险管理能力。因此,及时了解和适应相关的政策、规定并及时调整风险管理方法或指标,将成为风险管理部门的一个重要任务。

第二,审计部门。审计部门现在常常需要在年度审计中审计企业的风险管理。这一方面是因为在年报中要包括风险管理信息的这一趋势,另一方面是为了配合监管部门,向其提供监督金融机构稳健经营的强有力的工具,风险部门必须和审计部门密切配合,向他们清楚阐明所用的风险测算方法,即相应的支持程序的完整性。在更复杂的定价模型方面,定量分析部门也需要和外部审计部门合作。

第三,评级机构。风险管理部门在一个企业中的地位是评级机构评价企业稳健性和长远生存发展能力的标准。另外,对将上市的公司和将改为共同基金形式的保险公司而言,有测评其风险管理能力的趋势。

第四，投资者。投资者也开始以企业的风险管理能力作为审视企业稳健与否的标准。这在以前是不常有的，而现在有这样的趋势。

第五，客户。现在，公众，特别是机构投资者对风险管理的了解比较透彻，因此提供证券投资风险报告是一个必需的工作。一个有效的定量风险/回报率模型是强有力的竞争手段，这部分工作是由风险部门还是由一个专门的客户报告部门来承担，需视企业的结构而定，支持客户报告的有关模型由风险部门提供。

三、确立风险管理总的原则和指导思想

有效的风险管理的另一个重要步骤是根据银行自身的特殊情况和特殊要求制定用于日常和长期业务操作的风险管理总的原则和指导思想，并且在总的原则和指导思想的框架下设计具体而详细的风险管理政策和程序。这些政策和程序应该包括：风险管理过程中的权力和遵守风险政策的责任、有效的会计控制、内部和外部审计等。在投资银行有必要建立集中、自主的风险管理部门的情况下，特别需要重视的是：给风险管理部门配备适当的专业人员，并让风险管理部门独立于产生风险的部门。

确立原则和指导思想这一工作不论是从其工作量还是从其产生的影响角度看都具有挑战性，并且不能被轻视。举一个例子，一个非常简单的决定，例如决定风险管理部门的功能是"控制"还是"监督"，在不同的企业文化中，会对是否接受风险管理以及随后的风险管理部门的责任界定和权力分配等具体问题产生截然不同的影响。有些企业在建立一个市场风险测量和监控系统的时候，并没有确立相应的原则和指导思想，其结果是这一系统低效率甚至盲目地运行，对企业自身的运营没有什么实际的意义，或者其提供的数据不被监管机构所接受。

四、建立和实施风险管理战略

公司整体的业务战略和风险管控政策应该由决策机构或风险管理的核心机构审批。制定风险管理及控制战略的第一步是，根据风险对资本的比例情况，对公司业务活动及其带来的风险进行分析。在上述分析的基础上，规定每一种主要业务或产品的风险数量限额、批准业务的具体范围，并应保障有充足的资本加以支持。此后，应对业务和风险不断地进行常规监察，并根据业务和市场的变化战略进行定期的重新评估。

风险管理战略实施过程中的一个重要任务就是规定和监控风险额度。每个金融机构的风险偏好都必须有一个最高的限额，到一定限度的时候，无论是风险额度、风险资产还是法定资本，都将成为重新分配的资源。当一个额度超限的要求提出来的时候，风险管理部门要收集有关信息来作出判断，如果确实是超过了限额，则需要记录下来并且在额度用完的情况下发出警告。一旦风险额度设定以后，风险管理部门还要负责监督额度的使用是否符合规定。这要求每天都有一份风险报告自动比较各种额度的使用并指出主要风险暴露部分，以便直观地监控内部行为是否符合有关规定。

另外，建立和实施风险管理战略的一个重要方面就是及时鉴别新的风险。这些风险可能是别的公司已经发生的，或者是由监管部门提出的，或者是因损益表较大的变化被发现而在现有的风险系统模型中没有发现的风险。一旦确认了新风险的存在，就必须立即归入风险管理部门使用的标准程序和模型中去。

五、综合运用定量和定性手段进行风险计量和控制

从定量角度对风险进行测量和从定性角度加强纪律的监管，是投资银行风险管理必不可少的两个方面。定量检测是采用数学模型对风险进行科学的测量。但是，仅仅依靠数学上的风险计量模型还远远不够，因为它们或者只是对某一特定种类的风险进行量化，或者存在过分依赖历史数据的先天缺陷，或者不能精确地量化重大的金融事件等，所以，当我们在运用它们进行计量和分析的时候，不仅要正确地解释模型的基本思路、有关数据的计算方法以及运用模型要达到的目的，还需要结合具体情况，对模型无法解释和计量的风险进行定性的分析，并加强风险纪律的监管，减少和杜绝重大金融事件发生的可能性。

如果没有有效的实施程序和对员工的操守教育，再好的模型或制度也只是一纸空文，很多发生巨额亏损的金融机构，经常发现事故的源头是内部以文件形式存在的书面控制制度没有得到有效实施。

六、对风险管理制度的事后评估

事后的评估和检验是风险管理系统的关键因素之一。投资银行如果不能建立一套完整的检验程序，内部失控的风险就会不断增加。投资银行需要确保决策机构和管理层制定的风险管理制度确实是按照设计的要求在有效地运作，

并能够适应新产品和技术的发展。如果出现不能适应实际工作需要的情况,应该及时地检查原因,看看是哪个环节上出现了问题,并且在充分论证的基础上及时地进行调整。

检验程序至少应包括独立于交易柜台及业务部门的内部审计和独立会计师的外部审计。外部审计至少应该包括对内部会计控制系统的检查,把它作为投资银行年度检验程序的一部分。

本章小结

- 收益风险是指在获取收益的过程中,由于人们的认识不全面而伴随着一些不确定的因素所产生的风险。我们所说的风险就是指收益风险。
- 风险管理是投资银行的永恒主题,这是由投资银行自身的业务特点决定的。投资银行业务,无论是传统的证券承销和证券交易业务,还是并购重组、风险投资、公司理财、信贷资产证券化等创新业务,都伴随着风险。
- 根据诱发风险的具体原因,我们可以把投资银行面临的各种风险分为政策风险、法律风险、系统风险、市场风险、信用风险、流动性风险、操作风险等七类。其中,市场风险和信用风险是投资银行面临的最主要的两种风险。
- 根据业务种类不同,投资银行所面临的风险可以分为证券承销风险、证券经纪风险、证券自营风险、基金管理风险、兼并收购风险、信贷资产证券化风险。
- 市场风险和信用风险两者共同构成了投资银行的核心业务风险,所以也是投资银行风险管理的主要对象和核心内容。现代金融理论围绕如何量化、控制和规避这两类风险展开了深入的研究和讨论。其中 VaR 方法是市场风险的综合衡量工具,它还有三种主要的补充方法:压力测试、情景分析和返回检验。信用风险衡量的两种最主要的方法是 Creditmetrics 模型与 KMV 模型。
- 根据世界著名投资银行的经验可知,投资银行在风险管理实际操作方面的内容包括:营造浓厚的风险文化氛围,建立风险管理机构,确立风险管理总的原则和指导思想,建立和实施风险管理战略,综合运用定量和定性手段进行风险计量和控制,对风险管理制度的事后评估。

思考题

1. 按照风险起因的不同,投资银行面临哪些主要风险?
2. 按照投资银行的业务种类不同,投资银行面临哪些主要风险?
3. 试述 VaR 方法的主要内容。
4. VaR 方法的局限性及其补充方法是什么?

5. 试述 Creditmetrics 模型的基本思想和方法。
6. 试述 KMV 模型的主要思想。
7. 比较 KMV 模型和 Creditmetrics 模型。
8. 投资银行风险管理实务的主要内容有哪些?

第十九章　投资银行的创新管理

☞ **本章概要**　随着行业竞争压力的增大,对投资银行业创新性的要求越来越高,要求投资银行业能满足客户的各种不同需要。因此,创新性已经成为当前投资银行业一种有效的竞争武器,创新有助于保持投资银行的竞争优势。本章首先分析了创新对投资银行的意义,然后具体分析了投资银行的制度创新和业务创新。

☞ **学习目标**　通过本章的学习,首先应该理解创新对于投资银行的意义,其次了解投资银行的制度创新和业务创新的内容。

> 如果说,金融创新是金融市场生命力的重要源泉,那么,创新就是投资银行的全部生命。
>
> ——佚名

第一节　创新对投资银行的意义

20世纪70年代以来,金融市场出现了以证券化、自由化、国际化为显著特征的新趋势,而金融创新在金融市场的这轮新发展中具有举足轻重的重要地位,它既与金融市场的证券化趋势紧密联系在一起,又是推动金融市场自由化、国际化趋势的重要力量。投资银行是金融业和金融资本发展到一定阶段的产物,其发展阶段及其特点与金融业的特定发展阶段和特点相适应。投资银行以其大胆的创新精神在这场金融创新的高潮中发挥了中流砥柱的作用,并逐渐发展成为现代金融体系的核心要素、资本市场中最重要的媒介。

一、从投资银行自身特点看创新的意义

投资银行自身的特点是创新的内在动力。投资银行是以资本市场业务为

主营业务的金融机构,它以自身利益为准则,按照追求企业价值最大化的市场运行规则运转。投资银行之所以能够不断地发展和壮大,在金融领域扮演着越来越重要的角色,其原动力来自于对超额利润的追逐,而创新则是行之有效的重要手段,创新就等于创造新的赢利机会。投资银行业务的发展过程和在资本市场的渗透过程,同时也是投资银行业务的创新过程。

在资本市场中,无论是投资者还是筹资者,都是以效用最大化为目的,即在一定的风险水平下,追求收益最大化。投资银行又是专门为投资者和筹资者获取资本市场的增值收益服务的,只有满足了客户的投融资要求,投资银行才能参与分享资本市场的各种价值增值。投资银行灵活运用专业知识和技术,并利用其资本优势,不断推陈出新,引导社会资本向效益高的部门有序流动,提高了企业的经济效益,提升了产业结构,从而在全社会范围内实现了资本的优化配置,并为相关当事人创造出了合理的收益。换言之,不断创造出有效证券增值,为投资者和筹资者同时也为自己谋求最大收益,这是投资银行不断创新的原动力。

创新在更大程度上满足了投资者和筹资者的需要。对投资者来说,由于一系列新的融资工具和融资技术的推动,资本市场上的投资利润增高,使资本市场成为其理想的投资场所;对筹资者来说,新的融资工具和融资技术可以帮助他们在资本市场上十分迅速而便利地筹措到长期低息优惠资金。投资者与筹资者的积极参与极大地推动了资本市场的发展,而这无疑为投资银行提供了更大的发展潜力和更广阔的发展空间。

二、从投资银行面临的竞争看创新的意义

需求决定动因,动因决定行为。创新的外部动因有很多,但从根本上来说是竞争和规避风险两方面。

创新是投资银行经营的重要原则,只有坚持创新,才能应付资本市场上日益激烈的竞争,在竞争中稳住阵脚、谋求发展。

纵观投资银行发展的历史,投资银行在资本市场上的竞争与创新是与各国金融管制的放松相伴而行的。金融管制的放松为竞争创造了有利的市场环境,从而为各种创新提供了可能和契机;反过来,创新进一步促进了金融机构之间的竞争,如此形成了"竞争—创新—竞争—创新……"的循环。

(一) 20 世纪 70 年代末以前

20 世纪 30 年代的经济大危机使投资银行在法律上真正取得了独立的地位,但同时,也建立了严格的分业监管制度。此后至 20 世纪 70 年代,投资银行

基本是一个封闭的实体,壁垒森严,缺乏竞争的金融机构,在资本市场上为数不多的创新都是为了规避金融管制。

(二) 20世纪70年代末—80年代末

20世纪70年代末以来,主要工业化国家相继采取了放松金融管制的措施,其中包括减少投资银行在国与国之间活动范围的壁垒,放宽或解除外汇管制,放宽对投资银行和商业银行在营业范围上泾渭分明的限制,放宽对债券、票据发行条件的限制,简化发行手续,取消对部分债券投资者征收的利息税等。这些放松管制的措施,使投资银行之间展开了日益激烈的竞争。

从80年代初开始,在西方国家存在大量剩余资本的同时,发展中国家普遍地产生了对资本流入的渴求。这样,金融市场产生了国际化趋势,导致金融业的竞争更加激烈。出于对利润的追求和竞争的压力,为了增强各自的竞争实力,投资银行业务和商业银行业务开始互相渗透,其手段就是金融工具和金融技术的不断创新。这样,《格拉斯—斯蒂格尔法》受到猛烈冲击,1980年和1981年,美国和日本相继通过了新银行法,允许商业银行、储蓄银行、证券公司业务有一定的交叉,分业管制壁垒开始松动,金融机构间的竞争更加激烈。

竞争的日益激烈使得各种利息率之间的差异趋向缩小,追求利润的本性促使金融机构积极寻求其他途径,创新就是其中之一。金融新产品和工业企业的新产品一样具有生命周期,创新使得其拥有者获得了竞争优势,可以赚取一般金融机构所无法获得的利润。因此,只有不断创新才能优先获取竞争优势,赚取高额利润。

(三) 20世纪90年代以来

20世纪90年代以来,全球金融市场一体化趋势进一步加强,分业管制日益成为各国金融机构参与国际竞争的羁绊,分业管制壁垒开始倾塌,混业经营大势的到来使投资银行业面临着更严酷的竞争,目前主要有:

第一,商业银行对投资银行业务的肆意扩张。在商业银行与投资银行之间界限愈发模糊的趋势下,商业银行与投资银行的最终发展目标都是"金融服务企业",即向客户提供全方位、多元化的金融服务。而商业银行利用其成本低廉、客户基础广泛、经营规模大、对客户及市场的充分信息、先进的手段等优势形成了对投资银行极大的竞争威胁。

第二,投资银行之间的竞争。目前,发达国家资本市场呈现出一个显著特点,就是大型投资银行占支配地位、中小投资银行在夹缝中求生存的多层次局面。投资银行之间的激烈竞争促使同业之间的兼并收购活动加剧,投资银行业向规模化方向发展。"金融巨人"的出现更使竞争趋于白热化,也促使各投资银行向专业化方向发展。同时,在全球金融自由化的趋势下,各投资银行不仅要应付本国的竞争,而且必须加入全球范围内的业务竞争。

第三,网络技术带来的交易方式变化。近年来,美国出现了所谓的第四市场,即大企业、大公司等机构投资者为了绕开通常的经纪人,通过电子计算机网络技术彼此之间直接进行大宗证券的交易而形成的场外交易市场,使得机构投资者不需要经纪人和交易商就能够自行进行交易,这样降低了交易费用,同时直接影响到投资银行的销售和收入。如果发行公司直接向机构投资者发行新的证券,即不通过投资银行的中介,那么投资银行的承销收入就会大大减少。

第四,来自非金融机构的竞争。在结构日益复杂的大型公司内部也专门设立机构部门,参与一些传统上由投资银行开展的业务。

国际经济、金融环境的变化和科学技术的发展使投资银行处在全方位的竞争压力下。可以说,创新,尤其是有效的创新已成为投资银行的生命线。

一方面,面对众多的"金融服务企业"和"金融超市",投资银行唯有针对不同客户的需求,有效地创新多元化、个性化的金融服务,才能避免提供"同质"产品和服务,不断地巩固和扩大客户群,在同业竞争中脱颖而出。

另一方面,面临新技术对投资银行"资本市场最重要的中介"地位的威胁,投资银行只有勇于开拓、不断进行业务创新,以自己的专业优势,根据不断变化的市场情况,为客户提供他们最需要的精良服务,才能防止"脱媒"的发生,永远保持投资银行在资本市场上的生命力。

三、从投资银行面临的风险看创新的意义

在市场经济体制下,投资银行的经营必然受到市场制约,投资银行经营风险是客观存在而且是巨大的。因此投资银行产生了对能够转移风险的创新的有效需求。转移风险的创新包括:

1. 转移市场风险

当投资银行和资本市场参与者感觉所处金融环境很容易遭受资产价格风险损失时,就产生了对转移市场风险的需求。20世纪70年代,西方各国通货膨胀率很高,实行浮动汇率之后汇率波动也很大,资产价格很容易变动。80年代最显著的特征是利率、汇率史无前例的波动,为保护公司计划的债券发行,投资银行采取了一些创新的技巧,包括固定利率、利率上限和利率双限等,并出现了金融期货、掉期、期权等新的金融工具。

2. 转移信用风险

当投资银行感觉所处金融环境很容易遭受信用价值恶化(如能源部门景气的崩溃、不发达国家债务危机)时,就产生了对转移信用风险的需求。

第二节 投资银行的制度创新

具体来说,投资银行的创新包括制度创新、业务创新和产品创新。① 本节介绍投资银行的制度创新。

一、投资银行走向全能化

由于金融资产的专用程度较低,所以银行业与证券业混合经营的倾向其实始终存在。

1933年以前,大多数西方国家的投资银行业务和商业银行业务通常是由同一金融机构经营的,这种混业经营导致了许多潜在利益冲突。投资银行靠牺牲信托基金存款者的利益来保证利润,却把投资的风险转嫁给存款人去承担。

分业的思想始于20世纪30年代大危机以后,以美国的《格拉斯—斯蒂格尔法》为标志,日本、英国等西方国家相继确立了以专业分工制、单一银行制、双轨银行系统、多头管理体制为特征的金融制度,其指导思想是防止金融机构之间过度竞争,维护金融机构的健全和稳定。

但是,由于资产专用性的薄弱和追求利润动机的驱使,商业银行和投资银行之间争夺对方领地的活动从未停止过,他们通过各种业务创新手段来实现各自的利润最大化。20世纪60年代初,美国花旗银行率先发行大面额的CD;70年代,美国商业银行为了摆脱金融管制,采取了资产证券化手段,先后对住房抵押贷款、汽车按揭贷款、应收账款实行证券化,将商业银行的本原业务——贷款与投资银行的本原业务——证券对接起来。同时,投资银行为了解决短期资金的来源问题,创造了回购市场,并通过资产抵押等手段来争夺商业银行的业务范围。

70年代末动荡的经济和金融环境及潜在的金融危机,导致了80年代以放松管制和提倡金融业务自由化为特征的新金融体制的初步形成。

80年代初开始,金融业国际化与一体化倾向日趋增强,国际竞争和国际业务的拓展成为投资银行向混合全能化银行发展的主要推动力。这是因为:一方面,开展海外业务可以使部分法律鞭长莫及;另一方面,国际金融业的激烈竞争

---

① 本章介绍投资银行的制度创新和业务创新,而产品创新更多地包括在金融工程领域,所以这里不再重复,希望读者参见相关章节的内容。

使从事单项金融业务的银行在竞争中明显处于不利地位,大型金融机构对海外金融市场的拓展和国际金融业务的深入,使得许多分业模式国家的金融机构面临全能式银行的巨大挑战。这样,西方主要国家普遍放松了对金融业务的管制,纷纷在立法上打破了银行业和证券业彼此分离的界限,投资银行和商业银行的混业经营趋势更加明朗。投资银行向金融业务多样化、专业化、集中化和国际化方向发展。

进入90年代,经济全球化更加势不可挡。对于金融服务业来说,全球化意味着金融法规将趋于一致并且对资本自由流动和所有公司在所有市场上竞争的限制被逐渐解除。1999年11月美国废除了《格拉斯—斯蒂格尔法》,分业管理制度最终解体。目前,西方仍然实行分业管理的国家仅剩下日本,日本政府实际也大大放松了银行业与证券业之间的限制,将金融自由化拓展到证券公司、长期信用银行和信托银行等领域。

从某种意义上讲,《格拉斯—斯蒂格尔法》之后的历史,就是银行业与投资银行业进行各种业务创新来规避该分业监管法规的管制,从而使得政府放松管制,再向混业经营体制逼近的历史。

二、走向规模化集中经营

日趋激烈的竞争使投资银行业的利润额下降而人力资本上升,在过去几年中投资银行业的赢利能力正呈现出长期的结构性下降趋势。再加上债券市场的萎缩即自营业务与承销业务的减少,投资银行业正进行着一场大规模的结构性重组。投资银行往往持有大量的证券,这使其必然面临着利率波动的市场风险,利润出现大涨大落。现在投资银行业虽然仍能取得丰厚利润,但与20世纪80年代相比已大不如前了。对于持有者来说,投资银行业的吸引力已经下降。再加上技术的飞速发展、有效风险管理的日趋重要以及在全球范围内进行投资银行业务活动的迫切性,都使投资银行从业人员清楚地认识到该领域已经存在着过度竞争与集中经营并存的局面。

掉期和衍生工具交易等新金融业务的发展以及监管环境的变化也已经使投资银行发生了翻天覆地的变化,这些变化不断要求投资银行增强资本实力并进行调整,投资银行业必须寻找到新的资金来源或与能够提供新资金来源的公司合并,即越来越倚重于资金来源和筹资技术等专业经营才能,结果是使该行业走向集中化经营。

衍生工具业务的集中化则体现为各投资银行根据其专业技能来专门从事某些特定的衍生产品业务。

不仅在投资银行的业务领域呈现出集中化趋势,而且投资银行也开始通过并购重组,实现投资银行的不断规模化。组建金融控股集团公司已成为国际投资银行的基本运作模式。

三、组织创新

投资银行的组织创新主要表现在组织形态的创新和组织结构的创新。组织形态的创新主要表现在从合伙制向公司制演变;组织架构的创新主要表现在随着投资银行规模和业务范围的扩大,出现了与之相适应的新型、简单、安全、高效的组织架构。

第三节 投资银行的业务创新

一、投资银行业务创新的新趋势

进入20世纪90年代,经济全球化和一体化的趋势越来越明显,国际资本市场融资的能力也大大增强,国际金融业务创新呈现出新的发展趋势,这在一定程度上,决定着投资银行业务的创新趋势。

1. 金融工具多样化

金融工具的创新是把金融工具原有的特性予以分解,然后再重新安排组合,使之能够适应新形势下规避汇率、利率波动的市场风险,增加流动性以及创造信用的需要。具体来说有以下几个方面:

(1) 融资工具不断创新。投资银行开发出不同期限的浮动利率债券、零息债券、抵押债券、认股权证和可转换债券,建立"绿鞋期权"(green shoes)承销方式等。20世纪90年代,投资银行又创造出一种新型的融资方式——资产证券化,即以资产支持的证券化融资。

(2) 并购产品的创新层出不穷。投资银行提供了桥式贷款、发行垃圾债券、创立各种票据交换技术、杠杆收购技术和种种反收购措施,如毒丸防御计划、金降落伞策略、白衣骑士等。

(3) 基金新产品应有尽有。投资银行推出的基金新产品有套利基金、对冲基金、杠杆基金、雨伞基金等。

(4) 金融衍生产品频繁出现。投资银行将期货、期权、商品价格债券、利率、汇率等各种要素结合起来,创造出一系列金融衍生产品,如可转换浮动利率债券、货币期权派生票据、掉期期权、远期掉期等。

2. 新技术在业务创新中的广泛应用

电子、计算机、通信网络技术的不断革新和发展，已经大大改变了人们获得信息的方式和金融工具的交易方式，使得信息传递更为快捷方便，为业务创新提供了技术上和物质上的有力保障。

3. 金融工程的作用越来越明显

第一，金融工程为业务创新提供了专门技术保障。金融工程是20世纪80年代中后期在西方发达国家随着公司理财、银行业和投资银行业的迅速扩张而产生和发展的一项尖端金融业务。金融工程将工程思维引入金融领域，金融工程的精髓在于运用经济学、金融学、数学、计算机科学等多门科学知识与技术进行金融产品的综合设计与创造，为投资银行业务的创新提供依据。

第二，金融工程对投资银行创新的意义。金融工程成功地介入了公司财务、贸易、投资以及现金管理和风险管理等许多重要的领域。

二、投资银行经营方式上的创新

投资银行业务的创新分为两类：一类是在经营方式上的创新，另一类是在业务内容上的创新。本部分将着重讨论投资银行在经营方式上的创新，下一部分进行业务内容创新的介绍。

（一）传统经纪业务的创新

以计算机和网络技术为代表的信息化的迅猛发展，为投资银行经营方式的改变提供了契机。

作为新经济的重要特征之一，信息化推动传统投资银行业务深刻变革，电子商务将对商业，尤其是金融服务业的经营产生重大的影响。电子商务要求的是整个生产经营方式的改变，是利用信息技术实现商业模式的创新与变革，从而引发投资银行服务业务，尤其是证券经纪业务的革命。

投行经纪部门一方面可以利用现代互联网技术开展网上在线证券交易；另一方面，还可利用互联网虚拟交易所，使投资者之间可以直接进行证券买卖，针对证券交易的未来发展趋势，降低交易成本，满足市场参与者的多样化和个性化需求。

（二）客户管理创新

在现代金融市场上，投资银行的功能就是为企业和投资者架起通向资本市场的桥梁，在这个桥梁中，客户管理就成为一个重要环节，是一个关系着投资银行持续发展的重要课题。随着投资银行业务竞争日渐激烈，投资银行面临新的

挑战,其突出表现是:

第一,新股承销、配股承销中的证券定价功能弱化,导致投行业务同质化竞争,风险加大,利润变薄。

第二,在上市公司的并购业务中,投资银行角色缺位。其实质是在投资银行业务已发生重大改变的市场环境中,投资银行未能及时调整经营战略,仍然延续短期化、粗放型的经营模式,在发展中忽视了客户管理,没有形成稳固的客户网络,缺乏为客户提供优质专业服务的能力。

充分发挥投资银行在资本市场中的作用,进行客户管理创新,是投资银行未来发展的必然选择。客户管理创新主要表现在如下几方面:

1. 根据客户需求建立客户信息库

客户需求是投资银行业务的源泉,是推动投资银行业务创新的动力。投资银行通过对其现有客户的需求进行细分,可以扩大业务量,并进行新的投行服务品种的开发。例如,上市公司在股价低估时,如需筹资可以发行可转换债券,如现金充裕且无合适投资项目可回购股份;上市公司在股价表现较好时,可以换股的方式进行收购兼并,实现低成本扩张等。投资银行可以根据自身的条件,选择成为全面满足各类客户需求的全能型投资银行,或成为集中力量满足某类客户需求的专业投资银行。

在细分客户需求的基础上,对客户进行分类,建立客户信息库,有利于投资银行对客户资源进行综合开发,根据客户在资本市场的活跃程度以及客户与投资银行的关系,将每类客户分级为基本级、核心级、一般级,分级服务克服了因人员的高流动性带来的客户流失。

对客户需求和客户信息库的动态优化管理,有助于投资银行分析不同客户对投资银行的赢利贡献,进而指导客户开拓,优化客户结构,把满足客户对经纪业务的需求和对投资银行业务的需求有机结合起来,形成综合的竞争优势,提高投资银行的赢利能力。

2. 制订客户服务计划

客户服务包括一般信息服务和项目服务。一般信息服务的内容包括为客户提供专业研究报告、资本市场信息以及一般咨询等,其目的是帮助客户用较少的时间了解资本市场的最新发展。项目服务的内容为根据客户现实的需求提供专业服务。对基本级、核心级客户的服务采用联系人制度,联系人的职能是与客户保持紧密的沟通,并为客户一年内的服务作出计划,包括针对其可能的需求,提交报告和建议,客户可以根据需要选择实施。客户需要专业项目服务时,由联系人、投行项目人员、证券分析师等组成项目小组,为客户提供项目服务。

3. 客户管理的网络化

为保证客户信息通畅有序流动,应当以"客户管理的网络化"为目标,即以现有的局域网为平台,以电子邮件为交流信息的载体,以实现客户信息库的在线查询为目标,推动客户管理的网络化。因特网技术对提高投资银行客户管理的效率、投资银行创新产品的开发和推广,甚至投资银行作为资本市场中介的职能都将产生深远的影响,"客户管理的网络化"只是将投资银行业务创新与网络技术结合的最初尝试,这种结合在未来的可能性仍是投资银行业务创新需要探索的重要领域。

三、投资银行业务内容上的创新

1. 信贷资产证券化

信贷资产证券化开始于 20 世纪 70 年代末的美国住房抵押贷款证券化,在短短二十多年的时间里,其发展非常迅猛,已经成为当今全球金融发展的潮流之一。而投资银行正是信贷资产证券化的创新者和推动者,信贷资产证券化业务也成为投资银行的一项创新业务。

2. 项目融资业务

项目融资业务是投资银行的一项创新业务。与传统的融资方式相比较,项目融资是一个由特定经济实体安排的融资,具有自己的特点。项目融资主要是依赖项目的现金流量和资产,而不是依赖项目的投资者或发起人的资信来安排融资。它把项目的资产(包括各种合约上的权利)作为抵押,并把项目预期收益作为偿还债务的主要来源。

投资银行通常承担项目融资的组织安排工作。项目融资往往要涉及许多投资者、金融机构、政府和外商等。在这个繁杂的过程中,投资银行突出的优势是:在长期的经营活动中,与地方各类投资者以及有关部门建立起广泛深入的联系;作为一个中介,把方方面面的各类机构联系起来,组织律师、会计师、工程师一起进行项目可行性研究,进而组织项目投资所需资金的融通。项目融资可以通过发行债券、股票、基金的形式,也可以通过拆借、拍卖、抵押贷款、兼并转让等形式。

担任此项工作的投资银行必须能够准确地了解项目投资者的目标和具体要求,熟悉项目所在国的政治经济结构、投资环境、法律和税务,对项目本身以及项目所属工业部门的技术发展趋势、成本结构、投资费用有清楚的认识和分析,掌握当前金融市场的变化动向和各种新的融资手段,与主要银行和金融机构有着良好的关系,具备丰富的谈判经验和技巧等。在项目融资的谈判过程中，投资银行周旋于各个有关利益主体之间，通过对融资方案的反复设计、分析、比较和谈判，最后形成一个既能在最大程度上保护项目投资者利益又能够为贷款机构接受的双赢的融资方案。

3. 公司财务顾问

公司理财，实际上就是投资银行作为客户的金融顾问或经营管理顾问而提供咨询、策划或操作。它分为三类：

第一类是根据公司、个人或政府的要求，对某个行业、某种市场或某种产品、证券，进行深入的分析与研究，提供较为全面、长期的决策参考资料，然后按照研究时间、研究成本等收取咨询费、手续费。

第二类是在宏观经济环境等因素发生突变，某些企业遇到突发性困难时，投资银行为其出谋划策，提供应变措施，助其重新制定发展战略、重建财务制度、出售转让子公司等，化解这些公司企业在突变事件中的压力和困难。

第三类是在企业兼并、公司收购和企业重组过程中，投资银行往往作为卖方代理、买方代理和财务顾问，发挥着咨询策划或实际操作等重要作用。

4. 基金管理

随着基金市场规模的不断壮大，基金的品种也得到了极大的丰富，既有指数基金、成长型基金、收入型基金，又有专门投资于某一特定行业的行业投资基金；既有将投资目标局限于国内资本市场的国内型基金，又有将基金资产在世界范围内分散投资的全球型基金。共同基金品种几乎遍布了投资领域的各个角落。

投资银行在基金管理方面的优势源于其在资本市场中的特殊地位以及丰富的理财经验和专业知识：一是有成功的证券投资基金的设立和管理经验，有利于保障投资基金的良好运作；二是具有较强的风险投资意识，有利于规避投资风险；三是拥有雄厚的研究力量。正是基于此，投资银行通常受客户的委托全权管理和处置投资者的资金。

5. 风险投资

风险投资需要现代投资银行的积极参与，这可以从以下几个层面来理解：

第一，从风险投资的流程来看。一个完整的风险投资流程由五个环节构成：(1) 筹集资本，建立风险投资公司或风险投资基金；(2) 筛选、识别、挑选出投资项目；(3) 洽谈、评估、签署投资协议；(4) 参与经营、监管及辅导；(5) 创业资本的退出。在这些环节中，都可以找到现代投资银行发挥作用的位置。

第二，现代投资银行的业务范围与风险投资的职能范围有着密切的相关性。从风险投资的职能看，风险投资担负着六个方面的使命：(1) 提供创业者所需的资金；(2) 作为创业者的顾问，提供管理咨询服务与专业人才中介；

(3) 协助进行企业内部管理与策略规划;(4) 参与董事会,协助解决重大经营决策,并提供法律与公关咨询;(5) 运用风险投资公司的关系网络,提供技术咨询与技术引进的渠道,介绍有潜力的供应商与购买者;(6) 协助企业进行重组、并购以及辅导上市等。风险投资的以上职能,基本涵盖在现代投资银行的业务范围之内。

第三,现代投资银行在风险投资业务中的作用。主要有:担任上市保荐人,担任上市辅导人,股票上市后的价格维护工作,发起设立创业基金,提供财务顾问或咨询服务,提供增值服务,为创业资本的引进和退出提供金融工具和金融手段的创新服务。

本章小结

- 投资银行自身的特点是创新的内在动力。投资银行之所以能够不断地发展和壮大,在金融领域扮演着越来越重要的角色,原动力来自于对超额利润的追逐,而创新则是行之有效的重要手段。
- 创新的外部动因有很多,但根本上来说是竞争和规避风险两方面。创新是投资银行经营的重要原则,只有坚持创新,才能应付资本市场上日益激烈的竞争,在竞争中稳住阵脚、谋求发展;投资银行的经营风险是客观存在而且是巨大的,因此投资银行产生了对能够转移风险的创新的有效需求。
- 投资银行的制度创新主要表现在全能化、规模化集中经营和组织创新三方面。
- 投资银行业务的创新分为两类:一类是在经营方式上的创新,另一类是在业务内容上的创新。

思考题

1. 创新对投资银行有何重要意义?
2. 试述投资银行制度创新的重要内容。
3. 试述投资银行业务创新的主要内容。

第二十章　投资银行的人力资源管理

☞ **本章概要**　投资银行是典型的智能型企业，人在投资银行中的作用相当重要，因此，人力资源管理成为投资银行的一项重要内容。本章我们分析投资银行家的重要性、投资银行家的个性与道德、投资银行人力资源管理制度。

☞ **学习目标**　通过本章的学习，首先应该了解投资银行家对投资银行的重要性；其次，了解投资银行家的个性特征和道德操守，并了解优秀投资银行家应该具有的素质；最后，了解投资银行人力资源管理制度的主要内容。

> 是故才德全尽谓之圣人，才德兼亡谓之愚人，德胜才谓之君子，才胜德谓之小人。凡取人之术，苟不得圣人、君子而与之，与其得小人，不若得愚人。
>
> ——司马光

第一节　投资银行家的重要性

投资银行是典型的智能型企业，其最大的资本是人的智能，产出的是智力产品。与其他行业不同的是，投资银行本身没有庞大的固定资产，他们最重要的资本是人力资本，最重要的资源是智能资源。投资银行业的服务对象是个别客户，投资银行家们的任务是设计出满足客户需要的独特金融产品。许多投资银行经营的成功，得益于推出了以投资银行家为核心的"明星体制"，优秀的投资银行家作为投资银行界的"行业明星"，是投资银行的灵魂所在。

投资银行家是现代经济的新贵。长久以来，资本市场是投资银行家最主要的表演舞台，也因此他们对资本市场的依存度颇高。在一个现代经济中，资本市场是个人或公司进行资本运营的主要战场。目前，世界上仍以纽约、伦敦、东京三地的资本市场为主要的金融标向，几乎所有国际性投资银行都设立在这三个城市或在这三个城市设立分公司。这些公司每年都会从顶尖的商学院中挑选最优秀的 MBA 作为公司的新员工。假以时日,每年累进的新员工中,总有少数的几个能在激烈的竞争中脱颖而出,担当大任。

由此可知,各投资银行若要在激烈的竞争中争得一席之地,从某种程度上说,就在于其所占有的智能资源的数量和质量,以及智能资源利用和发挥的程度。所以,对于投资银行来说,最为重要的事情之一,就是做好各类业务的经营主体——人的管理,采取各种科学的方法,吸收各种优秀的人才,分析各类人才的特长,合理地在投资银行各个部门配置人才,激励投资银行家和辅助人员的工作积极性和创造性,形成"高效率—高士气—高效率"的良性循环,从而实现投资银行的总体战略目标。

第二节 投资银行家的个性与道德[①]

投资银行业的主角是人,优秀的人才是保证整个行业有效运转的条件。优秀的投资银行家(Investment banker)不是天生的,他们需要被发现、受重用、接受鼓励并被正确评价,而个性在很大程度上决定了一个人能否成为优秀的投资银行家。

1912 年,已进入古稀之年的 J. P. 摩根在接受联邦法院就托拉斯问题的调查中,和联邦法院首席顾问塞缪尔·昂特迈耶进行的一段对话很好地说明了投资银行家个性的重要性[②]:

  昂特迈耶:商业信用难道不是首要以货币或财产为基础的吗?
  摩根:不是首要的,先生。首要的是个性。
  昂特迈耶:比货币重要还是比财产重要?
  摩根:比货币和任何其他东西都重要,是货币买不到的。

一、投资银行家个性多样化的重要性

在投资银行中,个性的多样化比对上级和纪律的遵从更为重要,多样化组合理论不仅适用于证券投资,同样也适用于人的个性。通过多样化往往能以较低风险获得较大收益。

[①] 本节引用了 Robert Lawrence Kuhn, 1990, *Investment Banking Library* Ⅰ—Ⅵ, Volume Ⅰ(*Investing and Risk Management*), Richard D. Irwin Press,第 185—203 页和第 234—239 页的相关内容。

[②] 转引自任淮秀:《投资银行概论》,中国人民大学出版社 1999 年版,第 301 页。

投资银行家的个性在各个方面均应表现出多样化，广泛的背景知识在投资银行中应有所表现——要避免在性别、种族、宗教、地理区域、学术背景、工作经历或外在兴趣等方面的单一性。同时，优秀的投资银行家却往往在个性方面具有很多相同之处。这节我们讲述投资银行家个性多样化的重要性，而相同之处将在后面讲述。

为什么需要个性的多样化呢？投资银行家之间的互相取长补短有利于企业甚至整个行业的发展，而互有长短正是多样化的体现。投资银行的创新要求投资银行家有创新精神，要创新就要标新立异，这也是多样化的一种体现。从长远来看，对于投资银行这样一个变化很快的行业，多样化更有利于适应变化。

投资银行家个性的多样化也有利于投资银行产生新思维，发现新生意，聚集新能量，这些是投资银行在竞争中的优势。(1) 产生新思维是我们鼓励多样化的根本原因。不同背景的人在处理同一问题时有不同的方法，能够对现有问题提出新观点，多样化还是防止整个组织思维误区的最佳手段。(2) 发现新生意是我们鼓励多样化的另一个原因。整个投资银行业都处在不断变化之中，投资银行家必须同各式各样的新客户打交道，投资银行家的视野越广，投资银行的收获就会越大，新生意往往会从意想不到的地方产生。(3) 聚集新能量也是我们鼓励多样化的一个原因。在一个需要快速发展变化的行业中，维持现状可能成为投资银行生存发展的巨大障碍，而个性的多样化有利于在打破现状方面聚集新能量。

二、投资银行家的个性特征

相较于商业银行或财务管理业务，投资银行业务的风险更大。表面上看来，投资银行家是金融这个领域里最风光的一个群体，实际上，这条路上所要承担的时间压力(time pressure)、不确定感(uncertainty)、危机意识(crisis)等，也都是最高的。另外，他们的工作时间最长，在一般情况，每天24小时都得处于紧张状态，丝毫松懈不得，这是不折不扣的"高风险、高报酬"行业。在投资银行这个领域里，也有压力较小、风险较低的业务。

具体来说，投资银行家大致可以分为以下四类：

第一，创业者。创业者致力于发展新客户，维护老业务，创造各种提供服务、收取手续费的机会。创业者性格坚强而有魅力，思想开阔，有着强烈的创利与获益动机。各大投资银行高级管理层和中级管理层都存在一批创业者，是投资银行得以快速扩张的原动力。

第二，分析师。分析师以知识阶层为主，他们主要来自大学，也有相当一部分分析师来自各行业,深知本行业的专业技术和市场状况。他们建立模型,进行计算,解析等式,编制程序,制定证券发行分析表。分析师在行业中经常扮演配角,但他们的工作同样是不可或缺的。

第三,创新者。创新者设计新型的用户产品,创造新型的金融工具,更新兼并收购重组的思想。创新者并不能总是获得成功,失败的比例可能会远远超过成功的比例。但是,投资银行创新和风险投资一样,项目的高比例失败并不可怕,有时一个优秀的创新者和他创造的创新工具、发扬的创新思想就足以令投资银行获得巨额的直接收益,更重要的是创新提升了公司形象和声誉,带来了无形收益。

第四,管理者。管理者是投资银行的经理,他们是投资银行的枢纽,他们的责任是维护公司的组织,为公司属下的各个投资银行家创造最好的工作条件,使集体保持团结。这是一项艰巨的任务,因为要让充满雄心和抱负而又功成名就的投资银行家们在一起工作并不容易,自我意识和个人情绪常常使投资银行家攀比交易规模和报酬收入,个别投资银行家违反规定冒险交易或违法交易,或为其他公司高薪所诱而离职,常常会造成交易失控、职能部门瘫痪,严重的情况下甚至会危及整个公司的生存。优秀的管理者必须同时进行监控、规范和限制等多项工作,为公司掌舵,指引前进方向,并在过程中保持应有的控制。

三、投资银行家的道德操守

投资银行和投资银行家的道德操守是投资银行业的重要无形资产,它是提高公司声誉、扩大公司业务和增加投资银行家个人价值的稳妥方式。证券市场的发展越成熟,客户对投资银行家的行为标准越敏感,对正直行为也给予更高的评价。客户寻求有高标准和良好道德准则的投资银行作为其代理,道德已经成为投资银行业竞争的新武器。在成熟的证券市场,投资银行家的道德操守已经引起重视,一些有关投资银行从业人员道德规范的建设性框架开始成形。

投资银行业整体的道德操守水平受到周围环境的制约和影响。影响投资银行业的环境因素包括以下几个方面:

第一,法律和法规。法规和现行的证券法等强制性政策得到完善和执行可以提高投资银行业的道德操守水平。

第二,公司条例和传统。主要是指投资银行自己的公司道德准则、程序和传统,一些知名投资银行通过数年甚至数十年的时间,发展成为一个由特定的道德标准、传统、理想目标、驱动力、激励目标以及行业奇迹和神话等构成的整体,这个整体对旗下的投资银行家道德操守会形成正面或负面的影响。

第三，利润最大化。一味追求利润最大化甚至违法、违规追求利润最大化对投资银行家的道德操守将构成负面影响。

第四，目前的道德风气。和周围进行比较，根据周围的道德水平和道德标准来确定自己的行为准则，是包括投资银行家在内的大部分人的心态。因此，全社会和投资银行界特定文化圈内的现行道德标准会对单个投资银行家产生影响。

作为一名投资银行家，他应该具有以下各方面的基本道德操守：

第一，守法。守法不仅要服从法律，而且要尊重法律。作为金融专业工作者的投资银行必须正大光明，应当做客户和同事的楷模。虽然在融资与并购部门等高危部门中走正道有时十分困难，不正当行为总是伪装成通往成功的捷径来诱惑投资银行家。但是，作为一个注重声誉和长期发展的投资银行家必须时刻牢记，投资银行绝无支持客户从事违法或者不道德活动的义务。事实上，帮助客户违法或是做不道德行为将使投资银行家以及他的合作伙伴乃至整个投资银行陷入犯罪和破产的深渊，令他饱受法律的制裁和道德的惩罚。20 世纪80 年代末 90 年代初，美国两大知名高成长投资银行——德崇公司和基德·皮博迪公司的破产和清算出售，根本原因就是投资银行家从事违法活动。因此，投资银行家绝对有坚定义务，不仅做到从严自律，而且要劝说客户"勿以恶小而为之"。

第二，能力。能力应当被看做投资银行家道德操守的重要方面。承诺过多、兑现甚少是投资银行家典型的最有危险的道德问题(moral hazard)。投资银行家一开始做出较高的承诺，可能是为了赢得交易机会，也可能是投资银行家高估了自己解决问题的能力。但是，无论投资银行家是故意还是无意作出过高乃至无法实现的承诺，都是辜负客户信任的表现。有职业道德的投资银行家必须做到，自己许诺的事一定要付诸实现。当然，由于市场千变万化，投资银行家不可能总是实现诺言，但是，他们在作出承诺时，应当是真正相信自己能够言出必行。

第三，诚信。投资银行家应该如何对待客户？致力于长期发展的投资银行和投资银行家把客户利益最大化作为自己的唯一目标，立足诚信为客户提供最优服务。投资银行业是以信任为基础的行业，客户公司在为投资银行向他们提供的服务和高杠杆融资比例或融资工具而支付巨额的报酬时，投资银行家完全有责任不辜负客户的信任。如果投资银行家提出建议，就应当尽力向客户说明他们对这一建议的信任程度；如果投资银行家没有把握，也要据实相告；如果投资银行家只是在进行推测，那就更有必要坦率地承认，以免误导客户。客户欣赏投资银行家这样的诚信，它确立了客户和投资银行家之间长期的信任关系。

第四,守密。保守秘密是投资银行业的一个重要特性,保守信息机密在所有商业活动中都极为重要,而在金融和证券业中更是如此。泄露重要机密信息,如有意或无意透露进行中的并购交易,会给证券市场和并购双方带来巨大的不利影响。而在复杂的投资银行业中,因为完成一项交易,需要有关各方密切配合和信息分享,所以,保守机密并非一件简单的工作。在这一环境下,投资银行家要确定三个问题:第一,分享什么信息;第二,与谁分享;第三,什么时候分享。总之,最简单的规则是绝不谈论任何有关客户的无须谈论的情况。在守密操作中,绝大多数投资银行都硬性规定一个严格的名单,其中列出一些与投资银行有业务关系的公司,这些公司及其相关的情况均属保密范围,例如,正在进行并购交易的公司。这一限制要求任何经纪人员、销售人员、并购合伙人以及公司的任何其他雇员都不得为客户或他们自己买卖这一名单上的公司的证券。只要公司仍然属于被限制约束名单之列,投资银行和投资银行家便不能通过买卖该公司的证券来获益。

第五,隔离。无论是美国证券监管机构,还是投资银行本身,均规定投资银行内部的有关部门要执行隔离政策。例如,美国证券交易委员会规定,同一投资银行的所有其他部门都应与企业并购部隔离开来,以限制机密信息在内部流通。投资银行也大多规定,严禁高危险区如企业融资部、企业并购部、证券买卖部的职员互通音信。例如,有些投资银行规定,如果因为工作关系,证券买卖部和企业并购部必须就某个项目进行磋商时,需事先请示上级批准,投资银行内部严禁信息外泄,在电梯、餐馆、走廊等公共场合严禁谈论内部信息。这种泾渭分明的隔离政策在华尔街有一个专门的术语叫做中国墙(China wall)。

第六,公开。公开指的是合乎规范的信息披露。信息披露在概念上和保守秘密相反,但是目的都是出于维持证券市场的公平性。投资银行家在履行公开这一准则时,要做到两个方面:第一,保证对客户作出合适的信息披露。提供正确和完整的信息是所有证券发行者的责任,遗漏重要资料和进行错误的表述一样是不道德也是违法的。投资银行家在此的责任就是,尽最大努力,使发行者将有关发行的质和量两个方面的所有重要信息作恰当的公示。第二,主动将真实情况公之于众。例如,如果公开上市公司和管理者之间有集体交易,投资银行应当加以披露;如果投资银行作为一家公司发表研究报告,而自己又在交易或拥有这家上市公司的证券,投资银行应当加以说明;如果投资银行建议某方进行收购,而同时自己又拥有收购方或被收购方以及相关方的大量股份时,要将该情况公之于众;如果投资银行代表交易中所有的三方,应当向这三方都表明这一情况。

四、优秀投资银行家的素质

投资银行家是高智商、高度敏感、高反应力与高洞察力的实践家,这些人必须深入了解与每一个业务相关的收购者及被收购者;必须具有战略性眼光和良好的职业道德,即站在客户的立场以社会资源的合理流动和取得利润为目标进行经营活动。投资银行家必须能协调上述关系,并能做到每个交易令双方满意。综上,投资银行家必须是具有全面素质的人才。

优秀的投资银行家是投资银行的灵魂。他们所具有的品行、性情和风度等品质是促使其成功的重要条件。著名的投资银行家罗伯特·库恩博士曾经总结了造就优秀投资银行家的七个品质要素:

第一,强烈的成就驱动力。优秀的投资银行家就像成功的企业家一样,他们的动力更多地来自内心的驱动,对事业有着天生的执著甚至是狂热。他们有无比的紧迫意识,非常渴望挑战,但并不是在没有准备的情况下,盲目追逐过高的风险。投资银行家希望拥有权利,并运用权利开展业务,以实现个人物质与精神上的目标。

第二,高度的责任感和诚挚的奉献精神。优秀的投资银行家总是全身心投入工作,无论当前所从事的交易规模如何、重要程度如何,他们一概将当前的交易看做是世界上最重要的事情。他们夜以继日地工作;与其他有关各方进行几乎不间断的讨论,讨论过程紧张激烈,责任感发自内心。虽然仅有这种个性并不能保证交易的成功,但如果缺少这份忘我投入,则必然导致交易的失败。

第三,绝佳的把握重点和强度的能力。优秀的投资银行家确定前进的目标,并时时审视,作出调整,保证自己不偏离重点。他们发现潜在的有吸引力的交易机会后,会一心一意地去完成那笔交易。

第四,持久的耐心和坚强的毅力。"永不放弃、永不言败"是优秀的投资银行家的写照。他们从不停歇自己的脚步,永远追求任何可能的收益,从不放弃任何选择机会。他们知道如何等待,但不知道放弃。他们精于把握时机,知道仓促从事和反应迟钝都是风险。他们可以听出他人的言外之意,洞悉参与各方的想法,据此辨明行动的最佳时机。优秀的投资银行家知道有时按兵不动、静观其变是最有利的做法,而这一点正是交易新手最难掌握的。

第五,敏锐的洞察力。优秀的投资银行家善于察言观色,他们能巧妙地分析情绪和感觉,并形成适当的计划和行动。他们能对那些看似无害的建议和随口而出的评论所带来的消极影响作出判断。他们善于利用同伴和对手,极少制造个人间的冲突,也不会导致对手强烈不满。他们乐于与人打交道,致力于创造双赢格局,并最终从中获得竞争优势。

第六,正直的品格和执著的精神。优秀的投资银行家是值得信赖的人,他们心口如一,言出必行。他们从实践中了解到真实比虚构更能给人以深刻的印象,因为诚实的声誉是发展未来业务的最好资本。尽管大型公司更换所雇用的投资银行和投资银行家的情况并不少见,但也有一批公司成为某个投资银行和某位投资银行家的忠实顾客,顾客的忠实就是对投资银行家正直和执著的回报。

第七,源源不断的创新动力。优秀的投资银行家在旧事物、旧思路、旧工具出现问题时,就会去构思和尝试新事物、新思路、新工具。他们利用多种技术,在解决困难问题时比他人更加得心应手。交易中的创新既有利于交易程序的进行,又有利于发掘更丰富的交易内容,并促进人们之间的交流,为解决交易中的问题提供良好的解决方案。

第三节 人力资源管理制度

投资银行的人力资源管理制度是指对人员的雇用、开发、保持、使用和激励等方面所进行的规划、组织、指挥和控制等活动的规定。

一、职员的聘用

投资银行对职员的基本要求是:较高的道德素质、完善的知识架构、较强的实际运作技能、较好的身体素质。对职员的选聘按照严格的程序进行,即首先核定投资银行各部门人员的需求量,其次确定所需人员的质量,最后按照上面所定的数量和质量要求,以内部选拔、外部招聘、猎头挖人等各种方式广纳人才。

(一)投资银行对职员的基本要求

第一,较高的道德素质。作为一名投资银行的职员,必须具备良好的职业道德和社会公德,富有社会责任感。对于投资银行的职员来说,人品是非常重要的。

第二,完善的知识架构。投资银行职员的知识架构是由基础知识、专业知识和相关知识构成的。基础知识主要在中学阶段形成,并在以后的学习工作中得到强化和提高;专业知识主要是指金融理论尤其是其中的投资银行理论;相关知识包括与投资银行业务有关的知识,包括法律、会计、公共关系学、管理学等。

第三,较强的实际运作技能。作为投资银行的职员,根据其从事的具体业务不同而对实际技能有不同的要求,但其基本技能是应当具备的,如较强的语言和文字表达能力、较好的记忆力和逻辑思维能力、较高的外语水平和计算机操作水平。

第四,较好的身体素质。投资银行的职员应该身体健康,能够适应投资银行的工作节奏和强度。

(二)职员的聘用程序

投资银行对职员的聘用是一件细致复杂的工作,应按照一定程序进行。一般来说,职员招聘有以下几个程序:核定投资银行人员的需求量、确定工作要求、初步接触、公开考试、面试、审查求职者的材料、进行体检等。

二、投资银行职员的培训

投资银行职员培训是其人力资源管理的重要组成部分。它是指通过理论与实践等方法促使职员的行为方式、知识、技能、品行、道德等方面有所改进和提高,保证职员能够按照预期的标准完成所承担或将要承担的业务。

对于投资银行这样的智能型企业,对职员进行教育培训以提高职员的品行道德、知识水平和专业技能,无疑是企业发展的一个关键。职员的培训应该坚持如下原则:一是战略性原则,应从企业的战略规划出发来考虑职员的培训;二是针对性原则,要针对企业的需要、员工的需要来制订培训计划;三是实效性原则,员工的培训是以提高组织效率和效益为目的的。

投资银行职员培训一般由以下三个阶段组成:

第一是评估阶段,这是整个职员培训工作的基础,是对职员培训的需求进行分析与评估,以确立培训内容和目标。

第二是培训实施阶段,是在评估的基础上选择适当的培训原则和方法以及具体实施培训的过程。

第三是评估阶段,这一阶段的主要内容包括:确定衡量教育培训和工作成败的指标,明确培训后对业务经营起到了什么效果。

具体来说,培训工作主要有以下几种:

第一,新员工培训。新员工培训是有计划地向新员工介绍他们的工作、同事和银行的各种情况及规章制度,目的是帮助新员工了解他们所处的工作环境、银行所期望的价值观和行为模式。

第二,业务知识培训。现在国内各投资银行都越来越重视对员工的业务知识和技能的培训,采取各种方式来提高员工的业务水平和理论知识水平。各投资银行不仅在公司内部经常举办各类培训班和研讨班,还鼓励员工参加各种学历教育,提高理论水平。同时,还选送各类高级人才出国学习考察。

第三,管理人员的管理技能培训。投资银行的高层管理人员很多是从业务部门提拔的,因此他们虽然大多具有高超的业务技能,但实际管理经验相对缺乏。投资银行针对这点采取了各种培训,如专门的管理培训、工作轮换、上司辅导等。

第四,职业生涯规划。投资银行的高层员工不仅追求高待遇,也非常重视事业上的成功。因此投资银行应该密切关注员工的职业发展,制定人力资源培训规划,按照公司规划和员工自身的发展方向,给业绩突出者以相应的受训机会。

三、激励机制

有效的激励机制能够使企业的经营者与所有者的利益一致起来,能够努力实现企业所有者利益,追求企业市场价值最大化。

投资银行的激励机制一般有以下几种:

（一）薪酬激励

在众多激励方式中,薪酬激励始终是最重要的激励方式,在各投资银行中总是被最优先使用,其基本组成部分是工资和奖金。

（1）工资

工资主要根据投资银行规模以及投资银行业的平均收入水平来确定。作为薪酬构成的基本部分,工资是以员工劳动的熟练程度、复杂程度、责任及劳动强度为基准,按照员工实际完成的岗位工作定额、付出的工作时间等因素而计付的劳动报酬。它是投资银行员工劳动收入的主体部分,也是确定奖金和福利待遇的基础,具有常规性、稳定性、基准性、综合性的特点。

投资银行工资水平的高低,主要受到三个因素的影响:市场整体因素,即根据同业为各种人才所支付的工资水平决定,以保持工资外部公平;银行自身因素,即投资银行自身的支付能力、投资银行的经济效益;员工个人因素,即根据员工的等级、岗位、职务等来决定个人的工资。

（2）奖金

奖金是根据个人的独特贡献和突出业绩给予额外奖励,是银行对员工超额劳动部分和工作绩效突出部分所支付的奖励性报酬,是为了鼓励员工提高劳动效率和工作质量付给员工的货币奖励。在投资银行业一般事先设定具体的工作目标(指标),考核期结束时或项目完成后根据实际工作业绩的评估结果计算奖金。

奖金由团队奖金和个人奖金两部分所决定。

第一，对高级职位员工个人的激励。这部分奖金通常与重要业绩挂钩。例如，对于投资银行里的研发人员，根据项目管理法则，可以按研发项目中的若干关键阶段设置多个"里程碑"，对按计划完成者实行奖励，而不是按工作时间实行奖励。另外，将研发人员的奖金与金融产品的销售状况挂钩、增加加薪机会，使奖金支付更加灵活地体现员工个人的业绩。

第二，对优秀团队的奖励。尽管从激励效果来看，奖励团队比奖励个人的效果要弱，但为了促使团队成员之间相互合作，同时防止上下级之间由于工资差距过大导致出现低层人员心态不平衡的现象，有必要建立团队奖励计划。对一个项目完成较好、业绩突出的团队成员的激励程度可依据项目完成的质量、服务对象的反映等因素确定。对优秀团队的考核标准和奖励标准，要事先定义清楚并保证团队成员都能理解。有些成功投资银行，用在奖励团队方面的奖金往往占到员工收入的很大比重。

具体对团队的奖励形式可归纳为三类：第一类是以节约成本为基础的奖励，比如斯坎伦计划，将员工节约的成本乘以一定的百分比，奖励给员工所在团队；第二类是以分享利润为基础的奖励，它也可以看成是一种分红的方式；第三类是在工资总额中拿出一部分设定为奖励基金，根据团队目标的完成情况、投资银行文化的倡导方向，设定考核和评选标准进行奖励。

(二) 福利激励

福利主要是企业作为保障和满足员工的生活需要、安全需要，在工资、奖金之外为员工提供的货币和服务，可分为强制性福利和自愿性福利。强制性福利是投资银行根据国家或当地政府的相关规定，必须向员工提供的各种福利。自愿性福利则是银行根据自身情况，为员工办理的福利。

常见的福利如人身意外保险、医疗保险、家庭财产保险、旅游、服装、误餐补助、免费工作餐、健康检查、俱乐部会费、提供住房或购房支持计划、提供公车或报销一定的交通费、特殊津贴、带薪假期、旅游、文体娱乐等。

完善的福利系统对吸引和留住员工非常重要，它也是银行人力资源系统激励机制是否健全的一个重要标志。对投资银行而言，福利是一笔庞大的开支（在外企中能占到工资总额的30%以上）。福利项目设计得好，不仅能给员工带来方便，解除后顾之忧，增加对银行的忠诚，而且可以节省在个人所得税上的支出，同时提高了银行的社会声望。福利设计有许多创新。例如可以采用菜单式福利，即根据员工的特点和具体需求，列出一些福利项目，并规定一定的福利总值，让员工自由选择，各取所需。这种"自助餐式"方式区别于传统的整齐划一的福利计划,具有很强的灵活性,很受员工的欢迎。还有些银行专门为员工的家属提供特别的福利,比如在节日之际邀请家属参加联欢活动、赠送银行特制的礼品、让员工和家属一起旅游、给孩子们提供礼物等,让员工感到特别有"面子"。主管赠送的两张音乐会票、一盒化妆品,常会让员工激动万分。

(三) 股权激励

股票期权是一种非常诱人的激励方式。很多员工特别是高层员工认为工资的高低倒不是主要的吸引力,最重要的是有没有实行"员工持股"制度。

发达国家的投资银行激励机制本质上是公司期权激励机制。20世纪80年代以来,为了发展本国的资本市场,以美国为代表的西方发达国家逐步将以金融工具的组合为核心的期权激励机制运用到投资银行中,具体包括以下几种主要形式。

1. 员工持股计划(ESOP)

员工可以通过股票认购计划持有公司的普通股。加入持股计划的公司员工,自与所服务的公司和信托公司订约之日起,每月向信托公司交付储存一定数额的储存金,认股数量有限,这种购股储存金不需自己亲自按期交付,而是设立独立的外部信托基金会,从会员的工资中扣除,再加上本公司发给的专门作持股奖励的补助金,一并转给信托公司,由信托公司从二级市场购买本公司的股票或累积到一定的金额,认购本公司新发行的新股票。信托基金会负责保管员工的股份,防止员工随意出售股份。

员工参与持股计划,可以使员工有公司主人的归属感和责任感,可以在股东会上表达自己的意见,从而实现了民主的公司结构。同时它也是具有激励和福利双重机制的养老金,因此使员工退休时的财富与公司股票业绩联系起来,为公司员工提供了长期激励机制。

2. 股权证(认股证)

认股证是一种买方远期看涨选择权证券,它给予持有人一定权利,可以于将来某一时期按约定的认购价格认购某种已发行在外的股份。这个约定的价格是固定的,通常以一定时期内上市公司股票价格为基础,再增加一定的溢价,它的价格不会随着现行股票价格的波动而改变。认股证有一定的行使期,在行使期满后,持有人再不能认购股票,而认股证也变得毫无价值。所以,认股证是给予它的持有人一个购买股票的非强制性的权利。

作为员工激励机制的一种重要工具的认股证属于股本认股证,但其发行的对象仅限于本公司的员工。为鼓励员工长期持有,一般规定认购期从发行后二三年甚至更长时间才开始,认购期限比一般的认股证也要长得多。一旦离职就丧失了认股的权利。认股证是一种看涨期权,因此,只有在本公司股票的市场价格超过认股证约定的购买价格后,持有认股证的公司员工才能将认股证转换成股票获得收益,如果在整个认购期限内股票的价格都没有超过行使价,认股证就成为没有任何价值的废纸。而股票的市场价格是由公司的业绩所决定的,这样公司员工为使本公司股票的价格持续上涨,就需要关心公司未来长远的发展,需要长期在公司服务,为股东创造更多、更好的收益。可见,认股证有利于引导员工行为的长期化,是一种中长期的预期激励工具。

(四) 债券激励

1. 高息公司债

向本投资银行的员工以较高的利率发行本公司的债券,发行的对象仅限于本投资银行的员工,利率较市场利率为高,期限一般较长。债券到期时,如果员工仍在银行服务,则可以获得高额利息和本金,若在债券未到期前离开银行,则银行将按市场利率支付本息,赎回债券。

2. 可转换公司债券

可转换公司债券是投资银行发行的债券凭证,其持有人可以在规定的期限内,按照事先确定的条件,将债券转换为银行的股票。如果债券持有人没行使转换的权利,发行银行就必须按期支付债券利息,并在债券到期时清偿本金。可转换债券是一种具有债券和股票双重性质的金融工具,也是一种很好的预期激励工具。公司可以用比较优惠的条件,如采取比同期一般转换券高的利率和较低的转换溢价向本公司员工发行可转换债券,但债券的期限可以相对较长,并约定从发行日起一定时期后才能转换。当银行股票的市场价格在预定的转换期间内超过转换价格后,员工可以将其出售。

向公司员工发行的高息公司债和可转换债券在公司破产的情况下,都是优先于其他公司的债务偿付的。

(五) 工作激励

工作激励可以建立和强化银行的工作要求和员工自身需要之间的关系,使二者互相转化,从而促成员工积极的工作态度。目前,各投资银行采用的工作激励方式主要有以下两种:

1. 奖励式激励

奖励式激励是目前各投资银行运用较广泛的一种工作激励。投资银行基本均有自己的奖惩制度,但由于各银行的企业文化和经营理念等方面的差异,所以在奖惩制度方面也相应存在一定差异,但奖惩原则都基本相似:奖励符合银行利益和文化的工作行为和事实,处罚违背银行利益和理念的工作行为和事实;采用的手段也具有一定的相似性:既有物质的奖励和处罚,也有精神的奖励和处罚。

2. 目标式激励

目标式激励是以帮助员工树立行为目标的方式进行的激励,目标激励主要通过帮助员工确立目标以及为实现目标而满足员工需求的方式来实现对员工的激励,目标式激励最具有代表性的方式就是目标管理的推行。目前,部分投资银行开始在业务部门的员工中推行目标管理,主要通过一些财务指标来管理、激励员工。但多数投资银行对多数员工没有实行目标式激励管理,主要原因一方面在于目标管理中非财务目标确定的困难性,另一方面在于其管理水平不能支持目标管理的实现。

本章小结

- 作为典型智能型企业的投资银行,其最重要的资源就是人力资源。投资银行若要在激烈的竞争中争得一席之地,从某种程度上说,就取决于其所拥有的人力资源的数量和质量以及人力资源利用和发挥的程度。

- 投资银行家的个性在各个方面均应表现出多样化,广泛的背景知识在投资银行中应有所表现——要避免在性别、种族、宗教、地理区域、学术背景、工作经历或外在兴趣等方面的单一性。投资银行家个性的多样化也有利于投资银行产生新思维、发现新生意、聚集新能量,这些是投资银行在竞争中的优势。

- 投资银行家大致可以分为以下四类:创业者、分析师、创新者、管理者。

- 投资银行和投资银行家的道德操守是投资银行业的重要无形资产,它是提高公司声誉、扩大公司业务和增加投资银行家个人价值的稳妥方式。投资银行业整体的道德操守水平受到周围环境的制约和影响,这些环境因素包括以下几个方面:法律和法规、公司条例和传统、利润最大化、目前的道德风气。一般来说,投资银行家应该具有以下的基本道德操守:守法、能力、诚信、守密、隔离、公开。

- 优秀的投资银行家是投资银行的灵魂。他们所具有的品行、性情和风度等品质是促使他们成功的重要条件。一般来说,优秀的投资银行家具有如下品质要素:强烈的成就驱动力、高度的责任感和诚挚的奉献精神、绝佳的把握重点和强度的能力、持久的耐心和坚强的毅力、敏锐的洞察力、正直的品格和执著的精神、源源不断的创新动力。

- 投资银行对职员的基本要求是:较高的道德素质、完善的知识架构、较强的实际运作技能、较好的身体素质;对职员的选聘按照严格的程序进行,即首先核定投资银行各部门人员的需求量,其次确定所需人员的质量,最后按照上面所定的数量和质量要求,以内部选拔、外部招聘、猎头挖人等各种方式广纳人才。

● 有效的激励机制能够使企业的经营者与所有者的利益一致起来,能够努力实现企业所有者利益,追求企业市场价值最大化。投资银行的激励机制一般有以下几种:薪酬激励、福利激励、股权激励、债券激励、工作激励。

思考题

1. 为什么说投资银行家的个性多样化对投资银行很重要?
2. 投资银行家可以分为哪四类?
3. 如何认识投资银行家的道德操守?
4. 优秀投资银行家应具有哪些素质?
5. 投资银行人力资源管理制度的主要内容有哪些?

第六篇

投资银行的外部监督管理

第二十一章　资本市场监管

第二十二章　投资银行监管

第二十一章 资本市场监管

☞ **本章概要** 一个企业除了内部的组织管理之外，还离不开外部的监督管理，投资银行业尤其如此。由于投资银行是整个资本市场的核心，其业务涉及资本市场的方方面面，所以，投资银行的监管必然牵涉整个资本市场的监管。本章我们介绍资本市场监管，后面再专门对投资银行监管进行重点介绍。本章主要对资本市场监管的目标、原则、体制及模式进行探讨，还对中国证券市场监管的情况进行介绍。

☞ **学习目标** 通过本章的学习，首先应该理解资本市场监管的目标；其次，理解IOSCO对证券监管原则的阐述；再次，了解资本市场监管的体制和模式；最后，了解中国证券市场监管的情况。

季康子问政于孔子。孔子对曰："政者，正也。子帅以正，孰敢不正？"

——《论语》

第一节 监管目标

一、资本市场监管的终极目标

从一般经济学的意义上说，人们进行经济活动所追求的目标无非是两个，即公平与效率。资本市场就是人们在经济活动中追求公平和效率的产物，因此，公平和效率就成为资本市场运作的两大终极目标。但是市场并不是十全十美的，而监管的存在就是为了弥补市场的不足，从而更好地促进公平和效率的实现，因此，公平和效率也就成为市场监管的目标，资本市场的监管也不能例外。

（一）资本市场监管的效率目标

新古典经济学认为，完全竞争市场（即每个公司都拥有完全的信息并且是价格的接受者,市场的进入和退出是无成本的)可以实现资源的最有效分配。如果资本市场满足完全竞争的要求,那么就很少有理由(除了公平问题外)对资本市场进行监管了。事实上,即使是公平问题,通过税收等手段解决也往往比监管来得好。

但是资本市场并不是完全竞争的,至少有三个理由可以说明对资本市场进行监管是必要的:

第一,如果没有监管,市场就没法保证每一个市场主体(参与者)都拥有完全的、真实的信息,从而无法实现市场的有效。因为有些信息并不会被自动披露,而那些披露的信息也不都是真实的,所以,有必要对信息披露进行监管。

第二,有些市场主体要比其他市场主体更有力量通过自己的行动来影响价格。第二个理由跟第一个并不是完全无关的,因为很多市场之所以比其他市场主体更有力量影响价格,很大的一个原因就是他们拥有的信息相对更多。对于信息披露的监管有助于消除这种影响价格力量的不平等。

第三,进入和退出市场并不是无成本的。事实上,资本市场具有系统崩溃的内在倾向,一家企业的倒闭会影响其他企业而导致一系列的连锁效应。这样,一家企业的失败将增加其他市场主体的成本。为了尽量避免这种情况的发生,就有必要进行监管,对企业资本规模、风险管理机制等作出强制性的规定。

在某种程度上,企业对于"信誉"的关注能减少上述问题的出现,但是这种减少程度受到了投资者对"包装"识别能力的限制。也正是由于这个原因,必须通过其他手段来解决这个问题:第一,可以通过信用评级机构来评定证券质量如何;第二,投资者可以花精力来研究一个证券以确定其质量,这一点在投资基金等机构投资者出现后变得更为现实;第三,政府介入,规定特定信息的披露,以帮助投资者——无论大投资者还是小投资者——来确定证券的质量和价值。

从表面上看,似乎政府监管这第三种方法并不是必需的,如果小投资者在判断证券质量方面有劣势,为什么不可以请证券投资基金等中介机构来帮助呢?这里的问题是小投资者无法确定这些中介机构自身的质量。如果没有监管,就会出现劣机构驱逐良机构的情况,以致原来的问题仍然没有解决。因此,监管对于提高市场的效率乃至维护市场存在的必要性都是必需的。

(二)资本市场监管的公平目标

上面主要是从监管弥补市场效率方面不足的角度进行了分析,正是因为资本市场并不能满足完全竞争的要求,所以有必要进行监管从而弥补市场的不足。但监管的存在更大程度上是为了保证市场的公平,它要比促进市场的效率更为重要。如果资本市场不能做到公平,就很少有人愿意进入这个市场,其结果就会导致整个市场的规模狭小和流动性的缺乏,那么也就无法实现市场的效率。

公平可以分为起点公平、规则公平和终点公平三个方面。所谓起点公平，一般是要求人们在经济过程开始之时，所拥有的禀赋（包括信息、能力等）是相同的，没有优劣的差别。西方经济学秉承并发扬了卢梭等人"人生而自由、平等"的哲学观，强调了起点公平的重要性。根据福利经济学第二定理，只要禀赋的分配是公平的，那么通过市场的运行就能够达到帕累托最优边界上的公平分配那一点。同样，马克思主义经济学[①]的起点公平原则在社会主义思想中占据重要地位。马克思主义经济学强调假如起点不公平，那么无论规则如何公平，其结果都是不可能公平的。

规则公平要求经济活动的规则对于任何人、任何集团都应该一致而不能区别对待，但是西方经济学和马克思主义经济学对于规则的认定是不同的。西方经济学中的古典经济学和新古典经济学强调的是市场规则，即只要起点公平，那么通过市场对资源进行配置就足以达到终点公平。凯恩斯主义和新凯恩斯主义认为有必要对市场进行必要的监管，以弥补市场的缺陷。马克思主义经济学则认为按劳分配和按需分配体现了规则的公平。

对于终点公平（结果公平），西方经济学和马克思主义经济学也都有自己的主张。西方经济学中的效用主义认为，为了促进社会公平程度，必须提高社会福利水平，即社会成员的效用之和，因而如果社会中某一部分人的所失能补偿另外人的所得还有余，则这种改进就是好的，是有利于终点公平的。马克思主义经济学在相当程度上追求终点公平，而如前所述，这必须通过起点公平以及规则公平才能达到。

通过上面的分析，我们可以发现西方经济学和马克思主义经济学的观点都表明公平的三个方面是统一的，又是矛盾的。其统一性表现在，只要能够保证起点公平与规则公平，那么结果公平就是可以达到的。其矛盾性则表现在，在现实社会中，由于禀赋是不可能达到均等的，所以即使将生产资料收归共有，但基于智力、体力以及努力程度的差异，劳动禀赋也总不能完全均一化，那么针对不同的劳动投入实施不同的规则，以保证在贡献不同的人之间实施均等的分配就是一种必然的选择，这样，结果公平就与规则公平相矛盾了。

资本市场的公平主要就是规则公平，它所强调的是对于资本市场中的每一个参与主体都应该实施相同的、不偏不倚的规则，并保证他们在这一规则制约下的充分的经济权利。了解这一点，对于我们明确资本市场的监管目标是极其重要的。虽然我们有时候也要兼顾终点公平，但这主要还是通过税收等手段来

[①] 这里我们所用的马克思主义经济学的概念，是指《资本论》中所表达的经济学观点思想。

进行,证券监管的最重要目标是对规则公平的追求,这在我国尤其重要,否则,对分配结果过多地干预不仅损害了规则的公平,也损害了经济效率,建立资本市场的努力就可能付诸东流。

二、国际证监会组织的证券监管目标

国际证监会组织(International Organization of Securities Commissions,简称IOSCO)认为,证券监管的三个核心目标是:保护投资者,确保市场的公平、高效和透明,降低系统风险。

这三个目标是紧密相关的,在某些方面会有重叠。许多有助于确保市场公平、高效和透明的要求也能起到保护投资者、降低系统风险的作用。同样,许多降低系统风险的措施也有利于保护投资者。更进一步,很多做法,如全面的监管和对程序的遵守、有效的实施等,对于实现上述三个目标都是必需的。

国际证监会组织还对上述三个目标进行了如下阐述[①]:

（一）保护投资者

投资者应当受到保护以免被误导、操纵或被欺诈,包括内幕交易(insider trading)、插队交易(front running)和滥用客户资产等。

对投资者决策具有重要意义的信息进行充分披露是保护投资者的最重要的方法。投资者因而能更好地评价潜在的风险和投资收益,从而能够保护好自己的利益。作为信息披露要求的重要组成部分,应当建立会计和审计准则,并且应当采取国际公认的高标准。

只有正式注册或得到授权的人士才可以为公众提供投资服务,比如市场中介机构或交易所的经营者。对这些得到批准和授权的人的初始资本和营运资本要求应力求创造这样一种环境,即在此环境中证券公司能够满足行业需求,而且在必须关闭业务时不会使其客户受损。

对中介机构的监管应该通过制定市场参与者的最低标准来达到保护投资者的目的。证券行业行为准则中应写明中介机构的服务标准,中介商应该遵照该标准为所有投资者提供公平和公正的服务。对此应当有一个检查、监督和贯彻的综合体系。

资本市场的投资者特别容易被中介机构或其他人的违法行为侵害,但个人投资者采取行动的能力是有限的。而且,证券交易与欺诈阴谋的复杂性要求严

---

① 国际证监会:《证券监管的目标与原则》,转引自屠广绍,《市场监管:架构与前景》,上海人民出版社2000年版。

格有力的执法能力。当有违法事件发生时,必须严格执行有关证券法律以保护投资者利益。

投资者受到不良行为侵害时应当可以寻求一个中立机构(如法院或其他仲裁机构)维权或采用其他补救和补偿措施。

有效地监管和执法还有赖于国内、国际各方面监管机构之间的密切合作。

(二) 确保市场的公平、高效和透明

监管机构对于交易所、交易系统的经营者及交易制度的审批有助于确保市场的公平。市场公平与保护投资者,特别是与禁止不当交易紧密相关。市场结构不应导致一些市场使用者优于另外一些使用者的不公现象。对市场的监管应发现、阻止并处罚市场操纵或其他的不公平交易行为。监管活动应当确保投资者公平地利用市场设施、市场和价格信息。同时,也应当促进公平的指令处理和可靠的价格形成过程。

在一个有效的市场中,有关信息的发布是及时和广泛的,并且反映在价格形成过程中。监管活动应当提高市场效率。

透明度可以被定义为交易信息(包括交易前与交易后的信息)能够及时地被公众获知的程度。交易前的信息是指公司买卖报价的公布,由此投资者可以较为确切地知道他们能否或在什么价位上可以成交;交易后的信息是关于每笔已实现交易的成交价格和数量。监管活动应当确保市场最高的透明度。

(三) 降低系统风险

虽然监管本身不能阻止市场中介机构的破产,但监管活动应致力于减少破产风险(包括设置资本金和内部控制方面的要求)。一旦破产真的发生,那么监管活动就应力求减低它的影响,特别是应努力隔离这种风险。因此,市场中介机构必须遵守资本充足率的规定和其他的谨慎性要求。如果必要,一家中介机构应当能停止经营但不造成其客户和同行的损失或其他的系统风险。

承担风险对一个活跃的市场来说必不可少,监管活动不应不必要地遏制合理的风险承担。相反,监管当局应当促进对风险的有效管理,资本充足率和其他谨慎性要求应足以保证合理的风险承担,能消化一部分损失并检查出过度的风险。另外一个有利于监管、运用有效风险管理工具的高效准确的清算、结算过程也是极为重要的。

处理违约行为必须有一个有效的、法律上安全的制度安排,这已经超越了证券法范畴而牵涉一国司法制度中的破产条款。

发生在其他某个或某几个司法管辖区域的事件可能会导致本国市场的不稳定,因此面对市场动荡,各监管机构应当通过加强合作和信息共享,努力谋求本国和全球市场的稳定。

第二节 监管原则

各国的监管原则由于各自时代背景和国情的不同而呈现复杂性和多样性。然而,现代证券业监管的原则却存在相当的共同点和趋势。IOSCO 对证券监管原则的阐述,很好地概括了这些共同点和趋势。IOSCO 认为监管原则可以分为八大类:关于监管机构的原则、关于自律的原则、关于证券监管实施的原则、关于监管合作的原则、关于发行公司的原则、关于共同投资基金的原则、关于市场中介的原则、关于二级市场的原则。本节将对这八大类原则进行介绍。

一、关于监管机构的原则

关于监管机构的原则包括如下五个部分:监管机构的责任应该清楚并得到客观阐述;监管机构应该独立运作,并在行使职能、权力的过程中承担责任;监管机构应该具备足够的权力、准确的信息来源以及发挥职能、行使权力的能力;监管机构应该遵循最高的职业标准,包括适当的保密原则。

1. 明确的职责

监管机构公正、尽职、高效的监管有赖于以下因素的支持:对于职责的明确界定,最好以法律形式颁布;与有关当局之间通过适当渠道的有力合作;对监管机构及其工作人员履行职能和权力给予充分的法律保护。

2. 独立性和责任

在行使职能和权力时,监管机构应不受外界政治和商业因素的干预,保持运作上的独立性,并且对权力和资源的使用负责任。

3. 充分的权力和适当的资源

监管机构应当拥有充分的权力、适当的资源以及发挥功能和运用权力的能力。

4. 清楚、有连续性的监管程序

在行使权力和发挥职能时,监管机构采取的程序应具有如下特征:有连续性、易于理解、对公众透明、公平和公正。

5. 工作人员的行为

监管机构的工作人员必须遵守最高的职业道德标准,并在以下具体事项上得到明确的指引:避免利益冲突(包括工作人员可能买卖证券的情形)、合理使用在行使权力或履行责任时获取的信息、遵守保密规定和保护个人数据资料、

保持工作程序的公平性。

二、关于自律的原则

自律的原则包括如下两个部分:监管当局应当充分利用自律组织,并根据市场的规模和复杂程度,使自律组织在各自擅长的领域内负起一线监管的责任;自律机构应该接受监管者的监督,在行使相关权力和责任时遵循公平性、保密性原则。

1. 自律组织的角色

自律组织是监管机构实行监管目标的一个重要补充。自律的模式多种多样,自律功能应用的程度也千差万别。多数国家自律组织的共同特征是独立于政府监管机构,有工商企业参与管理,也可能有投资者参与管理。

2. 核准与监督

监管机构赋予自律组织权力之前,应当要求自律组织达到一定的标准。同时要不断地对自律组织进行监管。一旦自律组织开始运作,监管机构还应保证其权力的运用符合公众利益,并有助于公正、连续地执行现行证券法律、法规、自律组织条例等。

三、关于证券监管实施的原则

证券监管实施的原则包括如下三个部分:监管机构在实施过程中应该具有审核、调查和监察的综合权力;监管机构应该具有综合的执行能力;监管体系应该确保有效和诚信地运用审核、调查、监察、执行等权力,并保证有效的执行程序得以贯彻。

1. 检查与执行程序

运用检查和监督手段,对市场中介机构的监督有助于保持服务的高标准和加强投资者保护。这些预防措施是调查和执行程序必需的组成部分,只要监管机构认为必要,它有权获取所需信息或对中介机构的业务实施检查。

2. 综合实施权力

证券交易与欺诈阴谋的复杂性要求严格有力的执法行为,证券市场的投资者特别容易受到中介机构或其他人的违法行为侵害,因此,监管机构或其他主管当局应当具有调查和执法的综合权力。

3. 国际实施

证券市场的国际化及证券业务活动跨越多个司法管辖区的事实,带来了一些特殊的问题。立法及监管机构的执法能力应足以对付跨国界的违法活动,因此,监管机构应努力保证其自身或者管辖区内的其他机构获取必要信息的权力,这些信息对于调查和起诉违反法律及相关证券法规的行为非常必要。同时,还要保证这些信息可以通过直接或间接的方式与其他监管者共享。

4. 洗钱

洗钱这一术语包含了各种为掩盖黑钱的非法来源制造假象的行为和过程。证券监管机构应该考虑国内法律在对付风险方面是否完备。监管机构应要求市场中介机构制定相应的政策和程序,以最大限度地降低利用证券中介业务洗钱的风险。

四、关于监管合作的原则

监管机构的原则包括如下三个部分:监管机构应该具有与国内外的同行共享公开或非公开信息的权力;监管机构之间应该建立信息共享机制,并明确在什么情况下、如何与国内外的同行共享有关的公开和非公开信息;监管体系还应保证那些在行使职能和权力时遇到疑问的外国监管者能够得到必要的援助。

1. 国内监管合作的必要性

当存在以部门为基础的监管职责分工或当证券法和相关的基本法律有交叉时,国内各部门的信息共享就显得非常重要。国内合作的必要性不仅表现为执法问题上,而且当证券、银行和其他金融部门存在职责分工时,有关某一领域活动授权和降低系统风险的信息也同样需要国内合作。

2. 国际合作的必要性

对国内市场的有效监管也需要国际合作,不能提供监管协助将会严重危及证券市场的有效监管。金融活动国际化和金融市场全球化程度的提高,意味着监管国际合作的重要性。

3. 监管合作的范围

合作的形式和内容依情况而定。重要的是,援助不仅在调查时提供,而且应该成为制止不法行为的执法程序的一部分。另外,对于监管的一般信息的交流也是必要的,包括财务和其他检查信息、专业技术、监督和实施的技术、投资者教育等。

4. 针对大型金融集团的合作

大型金融集团的经营涉及多个金融分支,涵盖金融和非金融领域的综合性大型金融集团也越来越多,由此,通过国际合作不断完善证券监管方法和手段显得非常重要。

五、关于发行公司的原则

关于监管机构的原则包括如下三个部分:发行公司应该充分、准确、及时地披露财务报表,以及其他对投资者的决策有重大意义的信息;公司的所有股东都应受到公平和公正的对待;会计和审计应采用高标准的国际公认准则。

1. 信息披露应该清楚、及时、相对具体

投资者应该持续不断地获得有关信息以据此作出投资决策。对影响投资决策的信息进行充分、及时、准确的披露,直接关系到保护投资者和提高市场公平、效率和透明度的监管目标。

2. 必须披露信息的情况

所披露的信息至少应该包括以下内容:公开募股的条件、招股说明书和其他发行文件的内容、有关发行的补充性文件、有关证券发行的广告宣传、上市公司重要关联人的信息、谋求公司控制权的人的信息、对上市证券的价格和价值产生重要影响的信息、定期报告、股东投票结果。

3. 关于公司控制权的信息

为保证所有股东享有公正平等的待遇,应该要求披露管理层和大股东的持股情况。

4. 会计和审计标准

财务信息的可比性和客观性是进行投资决策的关键,会计准则与审计准则为财务信息的客观性提供了保障。会计标准应确保财务报表使用者获得最基本的财务信息,应该有符合国际标准而且定义清晰、准确的会计原则,同时还应保证财务信息的正确性和相关性。

六、关于共同投资基金的原则

关于共同投资基金(collective investment scheme)的原则包括如下四个部分:监管体系应该制定对准备销售或运作共同基金的机构的资格审核和监管的标准;监管体系应该对共同投资基金的法律形式、组织结构以及客户资产的分离和保护等作出规定;和针对股票发行人的信息披露制度一样,监管机构也应要求共同投资基金进行信息披露,这对于评价该基金是否适合某个投资人以及投资人在该融资计划中的权益是必不可少的;监管制度应该确保共同投资基金的资产评估、定价和赎回的规定建立在适当和充分披露的基础之上。

1. 对管理人的资格要求

对共同管理资金管理人的资格要求应当有明确的标准。监管当局还应考虑这样一些因素：管理者的诚实与正直、管理者履行其职责的胜任程度、融资能力、管理者的特定能力与责任、内部管理程序。

2. 对经营、利益冲突和授权的监管

监管体系应当在整个存续期间对组合进行监督。对基金管理者的监管旨在促成高水平的操作、正直和公平的交易。共同投资基金在操作过程中可能会出现投资者与基金管理人或关联人之间的利益冲突，监管制度应当使这种潜在冲突发生的可能性降低至最小，同时确保冲突真的发生时能被正确披露。

3. 法律形式和组织结构

监管体系应当规定共同投资基金的法定形式和组织结构，以便投资者评价它们的权利和利益，并使投资者的集合资产能够与其他实体的资产有效区分和隔离。

4. 对投资者的信息披露

应该规定对投资者和潜在投资者的信息加以披露，以对基金资产价值有重大影响的事项为主要披露内容。

5. 对客户资产的保护

监管者应当意识到保护投资者的好处，而且通过有效机制保护客户资产免受投资公司破产或其他风险的损失，将有助于增强人们对金融市场的信心。

6. 资产评估和定价

监管制度应力求确保一个基金的全部财产能得到公平和准确的估价，净资产值也能得到正确计算。

7. 基金单位的赎回

共同投资基金监管的法律和法规应当确保投资者可以按照基金文件中明确规定的条件赎回自己的份额，并确保赎回权的暂停是保护投资者利益的。监管者应该随时被知会各种赎回权暂停的情况。

8. 国际监管合作

越来越多的共同投资基金在国际上销售，而且基金发起人、管理人、托管人与基金的投资者都分属不同国家的现象也很普遍，因此，对基金的审批应该考虑到国际合作的需要。

七、关于市场中介的原则

关于市场中介的原则包括如下四个部分：监管制度应该规定中介机构市场

进入的最低标准;应该规定中介机构的初始资本和持续运作资本金以及其他谨慎性要求,以便反映中介机构承担的风险;应该要求市场中介机构遵守有关的内部管理和业务运作标准,这些标准旨在保护客户利益、确保风险控制,并使中介机构管理层接受其应当承担的责任;应规定中介机构的破产程序,以使投资者的损失降到最低限度并控制系统性风险。

1. 审批和监督

对市场中介机构实施审批和监督,应当制定市场参与者的最低标准,并对所有情况相似的机构采取前后一贯的处理方法。这些审批和监督还应努力减少由于中介机构失职、违法或资本不足可能给投资者造成的损失。

2. 资本充足性

对经营资本充足的适当监管进一步加强了对投资者的保护,有助于金融体系的稳定。

3. 业务行为准则和其他谨慎性要求

市场中介机构的行为应以保护客户利益和保证市场公正为基础。

4. 应对中介机构破产的措施

由于发生金融破产的不可预计性,处理计划应当比较灵活,监管者应努力减少中介机构破产对投资者造成的伤害和损失。采取限制经营、确保资产正常管理、披露有关信息等一系列行动措施可能是必要的。

5. 对中介机构的监督

监管制度应当确保对市场中介机构的适当和持续的监督。

6. 投资顾问

投资顾问是指那些主要从事有关证券价值、证券投资、买卖建议等咨询业务的机构。对投资顾问的监管制度方案至少应包含以下要素:审批制度应足以确定从事投资顾问业务的资格并确保能够得到最新的投资顾问名单;禁止向违反证券法、其他金融法或刑法未满一定期限的申请人办理执照;保存有关记录的要求;关于投资顾问向潜在客户进行信息披露的清楚和详细的要求,包括投资顾问的学历、相关的行业经验、受处罚的记录(如有)、投资策略、费用结构和其他客户费用、潜在利益冲突和过去的投资业绩。应规定信息披露要定期更新,发生重大变化时及时修正。设计一定的规则和程序以防止事先保证投资业绩、滥用客户资产和潜在利益冲突等事项的发生;检查和执行的能力。

八、关于二级市场的原则

关于二级市场的原则包括如下六个部分:交易系统包括证券交易所的建立

应该得到监管当局的批准和监督;应该对交易所和交易系统实行持续的监督和控制,以保证不同市场参与者的需求能在公正、公平的原则下得到适当的平衡,从而确保交易的公正;监管制度应促进交易的透明度;监管制度的设计应有利于及时发现并制止市场操纵或其他不公正的交易行为;监管制度应有助于实现对重大风险、违约事件和市场混乱情况的有效控制;证券交易的清算和结算系统应该受到监管当局的监督,系统的设计应有助于确保公平和有效,并能减低系统风险。

1. 证券交易所和交易系统

监管程度的高低取决于市场特性,包括市场结构、市场使用者的成熟程度、市场进入的权力和交易产品的类型。在有些情况下,交易系统在较大程度上免受直接监督是适宜的,但应得到监管当局的批准,在这之前,监管当局应认真考虑给予批准(或豁免)的类型。

2. 对市场运行系统和信息的持续监管

监管机构必须确保作为批准前提的相关条件在系统运行过程中依然保持,交易系统规则的修改方案应提交监管机构或由其批准,当交易系统被认定不符合批准条件或证券法规时,监管部门应重新审核或撤销原来的批准。

3. 交易透明度

透明度可定义为交易信息(包括交易前和交易后信息)能够及时为公众所获取的程度。确保即时获得信息是二级市场交易监管的关键,即时获取有关交易信息使投资者能更好地保护自己的利益,降低发生市场操纵或其他不公平交易的风险。

4. 禁止操纵市场和其他不公平交易行为

对二级市场交易的监管应禁止操纵市场、误导、内幕交易以及其他可能扭曲价格发生系统、扭曲价格、造成某些投资者不利地位的欺诈、欺骗行为。

5. 重大风险、违约诉讼程序和市场混乱

重大风险是指一个大到足以引致市场或清算公司风险的建仓,市场当局应对此密切监控并保证信息共享以便对风险作出正确评估。市场当局应使市场参与者了解关于市场违约诉讼程序的相关信息,监管机构应确保与违约有关的诉讼程序的有效性和透明度。相关产品(现货或衍生品种)的市场当局应当尽可能彼此沟通以期将市场混乱的负面影响减少到最低限度。

6. 清算和结算

清算和结算系统是指为了记录市场参与者的义务并对各方义务进行结算的系统,它包括数据或文件的提供、交换过程,以及资金和证券的转移过程。应使市场的参与者了解清算和结算系统的操作规则和程序,并对清算结算系统及

其运作人员实施直接监督。

7. 清算和结算系统的标准和监督

清算和结算机构的监管部门应要求一个使其能够确保系统可靠性的监管框架,使其能够监控或在可能的情况下预测并防止清算和结算问题的发生。

8. 清算和结算系统交易的确认

清算和结算体系安排应能提供对交易的及时确认,其标准应尽可能地接近即时确认。

9. 清算和结算系统中的风险问题

应该设置在连续的基础上辨别和控制风险的程序。证券市场的监管者不仅应努力降低风险,同时还应致力于风险认定和在参与者之间的转移。

第三节 监管体制与监管模式

一、资本市场监管体制

从世界范围来看,各国的资本市场监管体制大体可以分为:政府主导型监管体制、自律型监管体制以及综合型监管体制。之所以采取不同的监管模式,是因为各国之间的历史文化传统、经济制度、市场发育程度等都是不尽相同的,而这种不同的选择也势必影响资本市场的发展。资本市场监管体制并不是一成不变的,随着国家经济模式、政治模式等条件的改变,资本市场监管体制也应该随之发展、完善,这样才能够促进证券市场的更好发展。

(一)政府主导型监管模式

政府主导型监管模式是由政府通过制定专门的管理法律,并设立全国性的监管机构来实现对全国资本市场的统一监管。实行这一类管理模式的国家有美国、日本、加拿大、韩国、中国等。

政府主导型监管模式有三个显著特点:一是有系统的资本市场专门法律;二是有权力高度集中统一的全国性专设的资本市场监管机构;三是对市场违规行为依照有关法律进行处罚。

美国的证券监管模式是政府主导型监管模式的典型代表。美国对证券市场的管理有一套完整的法律体系,包括《1933 年证券法》、《1934 年证券交易法》、《1940 年投资公司法》、《1940 年投资者咨询法》、《1970 年证券投资保护法》等。同时,各州还订立了本州的证券管理法规,比如通常人们所熟悉的"蓝天法"。

在管理模式上,美国成立了证券交易管理委员会(SEC)作为全国统一管理证券活动的最高管理机构。同时,成立"联邦交易所"和"全国证券交易协会",分别对证券交易所和场外证券业进行管理,形成了以集中统一管理为主、辅以市场自律的较为完整的证券管理模式。

政府主导型监管模式有如下两个优点:一是具有专门的法律,使证券市场有法可依,所有活动(包括监管本身)均纳入法治的轨道;二是有一个超脱于市场参与者的监管机构,能公正、客观地发挥监管作用,保护投资者权益。政府主导型监管模式的缺点是:由于证券市场监管涉及面广、技术性强,仅靠监管机构难以有效达成监管目标。此外,由于监管机构与市场保持距离,有时可能会出现监管机构对市场的意外事件反应较慢、处理危机不及时的情况,从而降低监管的效率。

(二) 自律型监管模式

自律型监管模式是指国家除了某些必要的立法之外,较少干预证券市场,对证券市场的监管主要由证券交易所、投资银行等自律组织进行自我监管。实行自律型监管模式的国家和地区有英国、荷兰、爱尔兰、新加坡、中国香港特别行政区等。

自律型监管模式有两个显著特点:一是通常没有专门规范证券市场的法律,而是通过一些间接的法律来进行必要的法律调整;二是没有专门的政府性监管机构,而是由证券交易所、自律组织、证券机构实行自我管理。

以英国为例,在1986年金融服务法出台以前,证券市场的法规有《1958年防欺诈(投资)法》、《1973年公平交易法》、《1984年证券交易所上市条例》等。英国没有相关的政府部门对证券市场进行监管,但下列政府部门与证券监管关系比较密切:英格兰银行,负责商业银行证券部的监管;证券投资委员会(SIB),负责证券公司的注册和监管。英国的证券自律管理系统主要由"证券交易所协会"、"股权转让与合并专业小组"和"证券业理事会"组成,其中,证券交易所协会是英国证券市场的最高管理机构,主要依据该协会制定的《证券交易所管理条例和规则》来运作。自律管理的主要内容有:

第一,市场参与者规定。证券交易所对其成员——经纪商和自营商实行广泛的监督,包括会计监督、财务监督、审计和定期检查。

第二,上市规定。证券交易所规定了批准证券上市和在证券交易所买卖的条件,主要是"批准要求"和"上市协议"两个规定。

第三,持续的信息公开规定。按"上市协议"规定,在证券交易所上市的证券应广泛遵守持续公示规定。

自律型监管模式的优点有三:一是既可提供投资保护,又可发挥市场的创新和竞争意识;二是证券机构参与制定管理规则,不仅使这些规则较国家制定的证券法更有灵活性和效率,而且使监管更符合实际;三是自律组织对现场发生的违规行为能够作出迅速而有效的反应。这种模式的缺点是监管重点常放在保证市场运转和保护会员利益上,对投资者的保障往往不充分。此外,监管者的非超脱性也难以保证监管的公正性,监管者的权威性不强致使监管手段较弱。

(三) 综合型监管模式

综合型监管模式是政府主导型监管模式和自律型监管模式相结合的模式,这种模式既有专门性立法和政府监管机构,又设有自律性组织进行自我管理。采用综合型模式的国家有德国、意大利、泰国等。

以德国为例,对证券市场的管理实行联邦政府制定和颁布证券法规、各州政府负责实施监管与以交易所委员会、证券审批委员会和公职经纪人协会等自律管理相结合的证券管理模式。该模式比较强调行政立法监管,又相当注意证券业者的自律管理。德国对证券业的监管,主要通过地方政府组织实施。但州政府尽可能不采取直接的控制和干预,很大程度上依靠证券市场参与者的自我约束和自律管理。德国有一个比较完整的监管模式,但侧重于强调自律和自愿的方式。

目前,世界上大多数实行政府主导型或自律型监管模式的国家都逐渐向综合型监管模式过渡,如美国也开始注重发挥证券交易所、自律组织和证券机构内部的作用,英国则通过了《1986年金融服务法》,标志着首次以立法形式对证券业进行直接管理,并于1997年设立了单一金融监管机构——金融管理局(financial services authority,FSA),并提出了"立足业者、依靠法律"的口号。只是由于国情的不同,在实行综合型监管模式时,有的倾向于集中监管,有的侧重于自律监管,同时发挥集中监管和自律监管各自的优势。

二、资本市场监管模式

资本市场的监管模式可以分为分离模式和混合模式两种。中国以及20世纪90年代以前的美国和日本是分离模式的代表,而德国以及20世纪90年代后的美、日两国是混合模式的代表。

分离模式,就是严格限制投资银行、商业银行的业务,投资银行不能吸收存款,而商业银行也不能从事有价证券的买卖、中介、承销等业务,两者之间存在着严格的业务界限,其优点主要在于能有效地降低整个金融体系运行中的风险。业务分离弱化了金融机构之间的竞争,客观上降低了金融机构因竞争被淘汰的概率,从而有利于金融体系的稳定。金融行业的专业化分工可以提高在各自独立领域内的效率。

而混合模式对两者的业务没有任何限制,一个金融机构可以同时经营银行业务和证券业务,至于具体选择经营什么业务,则由各个金融机构根据自身优势、发展目标和各种主客观条件自行决定,金融市场监管机构一般不予干预。其优点在于全能银行可以充分利用其有限资源,实现金融业的规模效益,降低成本,提高赢利,一种业务的收益下降可以用另一种业务的收益增加来弥补,这样就保障了利润的稳定性。银行业之间的竞争加强了,而竞争在经济学意义上会有利于优胜劣汰,提高效益,促进社会总效用的上升。

分离模式有助于金融市场的安全和稳定,综合型模式却更注重提高市场的效率,大多数情况下两者不可兼得。分离模式在长期的运作过程中,越来越限制了银行的业务活动,从而制约了本国银行的发展壮大。由于各国保护主义的兴起,为了加强本国金融机构的国际竞争力,20世纪90年代在世界范围内出现了混合化(或全能化)的趋势。比如美国在1999年通过的《金融服务现代化法案》的核心内容就是废止1933年通过的《格拉斯—斯蒂格尔法案》以及其他一些相关的法律中有关限制商业银行、证券公司和保险公司三者混合经营的条款,允许银行、保险、证券在经营范围上互相渗透并参与彼此的市场竞争,在法律上重新确立了金融混业监管和混业经营的模式,彻底打破了过去几十年美国金融业分业经营的局面。可以预见到,集商业银行、证券业务和保险业务于一身的金融超级市场会诞生,企业和消费者将来可以在一家公司内就办妥所有的金融交易。

第四节 中国证券市场的监管

一、监管目标

中国证券市场监管的目标在于:运用和发挥证券市场机制的积极作用,限制其消极作用;保护投资者利益,保障合法的证券交易活动,监督证券中介机构依法经营;防止人为操纵、欺诈等不法行为,维持证券市场的正常秩序;根据国家宏观经济管理的需要,运用灵活多样的手段,调控证券市场与证券交易规模,引导投资方向,使之与经济发展相适应。

二、监管原则

中国证券市场监管原则包括：依法管理原则、保护投资者利益原则、"三公"原则、监管与自律相结合的原则。

（一）依法管理原则

这一原则是指证券市场监管部门必须加强法制建设，明确划分各方面的权利与义务，保护市场参与者的合法权益，即证券市场管理必须有充分的法律依据和法律保障。

（二）保护投资者利益原则

由于投资者是拿出自己的收入来购买证券的，且大多数投资者缺乏证券投资的专业知识和技巧，只有在证券市场管理中采取相应措施，使投资者得到公平的对待，维护其合法权益，才能更有力地促使人们增加投资。

（三）"三公"原则

"三公"原则是指证券市场的公开、公平、公正原则，具体内容包括：

1. 公开原则

公开原则的核心要求是实现市场信息的公开化，即要求市场具有充分的透明度。公开原则通常包括两个方面，即证券信息的初期披露和持续披露。信息的初期披露是指证券发行人在首次公开发行证券时，应完全披露有可能影响投资者作出是否购买证券决策的所有信息；信息的持续性披露是指在证券发行后，发行人应定期向社会公众提供财务及经营状况的报告，以及不定期公告影响公司经营活动的重大事项等。信息公开原则要求信息披露应及时、完整、真实、准确。公开原则是公平、公正原则的前提。

2. 公平原则

证券市场的公平原则，要求证券发行、交易活动中的所有参与者都有平等的法律地位，各自的合法权益能够得到公平的保护。这里，公平是指机会均等，平等竞争，营造一个所有市场参与者进行公平竞争的环境。按照公平原则，发行人有公平的筹资机会，证券经营机构在证券市场有公平的权利和责任，投资者享有公平的交易机会。对证券市场的所有参与者而言，不能因为其在市场中的职能差异、身份不同、经济实力大小而受到不公平的待遇，而要按照公平统一的市场规则进行各种活动。

3. 公正原则

公正原则是针对证券监管机构的监管行为而言的，它要求证券监管部门在公开、公平原则的基础上，对一切被监管对象给以公正待遇。公正原则是实现公开、公平原则的保障。根据公正原则，证券立法机构应当制定体现公平精神的法律、法规和政策，证券监管部门应当根据法律授予的权限公正履行监管职责。要在法律的基础上，对一切证券市场的参与者给予公正的待遇。对证券违法行为的处罚、对证券纠纷事件和争议的处理，都应当公正地进行。

（四）监督与自律相结合的原则

这一原则是指在加强政府、证券主管机构对证券市场监管的同时，也要加强从业者的自我约束、自我教育和自我管理。国家对证券市场的监管是管好证券市场的保证，而证券从业者的自我管理是管好证券市场的基础。国家监督与自我管理相结合的原则是世界各国共同奉行的原则。

三、政府主导型的监管体制

我国目前实行的是典型的政府主导型监管体制，对证券市场进行集中统一监管。实行这种监管体制的原因有如下两点：

第一，证券市场是一个参与者众多、投资性强、敏感度高、风险大的市场，证券市场的风险突发性强、影响面广、传导速度快、破坏力大，因此，必须建立由高素质专家组成的专业监管机构对证券市场进行有效监管，以及时发现和处理市场的各种异常情况，防范和化解证券市场的风险。

第二，证券市场是矛盾和利益冲突聚集的市场，同时存在各种欺诈和其他违法违规行为，因此，必须建立强有力和具有超脱性的专门性监管机构进行统一监管，以规范证券市场主体的行为，维护证券市场的正常秩序，协调各个主体之间的矛盾和利益冲突。

本章小结

- 资本市场的终极目标是公平与效率。国际证监会组织认为，证券监管的三个核心目标是：保护投资者，确保市场的公平、高效和透明，降低系统风险。
- IOSCO认为监管原则可以分为八大类：关于监管机构的原则、关于自律的原则、关于证券监管实施的原则、关于监管合作的原则、关于发行公司的原则、关于共同投资基金的原则、关于市场中介的原则、关于二级市场的原则。
- 从世界范围来看，各国的资本市场监管体制大体可以分为：政府主导型监管体制、自律型监管体制以及综合型监管体制。政府主导型监管模式是由政府通过制定专门的管理法律，并设立全国性的监管机构来实现对全国资本市场的统一监管；自律型监管模式是指国家除了某些必要的立法之外，较少干预证券市场，对证券市场的监管主要由证券交易所、投资银行等自律组织进行自我监管;综合型监管模式是政府主导型监管模式和自律型监管模式相结合的模式,这种模式既有专门性立法和政府监管机构,又设有自律性组织进行自我管理。

- 资本市场的监管模式可以分为分离模式和混合模式两种。分离模式,就是严格限制投资银行、商业银行的业务,投资银行不能吸收存款,而商业银行也不能从事有价证券的买卖、中介、承销等业务,两者之间存在着严格的业务界限。混合模式对两者的业务没有任何的限制,一个金融机构可以同时经营银行业务和证券业务,至于具体选择经营什么业务,则由各个金融机构根据自身优势、发展目标和各种主客观条件自行决定,金融监管机构一般不予干预。

- 中国证券市场监管的目标在于:运用和发挥证券市场的积极作用,限制其消极作用;保护投资者利益,保障合法的证券交易活动,监督证券中介机构依法经营;防止人为的操纵、欺诈等不法行为,维持证券市场的正常秩序;根据国家宏观经济管理的需要,运用灵活多样的手段,调控证券市场与证券交易的规模,引导投资方向,使之与经济发展相适应。

- 中国证券市场监管原则包括:依法管理原则、保护投资者利益原则、"三公"原则、监管与自律相结合的原则。

- 我国目前实行的是典型的政府主导型监管体制,对证券市场进行集中统一监管。

思考题

1. 如何理解资本市场监管的终极目标?
2. 国际证监会组织关于证券监管的三个核心目标是什么?
3. 如何理解资本市场监管的目标?
4. 比较政府主导型监管体制、自律型监管体制以及综合型监管体制。
5. 比较分离模式和混合模式的优劣。
6. 试述目前中国证券市场监管的目标、原则和模式。

第二十二章　投资银行监管

☞ **本章概要**　由于投资银行业务面广,业务风险大,主要领域又是在居于经济核心地位的资本市场,所以,对其进行监督管理就显得特别重要。本章主要从市场准入和经营活动监管、业务活动监管、自律监管等三方面来探讨投资银行的监管问题。

☞ **学习目标**　通过本章的学习,首先应该了解投资银行市场准入监管和经营活动监管;其次,了解投资银行业务监管的范围,并掌握各个具体业务监管的内容;再次,了解政府监管和自律监管的区别和联系;最后,了解自律监管的优缺点以及英美等国的自律监管情况。

> 天子之职莫大于礼,礼莫大于分,分莫大于名。
>
> ——司马光

第一节　市场准入和经营活动监管

一、市场准入监管

从监管体系的角度看,对市场准入的控制是保证整个投资银行业平稳发展的预防性措施。为了保障金融体系的安全,世界上任何一个存在资本市场的国家都对投资银行设立了最低的资格要求,各国的监管机构都会参与投资银行的审批过程,但由于各国对资本市场竞争的认识有所不同,所以在参与的程度和方式上存在着一定的国别差异。

纵观世界各国情况,投资银行的市场准入监管制度可以分为两种。一种是以美国为代表的注册制。在注册制下,监管部门的权力仅限于保证投资银行所提供的资料无任何虚假的事实,投资银行只要符合有关资格规定,并在相应的金融监管部门注册并提供全面、真实、可靠的资料,便可以经营投资银行业务。

另一种是以日本为代表的特许制。在特许制条件下，投资银行在设立之前必须向有关监管机构提出申请，审批权掌握在监管机构手中，同时，监管机构还将考察市场竞争状况、证券业发展目标、该投资银行的实力等，以批准其经营何种业务。一般都有对投资银行的最低资格要求，比如，要有足够的、来源可靠的资本金和比较完备、良好的硬件设施，管理人员必须具有良好的信誉、素质和证券业务水平，业务人员应接受过良好教育且具有经营证券业务的相应知识和经验。

二、经营活动的监管

投资银行经营活动的监管主要包括以下几个方面的内容：

第一，经营报告制度。投资银行必须定期将其经营活动按统一的格式和内容报告给证券监管机关。有些国家还规定，经营报告分为年报、季报和月报三种，经营情况好的投资银行只需要上交年报，而那些被认为需要重点监管、管理的投资银行必须上交季报甚至是月报。这样可以让金融监管机构随时了解投资银行的经营管理状况，以便更好地实施监督和管理，防止金融危机的爆发。上报的这些情况将成为决定是否对那些经营不良的投资银行采取相应措施的重要依据。

第二，收费标准。为了防止投资银行在证券承销、经纪服务中收费过高，人为抬高社会筹资成本，证券监督机构对投资银行业务的收费标准一般实行最高限制。比如，美国投资银行经纪业务的佣金额不得超过交易额的5%，其他业务的佣金比例不得高于10%，否则将按违反刑法论处。

第三，纯资本比例制度。为了防止过度风险投资，投资银行的纯资本和负债之比最低不得低于某一比例。纯资本由现金和可以随时变现的自有资本组成。该原则实际上要求投资银行在经营中保持足够的现金资产，把投资银行的经营风险控制在一定的范围内。

第四，经营管理制度。考虑到证券市场应该建立在非垄断、非欺诈的平等基础上，证券监管机构应建立严格的投机经营管理制度，制定反垄断、反欺诈假冒和反内部沟通条款。投资银行可以在不违反这些条款的前提下，开展合理的证券投机活动。反垄断条款的核心是禁止证券交易市场上垄断证券价格的行为，制止哄抬或哄压证券价格，制止一切人为造成证券价格波动的证券买卖。反欺诈假冒条款的核心是禁止在证券交易过程中的欺诈假冒后，采取其他蓄意损害交易对手的行为。反内部沟通条款的核心是禁止公司的内部人员或关系户利用公职之便在证券交易中牟取私利。

第五,管理费制度。除了投资银行注册费外,投资银行必须按经营额的一定比例向证券监管机构和证券交易所交纳管理费,这些管理费将集中起来,主要用于对投资银行经营活动检查、监督等方面的行政开支。

第二节　业务活动监管

投资银行业务有狭义和广义之分。狭义或传统的投资银行业务主要指证券的承销和经纪业务;广义的投资银行业务则处于动态的发展过程中,具有不断创新的特点,它除了包括狭义的投资银行业务外,还包括了项目融资、公司理财、资金管理、商人银行业务、资产证券化、衍生金融交易和咨询服务等业务。随着投资银行业务的不断发展,投资银行业务的监管也在不断发展。

一、对投资银行承销业务的监管

投资银行在证券发行者和证券投资者之间承担着桥梁的作用:一方面通过证券的承销和发行,为众多的企业筹集大量的资金;另一方面努力将承销的证券出售给投资者。由于其在证券承销时很容易通过掌握大量的证券来操纵二级市场的价格,所以监管一般都着重于防止其利用承销业务来操纵市场,获取不正当的收益。

具体来说,对投资银行承销业务方面的监管有如下几方面的内容:

第一,禁止投资银行以任何形式欺诈、舞弊、操纵市场和任何形式的内幕交易。具体来说,严禁投资银行和证券发行者制造、散布虚假或使人迷惑的信息,严禁通过合资或者集中资金来影响证券的发行及发行价格,严禁内幕人员利用内幕信息买卖证券或者根据内幕信息建议他人买卖证券。

第二,投资银行要承担诚信义务。信息的首次披露应完全披露公司与发行证券相关的所有情况,而信息的持续披露应该定期对公司的财务状况和经营情况提出报告。禁止投资银行参与(或不制止)证券发行公司在发行公告中从事弄虚作假的、欺骗公众的行为。如果投资银行和发行公司之间存在着某种特殊关系,必须在公告书中说明。

第三,禁止投资银行承销超过自己承销能力的证券,避免其过度投机。禁止投资银行对发行企业征收过高的费用,从而造成企业的筹资成本过高,侵害发行公司。

第四,在公司股票发行、承销业务中,既要合理、规范地帮助公司进行改制,科学、合理、合法地充当企业财务顾问,协助其进行资产重组、调整资本结构,使公司符合股票发行和上市条件,确保公司股票发行和筹资的成功;同时又要严格遵守国家的有关法律和政策,在公司股票发行承销业务中,不弄虚作假,不搞伪装,以科学的态度进行合理的上市包装,不损害投资者利益。

第五,建立证券评级制度。证券评级制度是对资产质量进行评价的一种制度。对证券发行者来说,只有经过评级,所发行的证券才容易被公众所接受,才能顺利地销售出去。而投资者也需要它来比较各种证券的级别及其变动,以保证投资和交易质量,争取最大的收益,从而质量差的证券将被驱除出证券市场。证券评级制度决定着证券的市场价格和销路,也决定着证券发行者的筹资成本及能否筹集到足够的资金,以此作为一种外部约束来督促证券发行者提高发行质量。

二、对投资银行经纪业务的监管

由于投资银行作为证券买卖双方的经纪人,按照客户投资者的委托指令在证券交易场所买入或者卖出证券。其最大的特点在于投资银行无须动用自己的资金且不承担任何投资风险,只需按投资者的指令行事,并按交易金额的一定百分比收取手续费。因此,为了维护投资者的利益,有必要加强这方面的监管。

第一,投资银行在经营经纪业务时要坚持诚信的原则,禁止任何欺诈和私自牟利的行为。在给投资者的相关信息中,必须保证其真实性和合法性,保证语义清楚,不得含有易使人混淆的内容。

第二,资本金方面的约束。投资银行向客户提供的贷款不得超过证券市价的一定百分比,而且还得满足初始保证金和维持保证金的要求。初始保证金是投资者必须用现金支付的证券市价比率,而维持保证金规定了投资者的保证金账户中权益数额占证券总市价的最低比率。投资银行应严格要求客户满足这些要求,防止因投资者无法偿还贷款所导致的金融风险。

第三,某些国家禁止投资银行全权接收客户委托,替客户选择证券种类、数量、买卖价格和时机等,以防止投资银行做出侵犯客户利益的事。另一些国家虽然允许设立"全权委托账户",但禁止投资银行进行不必要的买进卖出,以多牟取佣金。未经委托,投资银行不得自主替客户买卖证券;从事委托买卖后,应给委托人交易记录。

第四,在从事经纪业务中,要遵守一些道德:不得向客户提供证券价格的走势,不得劝诱客户买卖证券,不得违规限制客户的交易行为,不得从事可能对保护投资者利益和公平交易有害的活动,也不得从事有损于整个行业信誉的活动。

第五,应严格按规定收取佣金,不得私自决定收费标准和佣金比例。如果政府监管机构没有规定的话,可以自行决定,但决策时必须坚持诚信原则,不得故意欺诈客户。

第六,除了接受金融监管机构等行政机关的调查外,投资银行必须对客户的资料保密,不得以任何方式公开和泄露。

三、对投资银行证券自营业务的监管

证券自营业务就是投资银行用自己的资金进行证券买卖交易,以赚取利润。一般来说,投资银行在证券自营交易中只买进那些可以卖高价的热销证券。投资银行证券自营业务的风险很大,同时也存在着操纵市场的可能性,还有可能通过混淆其自营业务和经纪业务来侵犯客户的利益。因此,各国的监管机构都在如下几方面对投资银行的证券自营业务进行严格监管:

第一,防止投资银行操纵证券的价格。一般规定某一投资银行所能购买的证券数量,不得超过该证券发行公司所发行的证券总量的一定百分比,或者不得超过该发行公司资产总额的一定百分比。

第二,限制投资银行所承担的风险。比如,要求投资银行对其证券交易提取一定的准备金;严格限制投资银行的负债总额以及流动性负债规模,限制其通过借款来购买证券的行为;限制投资银行大量购买有问题的证券(包括财务严重困难的公司股票、连续暴涨暴跌的股票等)。

第三,公平、公开交易的原则。投资银行不得利用其在资金、信息和技术等方面的优势来从事不公平交易,必须遵守证券市场规则,公平参与竞争。必须标明其自营业务的内容,坚持交易程序、交易价格、交易数量公开,不搞内幕交易和黑箱操作。

第四,投资银行的自营业务和经纪业务必须严格分开,防止投资银行通过兼营自营业务和经纪业务侵犯客户的利益。实行委托优先和客户优先的原则,即当客户和自营部门同时递交相同的委托时,即使投资银行叫价在先,也要按客户的委托优先成交;在同一交易时间,不得同时对一种证券既接受委托买卖又自行买卖。

第五,在经营自营业务时,应该尽力维持市场稳定、维护市场秩序。投资银行是依托资本市场而生存的,维护市场秩序是投资银行的天职;同时,投资银行是拥有巨资的机构投资者,也有能力来维护市场的交易秩序和安全。不得出现侵犯客户利益和过度投机的行为。

四、对投资银行基金管理业务的监管

基金的运作涉及投资人、基金管理人以及基金托管人之间的委托—代理关系和信托关系，各当事人的权利和义务关系比较复杂。立法和监管是基金业健康运作的基础，也是加快基金业发展的首要工作，基金的全部运作必须被置于严格的监管之下，以充分保护大众投资人的财产权和收益权。投资银行基金管理业务的监管内容主要有以下几方面：

第一，基金的资格监管。基金的设立有两种方式，即注册制和核准制。在注册制下，只要符合规定的条件即可获准成立，属于一种形式管理，大多数国家和地区采用这一方式，如美国、日本、中国香港特区等。所谓核准制，指成立基金的申请需经审核批准方可发行，属于一种实质管理。

第二，基金信息披露的监管。监管是建立在信息充分披露的基础上，要求披露的主要内容有注册登记表、招募说明书、中期报告、年度报告、股东大会报告及股东账户与记录等。招募说明书必须能给投资者提供充分和准确的信息，监管部门鼓励投资者在作出投资决策之前，询问和阅读投资公司的招募说明书，招募说明书必须分发到每一位该基金投资者的手中。要充分、公正地对投资人披露信息，以便让投资人而不是政府去判断投资每个基金的优劣。投资者的利益也就是基金的利益，基金必须将投资者的利益放在首位，要为他们提供优质的服务。

第三，对基金运作的监管。基金操作需要规范化，各国法律都对投资基金运作的有关方面作了明确的规定，如发行与认购、投资策略和范围、收益的分配及信息的公开等。监管包括定期检查和临时检查，确保这些规定得到严格遵守。对于规模较大的投资公司的定期检查一般是每两年检查一次，对于规模较小的投资公司一般是每五年检查一次。临时检查主要是在以下两种情况下进行：第一，接到投诉信；第二，新闻媒体刊登了相关信息。监管机构对基金分散组合投资作出规定，以便降低基金的投资风险，并使基金获得享受税收优惠的资格。

第四，对行业组织与基金组织本身进行监管。对行业组织的监管，包括检查这些行业组织的监管系统，调查工作的操作和程序以及违法行为的处分惩罚制度是否得到有效实行。此外，还通过证券交易所、清算机构等组织保证基金交易的合法性。对投资基金本身进行监管包括监管部门对投资公司和投资顾问有关文件进行选择性的审查，并对其中规模和社会影响较大的基金公司的文件和报告作详细检查。

五、对投资银行并购业务的监管

并购业务有广阔的市场前景，可为投资银行培养一大批稳定的客户群，增强自身的核心竞争力，并带动证券承销、自营、代客理财及风险投资等传统和创新业务的发展。

信息披露制度能使投资者在相对平等的条件下获得信息，是防止证券欺诈、内幕交易等权力滥用行为的最有效措施。因此，各国均将信息披露制度作为并购立法的重点，是对投资银行从事并购业务监管的主要方式。

第一，主要信息披露制度。上市公司重大购买或出售资产的行为、董事会决议、中介机构报告、监事会意见、关联交易和同业竞争等问题，均需及时披露。持续时间较长的并购必须定期连续公告。美国《威廉姆斯法案》还规定，在收购的信息公开中，下列行为是违法的：对重要事实作任何不实陈述，在公开信息中省略那些为了不引起人们误解而必须公开的事实，在公司收购中的任何欺诈、使人误解的行为和任何操纵行为。这些均属于虚假陈述，投资者可以对此提出起诉。

第二，股东持股披露义务。股东获得某一公司有投票权的股份达到一定数量时，必须公开一定的信息，以此防止大股东暗中操纵市场。大股东持股信息披露的关键内容是披露持股的比例要求、披露的期限与股份变动数额。开始披露的持股比例越低，越有利于保护中小股东的利益。

第三，禁止内幕交易。内幕人员主要指相关投资银行的工作人员。内幕交易主要包括：利用内幕信息买卖证券；根据内幕信息建议他人买卖证券的行为；向他人泄露内幕信息，使他人利用该信息获利的行为。投资银行的部分职员由于帮助公司实施并购方案，而比公众多掌握一些内部信息，出于保护公平交易的考虑，应该禁止他们从事内幕交易。

六、对投资银行金融创新的监管

金融创新促进了经济发展，同时也使金融风险加大，因而需要更强有力的金融监管来加以防范。金融创新是逃避金融监管的结果，使大量的金融产品和金融工具不断产生，使金融体系发生了深刻变化；金融创新又促进了金融监管的调整，为了保持金融体系的安全和稳定，各国金融监管结构发生了显著的变化。这种相互影响、相互作用、相互促进的结果构成了金融创新与金融监管的辩证关系。

对投资银行金融创新的监管主要有：

第一，调整监管。当投资银行的许多创新工具和做法被越来越多地效仿时，金融监管机构需要进行金融管制的调整来面对这种创新，可以是放松某些管制，也可以是加强立法和监督，杜绝某些有危害的创新。

第二，扩大监管范围。监管不仅包括投资银行的基本业务，其衍生业务（包括各种创新业务）也应纳入监管范围。

第三，采用新的会计制度。用代表市场价值的会计核算制度来代替原有的只反映资产账面价值的核算方式，对投资银行的财务报告进行更准确的评估。

第四，加强电子信息系统的安全管制。由于金融市场的国际化和电子化，交易的规模和成交速度发生了根本的变化，要从技术上采取安全措施，防止出现危害甚大的"机器故障"。

第五，加强监管的国际合作。由于现在的投资银行业务呈现出国际化的趋势，有必要在全球范围内加强证券监管部门的合作，确保金融交易的高效安全以及投资银行的规范运作。

第三节 投资银行的自律监管

一、政府监管与自律监管的区别和联系

除政府监管外，投资银行还有自律监管。政府监管和自律监管的相互作用、相辅相成有利于建立一个层次清晰、分工明确、功能齐全、结构完善的证券市场监管架构。

（一）政府监管与自律监管的区别

第一，性质不同。政府监管机构的监管是一种强制管理，带有行政管理的性质。自律组织对投资银行的监管具有自律性质。自律组织是通过制定公约、章程、准则、细则，对投资银行的活动进行自我监管的组织，证券交易所和证券业协会是最主要的自律组织。自律组织一般采取会员制，符合条件的投资银行可申请加入自律组织，成为其会员。

第二，处罚不同。政府监管机构可以对违法违规的投资银行采取罚款、警告的处罚，情节严重的可以取消其从事某项或所有证券业务的资格，如日本最大的投资银行野村证券在操纵市场和贿赂、勒索机构投资者的丑闻暴露后，被日本大藏省处以停止自营业务一段时间的处罚。相比之下，自律组织对投资银

行的处罚较为轻微，包括罚款、暂停会员资格、取消会员资格等，情节特别严重的可以提请政府主管部门或司法机关处理。

第三，依据不同。政府监管机构依据国家的有关法律、法规、规章和政策来对投资银行进行监督，自律组织除了依据国家的有关法律、法规和政策外，还依据自律组织制定的章程、业务规则、细则对投资银行进行管理。

第四，范围不同。政府监管机构负责对全国范围的证券业务活动进行监管，自律组织主要针对成为其会员的投资银行及这些投资银行的发行和交易活动进行监管。

（二）政府监管与自律监管的联系

第一，自律组织在政府监管机构和投资银行之间起着桥梁和纽带的作用。自律组织为成为其会员的投资银行提供了一个相互沟通、交流情况和意见的场所，可以将投资银行面临的困难、遇到的问题、对证券市场发展的意见和建议向政府监管机构反映，维护投资银行的合法权益。政府监管机构还可通过自律组织对证券业务活动进行检查和监督。

第二，自律是对政府监管的积极补充。自律组织可以配合政府监管机构对其会员投资银行进行法律法规的政策宣传，使会员投资银行能够自觉地遵纪守法，同时对会员投资银行进行指导和监管。

第三，自律组织本身也必须接受政府监管机构的监管。在大部分国家，自律组织的设立需要政府监管机构的批准，其日常业务活动要接受政府监管机构的检查、监督和指导。

二、自律监管的优缺点

投资银行的自律监管有如下优点：

第一，市场参与者的自我管理和自我约束可以增强市场的创新和竞争意识，有利于促进市场活跃。

第二，允许证券商参与制定证券市场的监管规则，可以促使市场监管更加切合实际，制定的监管规则具有更大的灵活性，有利于提高监管效率。

第三，自律组织具有快速反应机制，能够对市场发生的违规行为作出迅速而有效的反应。

同时，投资银行的自律监管也存在缺陷：

第一，管理的侧重点通常放在市场的规范、稳健运行和保护证券交易所会员的经济利益上，对投资者的利益则往往没有提供充分的保障。

第二，由于缺乏立法作为坚实的后盾，监管手段显得比较脆弱。

第三,由于没有统一的监管机构,难以实现全国证券市场的协调有序发展,容易造成市场秩序混乱。

三、英美的自律监管体制

（一）英国的自律监管体制

英国证券市场的管理以"自律原则"闻名,其自我管制机构在证券市场管理中充当了重要角色。这从英国证券业自律监管系统的分工中可见一斑,该系统分为两级:第一级由证券交易商协会、收购与合并问题专门小组、证券业理事会组成,以上三个机构会同政府的贸易部、公司注册署共同对市场实施监督管理;第二级是证券交易所,证券交易所不受政府的直接控制,但须在贸易部、英格兰银行等的指导下进行自律管理。

1. 国家立法

在国家立法方面,英国制定了规范证券市场的法规,包括专门的证券法案和与证券业相关的法案,主要有《1958年防欺诈(投资)法》、《1973年公平交易法》、《1984年证券交易所上市条例》、《1948年公司法》、《1967年公司法》、《1986年金融服务法》和《1988年财务服务法案》。

《1986年金融服务法》涉及所有类型的投资活动,对处于相互竞争地位的各类金融服务业给予同等待遇,将对自动调节的依赖限制在法律制度范围之内。该法只适用于投资业务,共分十个主要部分,内容包括:投资业管理的主要原则;贸易和工业国务大臣在何种情况下可以对被授权人的事务进行干预,甚至在必要时给予取缔;定义和规定"共同投资计划"的运作;要求自动调节组织将其规则呈交给公平交易总理事,等等。

《1988年财务服务法案》把监督有价证券市场的责任分成两大部分:一是"自律监管组织",负责对投资业务的授权并监督获得授权者同客户之间的关系;二是"核准的投资交易所",负责操作交易市场以及该市场内的投资公司业务。

2. 自律性规定

除国家立法外,英国的自律监管机构还制定了自律性规定,主要有《证券交易所监管条例和规则》、《伦敦城收购与合并准则》及证券业理事会制定的一些规定。

（1）《证券交易所监管条例和规则》。它由证券交易商协会制定,对交易、新上市及发行证券的公司连续公开信息、在收购合并时公司财务资料的公布及其他特殊情况作出了规定。

(2)《伦敦城收购与合并准则》(简称《伦敦城准则》)。它由主要从事有关企业、公司收购合并等问题的管理,具有立法地位的非立法机构——"收购与合并问题专门小组"(以下简称"专门小组")制定。该准则不是立法文件,但是如果企业在收购文件或招股书中有欺骗、隐瞒等违反《伦敦城准则》的行为,仍要承担相应的法律责任。证券交易所、贸易部、英格兰银行及其他专业机构对专门小组对违反《伦敦城准则》的制裁给予全力支持。

(3)证券业理事会制定的文件。证券业理事会是 1978 年成立的私人组织,在自律监管体系中处于中心地位。该组织成立后,对《伦敦城准则》和《公司法》中关于内幕交易和上市的规定进行了修改,并且负责制定、解释和监督实施《证券交易商行动准则》、《基金经理人交易指导线》、《大规模收购股权准则》等规则。

总之,英国证券市场的法制建设突出的特色是强调"自律原则",证券市场虽没有专门的立法体系,却有较为完善的管理体系。

(二)美国的自律监管体制

美国虽然以政府监管为主,但是也具备完善的自律监管组织,主要包括以下几类:全国性证券交易所,其中最著名和最重要的是纽约证券交易所;经注册登记的证券协会,如全国证券商协会;经注册登记的清算机构,如全国证券清算公司;市政证券管理委员会。

自律组织的一般职责是建立、审查和实施自律组织成员的行为规则,这些规则包括证券销售行为规则、证券交易行为规则、证券法实施规则、证券商的财务规则等。

例如,美国的全国证券商协会是根据《1934 年证券交易法》的 1964 年修正案建立的,目的是对场外的证券交易活动进行管理。该协会是一个准政府机构,受证券交易委员会的监督和管理。该协会的职责是:维持协会的会员制度,负责对所有参加协会的会员注册;提供电子计算机化的统计系统、报价系统和转账清算系统,同时监视场外交易中各种证券的交易量、价格变化,防止不正当交易;监督和检查会员的日常经营活动,向每个会员收取会员费。

本章小结

● 投资银行市场准入监管制度可分为两种:注册制和特许制。在注册制条件下,监管部门的权力仅限于保证投资银行所提供的资料无任何虚假的事实,投资银行只要符合有关资格规定,并在相应的金融监管部门注册并提供全面、真实、可靠的资料,便可以经营投资银行业务。在特许制条件下,投资银行在设立之前必须向有关监管机构提出申请,审批权掌握在监管机构手中,同时,监管机构还将根据市场竞争状况、证券业发展目标、该投资银行的实力等考虑批准其经营何种业务。

- 投资银行经营活动的监管主要包括经营报告制度、收费标准、纯资本比例制度、经营管理制度、管理费制度五方面。
- 投资银行的业务活动监管主要包括：证券承销业务的监管、证券经纪业务的监管、证券自营业务的监管、基金管理业务的监管、并购业务的监管和金融创新的监管。
- 自律监管与政府监管既有联系又有区别。政府监管与自律监管的区别主要表现在：性质不同、处罚不同、依据不同、范围不同；政府监管与自律监管的联系主要表现在：自律组织在政府监管机构和投资银行之间起着桥梁和纽带的作用，自律是对政府监管的积极补充，自律组织本身也须接受政府监管机构的监管。

思考题

1. 比较注册制和特许制这两种不同的投资银行准入制度。
2. 投资银行经营活动的监管内容有哪些？
3. 投资银行业务活动监管有哪几方面？每一方面的具体内容有哪些？
4. 试述政府监管与自律监管的区别与联系。
5. 投资银行自律监管的优点和缺点分别是什么？

参考文献

中文部分

[1] Aswath Damodaran：《投资股价：评估任何资产价值的工具和技术》，清华大学出版社 1999 年版。

[2] 北京大学光华管理学院课题组：《中国上市公司的反收购措施及其规制》，《上证研究（二〇〇三年第二辑）》，复旦大学出版社 2003 年版。

[3] 彼得·博恩斯坦：《投资革命：源自象牙塔的华尔街理论》，上海远东出版社 2001 年版。

[4] 查里斯·R.吉斯特：《金融体系中的投资银行》，经济科学出版社 1998 年版。

[5] 常振明、杨巍：《投资银行的魅力》，社会科学文献出版社 2001 年版。

[6] 陈立：《影响未来的中国基金产业》，中国财政经济出版社 2001 年版。

[7] 陈世炬、高材林：《金融工程原理》，中国金融出版社 2000 年版。

[8] 陈雨露：《现代金融》，中国人民大学出版社 2000 年版。

[9] 陈云贤：《投资银行论：兼谈证券业与银行业分业管理模式选择》，北京大学出版社 1995 年版。

[10] 陈云贤：《风险收益对应论》，北京大学出版社 1998 年版。

[11] 陈志杰、吴昊：《透视 MBO》，《中国并购评论（第一册）》，清华大学出版社 2003 年版。

[12] 成思危：《科技风险投资论文集》，民主与建设出版社 1997 年版。

[13] 成之德、盛宇明、何小锋：《资产证券化理论与实务全书》，中国言实出版社 2000 年版。

[14] 戴国强、吴林祥：《金融市场微观结构理论》，上海财经大学出版社 1999 年版。

[15] 范学俊：《投资银行学》，立信会计出版社 2001 年版。

[16] 菲歇尔：《利息理论》，上海人民出版社 1999 年版。

[17] 弗兰克·J.法博齐等：《资本市场：机构与工具》，中国经济出版社 1998 年版。

[18] 龚光和：《资本市场中的商人银行》，上海财经大学出版社 1995 年版。

[19] 龚辉宏：《项目融资》，华夏出版社 1997 年版。

[20] 何小锋等：《资产证券化：中国的模式》，北京大学出版社 2002 年版。

[21] 何小锋、韩广智：《新编投资银行学教程》，北京师范大学出版社 2007 年版。

[22] 何小锋、韩广智：《资本市场运作理论与运作》，中国发展出版社 2006 年版。

[23] 何小锋、韩广智：《资本市场运作案例》，中国发展出版社 2006 年版。

[24] 何小锋、黄嵩、刘秦：《资本市场运作教程》（第二版），中国发展出版社 2006 年版。

[25] 亨利·考夫曼：《悲观博士考夫曼论货币与市场》，海南出版社 2001 年版。

[26] 华尔街日报编辑部：《华尔街巨人》，海南出版社 2000 年版。

[27] 黄嵩:《MBO 的信托道路:信托方式》,《信托投资研究》,2004 年第 1 期。
[28] 黄嵩、魏恩遒、刘勇:《资产证券化理论与案例》,中国发展出版社 2007 年版。
[29] 黄亚钧:《现代投资银行的业务和经营》,立信会计出版社 1996 年版。
[30] 黄亚钧、林利军:《投资银行实务:金融工程及其运用》,立信会计出版社 1998 年版。
[31] 黄亚钧、谢联胜:《投资银行理论与实务》,高等教育出版社、上海社会科学院出版社 2000 年版。
[32] J. 弗雷德·威斯通:《兼并、重组与公司控制》,经济科学出版社 1998 年版。
[33] 季敏波:《中国产业投资基金研究》,上海财经大学出版社 2000 年版。
[34] 姜建清、李勇:《商业银行资产证券化:从货币市场走向资本市场》,中国金融出版社 2004 年版。
[35] 杰弗里·C. 胡克:《兼并与收购:实用指南》,经济科学出版社 2000 年版。
[36] K. 托马斯·利奥:《投资银行业务指南》,经济科学出版社 2000 年版。
[37] 李建良:《风险投资操作指南》,中华工商联合出版社 1999 年版。
[38] 里莎·埃迪里奇:《高盛文化》,华夏出版社 2001 年版。
[39] 李早航:《现代金融监管——市场化国际化进程的探索》,中国金融出版社 1999 年版。
[40] 李昕阳、杨文海:《私募股权投资基金理论与操作》,中国发展出版社 2008 年版。
[41] 刘波:《资本市场结构——理论与现实选择》,复旦大学出版社 1999 年版。
[42] 刘剑枫:《论投资银行学的新体系》,北京大学硕士研究生学位论文 2001 年。
[43] 刘金章、王晓炜:《现代投资银行综论》,中国金融出版社 2000 年版。
[44] 刘曼红:《风险投资:创新与金融》,中国人民大学出版社 1998 年版。
[45] 卢家仪、卢有杰:《项目融资》,清华大学出版社 1998 年版。
[46] 罗伯特·库恩:《投资银行学》,北京师范大学出版社 1996 年版。
[47] 罗伯特·齐普夫:《债券市场运作》,清华大学出版社 1998 年版。
[48] 马克·C. 斯科特:《智力产业:专业服务公司的成功之道》,机械工业出版社 2000 年版。
[49] 马庆泉:《中国证券市场发展前沿问题研究》,中国金融出版社 2001 年版。
[50] 迈哈伊·马图:《结构化衍生工具手册》,经济科学出版社 2000 年版。
[51] 彭清华、高材林:《投资银行概论》,中国金融出版社 2000 年版。
[52] 乔治·索罗斯:《开放社会:改革全球资本主义》,商务印书馆 2001 年版。
[53] 邱兆祥:《关于现代金融科学学科建设的思考》,《金融时报》,1997 年 2 月 23 日。
[54] 任淮秀:《投资银行概论》,中国人民大学出版社 1999 年版。
[55] 任映国、胡怀邦、周立:《投资银行与金融工程》,经济科学出版社 2000 年版。
[56] 任映国、徐洪才:《投资银行学》,经济科学出版社 2000 年版。
[57] 沈艺峰:《资本结构理论史》,经济科学出版社 1999 年版。
[58] 斯蒂芬·马奥尼:《国际金融词汇手册》,经济科学出版社 2000 年版。
[59] 斯蒂芬·A. 罗斯、罗德尔福·W. 威斯特菲尔德、杰弗利·F. 杰富:《公司理财》,机械工业出版社 2000 年版。
[60] 斯坦利·福斯特·里德、亚历山德拉·里德·拉杰科斯:《并购的艺术:兼并、收购、买断指南》,中国财政经济出版社 2001 年版。

[61] 孙黎:《国际项目融资》,北京大学出版社1999年版。
[62] 孙黎:《公司收购战略》,中国经济出版社1994年版。
[63] 谈儒勇:《金融发展理论与中国金融发展》,中国经济出版社2000年版。
[64] 田进、钱弘道:《兼并与收购》,中国金融出版社2000年版。
[65] 屠广绍:《交易体制:原理与变革》,上海人民出版社2000年版。
[66] 屠广绍:《上市制度:比较与演变》,上海人民出版社2000年版。
[67] 屠广绍:《市场监管:架构与前景》,上海人民出版社2000年版。
[68] 桑德萨那姆:《兼并与收购》,中信出版社1998年版。
[69] 王海平、何旺民:《中国投资银行》,中国民航出版社1998年版。
[70] 王开国:《资产证券化论》,上海财经大学出版社1999年版。
[71] 王明夫:《投资银行并购业务》,企业管理出版社1999年版。
[72] 王娴:《投资银行业务与管理》,中国对外经济贸易出版社1996年版。
[73] 王益、刘波:《资本市场》,经济科学出版社2000年版。
[74] 王一鸣:《数理金融经济学》,北京大学出版社2000年版。
[75] 威廉·F.夏普、戈登·J.亚历山大、杰弗里·V.贝利:《投资学》,中国人民大学出版社1998年版。
[76] 徐滇庆:《金融改革路在何方:民营银行200问》,北京大学出版社2002年版。
[77] 徐宪平、高建:《融资与财务结构》,中国金融出版社2000年版。
[78] 亚历山德拉·里德·拉杰科斯:《并购的艺术:整合》,中国财经经济出版社2001年版。
[79] 亚历山德拉·里德·拉杰科斯、查尔斯·M.埃尔森:《并购的艺术:尽职调查》,中国财政经济出版社2001年版。
[80] 亚历山德拉·里德·拉杰科斯、J.弗雷德·威斯顿:《并购的艺术:融资与再融资》,中国财政经济出版社2001年版。
[81] 叶辅靖:《全能银行比较研究:兼论混业与分业经营》,中国金融出版社2001年版。
[82] 于研、金文忠:《现代投资银行》,上海财经大学出版社1995年版。
[83] 俞自由、李松涛、赵荣信:《风险投资理论与实践》,上海财经大学出版社2001年版。
[84] 约翰·马歇尔、维普尔·班赛尔:《金融工程》,清华大学出版社1998年版。
[85] 约瑟夫·克拉林格:《兼并与收购:交易管理》,中国人民大学出版社2000年版。
[86] 张超英、翟祥辉:《资产证券化》,经济科学出版社1998年版。
[87] 张舫:《公司收购法律制度研究》,法律出版社1998年版。
[88] 张极井:《项目融资》,中信出版社1997年版。
[89] 张维迎:《博弈论与信息经济学》,上海三联书店、上海人民出版社1996年版。
[90] 赵炳贤:《资本运营论——兼谈投资银行家在中国的角色》,企业管理出版社1996年版。
[91] 赵贺、颜克益:《"买壳上市"的成本与收益》,《中国工业经济》,1998年第10期。
[92] 中国证券业协会:《面向二十一世纪的选择:中国证券公司发展战略研究》,经济科学出版社1999年版。
[93] 周春生:《融资、并购与公司控制》(第二版),北京大学出版社2007年版。

[94] 庄乾志:《银行发展:市场化与国际化》,北京大学出版社2001年版。

[95] 庄序莹:《中国证券市场监管理论与实践》,中国财政经济出版社2001年版。

英文部分

[1] Ball, R., 1995, The Theory of Stock Market Efficient: Accomplishment and Limitations, *Journal of Corporate Finance*, 8: 4—17.

[2] Barry, Christopher B. and Robert H. Jennings, 1993, the Opening Price Performance of Intial Public Offerings of Common Stock, *Financial Management*, 22(1): 54—63.

[3] Barid, Allen Jan., 1993, *Option Market Making: Trading and Risk Analysis for the Financial and Commodity Option Markets*, New York: John Wiley & Sons.

[4] Bhide, A., 1989, the Causes and Consequences of Hostile Takeovers, *Journal of Applied Corporate Finance*, 2(2): 36—59.

[5] Black, F., and M. Scholes, 1973, The Pricing of Option and Corporate Liabilities, *Journal of Political Economy*, 81: 637—659.

[6] Brian Scott-Quinn, 1995, *Investment Banking: Theory and Practice*, London: Euromoney Books.

[7] Carosso, Vincent, 1970, *Investment Banking in American: A History*, Harvard University Press.

[8] Cox, J., S. Ross, and M. Rubinstein, 1979, Option Pricing: A Simplified Approach, *Journal of Financial Economies*, 7: 229—263.

[9] Ernest Block, 1992, *Inside Investment Banking*, Homewood Press.

[10] Estep, T., 1985, A New Method for Valuing Common Stocks, *Financial Analysts Journal*, 41: 26—34.

[11] Estep, T., 1987, Security Analysis and Stock Selection: Turning Financial Information into Return Forecasts, *Financial Analysts Journal*, 43: 34—43.

[12] Fama, E. F., 1970, Efficient Capital Market: A Review of Theory and Empirical Work, *Journal of Finance*, 25(2): 383—417.

[13] Fama, E. F., 1991, Efficient Capital Market: II, *Journal of Finance*, 46(5): 1575—1617.

[14] Finnerty, J. D., 1988, Financial Engineering in Corporate Finance: An Overview, *Financial Management*, 17(4): 14—33.

[15] Gompers, P. A., and Lerner, J., 1998, Venture Capital Distribution: Short-run and Long-run Reaction, *Journal of Finance*, 53(6): 2161—2184.

[16] Gordon, M., 1962, *The Investment, Financing and Valuation of the Corporation*, Irwin.

[17] Jeffrey C. Hooke, 1997, *M&A: A Practical Guide to Doing the Deal*, John Wiley & Sons, Inc.

[18] John C. Hull, 1993, *Option, Futures, and other Derivative Securities*, Prentice-Hall, Inc.

[19] John J. Clark, John T. Gerlach, Goelach, Olsen, 1996, *Restructuring Corporate*, America, Harcourt Brace & Company.

[20] John Magee and Robert Davis Edwards, 1992, *Technical Analysis of Stock Trends*, 6th ed., Stock Trends Service.

[21] Kang, Pan, and Stavros A. Zenios, 1992, Complete Prepayment Models for Mortage-Backed Secuities, *Management Science*, 38(11): 1665—1685.

[22] Kawaller, Ira G., 1992, Choosing the Best Interest Rate Hedge Ratio, *Financial Analysts Journal*, 48(5): 74—77.

[23] Liaw, K. Thomas, 2005, *The Business of Investment Banking: A Comprehensive Overview*, 2nd Edition, John Wiley & Sons, Inc.

[24] Lintner, J., 1965, The Valuation of Risk Asset and the Selection of Risky Investments in Stock Portfolios and Capital Budgets, *Review of Economics and Statistics*, 47: 13—37.

[25] Margaret M. Blair, ed., 1993, *The Deal Decade: What Takeovers and Leveraged Buyouts Mean for Corporate Governance*, Washington: Brookings Institute.

[26] Markowitz, H., 1952, Portfolio Selection, *Journal of Finance*, 7(1): 77—91.

[27] Marshall, J. F. and V. K. Bansal, 1992, *Financial Engieering: A Complete Guide to Financial Innovation*, New York: New York Institute of Finance.

[28] Mossin, J., 1966, Equilibrium in a Capital Asset Market, *Econometrica*, 35: 768—783.

[29] Perter Williamson, 1993, *The Investment Banking Handbook*, Harper & Row Publishing.

[30] Raymond H. Rupert, 1993, *The New Era of Investment Banking: Industry Structure, Trends and Performance*, Probus Publishing.

[31] Rober Lawrence Kuhn, 1990, *Mergers, Acquisition and Leveraged Buyouts*, Richard D. Irwin Press.

[32] Robert Lawrence Kuhn, 1990, *Investment Banking Library* Ⅰ—Ⅵ, Richard D. Irwin Press.

[33] Robert Lawrence Kuhn, 1990, *Investment Banking, the Art and Science of High-Stakes Dealmaking*, Harper & Row.

[34] Ross, S., 1976, Arbitrage Theory of Capital Asset Pricing, *Journal of Economic Theory*, 13: 341—360.

[35] Sharpe, W., 1964, Capital Asset Prices: A Theory of Capital Market Equilibrium Under Conditions of Risk, *Journal of Finance*, 19: 425—442.

[36] Smith, Clifford W., 1992, Economics and Ethics: The Case of Salomon Brothers, *Journal of Applied Corporate Finance*, 5(2): 23—28.

[37] Tobin, J., and S. S. Golub, *Money, Credit, and Capital*, McGraw-Hill Companies, Inc., 1998.

[38] Welch, Ivo., 1992, Sequential Sales, Learnings, and Cascade, *Journal of Finance*, 47(2): 695—732.

[39] Zipf, Robert, 1995, *How Municipal Bonds Works*, Simon & Schuster, Inc.

[40] Zipf, Robert, 1997, *How the Bond Market Works*, Simon & Schuster, Inc.

教辅申请说明

　　北京大学出版社本着"教材优先、学术为本"的出版宗旨,竭诚为广大高等院校师生服务。为更有针对性地提供服务,请您按照以下步骤通过**微信**提交教辅申请,我们会在 1~2 个工作日内将配套教辅资料发送到您的邮箱。

◎扫描下方二维码,或直接微信搜索公众号"北京大学经管书苑",进行关注;

◎点击菜单栏"在线申请"—"教辅申请",出现如右下界面:

◎将表格上的信息填写准确、完整后,点击提交;

◎信息核对无误后,教辅资源会及时发送给您;
如果填写有问题,工作人员会同您联系。

温馨提示:如果您不使用微信,则可以通过以下联系方式(任选其一),将您的姓名、院校、邮箱及教材使用信息反馈给我们,工作人员会同您进一步联系。

联系方式:

北京大学出版社经济与管理图书事业部
通信地址:北京市海淀区成府路 205 号,100871
电子邮箱:em@pup.cn
电　　话:010-62767312 /62757146
微　　信:北京大学经管书苑(pupembook)
网　　址:www.pup.cn